AF893219

MANUAL
DE
DERECHO ADMINISTRATIVO

MANUAL
de
DERECHO ADMINISTRATIVO

por

RAMÓN MARTÍN MATEO

Catedrático de la Universidad de Alicante

TRIVIUM

Madrid

Decimosexta edición
Septiembre de 1994

© Ramón Martín Mateo

Editorial Trivium, S.A.
Campomanes, 5
28013 MADRID

ISBN: 84-7855-817-9

Depósito legal: M. 24.272-1994

Reservados todos los derechos. Ni la totalidad ni parte de este libro puede reproducirse o transmitirse por ningún procedimiento electrónico o mecánico, incluyendo fotocopia, grabación magnética o cualquier almacenamiento de información y sistema de recuperación, sin permiso escrito de Editorial Trivium, S.A.

Impreso en España - Printed in Spain

GREFOL, S. A. - Pol. II - La Fuensanta - Móstoles (Madrid)

SUMARIO

Págs.

Págs.

ABREVIATURAS MÁS UTILIZADAS

BOE	Boletín Oficial del Estado.
CC.AA.	Comunidades Autónomas.
CE	Constitución Española.
CEE	Comunidad Económica Europea.
CGPG	Consejo General del Poder Judicial.
DOCE	Diario Oficial de la Comunidad Europea.
LCE	Ley de Contratos del Estado.
LEF	Ley de Expropiación Forzosa.
LFCE	Ley de Funcionarios Civiles del Estado.
LJCA	Ley de la Jurisdicción Contencioso-Administrativa.
LO	Ley Orgánica.
LOACE	Ley de Organización de la Administración Central del Estado.
LOAPA	Ley Orgánica de Armonización del Proceso Autonómico.
LOCE	Ley Orgánica del Consejo del Estado.
LOPJ	Ley Orgánica del Poder Judicial.
LPA	Ley de Procedimiento Administrativo.
LRBRL	Ley reguladora de las Bases de Régimen Local.
LRJAE	Ley de Régimen Jurídico de la Administración del Estado.
LRJ-PAC	Ley de Régimen Jurídico de las Administraciones Públicas y del Procedimiento Administrativo Común.
RD	Real Decreto.
STC	Sentencia del Tribunal Constitucional.
STS	Sentencia del Tribunal Supremo.
TC	Tribunal Constitucional.

PRÓLOGO A LA DECIMOQUINTA EDICIÓN

A algunos de los libros de texto que manejan los alumnos, se suele objetar que están escritos más para impresionar a los colegas del autor que para beneficio de gentes sencillas que desembarcan sin ningún equipaje en la asignatura.

Espero que este Manual no sea susceptible de tales reproches, aunque debo reconocer que la versión que ahora presento es válida también para catedráticos de la disciplina, al menos en mi caso, pues reconozco con modestia que he sido desbordado por el huracán, en un vaso de agua por cierto, de la reforma del régimen jurídico de las Administraciones Públicas y del procedimiento administrativo común. No es éste el momento de enjuiciar globalmente la Ley que ha introducido estos cambios, aunque desde el puesto de mando de la Universidad que dirijo, me parece que poco ha cambiado pese a la aparente aparatosidad de las transformaciones jurídicas. Lo que sí tengo claro es que la asimilación del nuevo sistema sólo puede hacerse por auténticos estudiosos de la rama procedimental del Derecho Administrativo lo que es sin duda el caso de Juan José Díez Sánchez en estos momentos uno de los más cualificados especialistas españoles en esta materia, quien ha asumido con generoso entusiasmo la ardua tarea de expurgar la versión precedente de esta obra e incorpora con paciencia benedictina en los lugares adecuados, los dictados de la nueva legislación.

La ambición del libro, un clásico ya en la enseñanza de las primeras letras de esta disciplina, se amplía en esta coyuntura a la función de reciclaje de profesionales y estudiosos que deseen sin mayor esfuerzo ponerse al corriente de las últimas novedades iusadministrativas y conocer el actual dispositivo de conexiones de este sistema con los administrados por abajo y los tribunales por arriba.

Me alegra pues poder ofrecer estas facilidades que debo al revisor del Manual a quien agradezco vivamente su decisiva aportación.

Alicante, Fiestas de San Juan, 1993

CAPÍTULO I

LA ADMINISTRACIÓN COMO SOLUCIÓN ORGANIZATORIA

I. LA DIMENSIÓN SOCIAL DEL HOMBRE.

II. IDEA DE LA ADMINISTRACIÓN.

III. CARACTERES DE LA ADMINISTRACIÓN.

IV. PERSONIFICACIÓN DE LA ADMINISTRACIÓN PÚBLICA.

LA ADMINISTRACIÓN COMO SOLUCIÓN ORGANIZATORIA

1. LA DIMENSIÓN SOCIAL DEL HOMBRE

El primer enfrentamiento con la problemática de la Administración resulta a veces empavorecedor al tener que abordarse un magma oscuro difícilmente sintetizable. Todos tenemos una noción de la ADMINISTRACIÓN, con mayúsculas: la prensa, los órganos informativos, la literatura hacen referencia a esa entidad que es la Administración. Pero ¿qué será en concreto la Administración? ¿Cómo se pueden precisar sus contornos, sus límites, aglutinar su núcleo? Ésta es nuestra tarea inicial, difícil y quizá antipática, porque el mundo de la Administración se nos presenta como algo distante y a menudo amenazador en cuanto que puede injerirse en nuestra existencia impulsándonos a entregar lo que no deseamos, a adoptar conductas que no queremos.

Sin embargo, puede hacerse más amable la dimensión administrativa si la referimos al contexto general en que se desarrolla la vida del hombre como ser asociativo. La Administración no es más que un producto del genio organizativo del hombre, de su dimensión social. De aquí que Administración y Derecho administrativo tengan un énfasis socializador, pretendiendo disciplinar a los individuos, establecer entre ellos una cierta solidaridad para favorecer los intereses del grupo en cuanto tal.

Siempre que hablamos de Administración tenemos presente esta vivencia comunitaria. La Administración y el Derecho administrativo encajan en la dimensión social del hombre, que por lo demás no es exclusiva de esta especie animal. La sociabilidad, la unión de esfuerzos y, a la vez, la división del trabajo marcan su impronta en toda la vida de la tierra y en la materia de que surge la vida, a nivel molecular e incluso atómico.

La Biología nos enseña que las células tempranamente diferencian sus actividades; que, a su vez, las células se organizan entre sí, agrupándose y creando organismos cada vez más complejos y más perfectos hasta desembocar en el «homo sapiens». Toda la materia viva es, pues, un proceso asociativo; su progreso, hasta llegar a niveles superiores, es fruto de actividades asociativas. Han demostrado, por ejemplo, en recientes investigaciones, los antropólogos franceses que el hombre aislado, los niños abandonados que viven solos en la naturaleza, pierden totalmente su capacidad de superviviencia, de manera que su aislamiento les condena al fracaso vital. No es posible ya, incluso, recuperarlos para la vida social; su cerebro se anquilosa, sus capacidades se esfuman, quedan definitivamente tarados.

Aunque sea esto un simple excurso, es útil para acentuar la necesidad de explicar el Derecho administrativo y la Administración desde esta perspectiva de socialidad de toda materia, que culmina en la animada vida superior.

Sabemos que el hombre surge como animal prepotente cuando sus posibilidades de aprensión con las extremidades superiores liberan espacios en la parte más noble de su cuerpo. La masa encefálica se expande, produciéndose una diferenciación celular en la que se asientan sus más vigorosos impulsos asociativos.

Parece hoy comprobado por las modernas teorías poligenéticas que el hombre no procede de un solo impulso evolutivo a través del rígido escalonamiento darwiniano, sino que tiene su origen en intentos distintos. Una determinada especie, una rama de homínidos, logra subsistir y afianzarse hasta desembocar en el hombre actual, en el hombre contemporáneo. Estudios antropológicos han demostrado que determinados restos del hombre prehistórico son en algún momento contemporáneos, extinguiéndose, sin embargo, ciertas especies y conduciendo otras hacia el actual «homo sapiens»; la razón de tal selección es precisamente ésta: el «homo sapiens» descubre, por su mayor especialización celular y encefálica, la dimensión asociativa.

Sus impulsos asociativos le van a permitir agruparse con sus semejantes en la lucha contra la naturaleza en un mundo exterior duro y hostil, conduciéndole a coordinarse con otros ejemplares de la especie para conseguir bienes del mundo circundante que le permitan subsistir.

Esta tendencia social evita a la par el mutuo aniquilamiento de los individuos dentro del grupo y también de los distintos grupos entre sí. Al liberarse, pues, de estas tensiones, se permite al individuo dedicar esfuerzos y energías a mejorar los medios y los elementos necesarios para el dominio de la naturaleza, elevando su nivel de vida y de subsistencias y progresando física y psíquicamente como especie. Aparece así el precedente rudimentario de la Administración en cuanto que las necesidades básicas del grupo son atendidas colectivamente, permitiendo a sus componentes individuales diversificar y especializar sus ocupaciones en un medio relativamente seguro. Puede sustentarse y equiparse a la prole para que ésta mejore su aportación en generaciones sucesivas. A la especie le interesa que sus descendientes estén dotados lo mejor posible para la lucha por la vida; de aquí que los adultos sacrifiquen algo de sus actividades y de sus bienes para que subsistan y mejoren los que todavía no han llegado físicamente a la actividad total; de aquí que la igualdad de oportunidades, hoy tan aireada, sea no sólo un imperativo ideológico, sino también biológico-comunitario.

La consecuencia primera de estos impulsos asociativos, directamente contrastable con la disciplina que nos ocupa, es el surgimiento de una autoridad común. El grupo tiene que estar dirigido, debe de tener una cabeza que los demás acaten y respeten siguiendo sus instrucciones, puesto que en otro caso, como tal unidad, no podría funcionar. Aquí está el rudimento y la explicación básica de la idea de gobierno como autoridad superpuesta a los componentes de una comunidad determinada y encargada de velar por los intereses generales. Para integrar esta autoridad en el seno de sociedades elementales y primitivas inicialmente se elige al mejor dotado para la lucha contra la naturaleza; lo predominante es el vigor físico, el liderazgo de los más fuertes. De aquí que las primeras monarquías partan de guerreros prestigiosos, de caudillos que han sabido llevar a su pueblo a la victoria, de fornidos varones que, en definitiva, representaban los valores más interesantes para aquellas comunidades.

Este procedimiento relativamente democrático de selección, que pertenece a la lógica intrínseca del medio y del sistema, se depura a medida que el vigor físico no es un dato definitivo para la selección del más idóneo. Entonces los mecanismos de selección buscan a quienes desde el punto de vista del consenso general aparecen como intelectualmente mejor dotados, con mayor capacidad de dirección, de impulso político, y que se comprometen a hacer efectivos los valores que el grupo en su conjunto considera mayoritariamente como más decisivos. Así, vemos explicadas desde esta perspectiva biológica la propia sustantividad y las exigencias de la democracia.

A su vez, para hacer posible la convivencia y la diversificación de esfuerzos y actividades es necesario que los individuos no consuman sus energías en combatirse entre sí mutuamente. El grupo llega a la conclusión de que es preciso nombrar árbitros, a quienes se asigna la misión de dirimir los conflictos interiores. Surgen los tribunales como resultado de un pacto inminente, algunas veces explícito, en virtud del cual los distintos individuos se comprometen, en caso de divergencia y de conflicto entre ellos, a pasar por lo que resuelvan terceros investidos de autoridad para obviar las tensiones que inevitablemente surgen en toda colectividad. Las posiciones antagónicas que se producen son así eliminadas, evitando que los individuos se tomen la justicia por su mano y tutelen sus derechos de forma violenta.

A medida que los impulsos sociales se asientan, los sujetos agrupados en comunidades inicialmente reducidas, a escala de clan o de tribu con vinculaciones de tipo familiar o sanguíneo, tienden a reunirse con otros grupos. Se expande la onda asociativa y las comunidades se federan, pactan, se asocian, dando origen a organizaciones más amplias. Los límites territoriales de influencia de los grupos originariamente trazados para, al igual que sucede con otras especies animales, delimitar espacios privativos de caza, de subsistencia elemental, tienden a complicarse.

Éste es el fundamental origen de todas las asociaciones y organizaciones políticas territoriales del mundo contemporáneo, reveladoras de un mayor impulso asociativo. Una mayor evolución en el hombre como animal social y, por tanto, como especie, se mide en términos de capacidad de asociación. No es casual que los pueblos más cultos y progresivos sean los que disponen de más y mejores asociaciones, los que tienen mayor espíritu asociativo, ni que, por el contrario, los pueblos eminentemente individualistas sean los que con arreglo a estas escalas estén integrados por sujetos que se encuentran en un nivel evolutivo inferior.

En esta línea, el desiderátum de la humanidad, quizá todavía lejano desgraciadamente, es el gobierno mundial, el Estado planetario, la asociación interplanetaria, la federación política universal. Una organización de este género nos daría, pues, la pauta del definitivo progreso del hombre; por el contrario, la pérdida de estas habilidades societarias supondría una regresión de la especie humana que quizá podría llevar a su aniquilamiento, porque, en efecto, la vida de la humanidad está amenazada, quizá porque el dinamismo de las técnicas materiales ha sido más rápido que la evolución biológica del hombre y de sus impulsos comunitarios.

El hecho de que hoy, teóricamente, sea posible la autoaniquilación de la humanidad mediante la inadecuada utilización de dispositivos bien conocidos es precisamente un factor sintomático. La humanidad, como sucedió con otras especies anteriores, puede desaparecer, porque al fin y al cabo el periplo que ha recorrido, en términos cósmicos, es realmente insignificante, y nada hace descartar la posibilidad de que éste sea un intento más de la materia viva para perfeccionarse, que quizá también resulte frustrado y que habría que rehacer desde otros niveles empezando de nuevo. Vemos, así, desde esta perspectiva biológica, una explicación, si no convincente, al menos sugerente de todo el contexto público y comunitario en que se inserta la Administración: el Estado, la organización política, los tribunales, las fronteras nacionales.

II. IDEA DE LA ADMINISTRACIÓN

Administración, en concreto, prescindiendo ahora de su matización como pública, remite a la idea de gestión, al manejo consecuente de unos determinados medios. Estos medios pueden ser utilizados por un sujeto que directamente los orienta en su propio interés. Así, en lenguaje habitual y coloquial, decimos de una persona que es buen administrador en el sentido de que sus bienes los distribuye adecuadamente, realizando una dosificación de sus necesidades de forma tal que permita el progreso de su economía individual. Hablamos así de un buen administrador en el sentido de un aceptable gestor de sus propios asuntos. Ello implica una actividad lógicamente dirigida a la potenciación de determinados intereses, a la consecución de los que son útiles y relevantes para cada individuo. Supone también una cierta actitud racional, un plan, un orden, una elección de fines. Un buen administrador no es habitualmente una persona que se mueve por impulsos emocionales, sino que tiene preconcebidos cuáles serán los pasos a seguir, las técnicas a utilizar para mejorar su patrimonio, para conseguir una mejor distribución de sus recursos. Por ello incluso a nivel doméstico y familiar se suele establecer un plan, un presupuesto, una regla de conducta autovinculante.

Nos aproximamos más a la noción de la Administración pública si tenemos en cuenta que la administración normalmente describe la gestión de intereses ajenos. La propia terminología evoca tal modalidad. A la palabra administrador viene incorporada en alguna manera la idea de «minus», menor, de algo subordinado, que no es propio, que sugiere por contraste la superior posición del propietario, del «dominus». Administrador, ministro, es alguien que ocupa un puesto inferior, jerárquicamente subordinado.

Seguimos progresando, seguimos aproximándonos al concepto que perseguimos al observar que la administración puede versar sobre intereses ajenos y a la par no individuales, sino sobre un conjunto de medios amplios y diversos puestos al servicio de intereses colectivos. Cuando la colectividad es amplia, los medios variados y los intereses diversificados, se precisa una organización compleja que desemboca en fórmulas y esquemas aprovechables para explicar la idea de la Administración pública, aquí objeto de preocupación primordial.

Tengamos presente, y esto puede valernos en todo el periplo por esta disciplina, la realidad de la administración y de la organización de una empresa, de una Sociedad Anónima. En ella se aprecia la existencia de una Asamblea general de accionistas, que son realmente los titulares de bienes e intereses, pero que como tal Asamblea no podrían gestionar por sí. Por ello se nombra un Consejo de administración, que es el que colegiadamente actúa por mandato de la Asamblea en los intervalos que median entre sus reuniones.

El Consejo de administración —su nombre es significativo— vela por los intereses de los titulares de las acciones, de las cuotas sociales. Pero tampoco el Consejo de administración, órgano resolutorio, puede normalmente ser directa e indirectamente operante como encargado de la mecánica cotidiana; de aquí que surja la figura del administrador general, del gerente, de los ejecutivos, de los «managers», en la terminología americana, de quienes depende el aparato burocrático que la empresa necesita y que son los que ejecutan, plasmándolos en realidades concretas, los acuerdos del Consejo y de la Asamblea para conseguir los fines propuestos. La Asamblea general, el Consejo de Administración, los ejecutivos, los empleados recuerdan la distribución de funciones que se opera entre los órganos del Estado moderno: Parlamento, Consejo de Ministros, Administración, funcionarios.

Si trasladamos la comparación a nivel de empresa gigante encontraremos similitudes realmente sorprendentes. La situación de sus empleados es parecida a la de los funcionarios, están al servicio de un gran complejo, en el que hay políticas internas, grupos de presión y liderazgos, en el que hay tensiones y corrientes, como ocurre en la convivencia política. El grupo organizatorio y administrativo exige una diversificación de estratos, de canales, de órganos y de actividades con arreglo a módulos parecidos a los que operan en el sector público. Los accionistas de la gran empresa son tan impotentes como los ciudadanos del gran Estado, y sus tecnócratas dominan, en definitiva, como la alta burocracia estatal.

Un paso más que nos conduce definitivamente al campo que nos ocupa es la precisión de que la Administración pública versa sobre unos intereses colectivos ajenos, que son precisamente los que surgen de las exigencias básicas de una comunidad de vida. La administración de una Sociedad Anónima persigue intereses de un grupo, pero esos intereses no son existenciales, sino parciales; el grupo se aglutina con vistas a obtener mayores rendimientos de sus inversiones, a través de las actividades que la Sociedad Anónima desempeña. La Administración pública tiene, por el contrario, una misión global, el atendimiento de las necesidades existenciales comunitariamente sentidas por el grupo en cuanto tal, de las funciones que resultan imprescindibles para que el grupo pueda subsistir, pueda desenvolverse y prosperar. De aquí que, naturalmente, estos intereses comunitarios deban primar sobre los individuales, con lo que aparece un derecho vigoroso, el Derecho Administrativo, que permite, en caso de conflicto entre el interés individual y el comunitario, el sacrificio de aquél en la medida necesaria a los imperativos colectivos. Estos caracteres, propios de la Administración en su conjunto, podemos localizarlos de una forma más directa, inmediata y tangible, si nos fijamos en concretas parcelas de la Administración o en determinadas actividades que todavía no son claramente Administración, pero que están próximas a ella.

Así, por ejemplo, una comunidad de propietarios de un inmueble, aunque viene regida en España por normas de Derecho civil, se aproxima a lo que es administración de los intereses integrales de un grupo, en cuanto que ésta está territorialmente asentada e integrada por los que viven en una manzana o en un edificio cuya propiedad está distribuida horizontalmente. Los componentes de esta comunidad, inmediatamente precedida por la familiar y que va seguida por la municipal, la provincial, nacional, etc., deben sufragar gastos comunes, pagar un empleado permanente, atender a unos servicios colectivos. Distribuyen para ello unas cuotas que deben satisfacerse necesariamente sin que valgan posturas discrepantes minoritarias de propietarios o de inquilinos que se nieguen a pagar, alegando quizá que no desean utilizar los servicios comunitarios. Aquí aparece la imagen remota del impuesto, de los servicios públicos, de los funcionarios.

Una imagen elemental del sentido de la Administración nos presenta también el caso de las comunidades rurales que funcionan todavía en régimen de concejo abierto. A toque de campana se convoca al vecindario y se deciden entre todos las cuestiones comunes, el aprovechamiento de los prados, de los montes, la derrama de gastos, el turno de vecinos que ha de ir a cuidar los ganados, etcétera. He aquí una forma elemental, pero ya coactiva y obligatoria, de la administración de los intereses de una comunidad. Este ejemplo directamente accesible de Administración, llevado a escalas cada vez más complejas, más diversificadas, parece puede valer para orientarnos sobre lo que es el gran complejo de la Administración pública.

III. CARACTERES DE LA ADMINISTRACIÓN

Aunque la explicación de la Administración pública y del Derecho administrativo que la rige encuentra su base en la distribución de poderes del Estado de Derecho, lo que se estudiará en el capítulo siguiente, podemos anticipar sus rasgos más destacados. Los elementos que inciden en su caracterización son:

1. La idea de Administración remite a la existencia de una comunidad soberana. La Administración está al servicio de una comunidad organizada políticamente a partir de una Constitución y dentro de la cual se encaja o inserta.

Existe, pues, una comunidad que tiene una organización superior que prima sobre la Administración y que le impone sus decisiones y criterios. Esta visión global de la comunidad general es compatible con la existencia en su seno de comunidades parciales, pero éstas, como veremos a continuación, derivan su soberanía, su legitimidad, de aquella comunidad. Así, en un Estado dentro de la comunidad integral, cuyas estructuras y características vienen plasmadas en la Constitución, existen otras comunidades internas, por ejemplo, la municipal, la provincial, también dotadas de poder soberano, pero por derivación de la comunidad de conjunto. Más aún, si bien los Estados contienen habitualmente una sola nación o pueblo, cabe hablar de Estados pluridimensionales, en los que diversas comunidades nacionales o regionales con poderes propios aparecen federadas o agrupadas.

Estas comunidades, como decíamos, deben tener una organización representativa, en principio deben de contar con unos órganos superiores que decidan por todos, puesto que sería inviable el tratar de contar con el asenso y la opinión de cada uno de los individuos a la hora de adoptar decisiones que afectan al conjunto. Implica la propia lógica de las cosas, la propia ley del sistema, que existan unos órganos a los cuales se les hace confianza en cuanto que representan a la comunidad que los elige. Ello es perfectamente explicable sin llegar a ejemplos macropolíticos y tiene también su aplicación en comunidades reducidas, pues lógicamente sería inviable un diálogo plebiscitario a la hora de adoptar cada decisión de administración concreta.

2. La Administración, como consecuencia de la existencia por

encima de ella de centros superiores de poder, lógicamente adquiere una posición subordinada. Su gestión es una gestión mediatizada. La Administración, en cuanto gestión de intereses, debe de estar en principio a lo que los titulares de estos intereses decidan, de la forma que quede aclarada en las normas legales emanadas de los centros supremos representativos.

3. Como consecuencia lógica del principio de legalidad, la actividad de la Administración es una actividad jurídica, es una actividad sometida a Derecho, puesto que la Administración no puede arbitrariamente decidir sus conductas, sus operaciones, sus actividades; debe sujetarse, si existen, a las instrucciones emanadas de los centros soberanos. La Administración, aunque lógicamente dotada de ciertos poderes discrecionales, está jurídicamente ordenada, encauzada en Derecho, y esto es lo que caracteriza a una Administración como tal, frente a la simple improvisación y al movimiento pendular del arbitrio de los que ocasionalmente se apropian ilegítimamente del poder.

4. Esta actividad, que es jurídica, es a la vez una actividad racional. El mundo del Derecho en sí implica cierto rigor intelectual, cierta ordenación de actividades, y la Administración, en cuanto que es un complejo ordenado para la ejecución de determinados fines, debe sujetarse a un esquema que viene dado por el Derecho y dentro del mismo, sin que ello suponga antagonismo con los principios jurídicos, debe perseguir la máxima eficacia con ayuda de técnicas que pueden ser perfectamente importadas del sector privado. La actividad de la Administración exige una organización determinada, un plan de operaciones, una distribución de medios que incluyen tanto elementos personales como materiales, es, pues, una actividad organizada.

5. Esta actividad, desarrollada racionalmente con base a normas jurídicas, es simultáneamente una actividad privilegiada, en cuanto que la Administración cuenta con instrumentos distintos a los que pueden utilizar los particulares, lo que explica las ventajas posicionales de que dispone la Administración para vencer eventuales resistencias de ciudadanos que intentan hacer prevalecer sus intereses particulares sobre los colectivos que la Administración representa. La Administración dispone de unos instrumentos vigorosos para hacer efectivas sus aspiraciones, sus imperativos comu-

nitarios; ello sucede en todos los países en mayor o menor medida, si bien, como veremos, en el mundo anglosajón teóricamente se postula, al menos en algún momento histórico, la igualdad de medios de la Administración y los particulares.

Sin embargo, en todos los países la Administración, incluso en los anglosajones, aunque se acentuase el énfasis de la igualdad con los particulares, goza evidentemente de una situación posicional de privilegio, que hace, al menos, que los particulares litiguen con la Administración en cierta condición de inferioridad.

6. La Administración gestiona intereses públicos; cuáles sean estos intereses públicos es materia, sin embargo, contingente y variable, que dependerá en buena medida del espíritu que anime una Constitución o una sociedad determinada. Cuando los intereses públicos se amplían por predomimar las tendencias socializadoras, los cometidos de la Administración van lógicamente sincronizados a esta tendencia expansiva. No existe, en principio, una definición que pueda valer para todos los climas y para todos los regímenes de cuáles sean los intereses que la Administración deba tutelar. Esto es materia de decisión fundamentalmente política. La Administración podrá seleccionar parcelas determinadas de intereses públicos, pero deberá para ello atenerse al marco constitucional, al orden básico de decisiones políticas. Lo que en una nación puede parecer como interés público relevante, en otras es quizá un cometido que queda al libre desenvolvimiento de las fuerzas sociales.

Piénsese, por ejemplo, en servicios públicos de cierta solera, como los ferrocarriles, telégrafos, correos; pues bien, estos servicios, que en algún momento fueron gestionados por particulares e incluso en algunos Estados todavía parcial o totalmente por empresas privadas, están hoy, en general, en manos públicas. Existen, sin embargo, algunos cometidos, aquellos que llevan aparejado el ejercicio de autoridad, por ejemplo, el mantenimiento del orden, que siempre son desempeñados por la Administración, aunque también aparezcan algunas desviaciones, como las que suponían el que fuerzas policiales fueran controladas por un determinado sector social, o el actual surgimiento de servicios privados de seguridad.

En términos generales podemos, pues, decir que los intereses públicos que la Administración gestiona son definidos en el marco de las grandes decisiones políticas. Si la Constitución española nos dice que la Administración sirve con objetividad los intereses generales, habrá que estar a lo dispuesto por las distintas leyes concretas que tendrán en cuenta los principios constitucionales que señalan los grandes límites de posibilidad de injerencia del Estado en la sociedad.

7. El control de la Administración: de toda esta concatenación de elementos se deduce que si la gestión de la Administración es subordinada, si debe estar sometida al principio de legalidad, han de existir posibilidades de controlar el ejercicio de sus poderes. Los órganos supremos del Estado tienen un decidido interés en que la Administración se mantenga en el seno del marco por ellos estructurado, dentro del entramado de decisiones básicas que de ellos procede. Pero también los particulares deben venir protegidos frente a la Administración sin necesidad de que el circuito pase siempre por aquellos órganos, deben de tener posibilidades de defensa directa ante la eventual desviación de la Administración de los principios de la legalidad.

Aquí aparecen, pues, los tribunales a los que los particulares pueden tener acceso para pedir el sometimiento de la Administración a la Ley. Los controles que los órganos soberanos, los parlamentos, pueden realizar de la Administración son controles de naturaleza política, como pueden ser la destitución, la renovación de los puestos rectores de la Administración, de los titulares de centros claves, la destitución de un Gobierno, de un Ministro, por ejemplo, cuya gestión se aparta de los dictados del Parlamento. Por el contrario, los controles que están al alcance de los particulares son controles de índole jurisdiccional, buscan el amparo de tribunales independientes que velan por el sometimiento de la Administración a la Ley.

IV. PERSONIFICACIÓN DE LA ADMINISTRACIÓN PÚBLICA

Una técnica jurídica aplicada con éxito para el establecimiento de relaciones entre la Administración y los administrados ha sido la introducción de la figura de la personificación de la Administración. La personificación de la Administración, que, por lo demás, es artilugio no sólo aplicable a ésta, sino también a una serie de entidades colectivas, hunde sus raíces en visiones antropomórficas fundamentalmente derivadas del mundo romano y de las enseñanzas del cristianismo. La persona jurídica es una construcción que remite insensiblemente a la persona humana, al hombre, que era el único que se consideraba capaz de relacionarse con sus semejantes, de ser sujeto de derechos y obligaciones. Por ello, cuando se trata de responsabilizar una comunidad, cuando se quiere, por necesidades del tráfico, de la vida, conectar colectividades pluriindividuales para que puedan, como tales asociaciones o comunidades, relacionarse con particulares o con otras asociaciones, se evoca la imagen del hombre y se crea la figura de la persona moral, persona en cuanto a su similitud jurídica con el hombre, centro de relaciones y titular de derechos, y persona moral en cuanto que no es física.

En el intento de sometimiento de la Administración a la Ley y en el de facilitar también las relaciones de la Administración con los administrados de forma que éstos puedan además acudir a los tribunales, se aplican las mismas técnicas y se recurre a la figura de la Administración personificada. Esta comprensión de la Administración como una persona jurídica, como un complejo personificado, es compatible con la existencia de otras personas jurídicas parciales, también de Derecho público, que forman parte de la Administración. Me refiero, por ejemplo, a las Comunidades Autónomas, a los Municipios y a las Provincias; éstos son igualmente personas jurídicas administrativas, entran en relaciones directas para el cumplimiento de sus fines, pero, sin embargo, pueden ser reconducidas a la unidad general de la Administración, ya que la soberanía que utilizan, las potestades que ostentan, son derivativas, proceden de los centros superiores del Estado; no existe una soberanía natural del Municipio, sino una soberanía que se conecta con todo el complejo de soberanía que se atribuye en bloque a la Administración por los centros superiores de poder.

La técnica de la personificación nos vale también, como veremos al estudiar la Administración institucional, para dotar de cierta agilidad a determinadas unidades administrativas, las cuales pueden así actuar en el tráfico, en la vida de relación, con propios medios, con cierta sustantividad e independencia que favorece la gestión concreta que tiene adjudicada. Éste es el caso de los organismos autónomos, que son autónomos porque se desea darles cierta flexibilidad dotándoles de una personalidad propia para no tener que disolverlos en el gran complejo indiferenciado orgánicamente, más burocratizado, que es el cuerpo general de la Administración.

En ese sentido, la nueva Ley de Régimen Jurídico de las Administraciones Públicas y del Procedimiento Administrativo Común (LRJ-PAC) de aplicación general a las distintas Administraciones Públicas, consagra que cada una de las Administraciones Públicas actúa para el cumplimiento de sus fines con personalidad jurídica única.

Vemos, pues, cómo la Administración, que puede ser considerada como una unidad en una visión panorámica, desde una perspectiva interna y con arreglo a las técnicas de personificación, parcela determinados sectores de intereses para que puedan ser gestionados por un centro a los que se adjudica personalidad jurídica independiente.

CAPÍTULO II

LA ADMINISTRACIÓN EN EL ESTADO DE DERECHO

I. EL ESTADO DE DERECHO.

II. ORÍGENES DEL ESTADO DE DERECHO.

III. TEORÍA DE LA DIVISIÓN DE LOS PODERES.

1) La versión inglesa.
2) La versión francesa.

IV. LA ADMINISTRACIÓN Y LOS PODERES DEL ESTADO.

1) Administración y Poder legislativo.
2) Administración y Poder ejecutivo.
3) Administración y Justicia.

V. PROBLEMÁTICA ACTUAL DEL ESTADO DE DERECHO.

LA ADMINISTRACIÓN EN EL ESTADO DE DERECHO

I. EL ESTADO DE DERECHO

Aunque la teoría general del Estado de Derecho no pertenece a esta disciplina, no está de más, por lo menos, actualizar un poco estos conocimientos, para conseguir una visión clara del encaje de la Administración dentro de este sistema organizatorio, porque es precisamente en el sometimiento de la Administración a la Ley derivado de las propias exigencias internas del Estado de Derecho cómo aquélla encuentra su peculiar y moderno sentido. Debemos aclarar de entrada que al hablar de Estado de Derecho nos referimos al modelo occidental de Estado de Derecho, porque en un sentido amplio todos los Estados son de Derecho, ya que es imposible organizar una comunidad pública sin normas estables.

El Estado de Derecho implica, pues, que todas las actuaciones públicas están basadas en un orden preestablecido de normas: antes de obrar la Administración debe contar con apoderamientos legales concretos, o al menos genéricos, que permitan determinadas formas y modalidades operativas. Las normas obligan a todos, y de evitar desviaciones se encargan los tribunales. Se pretende con ello destacar las arbitrariedades, los poderes exentos, independientes, las prerrogativas no sometidas al control y decisión de los órganos soberanos.

El Estado de Derecho supone que sus normas se mantienen vivas, en vigor, hasta tanto no sean derogadas, o modificadas. Aquí aparece la idea de la seguridad jurídica; los individuos deben de tener plena confianza en el orden establecido, la Administración, al igual que ellos, debe someterse a los mandatos legales. Existe, por tanto, seguridad jurídica en el sentido de que las normas son conocidas y acatadas por todos, y de que si son desconocidas por la Administración, los particulares podrán reaccionar exigiéndola su observancia. No sería, por tanto, Estado de Derecho un régimen en el que que no existiese un cuadro fijo de disposiciones, de normas, sino que las soluciones concretas pudieran ser creadas libremente, sobre la marcha, en el momento, inventadas, arbitradas, para salir al paso de las circunstancias.

Así, en momentos claramente revolucionarios, el Derecho no preexiste como tal, sino que se van adaptando las medidas a las necesidades y se van introduciendo los dispositivos necesarios para llevar a efecto inmediatamente la transformación del régimen y de la Sociedad que se pretende. Por ejemplo, el sistema de los tribunales populares, al menos en sus momentos iniciales, no responde al esquema del Estado de Derecho, puesto que son estos tribunales los que en una determianda situación deciden, sintonizando con la coyuntura cuál será la solución a adoptar en cada caso, la decisión que proceda, pero sin estar sometidos en principio a una legalidad preestablecida, y lo mismo sucede con la Administración. Tampoco será un Estado de Derecho aquel sistema político en que las decisiones a adoptar dependan exclusivamente del solo criterio del gobernante o de la arbitrariedad del Príncipe.

El Estado de Derecho exige legitimidad en cuanto al sistema de integración de los órganos supremos del Estado, de los centros básicos que detentan el poder. La representatividad debe estar en la base de todo el esquema del Estado de Derecho. En general, puede afirmarse que el modelo más consecuente, aunque existen por supuesto otros, es el que se corresponde con el que hemos denominado *Estado occidental de Derecho*. Este concepto más o menos impreciso, en cierta manera un cajón de sastre, incluye, sin embargo, algunos datos fundamentales:

1. La existencia de una Constitución garantizadora de determinados derechos básicos y de las líneas fundamentales del sistema político.
2. La integración democrática de los centros soberanos.
3. El principio de la legalidad y el sometimiento de la Administración a la Ley.
4. La existencia de tribunales independientes.

II. ORÍGENES DEL ESTADO DE DERECHO

El Estado de Derecho, como modalidad de organización de la convivencia, se impone como una necesidad ineludible a medida que las comunidades se van haciendo más complejas. Cuando el hombre evoluciona en esa dimensión de sociabilidad que por imperativo biológico domina su especie y que, como vimos, es la base de su propio éxito, no basta ya la selección del jefe del grupo teniendo en cuenta sus características de mando, sus virtualidades como jefe militar. Los individuos piden, además de la organización en la que están inmersos, una cierta seguridad para su integridad, la posibilidad de defensa frente al ejercicio arbitrario del poder. Así va surgiendo, poco a poco, la idea del Estado de Derecho en el magma feudal de la vida premoderna, en cuanto solución a la pugna entre la sociedad de individuos y los poderes detentados por los señores y soberanos. Es la lucha entre el rey y el pueblo.

El pueblo se aglutina, se organiza en Cortes, Juntas y Asambleas medievales, trata de participar en las decisiones soberanas. Este pueblo no era rigurosamente comparable a lo que hoy se considera como pueblo, en el que se integra el proletariado, que es la clase importante y decisiva de nuestra era. El pueblo se realizaba difícilmente a nivel de pechero o vasallo; lo que simboliza o sintetiza la masa popular eran los notables, ciertos estamentos privilegiados, o los gremios urbanos, cuyo peso específico era de importancia. Pues bien, el pueblo así concebido, los que tenían algo que dar o de los que algo podía obtener el monarca, lucha con la realeza insistentemente a lo largo de la Edad Media para defender sus dos círculos más estimados: su libertad y su propiedad. Estos dos puntos van a ser los que sustenten toda la estructura del Estado de Derecho posterior. De aquí que el pueblo insista en que sólo sus representaciones, las Cortes, las Juntas, pueden establecer los tributos o prestaciones personales.

Este estado de situación encuentra también apoyatura doctrinaria desde la perspectiva iusnaturalista y pactista, que tiene uno de sus principales defensores en Locke. Estas teorías afirman que el hombre entra en sociedad porque le conviene para defenderse mejor de la naturaleza, de otros grupos; para prosperar, en suma, abdicando, por tanto, de una parte de su libertad, que pone en el acervo comunitario el beneficio de todos. Sin embargo, no cede íntegramente determinadas prerrogativas personales, como son la de obligarse o la de disponer de su patrimonio, que quedarían al margen de este pacto social político. La idea iusnaturalista parte de la base, que todavía campea, como veremos al explicar el entroncamiento de la justicia en la mecánica del Estado de Derecho, de que el hombre puede obligarse sólo con decisión personal e íntima.

Por tanto, únicamente contando con su consentimiento le podían ser impuestas desde fuera determinadas conductas. Este consentimiento, cuando tiene relevancia para el grupo, se realiza a través de sus representaciones, de los órganos supremos en los cuales aparece representado. Ya tempranamente, con la Carta Magna arrancada por los barones ingleses a Juan sin Tierra, surge un barrunto o anticipo de una de las piezas claves del Estado de Derecho, *la Constitución*, texto en virtud del cual se respetan determinados derechos y facultades de los individuos, poniéndose límites y cortapisas, estableciéndose cauces para el ejercicio del poder. De la Carta Magna va a derivarse una serie de instrumentos constitucionales más o menos perfilados que dominan hoy por doquier incluso en los países del más radical signo autoritario.

En el Continente europeo, quizá por la inmadurez política de los hombres que lo habitaban, no se consiguieron tan tempranos resultados, si bien en la Edad Media el sistema de Cortes y representaciones de este tipo funciona con mayor o menor vigor, y es habitual en este período, o al menos durante largas fases del mismo, el que las Cortes intervengan para establecer tributos o para decretar levas o aportaciones de hombres. Pero el pronto enraizamiento, anterior al de la aparición del Estado de Derecho moderno, de las monarquías absolutas, impide, casi generalmente en el panorama continental europeo, mayores avances en la creación del Estado de Derecho que, como vimos, partía de una limitación de los poderes absolutos del monarca, dejando constancia de ello en un documento aceptado por él, de validez supratemporal, que podemos, desde la óptica actual, calificar de Constitución, y que tiene como complemento una justicia independiente que va a dirimir las controversias surgidas entre los particulares, y también entre éstos y la Administración.

En el sist. anglosajón, el Estado no tiene prerrogativas, sólo algunas puntuales.

Pues bien, este esquema, del que se deriva en hilo casi directo el Estado de Derecho actual, no logra asentarse en los terrenos continentales, al menos en la mayoría de los mismos, por la prevalencia de los monarcas absolutos. Sólo con la Revolución francesa, glorioso movimiento que con un ímpetu avasallador se impuso por todo el área occidental, se va a conseguir el instaurar en este viejo mundo aquellos esquemas más racionales de la organización del poder experimentados con éxito en el ámbito anglosajón. La Revolución francesa supuso la legítima expropiación del poder supremo por el pueblo y la transferencia de poderes, por tanto, del Monarca a la Asamblea. El Monarca queda desposeído de sus poderes autónomos inherentes, y es la Asamblea la que monopoliza la totalidad del poder para ejercerlo desde puntos claves representativos con trascendencia e irradiación hacia todo el área nacional. A partir de este momento la atención de la doctrina se centra sobre esta problemática y se estructura más o menos la teoría del Estado de Derecho, que encuentra su terreno de elección en una organización basada en la división de poderes.

III. TEORÍA DE LA DIVISIÓN DE LOS PODERES

La teoría de la división del poder, posteriormente transformada a veces en teoría de la división de funciones, pero que responde más o menos al mismo esquema inicial, es imprescindible para explicar el encuadramiento de la Administración dentro de uno de estos poderes concretos, dentro del Poder ejecutivo. La teoría de la división de poderes pretende inicialmente, en términos generales, realizar un cierto equilibrio de los mismos dentro del Estado, de forma tal que no puedan ser utilizados abusiva y abrumadoramente en perjuicio de los ciudadanos, en detrimento de sus libertades individuales. Se creía que el poder así distribuido realizaría entre los detentadores de sus parcelas una beneficiosa dosificación, una armonización y unos recíprocos contrapesos, que impedirían su ejercicio unilateral y abusivo.

1) La versión inglesa

Existen dos versiones originarias de la teoría de división del poder: una que podemos denominar inglesa y otra que podemos denominar francesa o continental. En la versión inglesa, como ya ha sido más o menos anticipado, los poderes del Estado se dividen en tres: poder legislativo, ejecutivo y judicial. En esto coincide en líneas generales con la francesa, pero con las diferencias que señalaremos.

El ejecutivo era el detentado por la Corona, de aquí que todavía, pese a que después los poderes autónomos de la Corona se esfuman en el seno de una monarquía constitucional y parlamentaria, se habla de ministros de la Corona, de ministros de Su Graciosa Majestad británica, aludiéndose a quien personifica y simboliza el Poder ejecutivo, el Gobierno, la Corona.

Los barones ingleses, los estamentos privilegiados del país, consiguen, frente al monarca, acantonar en la Corona tan sólo ciertos atributos y facultades, residenciando en el Parlamento el máximo de posibilidades decisorias, de poder político. Para cuidar de que las decisiones del Parlamento sean cumplidas, en definitiva, de que las leyes se observen, se arbitra un mecanismo obvio derivado de la propia idiosincrasia y estructura básica de la sociedad: el sistema de jueces independientes no sometidos al monarca, sino a la Ley, de la que son cuidadores y valedores. Aquí surge esta originalidad inglesa, el denominado *Rule of Law,* imperio de la Ley que obliga por igual a administrados y administradores. No existe, inicialmente al menos con los rasgos netos que le son propios, un Derecho Administrativo singular, un derecho especial privilegiado distinto para la Administracion y para los administrados.

En el ámbito inglés inicial la Administración no cuenta en términos generales, salvo en casos excepcionales, con facultades exorbitantes, y privilegiadas. Los jueces ordinarios controlan la actividad de la Administración al igual que dirimen los litigios entre los particulares. La Administración, cuando encuentra resistencia, cuando los particulares se niegan voluntariamente a obligarse, debe de acudir al juez para que imponga determinadas conductas.

Este es el sistema de judicatura llevado hasta sus últimas consecuencias. Cuando una persona no quiere realizar una conducta no se le puede obligar directamente; es necesario acudir a un árbitro imparcial, a una tercera persona cuyas decisiones previamente se decide acatar, para que resuelva qué es lo que procede. Aquí, pues, el esquema de la división de poderes funciona de una forma radical: Judicatura, Gobierno y Parlamento, cada uno con sus cometidos especiales y distintos, pero dominando el imperio de la Ley, no obstante la amplitud de los poderes discrecionales que residen en la Administración, más extensos, sin duda, que los que obran en el modelo continental. Debe, sin embargo, señalarse que este modelo, teóricamente formalizado por Dicey, nunca fue llevado a sus últimas consecuencias.

2) La versión francesa

La versión francesa de la división de poderes, a la que dio un sólido impulso inicial Montesquieu, aun partiendo del modelo inglés, introduce una cierta desviación en cuanto que entiende la división en el sentido que la Administración no está sometida a la jurisdicción ordinaria, y ello, aunque esto suponga anticipar lo que se reiterará en el capítulo de la justicia administrativa, porque en Francia los revolucionarios temieron que la Administración fuese maniatada por la Justicia, teniendo presente lo sucedido en el Antiguo Régimen que la Revolución trató de liquidar. En el Antiguo Régimen, en efecto, la judicatura venía integrada por determinados estamentos privilegiados, la nobleza de la toga, los cuales tenían particular interés en que las leyes fuesen aplicadas de tal forma que no afectase a los privilegios de la clase de que procedían.

De aquí que algunos proyectos, bien intencionados y beneficiosos, de los últimos monarcas franceses fuesen invalidados por los tribunales en cuanto suponían alguna merma o deterioro de sus privilegios estamentales. Este ejemplo pesó en el ánimo de los revolucionarios franceses, quienes precisamente a partir del Poder ejecutivo, de la Administración, querían realizar una auténtica transformación social y temían que tales posibilidades fuesen frustadas si se ponía en manos de los jueces la facultad de obstaculizarlas o paralizarlas.

Así, el primer modelo francés, después generalizado, entiende que la Administración, en sus asuntos propios, es completamente independiente y autónoma y no está sometida al poder judicial. Está sometida, sí, al Parlamento, a la Asamblea en cuanto debe ejecutar y realizar sus leyes y seguir sus instrucciones y mandatos, pero los negocios administrativos no son conocidos por el Poder Judicial. El poder Judicial sólo entendería de litigios entre particulares, de la aplicación del derecho privado, pero no de los litigios de la Administración pública en cuanto tal.

IV. LA ADMINISTRACIÓN Y LOS PODERES DEL ESTADO

1) Administración y Poder legislativo

El Poder legislativo es detentado por el órgano supremo del Estado, el órgano de máxima autoridad dentro del área nacional de influencia estatal. La Administración, ya adelantamos, aparece como subordinada al Poder legislativo, manejado y detentado por las Asambleas. Las relaciones son las que median entre *dominus* o señor y administrador o ejecutor. De aquí que las asambleas no sólo dan normas jurídicas del máximo rango, leyes en definitiva, sino que adoptan actos trascendentes que no tienen ese carácter normativo, no se refieren a conductas futuras, sino a hechos o situaciones concretos. Vemos, pues, por ejemplo, que los contratos de importancia son ratificados por el Parlamento, que los Presupuestos del Estado son también aprobados por el Parlamento, que determinadas medidas de tipo excepcional son también decididas por él. Porque es el Parlamento quien representa el poder supremo, y, por lo tanto, el titular de la soberanía, y a quien corresponde adoptar las decisiones más importantes. Algunas de ellas tendrán carácter normativo, regularán conductas, pero otras pueden versar sobre materias distintas cuya trascendencia hace que el titular del poder, en definitiva el pueblo, representado en el Parlamento, llame hacia sí la decisión en asuntos de especial importancia.

Sucede, sin embargo, que existe una cierta permeabilidad entre el Poder legislativo y el ejecutivo, dentro del cual está englobada la Administración, en cuanto que la cabeza de la Administración, los órganos de nivel supremo rectores de la misma se conectan con el Parlamento en virtud del sistema habitual y normal de designación de los altos cargos administrativos dentro del elemento político. El Gobierno es, en gran parte de los Estados, una emanación del Parlamento, está cargado de la misma sustancia y corriente política que anima las mayorías de las asambleas soberanas. Ello no es óbice para afirmar que la Administración adquiere frente al Parlamento, en el esquema habitual de Estado de Derecho, una posición subordinada en cuanto que debe de cumplir los mandatos, las disposiciones, las instrucciones que son emanadas del mismo y no puede actuar contra lo expresamente dispuesto por las Leyes.

2) Administración y Poder ejecutivo

En términos generales podemos decir que la Administración, como conjunto orgánico, está integrada por el Poder ejecutivo. No es posible, sin embargo, una coincidencia absoluta entre Administración y ejecutivo, porque, como ya ha quedado apuntado, a la cabeza de la Administración existen titulares de poder político vinculados a las Asambleas y a los Parlamentos, pero con independencia de estas matizaciones la Administración se ubica de lleno y casi agota el Poder ejecutivo. Lo que quizá no sea rigurosamente cierto es que Administración y Poder ejecutivo impliquen simplemente ejecución de la Ley. La Administración no es simplemente cumplidora de los mandatos, de las instrucciones que los Parlamentarios realizan a través de normas de carácter general o de otro tipo de normas habilitantes, como las leyes-cuadro, las leyes de planes, etcétera.

A la Administración le queda un margen de confianza en el sentido de que puede desarrollar, sin necesidad de expresas habilitaciones en cada caso, los cometidos que dentro del complejo estatal se le asignen. La Administración está subordinada a la Ley, debe de ejecutarla a menudo, pero sus tareas no se agotan en su ejecución, sino que junto a esto desempeña específicas funciones, algunas de las cuales vendrán simplemente conectadas con la Constitución sin necesidad de que aparezca inevitablemente, aunque esto sea lo normal, la interposición entre ésta y la actividad ejecutiva de la Administración, de una Ley intermedia. La Administración tiene además también poderes normativos en cuanto que no sólo produce actos, sino que también dicta reglamentos para la ejecución de las leyes o para la disciplina de actividades no reguladas previamente por una Ley.

Donde haya una Ley la Administración deberá cumplirla y acatarla, pero puede suceder que no haya una Ley, que se trate de materias que la Constitución permita que la Administración aborde de por sí, regulándolas y ordenándolas a través de la técnica de los reglamentos independientes, que veremos. Cuando la Ley deja expresamente libertad o crea una habilitación general, la Administración puede legítimamente actuar para el cumplimiento de las funciones específicas que por el ordenamiento le han sido asignadas. La Administración es, por tanto, ejecución, pero entendiendo la ejecución en un sentido más amplio que la simple y pormenorizada aplicación de la leyes parlamentarias.

3) Administración y Justicia

La Justicia tiene como misión aplicar las leyes con imparcialidad e independencia. Es actualmente impensable una organización judicial que no esté sometida a la Ley y en la que los jueces fallen los asuntos en que intervienen con arreglo a su buen criterio, a su sentido individual de la ética, de la justicia. Esto, que en alguna época pudo tener sentido, carece de vigencia en el campo del Derecho de la Administración.

Los jueces, en cuanto desempeñan una misión estatal, están sometidos al Parlamento en el sentido de que están subordinados a la Ley, El juez, según una vieja expresión, es viva voz de las leyes, no tiene voluntad propia, aplica y hace efectiva la voluntad del legislador. En los casos controvertidos debe intervenir para evitar la autodefensa, dirimiendo los conflictos que surgen entre los particulares, las controversias que aparezcan entre los sujetos. En esos casos el juez decide lo que procede, invocando y aplicando el texto de la norma que debe regular estas conductas.

Vimos ya cómo en el modelo inglés de la división de poderes

se aplicaba también este esquema a la Administración que estaba en principio en un pie de igualdad con los particulares en cuanto a su sometimiento a la justicia; los jueces controlan allí directamente las decisiones de la Administración, que no tiene poderes especiales; ésta debe de acudir a la judicatura para imponer conductas a los administrados. El modelo francés, por el contrario, y al que el sistema español sigue, hace que, aunque efectivamente los jueces pueden controlar también las conductas de la Administración y sus actividades, a diferencia del caso inglés, se trate de conductas ya cumplidas; es decir, una autoridad inglesa necesita normalmente acudir a un juez para que haga efectiva y aplique una sanción; en cambio, en los supuestos francés y español la Administración hace efectiva una multa sin perjuicio de que luego los tribunales conozcan de la reclamación contra la misma y la anulen en su caso, ordenando la devolución del importe abonado. El juez interviene *a posteriori* y no *a priori*, como en el caso inglés, lo que se conecta con el tema de los privilegios administrativos, pero la justicia sigue siendo, en general, el poder encargado de velar por la aplicación de las leyes cuando existe discrepancia en cuanto a su cumplimiento según los ordenamientos.

V. PROBLEMÁTICA ACTUAL DEL ESTADO DE DERECHO

En primer lugar observamos cómo el Poder judicial ha adquirido en todos los países que responden al sistema de Estado de Derecho una sustantividad propia y reforzada que garantiza su independencia y por tanto su justificación como tal. Los órganos esencialmente administrativos que revisaban inicialmente actividades en el seno de la Administración van poco a poco evolucionando, hasta convertirse en auténticos tribunales, tal es el caso del Consejo de Estado francés y de los Tribunales de lo Contencioso-Administrativo españoles. Desde otra perspectiva, los países que inicialmente respondían, como los anglosajones, a una modalidad distinta de la división de poderes van creando de hecho una jurisdicción administrativa especializada, lo que en principio era contrario al imperio absoluto de la Ley, aplicada indiscriminadamente por tribunales ordinarios comunes y generales. Existe, pues, en el terreno de la justicia una aproximación de sistemas jurídicos.

Desde otra perspectiva se observa el poder creciente que va adquiriendo el ejecutivo, cuyas facultades discrecionales se incrementan y cuyo peso se acentúa, produciendo la debilidad complementaria de Parlamentos y Asambleas. Esto se debe, en primer lugar, a la difusión de la técnica de designación presidencial, que dota a estas figuras políticas de un respaldo popular directo. Las elecciones presidenciales refuerzan los poderes del presidente, y lo que era connatural con los orígenes de la Constitución americana, adquiere mayor vigor en otros países que habían seguido una trayectoria distinta, como Francia.

Por otra parte, la distinción precisa entre Parlamento y Gobierno, que tenía plenamente un sentido cuando el Poder ejecutivo era una emanación de la Corona y por tanto constituía un poder propio, pierde su razón de ser en buena medida en cuanto que los Gobiernos son una emanación de los Parlamentos, quintaesencia de estos órganos supremos que designan en su seno a los titulares de las carteras ministeriales y a los más altos cargos administrativos. Éstos se encuentran sometidos a control parlamentario, pero un control que se hace problemático en cuanto que los Parlamentos están mediatizados por las mayorías. Si un partido domina una Asamblea, lógicamente la posibilidad de fiscalización sobre un Gobierno que es consecuencia de tal Asamblea es más bien teórica, puesto que habitualmente se tenderá a respaldar, más que a controlar, la acción del Gobierno.

El peso del Gobierno junto con el del Jefe de Estado se acentúa más aún si tenemos en cuenta la amplitud contemporánea a los fines del Estado y de la Administración. Los parlamentos encontraban su medio propio, tenían su contexto natural en circunstancias sociales en las que la Administración intervenía rara y esporádicamente, en cuanto que los fines del Estado eran firmemente recortados por las tendencias liberales predominantes, que veían como algo relativamente funesto y sólo como un mal necesario la intervención de los poderes públicos mediatizando el espontaneísmo de las fuerzas sociales. Con la aparición del Estado providente, y sobre todo con la responsabilización decidida de la Administración en la marcha de la economía, estas circunstancias cambian radicalmente. Los Parlamentos ya no pueden reunirse en las espaciosas fechas que marcaba su calendario para discutir pausadamente principios básicos que recogerían leyes cuya vigencia y valor se prolongaba durante mucho tiempo. Las numerosas funciones públicas exigen hoy decisiones rápidas, contundentes y eficaces, sobre temas que ya no son exclusivamente de carácter netamente ideológico, sino que están animados también de condicionantes técnicos. Pensemos, por ejemplo, en la adopción de una medida que hoy vemos reiterarse en todos los panoramas políticos de los distintos países, como es la de la devaluación monetaria.

La devaluación monetaria, una medida importante, mucho más que la expropiación forzosa, que puede adoptarse con relación a una colectividad, no puede ser, curiosamente, decidida por los Parlamentos; los Parlamentos muestran aquí su fracaso intrínseco para adoptar este tipo de decisiones básicas. Si un Parlamento interviniese con sus técnicas parlamentarias clásicas, si valorase la procedencia o no de una devaluación, se producirían unas reacciones catastróficas, un movimiento especulador incontrolable; de aquí que estas medidas deban ser adoptadas cautelosa y solapadamente en base a dictámenes técnicos que incluso pueden no ser siempre bien comprendidos por el Gobierno, que, en definitiva, debe obrar con rapidez. Recordemos que estas medidas suelen adoptarse en sábado, en domingo, en fechas en que la Bolsa permanece cerrada, y aparece ante el país siempre como un hecho consumado.

Esto que vemos palmariamente en este orden de decisiones es común a otras muchas más. Así, la planificación económica exige un conocimiento profundo de las distintas vinculaciones y consecuencias que las medidas puedan producir y un dominio de la realidad viva, de la realidad económica nacional, difícilmente asimilable por la formación de los parlamentarios. Cuando la Administración apenas administraba, era posible seguir atentamente su marcha; pero cuando la Administración gestiona con intensidad cuantitativa y cualitativa creciente, los individuos se ven obligados a decidir en un solo acto, cada equis años, toda una serie de opciones que coinciden sobre los más distintos y variados aspectos de su vida.

He aquí, pues, algunos de los grandes problemas que tiene hoy planteados la Democracia. La conclusión no puede ser el adbicar de la misma y la disolución del Estado de Derecho en múltiples centros de poder que obren de espaldas al pueblo, sino la necesaria búsqueda de nuevas soluciones que hagan prevalecer los intereses generales, tal como son concebidos por la comunidad y en su conjunto, sobre los intereses parciales de los grupos y las visiones de los tecnócratas. Pero esto es materia de otras disciplinas.

CAPÍTULO III

LA ADMINISTRACIÓN EN EL ORDEN CONSTITUCIONAL ESPAÑOL

LA ADMINISTRACIÓN EN EL ORDEN CONSTITUCIONAL ESPAÑOL

I. LA INSTITUCIONALIZACIÓN DEL ESTADO DE DERECHO

A partir de la Ley 1/1977 se inició un proceso constitucional que ha supuesto la derogación de las Leyes Fundamentales del régimen anterior y la definitiva sanción de la Constitución Española por su Majestad el Rey en las Cortes de 27 de diciembre de 1978, previa su ratificación por referéndum de 6 de diciembre del mismo año.

La Constitución vigente sigue, en cuanto a la distribución de los Poderes del Estado, las pautas clásicas del Estado de Derecho. Explícitamente determina en su artículo 1.º que España se constituye en un Estado Social y Democrático de Derecho que propugna como valores superiores de su ordenamiento jurídico la libertad, la justicia, la igualdad y el pluralismo político. El principio de legalidad se ratifica en diversos artículos, entre ellos el artículo 9.º, que determina la sumisión a la Constitución y al resto del ordenamiento jurídico de administrados y administradores.

El párrafo tercero de este artículo expresa que la Constitución garantiza el principio de legalidad, la jerarquía normativa, la publicidad de las normas, la irretroactividad de las disposiciones sancionadoras no favorables o restrictivas de derechos individuales, la seguridad jurídica, la responsabilidad y la interdicción de la arbitrariedad de los poderes públicos.

El imperio de la Ley constituye uno de los pilares básicos de nuestro ordenamiento constitucional, reservándose a los Tribunales la tutela de las libertades y derechos de los ciudadanos, asignándose a las Cortes el monopolio de la producción de normas de superior rango jurídico.

De acuerdo con la más estricta ortodoxia democrática se residencia en el pueblo español la soberanía nacional, ejercida en su representación por las Cortes Generales, integrada a partir del juego del pluralismo político que anima la creación y funcionamiento de los partidos.

La Constitución recoge, como es habitual en este tipo de textos, una enumeración de derechos y deberes fundamentales, entre los que se incluye el de la igualdad ante la Ley. Puede, pues, sin reservas afirmarse que la Constitución Española institucionaliza así un modelo político que incorpora los postulados técnicos y las consecuencias prácticas del Estado occidental de Derecho modulado por sus actuales preocupaciones sociales.

II. LA MONARQUÍA PARLAMENTARIA

1) El Jefe del Estado

La Constitución (art. 1.3.º) adopta como forma política para el Estado español la Monarquía Parlamentaria, en la que, como es sabido, el Monarca no ejerce poderes sustantivos y reina pero no gobierna. Sus actos deben ser siempre refrendados bien por el Presidente de Gobierno, bien por los Ministros o el Presidente del Congreso, según la índole de sus actuaciones.

Con arreglo a lo dispuesto en el artículo 56, el Rey es el Jefe del Estado, símbolo de su unidad y permanencia, arbitra y modera el funcionamiento regular de las instituciones, asume la más alta representación del Estado español en las relaciones internacionales, especialmente con las naciones de su comunidad histórica, y ejerce las funciones que le atribuyen expresamente la Constitución y las leyes.

La provisión de la Corona se producirá de forma hereditaria, de acuerdo con las pautas tradicionales de las anteriores monarquías españolas.

Los artículos 62 y 63 contienen un catálogo de atribuciones reales cuyo ejercicio viene condicionado por la propia Constitución y supone prácticamente, como en el caso de la sanción y promulgación de leyes y expedición de Decretos, la formalización final de su proceso en el que no interviene el Monarca, sólo quizá en relación con el ejercicio del derecho de gracia está explícitamente sujeto a la Ley y en cuanto a la superior jerarquía de las Fuerzas Armadas habrá de ejercerse dentro del orden constitucional y en condiciones distintas a las que supone el mando jerárquico en sentido estricto.

2) Las Cortes Generales

La potestad legislativa corresponde a las Cortes Generales, quienes aprueban los Presupuestos del Estado y controlan la Acción del Gobierno (art. 66 CE).

Las Cortes Generales están compuestas por el Congreso de los Diputados y el Senado.

El Congreso se compone de un mínimo de 300 y un máximo de 400 Diputados, elegidos por sufragio universal, libre, igual, directo y secreto, por un período de cuatro años, salvo la disolución de las Cámaras, por circunscripciones provinciales y con arreglo a criterios de representación proporcional.

Al igual que en otros países, se ha adoptado una composición bicameral en cuanto a organización del poder legislativo, incluyéndose al Senado. Este tipo de Cámara responde históricamente, bien al deseo de moderar la actuación de los parlamentarios dando entrada en el proceso legislativo a personas elegidas por otros cauces o seleccionadas en virtud de sus méritos personales o sus vínculos hereditarios, bien a hacer participar representaciones elegidas de acuerdo con la distribución territorial de poder del Estado que la propia Constitución sanciona.

Este último propósito, aunque tímidamente adoptado y no llevado a sus lógicas consecuencias, es el que parece presidir la configuración del Senado, configurado como cámara de representación territorial pero elegido sustancialmente por provincias a razón de cuatro por cada una de ellas y en iguales condiciones de sufragio que los Diputados (a excepción de las provincias insulares, Ceuta y Melilla —art. 69.3 y 4 CE—).

Las Comunidades Autónomas designarán además un Senador y otro adicional por cada millón de habitantes en su respectivo territorio a través de su asamblea legislativa o el órgano equivalente, modulación esta que es más concorde con la lógica de la representación territorial (art. 69.5 CE).

3) El poder judicial

La Constitución garantiza la existencia de un poder judicial independiente sometido únicamente al imperio de la Ley. De acuerdo con el artículo 117.3, el ejercicio de la potestad jurisdiccional en todo tipo de procesos juzgando y haciendo ejecutar lo juzgado corresponde exclusivamente a los Juzgados y Tribunales determinados por las leyes, según las normas de competencias y procedimiento que las mismas establezcan.

La Constitución recoge el principio de unidad jurisdiccional y legitima el ejercicio de la acción popular reinstaurando, además, el jurado para los procesos penales que fije la Ley (art. 125 CE). Mandato constitucional aún no desarrollado por el legislador ordinario.

Para la garantía de las libertades y derechos fundamentales se prevé un procedimiento sumario y preferencial ante los Tribunales ordinarios y un recurso de amparo ante el Tribunal Constitucional (art. 53.2 CE y Ley 62/1978, de 26 de diciembre).

El propio texto constitucional dispone la creación del Consejo General del Poder Judicial como órgano de gobierno del mismo, fijando su composición y designación (arts. 122.2 y 3 CE). La correspondiente Ley Orgánica del Poder Judicial 6/1985, de 1 de julio (arts. 107 y ss.) desarrolla las atribuciones y funciones de dicho Consejo.

4) El poder ejecutivo

El Gobierno dirige la política interior y exterior, la Administración civil y militar y la defensa del Estado. Ejerce la función ejecutiva y la potestad reglamentaria de acuerdo con la Constitución y las leyes (arts. 97 a 99 CE).

El Gobierno se compone de Presidente, Vicepresidente, Ministros y demás miembros que establezca la Ley. El Presidente es propuesto por el Rey previa consulta con los representantes designados por los grupos políticos con representación parlamentaria. Para su nombramiento necesita que el Congreso de los Diputados otorgue su confianza, en primera votación por mayoría absoluta, simple en segunda votación, sin lo que se tramitaría nueva propuesta. En caso de que ningún candidato obtuviese la confianza para la investidura, de acuerdo con las previsiones de los apartados 4 y 5 del artículo 99 CE, se convocarían nuevas elecciones. Los demás miembros del Gobierno son nombrados y separados por el Rey a propuesta de su Presidente.

La Administración Pública deberá servir con objetividad los intereses generales y actuar de acuerdo con los principios de eficacia, jerarquía, descentralización, desconcentración y coordinación, con sometimiento pleno a la Ley y al Derecho, tal y como prescribe el artículo 103.1 de la Constitución.

La LRJ-PAC concreta normativamente la vinculación de la Administración pública a la dirección del Gobierno de la Nación, y reconociendo la realidad dimanante de la organización territorial del Estado expande esa misma noción a las demás Administraciones territoriales respecto de los órganos de gobierno de las Comunidades Autónomas y de las Entidades que integran la Administración Local (art. 3.3).

5) El Tribunal Constitucional

Constituye una pieza clave en nuestro ordenamiento fundamental. Dadas las características de la transición política operada en España, felizmente pacífica, los textos constitucionales forzosamente habrían de adolecer de una cierta ambigüedad, especialmente en lo relacionado con la distribución territorial del poder, lo que incluso en cualquier otra circunstancia, ante lo novedoso de la singladura estatal, necesariamente hubiera dado lugar a conflictos e inseguridades, como enseña la experiencia de otros países.

El Tribunal Constitucional, previsto en la Constitución, artículos 159 a 165, ha sido regulado por Ley Orgánica de 3 de octubre de 1979. Como órgano supremo de la Constitución, es independiente de los demás órganos constitucionales y está sometido sólo a la

Constitución y a la Ley que lo regula. Se compone de 12 miembros, nombrados por el Rey; cuatro a propuesta del Congreso y cuatro a propuesta del Senado, designados por mayoría de 3/5 de sus miembros, dos del Gobierno y dos del Poder Judicial.

Sus principales cometidos versan sobre el conocimiento de los recursos de inconstitucionalidad de las leyes, directos e indirectos, recursos de amparo por violación de los derechos y libertades fundamentales y resolución de los conflictos de competencias entre el Estado y las Comunidades Autónomas, éstas entre sí o entre órganos constitucionales del Estado.

Sus sentencias, que se publicarán en el «B. O. E.», tienen el valor de cosa juzgada y producen efectos «erga omnes» cuando declaran la inconstitucionalidad de las leyes.

Debe decirse, finalmente, que este Tribunal ha tenido hasta la fecha una impecable ejecutoria, mereciendo el respeto y la gratitud de todos los ciudadanos.

6) El Defensor del Pueblo

Una figura de problemática clasificación dentro del esquema clásico de la división de poderes es la del Defensor del Pueblo, institución esta de origen nórdico, donde recibe la denominación de «Ombudsman». La Constitución da a esta figura la naturaleza de alto comisionado de las Cortes Generales para la defensa de los derechos fundamentales, a cuyo efecto podrá supervisar la actividad de la Administración, dando cuenta a aquéllas de sus actuaciones. Por su parte, numerosos Estatutos de Autonomía prevén el funcionamiento en su ámbito de una institución similar.

A escala estatal, la Ley Orgánica de 6 de abril de 1981, parcialmente modificada por la Ley Orgánica 2/1992, de 5 de marzo, introduce la regulación prevista en la Constitución, determinando que el Defensor del Pueblo será elegido por las Cortes para un período de cinco años.

Éste podrá iniciar, por propia iniciativa o a instancia de parte, cualquier investigación conducente al esclarecimiento de los actos de la Administración y sus agentes en relación con los ciudadanos, a la luz de lo dispuesto en el artículo 103.1 de la Constitución, y para garantizar el respeto debido a los derechos fundamentales.

Puede supervisar las actividades de cualquier persona, cualquiera que sea su rango, que actúe al servicio de la Administración Pública en todas sus manifestaciones. Está también legitimado para interponer recursos de amparo y de inconstitucionalidad.

No se trata, en definitiva, de un órgano jurisdiccional ni tampoco de control inmediato, constituyendo un plus de apoyo a causas individuales. Sobre la eficacia práctica de esta institución no pueden, sin embargo, depositarse excesivas esperanzas.

III. LA DISTRIBUCIÓN TERRITORIAL DE LOS PODERES DEL ESTADO

La Constitución (art. 2.º y título VIII) realiza en este aspecto una importante innovación, a la que nos referiremos más detalladamente en el capítulo correspondiente.

Interesa destacar ahora únicamente que, junto a las administraciones territoriales del tipo provincia y municipio, aparecen las Comunidades Autónomas como respuesta a la demanda más o menos intensa, según los distintos territorios del Estado, del reconocimiento de una mayor sustantividad administrativa y de capacidad de autogobierno.

Aunque la Constitución no ha definido tampoco en este aspecto cuál es el módulo adoptado, va más allá sin duda de la configuración regionalista de la Constitución republicana, permitiéndose una estructura de poder futura parangonable a la de algunas modalidades del federalismo.

La consolidación del proceso de institucionalización y funcionamiento de las Comunidades Autónomas constituye en estos momentos el principal reto de nuestra dinámica estatal. La distribución de competencias y la culminación de la promulgación de la normativa autonómica afectarán también, a la postre, a la configuración del Derecho administrativo de nuestro país, que, aunque seguirá teniendo un tronco común que se corresponderá en líneas generales al expuesto en esta obra, introducirá modificaciones y modulaciones relacionadas con las peculiaridades de los ordenamientos autonómicos.

A continuación se avanza un esquema de organización de las Administraciones territoriales.

Administración estatal

CENTRAL		PERIFÉRICA
Presidente del Gobierno		
Consejo de Ministros	Presidente Vicepresidente Ministros	Delegado de Gobierno Gobernadores
Comisiones Delegadas del Gobierno Organización Ministerial		
Ministros Secretarios de Estado Secretarías Generales Técnicas y Subsecretarías y Secretarías Generales Direcciones Generales		Direcciones Provinciales Servicios
Subdirecciones Secciones y Negociados		

Administración autonómica

CENTRAL		PERIFÉRICA
Presidente		
Vicepresidentes		
Consejo de Gobierno	Presidente Vicepresidente Consejeros	Delegaciones Diputaciones
Consejerías Consejeros Viceconsejeros Directores Generales Secciones Negociados		

Administración local

Municipios	Alcalde y Tenientes de Alcalde Pleno del Ayuntamiento Comisión de Gobierno Servicios municipales	Concejales
Provincias	Presidente y Vicepresidentes Pleno de la Diputación Comisión de Gobierno Servicios Provinciales	Diputados provinciales

CAPÍTULO IV

LA ADMINISTRACIÓN COMO EMPRESA

I. VISIÓN EMPRESARIAL DE LA ADMINISTRACIÓN.

II. LA CIENCIA DE LA ADMINISTRACIÓN.

III. POSIBLES APORTACIONES DE LAS CIENCIAS NO JURÍDICAS AL CAMPO DE LA ADMINISTRACIÓN.

1) Captación de la realidad.
2) Integración de voluntades.
3) Técnicas instrumentales.

IV. LÍMITES Y CONDICIONES DE LA UTILIZACIÓN DE TÉCNICAS EMPRESARIALES POR LA ADMINISTRACIÓN.

LA ADMINISTRACIÓN COMO EMPRESA

I. VISIÓN EMPRESARIAL DE LA ADMINISTRACIÓN

Antes de entrar en terrenos predominantemente jurídicos vamos a ver los aspectos empresariales de la Administración, advirtiendo que la dimensión no jurídica de la Administración, o no predominantemente jurídica, no excluye absolutamente el Derecho, porque todo lo administrativo está impregnado por el Derecho.

No existe, en el plan de estudios de las carreras universitarias españolas, a diferencia de lo que sucede en otros países, una disciplina que verse simplemente sobre la Administración pública. La disciplina que se ocupa de ella remite habitualmente al Derecho administrativo. De entrada, pues, vemos un indicio de la influencia que han tenido tradicionalmente los juristas en los estudios de la Administración. Sin embargo, hoy la problemática administrativa, aunque tenga un común denominador insistentemente jurídico, es abordable desde una visión de conjunto de la Administración como tal, que incluya tanto los aspectos jurídicos como los no jurídicos.

Realmente, la Administración es susceptible de aproximación desde la óptica empresarial, si tenemos en cuenta que como tal empresa dispone de unos medios para la consecución de unos fines para el logro de sus objetivos. La política empresarial que pretende armonizar, utilizar al máximo, y sacar el mejor partido de los medios disponibles en una organización, es también fructífera en el análisis de la Administración actual, que, junto con el imperativo de la igualdad ante las leyes, pretende, o debe pretender al menos, el imperativo de la igualdad ante las necesidades. La garantización del mínimo vital a los ciudadanos es hoy una preocupación integral del Estado moderno servido por la Administración. Por tanto, las aspiraciones de eficiencia y operatividad, sobre las que luego volveremos, abonan aún más la necesidad de abordar también la Administración desde una perspectiva racionalista que intenta sacar el máximo partido de sus efectivos.

Ciertamente, sería ingenuo pretender una asimilación integral ente técnicas gestoras empresariales privadas y técnicas gestoras públicas, y ello porque nos falta aquí el módulo capital para valorar y ponderar la operatividad y el éxito de las empresas: el lucro. El lucro, que es la piedra de toque para valorar la marcha de una empresa, y me refiero a una economía de mercado, no debe aparecer fundamentalmente en la Administración, que no pretende obtener beneficios y que muchas veces se embarca en actividades inicialmente no rentables, costosas y, quizá desde una perspectiva privada, despilfarradoras. Con puros módulos de lucro no es posible valorar, por ejemplo, la inversión en la construcción de un palacio de exposiciones y congresos, o de un teatro de ópera, o de una plaza, o de un parque. Pero pueden existir unos cánones sustitutivos del lucro.

En principio, si se tienen unos determinados medios y se quieren obtener unos fines, construir un teatro de ópera, por ejemplo, deben conseguirse con el máximo de eficacia los mejores resultados, la ubicación más razonable, el edificio más idóneo para los fines que pretendemos, pero sin gastar más que aquello que precisa lo que queremos obtener y sin que la obra realizada sea inadecuada para estos fines. Estas técnicas, pues, pueden ser puestas al servicio de la Administración y a menudo por claros imperativos. No hay por qué, por ejemplo, pensar que el servicio de correos deba funcionar de forma peor y con unos resultados distintos si es gestionado públicamente o privadamente. Esto lo vemos claramente en los servicios, que en unos países están socializados íntegramente y en otros no. Me refiero a la electricidad, que en gran parte del área occidental en que nos movemos está en manos públicas, aunque en nuestro país esté aún en manos privadas. Pues bien, no hay razón alguna para que los módulos que sigue, por ejemplo, la Electricidad de Francia sean distintos a los que sigue Iberduero, pongo por caso. Aquí cabe plenamente una comprensión empresarial de la gestión administrativa, sin perjuicio de que haya modalidades gestoras propias de todo manejo de intereses colectivos.

Cierto que no será fácil verter en términos de teoría administrativa lo que en la economía privada viene dado por imperativos de la política empresarial o por el resultado del acierto del gestor; pero esto es también predicable de la empresa privada, ninguna asignatura ninguna desmenuzación de las técnicas gestoriales, privadas puede suplir las dotes del individuo, su capacidad directiva, su olfato hacia el buen negocio, la sensibilidad hacia la coyuntura. Pero con independencia de estos factores, queda campo sobrado para un posible y beneficioso intercambio de técnicas auxiliares. Esto puede verse claramente hasta en un sector distinto de la Administración y justificado hasta el máximo, la Justicia. Un buen Juez es un sujeto irrepetible por una máquina, no existen artilugios capaces de fallar un pleito. Pero un buen Juez debe ser un Juez eficaz, es decir, debe producir sentencias con acierto y celeridad, y para ello puede apoyarse en ciertas técnicas, útiles e instrumentales. En estos momentos se estudia la codificación por métodos electrónicos de la legislación y de las sentencias ya producidas, al objeto de que pulsando un registro tenga a la vista el Juez, en un momento determinado, antes de fallar un caso, todos los antecedentes legales, los precedentes anteriores. Este necesario y útil apoyo en técnicas operativas se da mucho más acentuadamente, por cierto, en otros sectores de actividad del Estado, como el de la Administración.

II. LA CIENCIA DE LA ADMINISTRACIÓN

La ciencia de la Administración remite o evoca hacia determinadas perspectivas no jurídicas de interés para el gestor público que se han ido abriendo paso con dificultad en el mundo de la Administración. Las dificultades proceden del monopolio tradicional de los juristas, también en el terreno público, monopolio que se acentuó más aún con la recepción del Derecho romano y con el montaje del Derecho administrativo, derecho incipiente y nuevo, sobre los esquemas del Derecho privado, sobre los cuadros civilistas. Ello fue unido al formalismo kantiano, al gusto del jurista clásico por las abstractas teorizaciones que le hacían mirar con repugnancia toda actividad que saliese fuera de estos cauces de exquisitez jurídica en que un poco estérilmente se movía. De aquí que aquellos juristas que han realizado aportaciones, inocuas en algunos casos y fructíferas en otros, al mundo del Derecho privado, han supuesto en ocasiones una tara para la evolución del Derecho público y de la buena Administración.

Su formación, su hábito de operar sobre construcciones preciosistas, sobre esquemas mentales que se cerraban en sí mismos, les hacía adoptar cierto recelo hacia todo lo que suponía una aproximación real de los problemas. Este despego de las realidades es fatal para el Derecho público, que es un derecho fundamentalmente inmerso en la operatividad, decididamente cargado de preocupaciones de cambio social, de mejora de las condiciones comunitarias. A este mismo patrón de juristas puros pertenecían las versiones pintorescas de la literatura sobre el funcionario leguleyesco y paralizador, sobre la burocracia rutinaria apegada rígidamente a la letra de reglamentos y normas, pero sin pensar cuál es lo que está por debajo o por encima de esos reglamentos, las excepciones que pueden hacerse en cada caso concreto, para adoptar el espíritu de lo reglamentado a lo que el texto de la norma realmente establece y pretende. Sólo después de múltiples intentos, que en el campo doctrinal sobre todo dieran lugar a estériles batallas entre los cultivadores de la ciencia de la Administración, se abrieron paso otras vivificadoras tendencias impulsadas sobre todo por la recepción del pragmatismo americano y por ese deslumbramiento contemporáneo que flotaba por doquier por las realizaciones de aquella sociedad. Por lo demás, la aparición del Estado providente, Estado que se va a responsabilzar progresivamente de nuevos fines, impulsa decididamente la recepción de técnicas útiles para hacer posible el cumplimiento de los recientes objetivos públicos.

Estas técnicas encontraron sus más importantes formulaciones teóricas en la doctrina americana. El taylorismo tuvo gran influencia en nuestra doctrina, especialmente en algunas formulaciones francesas. La Administración se va a beneficiar así de estos instrumentos, de estos estímulos, y se pretende que también en ella sirvan modelos creados con caracteres generales para todas las empresas, dentro de las cuales se va a incluir la Administración. Así el esquema ya clásico de las cinco dimensiones de la función administrativa, entendido como válido para toda clase de operaciones complejas, se trata de trasplantar al campo administrativo público en sus cinco aspectos, que consistirán en la previsión, en la organización, el mando, la coordinación y el control. Este esquema quíntuple sería válido para la empresa privada y también, en algunos aspectos, para la empresa pública. Incluso se amplía más, con unas siglas que sintetizan siete funciones en la abreviatura PODSCORB, que incluye las iniciales de otras tantas conocidas palabras inglesas, *planning, organizing, staffing, directing, coordinating, reporting, budgeting, programation, organisation*, etc.

Estas corrientes fueron recibidas también en España, donde además teníamos sanos precedentes, porque aquí existieron, antes de la aglutinación del Derecho administrativo como tal, generaciones de administrativas que consideraban que la Administración era algo más que la aplicación pura y simple de la Ley, consistiendo en el buen gobierno de la cosa pública. Estos administrativistas, vinculados con aquellos hombres altruistas y renovadores que al filo de finales del siglo XVIII y principios del XIX trataron de incorporar nuestro país a la marcha evolutiva de otras naciones, intentaron remozar íntegramente su vida social en los aspectos públicos y privados, entre los que ocupan un lugar señero los que en Vascongadas acaudillaron aquel movimiento importante y fecundo que fue el de la Sociedad de Amigos del País, que tiene su germen en los denominados Caballeritos de Azcoitia. Estas minorías, verdaderamente sorprendentes en una época en que el tono general de la nación era pardo e ignaro, tuvieron, sin embargo, una visión clara de lo que sucedía más allá de las fronteras y trataron de que se reactivase la vida de España y que se sintonizase con aquellas corrientes. Los que después siguieron esta línea tenían también una preocupación del buen gobierno, de cambio, de mejora de la cosa pública, despegada en buena medida de las abstractas teorizaciones que después van a predominar.

Este afán de eficacia, de seriedad, de cientifismo, tan reñido con los afanes teorizantes de la juridificación posterior, luce también en los primeros intentos de los que, recibiendo las enseñanzas de la Revolución, pretendieron reconstruir el país reactivando su pulso vital. Estos intentos importantes se diluyen posteriormente en la juridificación absorbente y abrumadora del obrar administrativo.

Sólo en épocas muy recientes, vuelven a aparecer manifestaciones de esta preocupación racionalizadora y renovadora de la Administración. Los postulados de esa índole contenidos en la Ley de Procedimiento Administrativo de 1958 (hoy derogada en su práctica totalidad) han sido recogidos y reforzados por la LRJ-PAC de 1992, potencialmente volcada a configurar un nuevo esquema relacional entre la Administración y los ciudadanos en el que, como expresa su Exposición de Motivos, debe primar la eficacia sobre el formalismo. Diferentes preceptos de esta Ley disponen que las actuaciones administrativas se realizarán con arreglo a criterios de economía, celeridad, eficacia, eficiencia y servicio a los ciudadanos. Otras previsiones determinan esos parámetros de actuación, demandando la racionalización de las tareas administrativas, la información y orientación al público, la incorporación de medios técnicos que modernicen los trabajos burocráticos, la simplificación y acumulación de expedientes, etc., materias todas ellas que revelan el afloramiento y adecuación en el terreno público de aspiraciones consideradas como monopolio de la empresa privada.

III. POSIBLES APORTACIONES DE LAS CIENCIAS NO JURÍDICAS AL CAMPO DE LA ADMINISTRACIÓN

1) Captación de la realidad

Estas ciencias pueden darnos, en primer lugar, una información integral de la realidad social. La Administración no se mueve en el vacío, ni funciona exclusivamente para complacencia de los detentadores de sus puestos claves. La Administración desarrolla actividades que tienden a transformar la vida social, a mejorar las condiciones de una comunidad determinada, a atender, en definitiva, a los fines colectivos. De aquí que, para que la Administración pueda mejorar tales circunstancias existenciales, necesite conocer previamente cuáles son éstas, cómo se desenvuelve antes de su intervención la comunidad de que se trata; precisa, pues, tener conocimientos inmediatos de la realidad. Esta visión directa sólo la pueden suministrar disciplinas no jurídicas, puesto que lo jurídico operará después sobre los dictados de estas ciencias, plasmándolos en actividades ordenadas por el Derecho.

De aquí, por ejemplo, que las ciencias de la economía supongan para determinadas actuaciones administrativas un punto de partida y un asidero imprescindible. Si hoy una de las preocupaciones más importantes de la Administración contemporánea y uno de sus más destacados cometidos es el de orientar la vida económica, forzosamente habrá de utilizar el apoyo de aquellas disciplinas, para saber cómo está la coyuntura en un momento determinado, cuál será el impulso que deba darse, cuáles los previsibles resultados de tal impulso. Si se necesita, por ejemplo, modificar o retocar las tasas de redescuento o los tipos de interés, o hacer una emisión masiva de Deuda Pública para sustraer unos excedentes inflacionistas, será necesario que los expertos, los técnicos en economía, informen sobre la situación en el país y sobre los efectos de posibles medidas correctoras.

2) Integración de voluntades

Ciencias ajenas a las jurídicas permitirán también colaborar a la eficaz integración de los administrados en la Administración. Los distintos ámbitos del obrar administrativo podrían recibir así, con ventaja, técnicas procedentes de la administración privada. Entre ellas podemos señalar ahora las que facilitarán la captación de voluntades de los administrados para la obra de la Administración. No es ajeno a las actividades privadas, en cuanto operan sobre módulos de mercado, la necesidad de hacer atractiva su actuación de cara al público, de orientar hacia sí la atención de los posibles destinatarios de las actividades de las empresas. La publicidad, el conocimiento de mercados, la captación de adhesiones, las relaciones públicas, pueden ser también, aunque con otros matices, utilizadas en el ámbito de la Administración, y entre ellas destacadamente las elementales técnicas de comunicaciones públicas.

El obrar administrativo precisa hoy, más allá aún, de una auténtica incorporación de los administrados. Al dispararse la actividad administrativa, al ir abordando cada vez nuevos campos, resulta imprescindible, no sólo ya en términos democráticos, sino también de eficacia, contar con el respaldo de los administrados. De ahí que se pretenda cada vez más hacer que éstos participen y colaboren en las actuaciones administrativas a través de comités, de juntas, de comisiones. Se supera el esquema de la Administración conflictiva, de la Administración que iba a intervenir peligrosamente en las esferas de los particulares, para dar paso a una Administración colaborativa, negociada, que trata de resolver las necesidades del público con el apoyo de él.

Por lo demás, los esquemas clásicos funcionales, que luego veremos, son insuficientes. Sin un respaldo de la masa general de los administrados las grandes tareas administrativas no son viables; por ejemplo, sin la mentalidad desarrollista, que no es más que el reflejo en los sectores económicos implicados en los afanes de la Administración para potenciar la economía, los imperativos de los planes de desarrollo son difícilmente conseguibles. Toda la campaña que hoy late en el país sobre la evolución de la enseñanza, sobre la forma de mejorar los sistemas y estructuras administrativas propende a crear una mentalidad difundida que respalde y sirva de punto de desarrollo a los objetivos de la Administración.

Esta política de estímulo general de adhesión es necesaria para muchas actividades concretas. Hay medidas que prácticamente no pueden llevarse a efecto. si no se cuenta de antemano con la colaboración de los destinatarios. Si los interesados recurren, por ejemplo, masivamente, pueden llegar a paralizar o detener la acción administrativa. Si las multas de tráfico chocan con una mentalidad abiertamente resistente al cumplimiento de las ordenanzas, la propia efectividad de la sanción se diluye. No basta con una información general, es necesario crear un clima de asenso a determinadas actividades administrativas, patentizando que no son perjudiciales para el individuo, sino favorecedoras de sus actividades cotidianas.

Especial importancia tiene la integración de grupos, de sectores de intereses en la Administración, como, por ejemplo, la articulación de las cámaras universitarias, de consejos de estudiantes. La Administración no puede funcionar eficazmente si no encuentra un apoyo colaborador y complementario en los propios destinatarios de las medidas, sin que éstos participen en estas operaciones en forma de ejecución de actividades complementarias, de creación de un clima que culmine y redondee sus tareas específicas. La colaboración de los estudiantes, de los usuarios del Seguro de Enfermedad, de los vecinos de un barrio, de los comerciantes, no es sólo un imperativo de democracia, sino también de eficacia. Pues bien, para este tipo de articulaciones, moldes, pautas que ya han sido ensayados en otros sectores pueden ser también de interés para la Administración.

Consciente de esa evolución, la LRJ-PAC bien que modestamente abre su ámbito de aplicación con algunas fórmulas participativas. Así, regula con régimen específico aquellos órganos colegiados en los que participen organizaciones representativas de intereses sociales (art. 22), amplía el concepto de interesado en el procedimiento administrativo (art. 31), faculta a las Administraciones públicas para celebrar acuerdos, pactos, convenios o contratos como mecanismo de terminación convencional en ciertos procedimientos (art. 88), posibilita la sustitución de los recursos administrativos por otras vías como las de la conciliación, la mediación o el arbitraje (art. 107).

3) Técnicas instrumentales

Por último, existen una serie de técnicas meramente instrumentales que pueden ser perfectamente recibidas en el seno del obrar administrativo. Tal es el caso, por ejemplo, de las técnicas de organización y métodos, de procesos de datos, de información, etc. No hay nada que impida a la Administración servirse de un ordenador, y lo mismo cabe decir de soluciones elementales de mejora funcional. Hasta tal punto esto es cierto, que la O & M ha sido incorporada en el aspecto de normalización y racionalización de expedientes, a los propios textos legales, como vimos al aludir a la Ley de Procedimiento Administrativo.

IV. LÍMITES Y CONDICIONES DE LA UTILIZACIÓN DE TÉCNICAS EMPRESARIALES POR LA ADMINISTRACIÓN

Esta intercambiabilidad de técnicas de empresas privadas y públicas, que en muchos casos tiene plena vigencia, como, por ejemplo, en el de organización de actividades administrativas en forma de sociedad anónima, en este sentido se ha dicho que la Administración ha expropiado a los empresarios no sólo sus bienes, sino también sus métodos, tiene unos límites a los cuales ya aludimos, en cuanto que la eficacia es medida en términos distintos en el seno del obrar público y en el seno del obrar privado, ya que la igualdad que fundamentalmente aquí campea como criterio administrativo puede imponer determinados costos sociales para ciertos grupos que serían inadmisibles en otras formas de composición de intereses.

Aunque no se trate de límites propiamente dichos, han de tenerse en cuenta también ciertos obstáculos a la posible recepción de estas técnicas. En primer lugar, la lógica resistencia institucional del aparato que se niega a salir de sus hábitos para modernizarse y adquirir un tono nuevo y vigoroso. En segundo lugar, el clima general, el contexto sociológico que pueda hacer inviables tales innovaciones, cuando el poder de los grupos internos de la Administración o de los que influyen en ella desde fuera pueden paralizar estos intentos modernizadores, racionalizadores y renovadores. Tal ha sucedido con la última Ley de Funcionarios.

Lo importante para que tengan viabilidad estas técnicas, es la creación en torno a sus mejores dirigentes de un sistema de adhesiones tanto internas en la Administración como externas en el público. Esto sucede en la empresa privada, por supuesto, pero mucho más importante es quizá en la Administración. El liderazgo institucional, esa capacidad que tienen determinados gerentes de sugestionar a los que trabajan junto a ellos, de hacerlos compartir los intereses de la empresa, de reactivar sus energías, en la Administración puede tener también un peso decisivo. La aparición de figuras claves, de detentadores de puestos destacados que pueden irradiar confianza, entusiasmo y adhesiones es un dato importantísimo para la efectividad de estas preocupaciones que tratan de mejorar el obrar administrativo mediante la implantación de técnicas surgidas en otros campos.

CAPÍTULO V

EL DERECHO ADMINISTRATIVO

I. DEFINICIÓN DEL DERECHO ADMINISTRATIVO.

1) **Dinamicidad del Derecho administrativo.**
2) **Concepto sustancial del Derecho administrativo.**
3) **Administración y Derecho privado.**
4) **Noción pluralista.**

II. DISTINCIÓN ENTRE DERECHO ADMINISTRATIVO Y DERECHO PRIVADO.

EL DERECHO ADMINISTRATIVO

I. DEFINICIÓN DEL DERECHO ADMINISTRATIVO

El Derecho administrativo es difícil de asimilar y se resiste especialmente a reducirse a una síntesis que nos valga luego para todas sus manifestaciones. Ello se debe a las distintas circunstancias que han influido en su aglutinación y a la variedad de los supuestos que abarca. Intentaremos, sin embargo, una exposición analítica de sus diversos aspectos.

1) Dinamicidad del Derecho administrativo

La modernidad rigurosa del Derecho de la Administración, que como ya vimos surge fundamentalmente a partir del siglo XIX, ha hecho que sus tratadistas iniciales, y siguiendo con ello una pauta general de todas las disciplinas, hayan utilizado para su explicación modelos anteriores. Siempre que se progresa se tiende a apoyarse en el pasado; así los primeros automóviles utilizaban como modelos las carrozas o las diligencias; en igual sentido, al avanzar el Derecho y surgir el Derecho administrativo, se tiende a utilizar normalmente los moldes del Derecho privado, pese a que por lo general no le son de fácil encaje y se determina con ello una sensible confusión inicial.

El problema se agudiza si se tiene en cuenta que el Derecho administrativo, aunque aparece sólo recientemente, incrementa su ámbito de dominio progresiva y velozmente. Hoy el Derecho administrativo se ocupa de todas las ramas de la vida social: del derecho de la navegación aérea, fundamentalmente público, o del derecho minero, del derecho de aguas, del de montes, etc. Por donde vayamos encontramos manifestaciones del Derecho administrativo. No se tiene más que visualizar las grandes colecciones de leyes que se incrementan todos los años para ver cómo prolifera el número de sus normas. Si, como se ha observado en España, cada cinco horas surge una norma administrativa nueva, se comprenderá que tal producción haga difícil el encontrar una definición que con unas cuantas palabras nos valga para todas las manifestaciones de este Derecho. Pero ello hace más que justificado el intento, puesto que sólo así podemos orientarnos sobre un mundo de normas y disposiciones, a menudo contradictorias, averiguando, en definitiva, cuándo estamos en presencia del Derecho administrativo y de la Administración.

El Derecho administrativo, que tiene una sensibilidad enorme a la política y a las circunstancias ambientales, se resiste a toda clase de definiciones que nos lo quieran presentar con validez intertemporal e interespacial, puesto que los caracteres históricos de este Derecho, de sus formas de actuación, impregnan su propia sustancia. No es igual el Derecho administrativo español, aunque tenga rasgos comunes, que el italiano, el alemán y, por supuesto, que el anglosajón. Es necesario, pues, crear una noción del Derecho administrativo sensibilizada a la realidad temporal y territorial. No es posible realizar aquí grandes abstracciones permanentes, como pueden hacerse para el Derecho privado; es preciso llegar a ideas ágiles que permitan mayores concreciones, revisiones continuas. No se trata de crear un Derecho administrativo congelado, estático, sino que la definición que se adopte habrá de tomar conciencia de la contingencia y del dinamismo que esta disciplina tiene en nuestros días en que padece una auténtica crisis de crecimiento.

2) Concepto sustancial del Derecho administrativo

Para definir el Derecho administrativo se han adoptado múltiples perspectivas, pero las dos grandes opciones son las que giran entre un criterio sustancial, es decir, el Derecho administrativo *per se,* con contenido y caracteres propios, o un criterio personal, es decir, el Derecho administrativo simplemente es el Derecho de la Administración. Parece que esta última aproximación personalista —el Derecho administrativo es el de la Administración— es aparentemente la más convincente. A primera vista, la misma palabra lo dice, el Derecho de la Administración es aquel que es de aplicación a ésta. Pero, como en todos los abordamientos simplistas, nos encontramos con un círculo vicioso, una verdadera tautología. Si decimos que el Derecho administrativo es el Derecho de la Administración, debemos definir previamente qué es Administración.

Parece que conocemos *a priori* qué es la Administración. Ha quedado ya apuntado: se trata de un complejo orgánico incorporado al Poder ejecutivo o a la función ejecutiva. Pero tampoco con ello resolvemos el problema, porque hoy en día, al ampliarse el obrar administrativo, no es fácil ni posible averiguar de entrada si estamos o no en presencia de órganos de la Administración. Precisamente la pauta que nos dará la solución para averiguar si un determinado órgano, una determinada persona, es titular de funciones públicas, si pertenece, en suma, a la Administración, es comprobar si puede utilizar las prerrogativas que el Derecho administrativo le concede y si está sometida a sus mandatos; por lo tanto, la idea del Derecho administrativo precede a la Administración, y no a la inversa.

Es claro que un Gobernador civil o un Ministro es un órgano de la Administración; pero cuando la Administración se infiltra en la vida social, cuando la Administración utiliza las técnicas colaborativas antes aludidas, es altamente difícil saber si estamos o no en presencia de un órgano de la Administración; pongo, por ejemplo el caso de las Cámaras de Comercio, o de los Colegios de Economistas. Son o no parcialmente órganos de la Administración, participan o no de las funciones públicas. Sólo podremos llegar a una conclusión en cualquier sentido comprobando si utilizan potestades que el Derecho administrativo concede.

3) Administración y Derecho privado

Pero es que, además, la Administración no maneja sólo el Derecho administrativo. Es importante hacer notar que, aunque la

Administración debe sujetar su conducta a los dictados del Derecho administrativo, no aparece siempre como una persona de Derecho público; a veces también actúa simplemente en condición de persona de Derecho privado. Por ejemplo, un Ayuntamiento puede imponer una multa a un conductor que ha aparcado indebidamente, y entonces está sometido plenamente al Derecho administrativo, pero también puede ser titular de un frontón, y en esas relaciones actúa como un empresario privado. Por lo tanto, decir que el Derecho administrativo sería Derecho de la Administración no sería rigurosamente cierto, puesto que la Administración puede ser en esos casos una persona particular y actuar como un sujeto más, sometido al Derecho civil o al Derecho mercantil.

4) Noción pluralista

Determinados criterios de definición del Derecho administrativo parten del intento de sintetizar unilateralmente el rasgo más destacado de esta rama jurídica, centrando sobre él el énfasis caracterizador del Derecho que nos ocupa. Así se trata de definir el Derecho administrativo en cuanto es propio de una supuesta función administrativa, o en cuanto atiende a los fines del Estado, o reúne los caracteres de la gestión pública. La insatisfacción de todas estas posturas que tratan de explicar así parcialmente el Derecho administrativo ha determinado que se adopte a la postre una posición descorazonadora y negativa, que pretende aclarar lo que sea el Derecho administrativo por sustracción. Es decir, será Derecho administrativo lo que no es Derecho privado y no es el propio de otros órganos del Estado. Otros criterios existenciales pretenden que sólo en casos concretos, prescindiendo de formulaciones genéricas, puede llegarse a precisar si se está en presencia del Derecho administrativo.

Todos estos intentos nos ponen sobre la pista de que no será fácil ni posible el constituir el Derecho administrativo sobre una noción única. Tampoco se comprende por qué hay que montar la explicación de ese Derecho sobre una sola piedra angular sin dar entrada a una serie de ideas complementarias. Por lo tanto, partimos aquí de una noción pluralista que ilustra y explica el contenido y extensión de este Derecho.

El Derecho administrativo sería, pues, aquel Derecho que «*disciplina un conjunto de actividades eficazmente dirigidas al atendimiento de los intereses públicos y para las cuales el ordenamiento concede potestades singulares*». En el capítulo siguiente trataremos de analizar los distintos elementos de la definición.

II. DISTINCIÓN ENTRE DERECHO ADMINISTRATIVO Y DERECHO PRIVADO

Vimos que el Derecho privado había tenido cierta influencia en la formación del Derecho administrativo, aunque sólo fuese por su prioridad histórica. Pero hoy, sin embargo, no podemos afirmar que el Derecho privado, fundamentalmente sintetizado en el Código civil, sea un Derecho que campea sobre el Derecho administrativo. Sucederá, sin embargo, que habrá grandes grupos de instituciones que serán comunes y que tendrán trascendencia para ambos ordenamientos; cabe hablar, por ejemplo, de una teoría de los contratos con trascendencia para los contratos administrativos o para los contratos privados, de una teoría del dominio con trascendencia para ambos ordenamientos. Pero el Derecho administrativo actual es una rama autónoma que se autointegra, es decir, que se completa con arreglo a sus propias instituciones, a sus propias normas y preceptos.

El Derecho privado se caracteriza fundamentalmente frente al público por crear un marco dentro del cual los particulares libremente se mueven, acuerdan lo que procede, comprometen sus voluntades. La Ley aquí sólo es un límite, un valladar dentro del cual los sujetos se autoobligan, contraen deberes, adquieren derechos. Prima aquí, pues, la autonomía de la voluntad, el principio de que nadie debe hacer lo que no haya acordado y decidido. Por el contrario, el Derecho administrativo parte de principios contrarios. Aquí es posible arrastrar a una persona a hacer algo que no quería, a presionarla desde fuera sobre su voluntad, a impulsarla a adoptar sin su consentimiento determinadas conductas. En el Derecho privado son intereses individuales los que están en posible conflicto. En el Derecho administrativo son los particulares los que pueden entrar en conflicto con la Administración, con los intereses colectivos, por lo tanto, y con los intereses comunitarios de otros particulares. Sólo excepcionalmente el Derecho administrativo dirime conflictos entre particulares individualizados.

El Derecho privado, que rige las relaciones de este orden, es, pues, un derecho cerrado en este sentido, es un derecho limitado, porque lo importante es la autonomía de la voluntad que lo completa, mientras que el Derecho administrativo es tendencialmente un Derecho abierto. El Derecho privado es más proclive, más fácil de ser explicado con abstracciones, mientras que el Derecho administrativo tiende a lo concreto, a lo material, a lo inmediatamente realizable. Éstos son, pues, los grandes rasgos que separan estos dos Derechos, sin perjuicio de que existan datos que puedan ser comunes y de que la Administración, como vimos, pueda utilizar las técnicas de Derecho privado o venir excepcionalmente sometida al mismo.

CAPÍTULO VI

CARACTERES DEL DERECHO ADMINISTRATIVO

I. LA ACTIVIDAD ADMINISTRATIVA.

II. LA EFICACIA.

III. EL INTERÉS PÚBLICO. ADMINISTRACIÓN Y JUSTICIA.

IV. LAS POTESTADES ADMINISTRATIVAS Y LA AUTOTUTELA DE LA ADMINISTRACIÓN.

1) Ejecutividad.
2) La acción de oficio.
3) Prohibiciones de interdictos.
4) Carácter de los recursos.

V. LA CONCESIÓN DE PODERES Y EL PRINCIPIO DE LEGALIDAD.

CARACTERES DEL DERECHO ADMINISTRATIVO

I. LA ACTIVIDAD ADMINISTRATIVA

Vamos a analizar ahora cada uno de los elementos que se recogían en la noción pluralista del Derecho administrativo, expuesta en el capítulo anterior. En primer lugar se afirmaba que el Derecho administrativo regulaba actividades; éstas serán, pues, las llevadas a cabo por la Administración. Al hacer hincapié en las actividades, se quiere resaltar que el Derecho administrativo tiene una especial vocación operativa, de ejecución, de transformación, en suma, de mejora de las condiciones de la vida social. Atiende a las necesidades existenciales de un grupo tratando de crear un cuadro comunitario satisfactorio. De aquí que, a diferencia con la postura de la Justicia, no se proponga sólo dirimir conflictos, sino, hincando el pie en la realidad, operar cambios, beneficiar las circunstancias existentes. La idea de actividad se conecta, pues, con la idea de ejecución, que no supone simplemente aplicación de la Ley, sino ejecución de las tareas que son necesarias para llevar a efecto las previsiones de los órganos que detentan el poder.

II. LA EFICACIA

En segundo lugar aludíamos a la eficacia. La incorporación de la eficacia al Derecho administrativo supone, sin duda, una relativa innovación. Tradicionalmente, la eficacia quedaba al margen de las preocupaciones de los administrativistas, pero creemos que la eficacia debe insertarse hoy sin violencia, como imperativo propio, en el contexto del Estado Social del Derecho. El Estado actual no sólo es de Derecho, sino también social. De aquí que sea importante llamar la atención de que el Derecho administrativo no pretende exclusivamente garantizar la libertad de los ciudadanos, sino también su igualdad a la hora del atendimiento de las necesidades mínimas existenciales. El Estado de Derecho, privado de esta versión de sociabilidad que aquí se subraya, produjo inicialmente una versión del Derecho administrativo, fundamentalmente defensiva, en cuanto que por medio de este Derecho se podía sujetar a la Administración para que no se introdujese en los círculos privados de los particulares, para que no se restringiesen estas esferas más allá de los límites decididos por los supremos detentadores del Poder. De aquí que el Derecho administrativo venga inicialmente marcado por un sello, por así decirlo, de patología jurídica, en el sentido de que sus dictados encajaban plenamente sólo en aquellas ocasiones en que el Derecho era conculcado, cuando los particulares debían defenderse frente a la Administración.

Esta perspectiva defensiva del Derecho administrativo hacía ocultar la dimensión última de eficacia, de operatividad ya señalada. El Estado actual no puede ser neutral ante la injusticia social, ante la desigualdad de los ciudadanos. Debe suministrar a éstos cauces técnicos para defenderse frente a una Administración arbitraria, pero debe prever también instrumentos para estimular a la Administración a actuar. De aquí que la perspectiva defensiva del Derecho administrativo tradicional sea incapaz de darnos pautas y soluciones para sacar a la Administración de la inactividad. Hoy en día la principal laguna del Estado moderno es la dificultad con que se encuentra el ciudadano ordinario para allegar medios y recursos que hagan que la Administración actúe, para que los servicios mejoren, para que las realizaciones sean satisfactorias, para que las obras surjan.

Ante la pasividad de la Administración, la panoplia de recursos que nos ofrece hoy el ordenamiento jurídico administrativo moderno resulta notoriamente insuficiente. Si la Administración no construye, si no son suficientes las carreteras, si no hay caudales de agua, si fallan las comunicaciones, el Derecho administrativo liberal nos ofrece escasas palancas impulsoras, determinando que sea necesario hacer hincapié en la idea de eficacia para impulsar a que la Administración actúe bien y satisfactoriamente. Ello, por lo demás, no es un simple y piadoso deseo, sino que hoy está ya juridificado en el sentido de que, como vimos, la propia LRJ-PAC ordena que las actuaciones de este orden se desarrollen con economía, celeridad, eficacia, eficiencia y servicio a los ciudadanos, e incluso desde las propias alturas de los textos constitucionales, el artículo 103 de la Constitución ordena a la Administración que actúe de acuerdo con el principio de eficacia. La eficacia, pues, aparece positivizada, incluida en el Derecho. Cuestión distinta es cómo podrá exigirse; será desde luego necesario completar las técnicas jurídicas actuales con instrumentos concretos y más directamente manejables; pero que la eficacia hoy está inmersa en el concepto del Derecho administrativo parece totalmente indiscutible, porque de nada vale al ciudadano ordinario que le den un complejo y bien depurado sistema de garantías para defenderse de la Administración, si lo que quiere de ella es agilidad, es eficacia, seguridad material, servicios. En línea con la función que se acaba de reivindicar para el Derecho administrativo, la reciente Ley Reguladora de las Bases del Régimen Local contiene un precepto, el artículo 18.1,g), que abre enormes expectativas, al otorgar a los vecinos el derecho a la prestación y, en su caso, al establecimiento del correspondiente servicio público, en el supuesto de constituir una competencia municipal propia de carácter obligatorio.

III. EL INTERÉS PÚBLICO. ADMINISTRACIÓN Y JUSTICIA

La presencia del interés público sirve de piedra de toque para analizar las relaciones entre Administración y Justicia. La Administración está fundamentalmente preocupada por la realización del interés público; a la Justicia, por el contrario, lo que le preocupa es la aplicación de los dictados de la Ley, evitar conflictos, solventar contiendas de acuerdo con lo establecido en la Ley. No quiere decirse con esto que la Administración se sitúe de espaldas a la Ley; por el contrario, la Administración está también sometida al imperio de la legalidad. Debe cumplir las leyes, los mandatos del legislador. Lo que sucede es que la Administración está tan próxima al interés público, tiene el bien general tan presente, que ello la puede hacer abandonar los caminos estrictamente legales. De aquí que intervengan otros órganos imparciales para revisar la actuación de los órganos administrativos, para evitar que su versión del interés público sea distinta de la que se recoge por el legislador.

La Administración, a diferencia de la Justicia, actúa normalmente de forma jerarquizada; los funcionarios inferiores deben obedecer las instrucciones de los superiores. Los órganos administrativos no son independientes, sino que están vinculados a la escala jerárquica en la que se encuentran insertos. No son tampoco imparciales en cuanto que en alguna manera están calados de las preocupaciones del interés público. La Justicia, por el contrario, está organizada para aplicar estrictamente la Ley, únicamente sometida a la norma independiente. Los jueces no actúan de acuerdo con los mandatos e instrucciones de sus superiores. Ésta es una diferencia clave; no hay una jerarquía de jueces, pese a que existe un orden judicial que va desde los tribunales inferiores hasta llegar al Tribunal Supremo. Pero no existe una jerarquía en cuanto cada uno aplica el Derecho con imparcialidad y con absoluta independencia. En el orden administrativo, por el contrario, el interés público hace que se establezca un sistema jerárquico para velar por la realización de este interés.

IV. LAS POTESTADES ADMINISTRATIVAS Y LA AUTOTUTELA DE LA ADMINISTRACIÓN

Observamos ya en el encuadramiento general de la disciplina que la Administración, para vencer las resistencias que puede encontrar por parte de intereses particulares opuestos al interés general y colectivo que tutela, debe disponer de armas excepcionales que le permitan dominar estos impulsos asociales e individuales, reconduciéndolos al interés común. Vimos que, a diferencia de lo que sucede en las relaciones entre particulares que disciplina el Derecho privado, el Derecho público puede imponer conductas a los particulares sin contar ni con su consentimiento ni con su anuencia.

Todo ello, pues, remite a la idea de potestad en cuanto poder extraordinario, exorbitante, distinto de los que disponen los particulares. Cualquiera puede contratar la adquisición de un determinado artículo, pero no existe obligación de comprarlo, puesto que únicamente depende de la voluntad del que quiera y pueda pagarlo. Ahora bien, la Administración puede imponer la adquisición de bienes, de servicios, obligar a abonar, por ejemplo, la tasa de recogida de basuras domiciliaria. Aparece, pues, aquí la idea de la prerrogativa, la idea del poder del antiguo *imperium* romano que flota sobre el conjunto de la sociedad y que es detentado por la Administración. Ello lleva aparejado el que la Administración se autodefienda, tutele los intereses que le han sido adjudicados con una relativa independencia del juez. Vimos cómo en la formulación de la división de poderes, entroncada directamente en el modelo francés continental, estaba vedado a los tribunales el inmiscuirse en las cuestiones propias de la Administración. Era ella la que en uso de sus competencias decidía en última instancia. Posteriormente los tribunales van a revisar las conductas de la Administración, pero primero ésta decide, actúa, opera; el juez, después, revisa esas actuaciones y, en su caso, las desmonta.

Todo esto sigue siendo, más o menos, así, aunque la Administración contemporánea, incapaz de conseguir sus amplios fines por vía exclusiva de coacción, implique a los particulares por vía de pactos, de conciertos, de negocios, de subvenciones condicionadas. Pero quedan en reserva amplias facultades para exigir el cumplimiento de estos compromisos, privilegios que se concretan en estos caracteres y medios:

1) Ejecutividad

El planteamiento fundamentalmente diverso al que rige para los particulares, de la actuación administrativa, tiene como consecuencia, en primer lugar, la ejecutividad de los actos de la Administración, y así la LRJ-PAC, en los artículos 56 y 94, nos dice que los actos de las Administraciones Públicas sujetos al Derecho Administrativo serán, salvo en las excepciones que menciona, inmediatamente ejecutivos. La Administración actúa siempre en situación de poseedora, hace ejecutar directamente sus decisiones sin perjuicio de la revisión del juez; ello sucede también a veces con los particulares, pero la originalidad de la Administración es que actúa siempre en esta situación.

Si entre dos personas existe un contrato que produce como consecuencia una deuda de una de ellas hacia la otra, el que debe está en una situación poseedora de hecho y puede negarse a pagar la deuda, obligando al acreedor a acudir a los tribunales para cobrarla. Pues bien, la Administración siempre está más o menos en la situación del que cabalga en el caballo, pues impone, de momento, sus propias decisiones. En el ejemplo expuesto anteriormente el acreedor, para poder recibir la cantidad adeudada, necesita ir al juez, acudir a los tribunales para que se reafirme que efectivamente esa cantidad era debida. No basta con una sola palabra ni incluso normalmente con un documento en que se reconozca la deuda, salvo que éstos tengan por Ley, como es el caso de la letra de cambio aceptada, vigor ejecutivo. En el momento que se plantea un litigio, el particular no puede imponer sus derechos, lo cual es, por cierto, un avance civilizatorio que impide la defensa privada. Sólo una vez que el juez conozca la realidad de la relación da carácter ejecutivo a las consecuencias del contrato. La Administración no necesita llegar a ello; la imposición de una multa, la expedición de una liquidación tributaria tiene ya de por sí, sin más, fuerza ejecutiva, si bien en el primer caso, la resolución sancionadora sólo será ejecutiva cuando ponga fin a la vía administrativa (art. 138 de la LRJ-PAC).

2) La acción de oficio

La acción de oficio, que no debe confundirse con la ejecutividad, viene expresamente recogida en el artículo 95 de la LRJ-PAC, que faculta a la Administración a través de sus órganos competentes para proceder a la ejecución de los actos administrativos. La diferencia entre ejecutividad y acción de oficio, a menudo confundidas, consiste en que la primera es la legitimidad con que aparece una situación jurídica para producir inmediatamente consecuencias concretas. La ejecución forzosa es la realización práctica, material, de tales consecuencias: la puesta en marcha de la ejecutividad. En otro momento («Efectos del acto administrativo») se analizarán los medios de ejecución forzosa.

En el ejemplo antes aludido de la deuda, una vez que el juez declara que efectivamente la deuda existe y es ejecutiva, no por ello el acreedor puede ir al domicilio del deudor y llevarse sus bienes. Necesita acudir nuevamente a los tribunales para que éstos, utilizando el poder de que están investidos, tomen los bienes, los vendan en pública subasta y abonen al acreedor la cantidad debida. Pues bien, la Administración no sólo puede declarar ejecutivos sus propios actos, una liquidación tributaria, por ejemplo, sino ejecutarlos directamente, con sus propios agentes, sin pasar por los cauces judiciales. Esta diferencia la vemos clara también para el Derecho privado en las letras de cambio, que son excepcionalmente un título ejecutivo, pero no se pueden ejecutar sin que medie el juez, que pone en marcha el procedimiento para efectuar su cobro en los bienes del deudor.

3) Prohibiciones de interdictos

Otra manifestación importante de estas prerrogativas administrativas es la prohibición de interdictos frente a los actos de la Administración, prevista en el artículo 101 de la LRJ-PAC. Los interdictos son un procedimiento judicial extraordinariamente sumario, regulado en los artículos 1.631 y siguientes de la Ley de Enjuiciamiento Civil, por medio del cual, sin pronunciarse sobre el fondo de derecho, se impide la alteración momentánea de la situación posesoria. Por ejemplo, una persona es poseedora de una parcela de terreno; si esta parcela comienza a ser edificada por un tercero, puede acudir al juez para que éste dicte un interdicto, paralizando las construcciones hasta que se resuelva el litigio en cuanto a fondo. Esto es enormemente importante y constituye un arma poderosa, puesto que el detentador, sin necesidad de demostrar que es titular de un derecho, sino plenamente que es poseedor, puede mantenerse en su situación. Los interdictos no prejuzgan el derecho en sí, sino que impiden una alteración unilateral de una situación de hecho, de una situación poseedora. Pues bien, excepcionalmente, contra la Administración, cuando realice sus actuaciones a través de los órganos competentes y de acuerdo con el procedimiento legalmente establecido, no se admiten, ni siquiera a trámite, interdictos. La Administración puede demoler sin más una finca si, por ejemplo, ésta amenaza ruina, y no cabe paralizarla con un interdicto para que no altere situaciones de hecho hasta tanto no resuelvan los tribunales. La Administración, si actúa con una apariencia externa de legalidad, no puede ser obstaculizada en sus actuaciones con la técnica de los interdictos.

4) Carácter de los recursos

Por último, un poder importante conectado ya con esta singular situación administrativa a que ya aludimos es la especial configuración de los recursos contra la Administración. La interposición de los recursos no tiene normalmente carácter suspensivo, según disponen los artículos 111.1 de la LRJ-PAC y 122 LJCA, con excepción de las previsiones contenidas en el artículo 7.1.º de la Ley 62/1978 ya citada. Los recursos administrativos no tienen habitualmente virtualidades suspensivas, y lo mismo sucede con la revisión judicial posterior. Son conductas ya cumplidas lo que fiscalizan los tribunales, su actuación es posterior *ex-post.* La Administración actúa, después se la ataca, en su caso se la vence; pero ya ella ha realizado lo que pretendía, aunque tenga luego que volver a dar marcha atrás y desmontar lo hecho si se puede. Esta situación es una situación también netamente privilegiada que remite a una de las potestades más eficaces de la Administración, la que permite llevar a efectos sus actos sin perjuicio de que posteriormente puedan intervenir los tribunales, aunque normalmente sin virtualización paralizadora.

V. LA CONCESIÓN DE PODERES Y EL PRINCIPIO DE LEGALIDAD

Como ya ha sido expuesto, la Administración no es un reducto soberano, no tiene poderes inmanentes, su legitimidad no deriva de sí misma, sino de las potestades que externamente se le atribuyen. La Administración no está integrada por órganos soberanos, sino por órganos cuya soberanía, autoridad y poder son concedidos por otros órganos supremos del Estado. Ésta es una de las claves del Estado de Derecho: que configura el orden jurídico como una especie de pirámide y que describe cómo el poder va diluyéndose y calando hasta llegar a sus manifestaciones y actos concretos, a partir de un vértice superior en el que radican las más elevadas funciones soberanas. De este vértice proceden todas las manifestaciones de poder que cada vez, en ondas progresivamente más amplias, abordan los extensos objetivos públicos.

El artículo 9.3.º de la Constitución estatuye la jerarquía normativa, en tanto el artículo 103 nos dice en este sentido que la Administración actúa de acuerdo con el principio de jerarquía, señalando el artículo 51.2 de la LRJ-PAC que ninguna disposición administrativa podrá vulnerar los preceptos de otra de rango superior. La concesión de poderes se conecta, pues, con el principio de legalidad haciendo aparecer la Ley, en cuanto límite y condición de la actuación administrativa. Es límite en cuanto que, con arreglo al artículo 51.1 de la LRJ-PAC, las disposiciones administrativas no podrán vulnerar la Constitución o las Leyes. Es límite también en el sentido en el que el ordenamiento acota un sector jurídico que sólo puede ser regulado por una norma legal; son las denominadas *materias reservadas a la ley,* que luego veremos.

Pero es también condición, ya que sólo los apoderamientos, las autorizaciones de los órganos soberanos, justifican el legítimo obrar de la Administración. Con ello se toma posición por una de las dos posturas que tradicionalmente trataban de explicar el origen de los poderes de la Administración. Una de ellas afirmaba que la Administración puede hacer todo aquello que no esté prohibido por la ley. La contraria, que es la que se acepta, marca su énfasis en cuanto que la Administración sólo puede hacer aquello que está permitido, es decir, no basta con la ausencia de pronunciamientos legales, es necesario unos apoderamientos determinados para que la Administración pueda actuar. La Constitución se pronuncia también en este sentido determinando que la Administración Pública sirve con objetividad los intereses generales con sometimiento pleno a la Ley y al Derecho (art. 103.1.º).

La Administración viene condicionada y autorizada en su obrar por lo que determinen la Constitución y los supremos órganos del Estado. Ello no quiere decir que la Administración sea simplemente una minuciosa ejecutora de la Ley. La Administración no se vincula sólo con la Ley propiamente dicha, sino que debemos comprenderla de una forma más amplia, relacionándola con el ordenamiento en su conjunto, con la Constitución también. Para el obrar administrativo es preciso que se concedan potestades, pero no se requiere que esta atribución venga expresa y pormenorizadamente plasmada en textos legales ordinarios; se trata, pues, de una concesión de poderes ordinamental. Tampoco se requiere que se puntualicen, extremo por extremo, hasta el detalle, las posibilidades del obrar administrativo y los deberes que incumben a la Administración; bastará, a menudo, con pronunciamientos generales.

Sólo cuando estamos en presencia de las denominadas actividades regladas de la Administración, ésta debe seguir un camino predeterminado que ha sido trazado con concreción por la Ley y del que la Administración no se puede apartar, sin que pueda aportar nada de su propia iniciativa. Al contrario de las actividades regladas, la actividad discrecional de la Administración, aunque no suponga un desconocimiento de la Ley, ni equivalga a arbitrariedad o capricho, permite a la Administración completar la autorización legal implícita o explícita, haciendo intervenir decisiones libremente adoptadas. La potestad discrecional, a diferencia de la reglada, deja un margen de voluntad, de opcionalidad a la Administración.

En definitiva, la Administración podrá hacer todo aquello que las leyes la autoricen con mayor o menor detalle o amplitud; no podrá ir expresamente en contra de las leyes ni utilizar sus poderes, aunque sean amplios, como veremos, en contra de principios constitucionales o generales, como los que garantizan la libertad y la propiedad. Así, la Administración no está facultada, con carácter general, por ejemplo, para imponer una dieta a los ciudadanos, su forma de vestir a la hora de levantarse por la mañana de la cama, porque no está autorizada para ello. Sin embargo, excepcionalmente, a través de técnicas que a continuación examinaremos, le es posible, para determinados sectores de actividad, injerirse incluso de forma pormenorizada en la vida de los administrados.

La concesión limitada de poderes de la Administración es atenuada en su rigor por la técnica de los poderes discrecionales, ya aludida, pero también por la técnica de los poderes generales; así, por ejemplo, cuando a una serie de autoridades se les encomienda el mantenimiento del orden público, va implícita la autorización para utilizar una gama de medidas que serán las razonablemente utilizables para velar por este orden, y al hilo de estas medidas se puede llegar a injerencias verdaderamente sorprendentes en ocasiones. Así, por ejemplo, la Administración, como vimos, no puede, con carácter general, imponer un determinado vestuario a los ciudadanos. Sin embargo, en alguna época, el no uso de corbata o de chaquetas era objeto de sanciones gubernativas, porque se entendía que ello iba contra el orden público; ello no sería hoy admisible, pero lo único que demuestra es la relatividad histórica de la técnica de concesión de poderes.

Existen, pues, poderes inherentes, poderes implícitos. Cuando a la Administración se le encomienda el atendimiento de un sector determinado de actividades, se entiende que se dan los poderes necesarios para que su misión pueda llevarse a efecto. Así, si a un determinado departamento se le encomienda la responsabilidad hotelera, implícitamente se le autoriza para fiscalizar esta actuación y controlar que el régimen de los establecimientos sea correcto y adecuado. Otra vía de apoderamiento administrativo es la que surge cuando los particulares se encuentran, por haberlo decidido ellos mismos, en situaciones reglamentarias, cuando voluntariamente acceden a someterse a los dictados de un reglamento pidiendo su admisión o solicitando una autorización de la Administración. Así, si un particular quiere explotar un taxi, viene obligado a utilizar un determinado uniforme, a someterse a unos horarios, a respetar unas tarifas. Esta situación reglamentaria hace que en algunas ocasiones se haya podido imponer a los ciudadanos españoles el consumo de uvas de Almería y de vino de La Mancha. La Administración tiene aquí poderes especiales que aparecen cuando los particulares están en las denominadas *relaciones especiales de sujeción.* Así, los universitarios están en unas relaciones especiales de sujeción. Al decidir incorporarse a la vida académica se someten en bloque al ordenamiento que la rige y vienen obligados a acatar ciertas normas, se convierten en destinatarios de ciertas medidas que sólo encuentran su justificación en estas relaciones especiales que median entre la Administración y los administrados. En otro ejemplo observamos que así como la Administración no puede, en términos generales, obligar a los sujetos a abandonar el lecho a determinada hora de la mañana, sí en cambio puede hacerlo cuando estos sujetos están en relaciones especiales de sujeción, como supone el ingreso en una institución hospitalaria o castrense.

Por lo tanto, se atenúa de alguna manera la mecánica rígida de la concesión estricta de poderes con estas técnicas por lo demás explicables, pues a la Administración le sería muy difícil actuar si necesitase una explícita y expresa autorización para llevar a efecto cada una de sus tareas; de aquí que como contrapeso deba recurrirse al establecimiento concreto de grandes límites en lo administrativo, impidiéndose a la Administración superarlos ni siquiera, con el apoyo de estos recursos, como sucede en la prohibición impuesta a la Administración por la Ley de Régimen Jurídico, artículo 27 (uno de los pocos preceptos aún vigentes de esta Ley de 1957), de imponer penas, recaudar arbitrios, exacciones y tasas, salvo que expresamente lo autorice una Ley votada en Cortes, prohibiciones que sanciona el texto constitucional en los artículos 25.3.° y 133.1.° La Constitución establece también en su Título I una amplia lista de cortapisas en cuanto a posibles injerencias en las libertades de los ciudadanos, salvo en determinados supuestos excepcionales que la propia Constitución prevé en el artículo 55.

Queda así expuesta la teoría de la concesión de poderes como fundamento del obrar de la Administración, pero ello no supone que en la práctica sus efectos sean siempre automáticos. Por el contrario, se trata perennemente de una aspiración: la sujeción de la Administración al control de los órganos soberanos, por cuanto ésta tiende sistemáticamente a conquistar posiciones exentas de control, y sobre todo los centros tecnocráticos se aprovechan de la compleja situación de la Administración contemporánea, para adueñarse de situaciones de poder que sustraen de las Asambleas y Parlamentos, sus legítimos detentadores.

CAPÍTULO VII

LAS FUENTES DEL DERECHO ADMINISTRATIVO

LAS FUENTES DEL DERECHO ADMINISTRATIVO

I. LAS NORMAS JURÍDICAS

Las fuentes del Derecho administrativo no son otra cosa que el procedimiento de originación de normas jurídico-administrativas. El concepto de norma jurídica ha dado lugar a abundante literatura que explica sus matices y sus implicaciones; aquí partiremos simplemente de que una norma es una regulación abstracta de conductas.

Una regulación, una regla, en cuanto que se impone a los destinatarios, debe cumplirse cuando se den las circunstancias previstas, una vez se produzcan los hechos contemplados. Los destinatarios serán, en muchos casos, libres o no de poner en funcionamiento las previsiones de la norma, es decir, podrán, por ejemplo, adquirir o no un vehículo, pero si lo adquieren y encuentran un semáforo en rojo deberán detenerse. En otros casos, la regla es directamente aplicable a todos los que se encuentran en determinadas situaciones, como la obligación de hacer el servicio militar a determinada edad.

Regla implica, pues, orden de conducta, determinación de voluntades. No es, por tanto, la norma jurídica una formulación puramente declaratoria o un programa no vinculante ni para la Administración ni para los administrados. En algunos casos la norma no obligará, aparentemente, sino, por el contrario, dispensará de unas conductas anteriores. Supongamos que en la modificación de un plan de estudios se suprimen determinadas asignaturas; se dispensa, pues, de una serie de obligaciones. Parece que aquí no hay imperatividad, pero ésta existe en cuanto que se dirige a los que estaban encargados de velar por el orden anterior imponiendo su sustitución. La imperatividad se revela al eliminar el orden pasado, pero también para el futuro en cuanto que obliga a pasar por las nuevas prescripciones.

Decimos que es una regla abstracta, con ello se quiere destacar que se refiere a conductas repetibles, generales, que no agotan el cumplimiento de la norma y, por tanto, hace que ésta se incorpore al ordenamiento. Es decir, la norma establece unos mandatos que deben ser cumplidos por todos los que sucesivamente y a lo largo del tiempo estén en las circunstancias determinadas por ella. Las normas no se agotan por su cumplimiento, se reitera su imperatividad en el tiempo mientras no sean derogadas; por el contrario, y esto es útil para distinguir una norma de un acto, aunque éste pueda suponer un mandato e implicar la imposición de conductas, el acto se agota por su cumplimiento, se extingue, no obliga más. Así, por ejemplo, una convocatoria de exámenes es un acto dirigido a una generalidad de sujetos, a todos los que estén en condiciones de acudir a ellos, pero una vez efectuados los exámenes, el acto se esfuma, deja de cumplirse ya, puesto que se ha realizado. Otra cosa sería que apareciese una disposición que precisase que en el futuro todos los exámenes se realizaran ciertos días de determinado mes del año, entonces estaríamos en presencia de una norma, puesto que a lo largo del tiempo quienes fuesen sucediéndose en las disciplinas y se hubiesen matriculado vendrían obligados a efectuar los exámenes en tales días y, por lo tanto, no habría extinción del mandato.

Por último, tratándose de normas jurídico-administrativas debe destacarse que van dirigidas a la Administración y a los administrados.

II. PRINCIPIO DE ESTATALIDAD DE LAS NORMAS

Una consecuencia del Estado de Derecho es la conclusión de que las normas jurídicas no pueden tener su origen en el capricho personal, en la voluntad libérrima de las personas titulares del poder, sino que directa o indirectamente, a través de sucesivas autorizaciones, derivan su autoridad del pueblo representado en los órganos superiores del Estado. Este principio impide que las normas puedan ser fruto, como en épocas históricas anteriores, del simple arbitrio del monarca.

Esta tesis que anima el principio de la legalidad ya aludido, conectado con el monopolio de la soberanía por los órganos políticos superiores, impide también que el Derecho pueda ser aplicado libremente por el juez, que éste aporte su particular visión de la justicia. El juez se debe constreñir a aplicar la Ley teniéndola presente en los casos controvertidos.

El principio de estatalidad va, además, contra la primacía de la costumbre. Cuando las comunidades no estaban estatalizadas, como ahora, primaban los usos, las prácticas, las tradiciones orales o escritas modificables también por los protagonistas de estas mismas prácticas sociales. Hoy, como veremos, no tiene la costumbre un valor *per se,* sino que deriva de la ley estatal que la reconoce.

III. PRINCIPIO DE RACIONALIDAD DE LAS NORMAS JURÍDICAS

En épocas pasadas incluso la propia denominación de la norma era a menudo contradictoria e inconsecuente. Si se releen los textos anteriores al siglo XIX se ve cómo la terminología utilizada no orientaba sobre la trascendencia del mandato, su origen y la posible diferenciación graduada de la importancia de las distintas normas jurídicas. Hoy, por el contrario, prima el principio de la jerarquía de las normas jurídicas y de la identificabilidad de su rango. La denominación que viene impresa en la cabecera de una norma nos permite identificar cuál es su trascendencia comparativa y su prevalencia en relación con otras normas del ordenamiento. Así, sabemos que los Decretos son superiores a las Órdenes, y éstas a las Instrucciones. Existe también en nuestro Derecho, por imperativo expreso de la Constitución y de la LRJ-PA, una graduación, una jerarquía de las normas administrativas. En este sentido, ya vimos la previsión contenida en el artículo 51.2 de esta última norma, y lo que al respecto dispone el artículo 9.3.º de la Constitución.

El principio de racionalidad del ordenamiento, cristalizado en la jerarquización de las normas y en la identificación de su rango, se complementa con una distinción importante que es necesario realizar entre la forma y el contenido de determinadas decisiones.

La forma nos viene dada por la calificación expresada: Ley, Decreto, Orden, etc., pero esta rúbrica puede o no coincidir con un contenido normativo. Quiere decirse con esto que no todo lo que se califica como Ley contiene normas jurídicas ni todos los Decretos son creadores de derecho. La Ley o el Decreto pueden contener una norma jurídica o un simple acto administrativo. Vimos que el Parlamento, como titular del poder, ejercía la decisión sobre las cuestiones más trascendentales del Estado. Así, por ejemplo, un contrato de importancia puede venir reservado al Parlamento y el acto de sanción de este contrato puede calificarse como Ley. El nombramiento de un alto titular de un puesto político puede venir dado por una Ley o un Decreto-Ley; ello no quiere decir que estemos en presencia de una norma jurídica, sino de un acto arropado bajo el título que revela que ha estado en juego la voluntad de unos determinados órganos del Estado.

La jerarquía de los órganos, de los distintos órganos del Estado, se comunica a sus actuaciones y decisiones que a menudo tienen una rúbrica concreta, Ley, Decreto, Orden, Instrucciones, calificación que cuando opera además sobre un contenido normativo nos pone sobre la pista también en cuanto a la jerarquía recíproca de las normas jurídicas producidas (arts. 24-25 LRJAE para el ámbito exclusivo de la Administración del Estado, extrapolable al ámbito autonómico de acuerdo con las prescripciones propias de su normativa).

IV. CLASIFICACIÓN DE LAS FUENTES

Las fuentes del Derecho Administrativo podemos clasificarlas en:

— Fuentes primarias: las que nos dan un derecho directamente aplicable *per se*.

— Fuentes complementarias: cuya vigencia se deriva de los propios pronunciamientos de las fuentes primarias.

— Fuentes aclaratorias: que orientan sobre el auténtico sentido y alcance de lo querido por el legislador.

1) Fuentes primarias

Dados los principios de estatalidad del derecho ya enunciados, estas fuentes son, en primer lugar, las Leyes, y en segundo lugar, los Reglamentos. Las Leyes proceden del Parlamento, de las Cortes, de los órganos soberanos, y los Reglamentos, de la Administración, del Poder ejecutivo, y, según su grado y procedencia, pueden venir contenidos en un Decreto, una Orden, etc.

Las fuentes primarias son, por supuesto, fuentes escritas, y tiene los siguientes caracteres:

A) *Generalidad:* Vimos que toda norma jurídica suponía una regla general, abstracta, dirigida a una pluralidad de sujetos que no se identifican por el legislador y que pueden sucederse en cuanto son afectados por los imperativos de la regla. Ello no es óbice para que, en determinados casos, las reglas de derecho sean aplicables a un número determinado de sujetos en el momento histórico que aparecen. Así, una norma que fuese dirigida a los alumnos de un curso universitario tendría, de momento, como destinatarios a los individuos reconocidos e identificados a través de la matrícula de dicho curso, pero estos destinatarios, con el tiempo, pueden modificarse, según vayan cambiando los adscritos a las respectivas disciplinas.

B) *Publicidad:* Hoy no se admiten las denominadas leyes secretas, leyes cuyo conocimiento se dirigía sólo a los tribunales, o a los funcionarios a quienes comunicaba sus decisiones el soberano, el príncipe. El principio universal admitido es el de la publicación de las normas constitucionalizado por el artículo 9.3.° de la Constitución aplicable tanto a la Ley como al Reglamento. Esta exigencia aparece ya para las leyes en el Código Civil, cuyo artículo 2.° nos determina la vigencia de las leyes, a partir de su completa *publicación* en el «B.O.E.», dando un plazo de veinte días antes de su entrada en vigor, salvo que en las mismas se disponga lo contrario. Todas las leyes, excepto que la propia Ley lo excepcione, sólo rigen a partir de estos veinte días una vez publicadas.

Este principio ha sido aplicado también a las disposiciones administrativas, a los reglamentos, por el artículo 52 de la LRJ-PAC, que prescribe que para que produzcan efectos jurídicos las disposiciones administrativas habrán de publicarse en el Diario Oficial que corresponda.

C) *Jerarquización:* La jerarquización tiene especial trascendencia en cuanto a la posible modificación del ordenamiento. Las normas de mayor rango, las procedentes de fuentes situadas en los escalones superiores del ordenamiento, pueden modificar las iguales e inferiores. Una Ley puede alterar o derogar un Decreto; un Decreto, una Orden ministerial. La jerarquía de las fuentes se manifiesta, pues, de un lado, en la primacía de las fuentes de rango superior que no pueden ser alteradas por las fuentes de rango inferior y, por otro lado, en sentido inverso, en la posibilidad de modificación de las inferiores por las normas superiores (arts. 9.3.º C.E.). Con carácter general, el artículo 51.3 de la LRJ-PAC preceptúa que las disposiciones administrativas se ajustarán al orden de jerarquía que establezcan las leyes. Lo que el artículo 23 LRJAE realiza para el ámbito estatal.

D) *Pervivencia hasta su derogación:* Las leyes y los reglamentos rigen en principio y salvo excepciones indefinidamente. Rigen hacia el futuro, perviven en el ordenamiento hasta tanto no sean modificadas o derogadas. Aquí juega otro principio complementario del de la jerarquía. Una norma puede ser modificada por otra del mismo rango siempre que sea posterior en el tiempo. Así, un Decreto puede ser modificado por una Ley, pero también lo puede ser por otro Decreto posterior, rectificador o derogador en este caso.

El carácter de pervivencia se manifiesta, pues, en la continuación de la vigencia de las normas jurídicas hasta que no aparezcan otras normas de superior o de igual grado que alteren estas circunstancias. Ello no es obstáculo para que, en determinados casos, disposiciones concretas autolimiten ya su vigencia o se refieran a circunstancias que una vez desaparecidas producirán la desaparición, el agotamiento de la norma. Así, por ejemplo, las disposiciones dadas con ocasión de determinadas catástrofes, como las inundaciones de Valencia o Barcelona, lógicamente desaparecen una vez que estas circunstancias se han agotado. Otras normas, como las de los Planes económicos, ya especifican de antemano que su vigencia será temporal. Son leyes que excepcionan el principio de permanencia indefinida en el ordenamiento, que desaparecen por el transcurso del tiempo fijado por la propia norma o por la extinción de las circunstancias que la motivaron, pero la regla general es la de su mantenimiento indefinido.

E) *Vocación de futuro:* Generalmente, las normas están pensadas para regular situaciones a partir del momento de su entrada en vigor. Entramos en el tema de la retroactividad (arts. 9.3.º C.E. y 2.3.º Código Civil). Es decir, sólo excepcionalmente las normas tienen carácter retroactivo si así se expresa. Por ejemplo, las normas que modifican el plan de estudios de una carrera no tienen trascendencia hacia el pasado. Normalmente, el ordenamiento mira hacia conductas futuras y, salvo que así lo diga, no debe regir para lo acontecido. Es el presente y el porvenir lo que contempla la norma, y no el pasado. Excepcionalmente pueden aparecer normas con carácter retroactivo cuando en ellas se prevé la modificación de derechos adquiridos, y también excepcionalmente pueden surgir normas que conectan con situaciones ya extinguidas, como, por ejemplo, las consecuencias de un conflicto bélico.

Los **Tratados internacionales** pueden ser considerados también como fuentes primarias, toda vez que requieren la previa autorización de las Cortes Generales, según dispone el artículo 94 de la Constitución, y válidamente celebrados, una vez publicados oficialmente en España, pasan a formar parte del ordenamiento. En tales casos, conforme al artículo 96 del texto constitucional, se convierten en fuente directa y su efectividad se impone además con un peso importante en cuanto ni siquiera las leyes posteriores pueden desconocerlo. Sus disposiciones sólo podrán ser derogadas, modificadas o suspendidas en la forma prevista en los propios tratados o de acuerdo con las normas generales del Derecho internacional.

2) Fuentes complementarias

Comprenden la costumbre y los principios generales del Derecho.

La *costumbre* sólo tiene, en el Derecho administrativo, al menos, trascendencia normativa cuando es recogida por el legislador, cuando éste expresamente afirma que en determinadas circunstancias se aplicará la costumbre que reinaba anteriormente. Por supuesto, ha de ser una costumbre *secundum legem,* no puede ser una costumbre contraria a la Ley. Se necesita, pues, un expreso pronunciamiento del legislador, lo que suele ocurrir en sectores del Derecho administrativo en que dominan formas de vida corporativa o comunitaria clásicas y tradicionales. Así, hay una remisión expresa a la costumbre, por ejemplo, en modalidades de aprovechamiento de los bienes de los pueblos, donde el legislador remite a la costumbre del lugar, o en materia de reuniones en Concejo abierto de todos los vecinos de pequeñas comunidades. También en materia de aguas, aprovechamientos tradicionales de las acequias levantinas que en parte se realizan sobre costumbres, pero hasta tal punto ha sido vigorosa la estatalización también aquí del Derecho, que la Ley de Aguas recogió costumbres anteriores.

Otra cosa son las prácticas y los usos administrativos. La práctica administrativa no es fuente de Derecho, sino que a lo más puede ser invocada para controlar conductas arbitrarias de la Administración; por ello se la obliga, cuando se aparta del precedente, a motivar sus actos para evitar un trato desigual a los ciudadanos. Ahora bien, la práctica administrativa ha de ser en todo caso también según la Ley, no puede ser contra la Ley; por eso no puede invocarse ante la Administración la tolerancia de situaciones antijurídicas anteriores. El hecho, por ejemplo, de que se venga aparcando tradicionalmente un coche en lugar prohibido y que ello se tolere no puede ser argumentado con éxito frente a la Administración para tratar de invalidar una multa que se impone posteriormente.

En cuanto a los *principios generales de Derecho,* tampoco constituyen una fuente en sí; no existen unos principios generales del Derecho que se impongan al legislador o al ordenamiento. Desde mi punto de vista, aunque esta tesis no sea generalmente admitida, no parece exista un Derecho natural, por así decirlo, intertemporal e histórico. Los principios generales del Derecho hay que conectarlos con un momento histórico determinado, con un ordenamiento concreto. Ahora bien, de ese ordenamiento, de esa situación social, podemos extraer unos principios rectores que nos pueden valer para completar determinadas lagunas del legislador para interpretar el sentido de las normas. Con ello no queremos decir que los principios generales del Derecho petenezcan al mundo de la filosofía o de los valores metajurídicos o metapolíticos; no se trata aquí de nada trascendente, de un orden metafísico, sino de los principios que sintetizan históricamente el propio ordenamiento. Se sacan de éste que es el substrátum que los anima, y son utilizados directamente para resolver a su luz determinadas situaciones.

Así, por ejemplo, el principio de la igualdad ante la ley, el principio de equidad de trato, el principio de prohibición de actuaciones arbitrarias son principios generales del Derecho, de los cuales se pueden extraer consecuencias jurídicas, son invocables directamente ante el juez, pueden fundamentar una sentencia favorable; pero son principios que surgen de él, que son sintetizados para después volver sobre él para interpretarlo, aclararlo y sobre todo completarlo. Los principios generales del Derecho desempeñan un importante papel en el ordenamiento administrativo, ordenamiento que por su gran dispersión necesita de unos vectores, de unas pautas claves que orienten sobre su auténtico sentido y le den unidad. Estos principios son, pues, de gran utilidad, positivizables, es decir, directamente aplicables, complemento fecundo del sistema de normas del que por lo demás han sido extraídos.

3) Fuentes aclaratorias

Son aquellas que pretenden indagar el sentido de lo querido, de la voluntad del legislador. En este sentido podemos incluir entre ellas a la jurisprudencia y a la doctrina científica. La *jurisprudencia,* al dirimir los conflictos, al aplicar el Derecho, va sentando unos criterios, una opinión sobre lo que estiman los jueces que el legislador ha decidido.

No se trata, como en otros ordenamientos, de innovar el Derecho por obra del juez. Así como el ordenamiento anglosajón es fundamentalmente jurisprudencial y está hecho sobre decisiones judiciales, la mayor estatalidad del derecho continental hace que el juez sea únicamente un aplicador de la Ley; por lo tanto, lo único que puede aportar es su versión concreta de lo que ha intentado ordenar el legislador en el caso a resolver. Para ello puede, por supuesto, utilizar los principios generales del Derecho, pero estos principios, como se indica, no son algo distinto del propio ordenamiento, sino su quintaesencia.

Sin embargo, por una reacción sicológica explicable, las posiciones jurisprudenciales pueden tener una gran trascendencia en el sentido de que si los jueces insistentemente interpretan una norma en un sentido, ha de sospecharse que cualquier fallo que se produzca en el futuro irá por esa línea, por esa dirección. Las decisiones administrativas posteriores de casos similares habrán de tener presente lo que la jurisprudencia insistentemente indica. Un criterio jurisprudencial reiterado supone en la práctica una pista definitiva sobre la aplicación de una norma jurídica. La propia exposición de motivos de la Ley que reforma el título preliminar del Código Civil, lo que recoge su artículo 1.6.º, atribuye a la jurisprudencia la misión de complementar el ordenamiento jurídico.

En cuanto a la *doctrina*, implica una importante aportación para la aclaración del contenido de las normas. El meditar sobre el sistema de conjunto al que el ordenamiento responde; el interpretar lógicamente, conectando sus distintos elementos, sus estructuras, es labor importante y decisiva en un ordenamiento tan complejo como el del Derecho administrativo.

La doctrina, pues, puede dar pautas sumamente sugestivas e interesantes a los aplicadores inmediatos del Derecho, a la jurisprudencia, a la propia Administración activa. Los jueces tienen en cuenta la doctrina y, en algunos casos, sobre todo en otros países, es corriente que las sentencias recojan las opiniones más autorizadas de quienes han estudiado en profundidad las materias que aparecen en el conflicto.

V. EL NUEVO MODELO DE ARTICULACIÓN DE FUENTES PRIMARIAS

1) El reconocimiento constitucional de fuentes autónomas de producción normativa

La Constitución prevé en su artículo 93 que por Ley Orgánica puedan autorizarse Tratados que apoderen a instituciones internacionales para el ejercicio de competencias derivadas de la Constitución, lo que efectivamente ha sucedido con nuestra incorporación a las Comunidades Europeas.

Por otra parte, la organización territorial del Estado que la Constitución establece incluye el reconocimiento de la autonomía, para la gestión de sus propios intereses de las Comunidades Autónomas, Provincias y Municipios (art. 137). Más allá incluso del campo de las Entidades territoriales la autonomía es también reconocida a las Universidades, con consecuencias análogas, tal como ha sentado una reciente Sentencia del Tribunal Constitucional (27 de febrero de 1987).

Todo ello supone la revisión de postulados que parecían inherentes a la propia esencia del Estado de Derecho, como la radicación del monopolio legislativo en los Parlamentos estatales y la inexistencia de ámbitos no disciplinables por la normativa aquí originada.

A partir de ahora, en virtud de las expresas habilitaciones constitucionales, se producen entre otros los siguientes fenómenos:

— La Ley formalmente se atribuye también a Entidades territoriales, como las Comunidades Autónomas diferenciadas del Estado Central.

— Determinadas normas originadas en centros exteriores al Estado, como el Consejo de Ministros de la CEE, tienen fuerza de Ley y se imponen además a la legislación nacional.

— Instrumentos de rango inferior a la Ley, en la medida en que supongan el ejercicio de facultades autonormativas constitucionalmente reconocidas, son inmodificables por ésta. Como, por ejemplo, los Decretos de las Comunidades Autónomas en materia de su competencia respecto de la legislación estatal o los Estatutos de Universidad en lo que respecta a su autonomía (art. 27.10 CE).

2) El principio de competencia

El aparente desorden jurídico expuesto creado por la redistribución de las potestades normativas viene en buena medida corregido por el juego del principio de la competencia.

No es que todos los centros públicos tengan simultáneamente facultades para disponer de todas las fuentes de creación del Derecho, sino que el acceso a éstas, excluyendo injerencias provenientes incluso de los niveles superiores del Estado, se determina en función de los intereses que cada Entidad tiene reconocidos constitucionalmente a su cargo.

Ello determina una reasignación de materias y funciones que hace, por ejemplo, que a la CEE corresponda la regulación de la libertad de mercado a escala europea, al Estado español la legislación antimonopolio industrial y a las Comunidades Autónomas la disciplina del comercio en su territorio, todo ello por Leyes sustantivas.

El ámbito de actuación legislativa en cada instancia se conecta así con sus competencias-intereses, fundamentando la aplicación de los instrumentos adecuados a su capacidad normativa y a la intensidad necesaria de su intervención, Ley o equivalente, Decreto, Ordenanza, etc.

3) La conservación del orden jerárquico tradicional

La reestructuración del sistema de producción normativa que hemos descrito incluye componentes profundamente innovadores, como la adjudicación de prerrogativas legislativas en distintos niveles y la no posibilidad de modificar con base a Leyes formales algunas disposiciones de carácter reglamentario.

Estos criterios son de problemática reconducción al esquema convencional de la jerarquía, pero no por ello supone su radical trastocación. Es decir, si atribuimos la capacidad de dictar Leyes sobre una misma materia y territorio a diversas Organizaciones públicas distintas, deberemos determinar cuáles sean las normas que deban recíprocamente prevalecer. La eventual asignación a alguna de ellas de un plus jerárquico, por inercia de los planteamientos anteriores, adicionaría, sin embargo, confusión. No hay del bloque constitucional para abajo jerarquía entre Leyes, solamente separación de competencias, lo que hará que las que se salgan de estos ámbitos serán simplemente ilegítimas, lo que afecta incluso a campos privativos de ciertos entes regulados por disposiciones de inferior rango, en los que la Ley no puede entrar.

Así, el artículo 51.1 de la LRJ-PAC dispone que las disposiciones administrativas no podrán regular aquellas materias que la Constitución o los Estatutos de Autonomía reconocen de la competencia de las Cortes Generales o de las Asambleas Legislativas de las Comunidades Autónomas.

Esta óptica no descarta el juego también, pacíficamente, del principio de jerarquía, que de acuerdo con su comprensión tradicional, antes expuesta, funciona como una cierta presunción *iuris tantum*, que prima las prerrogativas normativas del Estado central. Podemos señalar los siguientes efectos:

— La jerarquía sigue funcionando normalmente en el interior de las distintas Entidades con autonomía normativa.

— El Estado, en cuanto aplicador de normas de exterior adopción, como las provenientes de la CEE, dispone de un cierto margen de apreciación hasta tanto no se pronuncien los órganos comunitarios y, especialmente el Tribunal Europeo de Justicia o los propios Tribunales nacionales.

— Las leyes estatales resultan doblemente protegidas por su inatacabilidad hasta tanto no se anulen por el Tribunal Constitucional y por las facultades suspensivas que corresponden en esta vía a los órganos centrales *versus* la legislación autonómica combatida.

— Análogas posibilidades corresponden a las Comunidades Autónomas en relación con la normativa local producida en su territorio.

Esquema de fuentes normales y primarias

Nivel	*CEE*		*Estado*		*CCAA*	*Administración local*
Primer Nivel	Tratados: CECA, París, 1951; CEE, Roma, 1957; CEEA, Roma, 1957 Acta de adhesión 20-9-1985 Acta Única Europea (1986) ratificada por España (LO 4/1986, de 26 nov.) Tratado de la Unión Europea (en proceso de ratificación por los Estados miembros).		Constitución española de 27 de diciembre de 1978 (Cortes) Aprobación por las Cortes el 31 de octubre de 1978. Referéndum: 6 de diciembre de 1978.		Estatutos de Autonomía (Cortes)	
Segundo Nivel	Reglamentos Directivas Decisiones	Consejo Comisión	Tratados Leyes: Orgánicas; Ordinarias Decretos-Leyes Decretos-Legislativos	Gobierno Cortes	Leyes (Parlamentos) Decretos-Leyes * Decretos-Legislativos * (Consejos Gobierno)	
Tercer Nivel			Decretos (Gobierno) Órdenes Comisiones Delegadas (Com. Del.) Órdenes Ministeriales (Ministros) Circulares (Autoridades inferiores)		Decretos (Consejos Gobierno) Órdenes (Consejeros) Circulares (Autoridades inferiores)	Reglamentos orgánicos municipales (Pleno Ayuntamiento) Ordenanzas (Ayuntamiento/Diputación) Bandos (Alcalde)

* Previsiones Estatutos de Autonomía.

CAPÍTULO VIII

LA LEY Y LAS NORMAS EQUIPARADAS A LA LEY

I. LA LEY.

1) La Ley constitucional.
2) Las Leyes orgánicas y las Leyes ordinarias.
3) Las Leyes de las Comunidades Autónomas.
4) El procedimiento de elaboración de las Leyes.
5) Las materias reservadas a la Ley.

II. NORMAS NO PARLAMENTARIAS EQUIPARADAS A LA LEY.

1) Fundamento.
2) Los Decretos-Leyes.
3) Los Decretos legislativos.
A) Las Leyes de Bases.
B) Los textos refundidos.
4) Las Normas equiparadas a la Ley de las Comunidades Autónomas.
5) Control.

III. HABILITACIONES NORMATIVAS.

1) Las deslegalizaciones.
2) Las autorizaciones normativas.
3) Las medidas excepcionales.

IV. LA VIGENCIA EN ESPAÑA DE LA NORMATIVA CON RANGO DE LEY DE LA COMUNIDAD ECONÓMICA EUROPEA.

1) **Las previsiones constitucionales.**
2) **Las consecuencias de la Adhesión de España a las Comunidades Europeas.**
3) **Normas comunitarias con rango de Ley.**

LA LEY Y LAS NORMAS EQUIPARADAS A LA LEY

1. LA LEY

Podemos considerar como Ley aquella norma escrita emanada de los órganos que tienen atribuida la suprema potestad legislativa. La Ley, en el esquema del Estado de Derecho, se inserta a la cabeza del ordenamiento, primando sobre las restantes normas del Estado. La Ley, por lo tanto, procede de la cúspide normativa y está basada en el sistema de división de poderes o funciones del Estado, que atribuye el ejercicio de las potestades legislativas a unos órganos constitucionalmente considerados como soberanos. El primer estrato legislativo, el más importante, del que derivan posteriormente la virtualidad de las ulteriores normas, está formado por la Constitución. A partir, sobre todo, de la formulación kelseniana se describe la estructura de instrumentos normativos en forma de pirámide, en cuyo vértice superior aparece la Constitución.

1) La Ley constitucional

La Constitución marca, por así decirlo, las reglas de juego generales a que debe atemperarse todo el funcionamiento del Estado. La Constitución está integrada por una serie de normas y principios que encuadran y ordenan toda la actividad pública. Las Leyes de este rango se caracterizan frente a las ordinarias, formalmente, por llevar aparejadas unas garantías especiales, unas formalidades más rigurosas y solemnes en cuanto a su promulgación y posibilidades de su modificación. Se adoptan, pues, cautelas para que el legislador ordinario no pueda alterar los principios y las normas constitucionales si no es en virtud de un procedimiento generalmente complejo.

Las Leyes constitucionales priman así sobre las Leyes ordinarias, de manera que éstas deben atemperarse a los mandatos del legislador constitucional. Las Leyes que choquen con las normas constitucionales se califican de anticonstitucionales, son contrarias a los principios básicos del ordenamiento. Para evitar estas desviaciones, en unos países se arbitran unos tribunales especiales, los tribunales constitucionales, como ocurre entre nosotros con el Tribunal Constitucional, que examinan las eventuales contradicciones de las Leyes ordinarias frente a la Constitución, anulando, en su caso, tales Leyes. En otros, simplemente los tribunales ordinarios pueden declarar la nulidad o inaplicación de una Ley ordinaria con base a su inconstitucionalidad.

En la mayoría de los países, las Constituciones son escritas, solemnes y ratificadas con arreglo a procedimientos singulares, como ocurre en nuestro Derecho, en que la Constitución ha sido ratificada mediante referéndum popular, existiendo asimismo un procedimiento especial para su reforma o revisión total, en el que, aparte de exigirse mayorías cualificadas, se requiere también el sometimiento a referéndum.

En línea con las formulaciones tradicionales de los textos constitucionales, la Constitución española establece un Tribunal Constitucional encargado, entre otros aspectos, de velar por la constitucionalidad de las Leyes y demás disposiciones con fuerza de Ley, pudiendo declarar la nulidad de las mismas, estando legitimados para interponer el recurso de inconstitucionalidad el Presidente del Gobierno, el Defensor del Pueblo, 50 Diputados, 50 Senadores, los órganos colegiados ejecutivos de las Comunidades Autónomas y, en su caso, las Asambleas de las mismas (art. 162.1.a). Del mismo modo, cuando un órgano judicial considere, en algún proceso, que una norma con rango de Ley, aplicable al caso, de cuya validez dependa el fallo, pueda ser contraria a la Constitución, planteará la cuestión ante el Tribunal Constitucional (art. 163). Por último, las sentencias del Tribunal Constitucional habrán de publicarse en el «B.O.E.», teniendo valor de cosa juzgada y no cabiendo recurso de clase alguna contra ellas. Las sentencias que declaren la inconstitucionalidad de alguna Ley y todas las que no se limiten a la estimación subjetiva de un derecho tienen efectos frente a todos, aunque, salvo que el propio fallo establezca otra cosa, subsistirá la vigencia de la Ley en la parte no afectada por la inconstitucionalidad (art. 164).

2) Las Leyes orgánicas y las Leyes ordinarias

En el segundo escalón normativo se encuentran las Leyes, que tienen el máximo vigor y ocupan el superior rango después de la norma básica constitucional. La Constitución ha establecido una distinción entre las Leyes emitidas por las Cortes, creando una nueva categoría: las Leyes Orgánicas (art. 81), que por necesitar un procedimiento de aprobación más riguroso que el de las Leyes ordinarias, en el ámbito del Estado, sólo pueden ser derogadas por otras adoptadas con los mismos requisitos y no por las ordinarias, de mayor sencillez aprobatoria. De aquí podría deducirse que las Leyes Orgánicas tienen un mayor valor que las Leyes Ordinarias.

Las Leyes Orgánicas no son sólo, frente a lo que su expresión parecería remitir, Leyes de Organización, sino las relativas al desarrollo de los derechos fundamentales y de las libertades públicas, las que aprueben los Estatutos de Autonomía de las diversas Comunidades Autónomas y las demás que la Constitución prevé, como, por ejemplo, las bases de la organización militar, el Defensor del Pueblo, la suspensión de determinados derechos, las formas de ejercicio y los requisitos de la iniciativa popular para la presentación de proposiciones de Ley, las funciones de las Fuerzas y Cuerpos de seguridad, la regulación del Consejo de Estado, del Tribunal de Cuentas, del Tribunal Constitucional, del Poder Judicial, de los estados de alarma, excepción y sitio; la alteración de los límites provinciales, la modificación de los Estatutos de Autonomía de las Comunidades Autónomas, etc.

La característica esencial de estas Leyes se encuentra, en razón a la importancia de las materias que regula, en que la aprobación, modificación o derogación de las mismas exigirá la mayoría absoluta del Congreso en una votación final sobre el conjunto del proyecto, exigencia de mayoría absoluta que no es necesaria para las Leyes ordinarias, que pueden ser aprobadas por mayoría simple.

3) Las Leyes de las Comunidades Autónomas

En el marco de los respectivos Estatutos de Autonomía y en relación con las materias y con los procedimientos allí previstos, las Comunidades Autónomas pueden también dictar leyes con el mismo rango que las del Estado, sometidos al control exclusivo del Tribunal Constitucional en caso de eventual inconstitucionalidad (art. 153.a). Ello no obstante, el Estado podrá dictar leyes que establezcan los principios necesarios para armonizar las disposiciones normativas de las Comunidades Autónomas cuando lo exija el interés general (art. 150.3), que deberá ser apreciado por la mayoría absoluta de ambas Cámaras: Congreso y Senado.

Es necesario, pues, realizar un esfuerzo mental para la adaptación al nuevo orden constitucional del viejo esquema piramidal kelseniano, cuya cúspide seguirá siendo la Constitución, completada ahora por los Estatutos de Autonomía, pero que a partir de este bloque, en la franja legislativa ordinaria, impide jerarquizaciones entre las leyes estatales y las autonómicas. Otra cosa será el espacio normativo reservado a cada una de ellas de acuerdo con la Constitución-Estatutos, cuya delimitación y la superación de los conflictos que pueden producirse constituye uno de los más importantes temas que tiene planteado en estos momentos la ciencia jurídico-pública y la propia praxis constitucional.

4) El procedimiento de la elaboración de las Leyes

Por el Ministerio que promociona la medida legislativa, por tener competencia directamente vinculada a los objetivos de la futura norma, se elabora un anteproyecto, que es trasladado a todos los Ministerios para que formulen observaciones y sugerencias, elevándose después al Consejo de Ministros para que, haciendo suyo el anteproyecto, lo convierta en proyecto de Ley. (Por acuerdo del Consejo de Ministros de 18 de octubre de 1991 se aprueban las Directrices sobre la forma y estructura de los Anteproyectos de Ley.) La iniciativa legislativa corresponde también al Congreso y al Senado de acuerdo con los Reglamentos de cada una de las Cámaras, así como también directamente al pueblo, pero necesitándose más de 500.000 firmas, sin que pueda afectar a materias propias de Ley Orgánica, tributarias, de carácter internacional o a la prerrogativa de gracia, en los términos que desarrolla la Ley Orgánica 3/1984, de 28 de marzo, reguladora de la Iniciativa Legislativa Popular. Asimismo, las Asambleas de las Comunidades Autónomas podrán solicitar del Gobierno la adopción de un proyecto de Ley o remitir a la Mesa del Congreso una proposición de Ley, delegando ante dicha Cámara un máximo de tres miembros encargados de su defensa. Queda claro que cuando la iniciativa legislativa no corresponde al Gobierno los textos correspondientes no se llaman proyectos de Ley, sino proposiciones de Ley. Aquéllos tienen preferencia en la tramitación, aunque ello no deba impedir las otras iniciativas legislativas (arts. 88 a 92 CE).

Los proyectos de Ley enviados por el Gobieno al Congreso, acompañados de una exposición de motivos y los antecedentes necesarios, se presentarán ante la mesa de éste, que ordenará su publicación en el «Boletín Oficial de las Cortes» y su envío inmediato a la Comisión que corresponda.

Las proposiciones de Ley, por su parte, deben ser tomadas en consideración por el Congreso después de haber sido oídos el Gobierno y la Comisión correspondiente. Una vez superado este trámite, se publicarán en el «Boletín Oficial de las Cortes» y serán enviadas a la Comisión correspondiente, a partir de cuyo momento la tramitación es prácticamente idéntica a la de los proyectos de Ley, a salvo el hecho de que no cabe el debate sobre las enmiendas a la totalidad.

Publicado un proyecto o proposición de Ley en el «Boletín Oficial de las Cortes», los Diputados y Grupos parlamentarios dispondrán de un plazo de quince días para presentar enmiendas al mismo, por escrito motivado dirigido a la Mesa de la Comisión. Si las enmiendas lo fueran a la totalidad, se abrirá un debate en el seno de la Comisión que, si no se aceptare entrar en el estudio del proyecto de Ley, dará paso a la intervención del Pleno del Congreso para su ratificación o rechazo. En este último caso, el proyecto será devuelto a la Comisión prosiguiendo sus trámites en forma ordinaria. El paso siguiente consiste en el nombramiento de una Ponencia en el seno de la Comisión, que elaborará el Informe sobre el proyecto a la vista de las enmiendas formuladas en plazo de quince días, que podrá ser ampliado, y que se publicará en el «Boletín Oficial de las Cortes».

Convocada la Comisión por su Presidente, se procederá a debatir el texto elaborado por la Ponencia y elaborará un dictamen sobre el proyecto o proposición de ley, que habrá de publicarse asimismo en el «Boletín Oficial de las Cortes», y que abre el debate en el Pleno del Congreso. Aprobado un proyecto de ley, ordinaria u orgánica, por el Congreso de los Diputados, su Presidente dará inmediata cuenta al Presidente del Senado, el cual lo someterá a la deliberación de éste. El Senado puede, en el plazo de dos meses a partir de la recepción del texto, mediante mensaje motivado, oponer su veto o introducir enmiendas al mismo. El veto deberá ser aprobado por mayoría absoluta. El proyecto no podrá ser sometido al Rey para sanción sin que el Congreso ratifique por mayoría absoluta, en caso de veto, el texto inicial, o por mayoría simple, una vez transcurridos dos meses desde la interposición del mismo o se pronuncie sobre las enmiendas, aceptándolas o no por mayoría simple. En los proyectos declarados urgentes por el Gobierno o por el Congreso, el plazo de dos meses de que dispone el Senado para enmendar o vetar el proyecto se reducirá al de veinte días naturales.

Una vez aprobadas las leyes por las Cortes Generales, el Rey las sancionará en el plazo de quince días, y las promulgará y ordenará su inmediata publicación en el «B.O.E.», comenzando a regir a los veinte días de su publicación.

Éstas son, pues, las fases más significativas de la elaboración de las leyes estatales en nuestro país. En cuanto a las leyes autonómicas habrá de estarse a lo dispuesto en sus respectivos Estatutos y, en su caso, a las normas complementarias dictadas por cada Comunidad Autónoma.

5) Las materias reservadas a la Ley

Falta por apuntar que en nuestro ordenamiento la actividad legislativa tiene también un ámbito teóricamente acotado y reservado, singularmente, como hemos visto, en el ámbito de las Leyes

Orgánicas, aunque también en otras materias. La Constitución señala, en efecto, en muchas ocasiones, que una determinada materia habrá de ser regulada por Ley. Algún autor, sin embargo, ha opinado con fundamento que las Cortes sólo deben aprobar grandes principios, líneas generales y no articular los correspondientes textos, lo que correspondería, en concreto, al Gobierno. La práctica legislativa, no obstante, no va por ahí; las Cortes aprueban textos de Ley con articulaciones a veces minuciosas.

En la auténtica realidad legislativa española, aparte de las previsiones de determinados artículos de la Constitución, realmente la materia hoy de hecho reservada a la Ley es aquella que ha sido objeto de regulación en una Ley anterior. Cuando existe ya una Ley previa, cuando el legislador ha regulado una materia concreta, es obligadamente necesario el que intervenga otra Ley para determinar las rectificaciones que procedan. Aparte de las declaraciones de principios, lo que ha sido objeto de una medida de orden legal, se incorpora a la competencia de este escalón normativo. Puede suceder que materias que hasta ahora eran de simple rango reglamentario se regulen por Leyes, interviniendo las Cortes, que tienen la virtualidad de transformar, como Midas, todo lo que tocan en sustancia legal. Un sistema contrario y excepcional es el francés, donde se establecen materias reservadas a los reglamentos.

II. NORMAS NO PARLAMENTARIAS EQUIPARADAS A LA LEY

1) Fundamento

Como excepción a estos principios existen una serie de disposiciones no parlamentarias que tienen el mismo rango que las Leyes, tal ocurre con los Decretos-leyes y los Decretos Legislativos. La justificación de esta intervención del Poder ejecutivo, del Gobierno, adoptando decisiones con un vigor equiparable a las Leyes, y en algún momento restando ámbitos de competencia a los Parlamentos y las Cortes, se debe fundamentalmente a la tecnificación de la Administración contemporánea, a la variedad cuantitativa de normas y a la necesidad, a veces, de intervenir velozmente en la regulación de la vida social. Tecnificación, pues, aumento de volumen y celeridad en los cambios, son factores que por doquier han determinado un aumento de los poderes normativos de la Administración, poniendo en entredicho las clásicas teorías de la distribución de funciones y de la separación de poderes.

Ello es, por lo tanto, un fenómeno general, pero lo que sí debe destacarse es que tales correcciones son perfectamente compatibles con un control *a posteriori* por los Parlamentos de esta actividad de los órganos no soberanos, para poder en todo momento revisar la norma, otorgarle su sanción, fiscalizar, en suma, la actividad de los órganos, que excepcionalmente asumen estas altas facultades normativas.

2) Los Decretos-leyes

Los Decretos-leyes son normas con fuerza de Ley emanadas del Poder ejecutivo (Gobierno) en virtud de sus propias facultades. La fundamentación del ejercicio de estas potestades excepcionales normativas que innovan el ordenamiento con la misma fuerza que las Leyes está en la necesidad de afrontar excepcionales circunstancias que hacen precisa la promulgación inmediata de determinadas disposiciones, cuya urgencia y apremio impide esperar a la intervención del legislador ordinario. De aquí que en apoyo de estas potestades normativas se invoque la teoría del estado de necesaria, pues son circunstancias anormales, apremiantes, las que hacen que el Gobierno venga facultado para dictar estas disposiciones. Otras veces se alude a la gestión de negocios ajenos, figura o situación conocida en el Derecho privado. Sin mayor fundamento se menciona también la teoría de la delegación de poderes por el Parlamento, pero esta teoría no es válida, puesto que, como decíamos, los Decretos-leyes no surgen en virtud de autorización o delegación de la Asamblea, sino que aparecen en virtud de propios poderes que el ordenamiento en determinadas circunstancias concede al Poder ejecutivo.

Lo que sucede es que se origina una alteración del orden de valores producida por la fuerza de circunstancias extraordinarias. Es decir, los valores preexistentes que remitían a una distribución de los poderes del Estado y a su superior monopolio por el Parlamento o la Asamblea se ven truncados por la aparición de otras circunstancias, en las cuales interesa, más que conservar aquel esquema fundamental o formal, salir al paso de las necesidades, promulgando disposiciones equiparadas a la Ley.

En nuestro Derecho, superada por el texto constitucional la amplísima posibilidad de dictar Decretos-leyes existentes en el régimen anterior, aquella norma básica precisa en el artículo 86 que el Gobierno podrá dictar disposiciones legislativas provisionales que tomarán la forma de Decretos-leyes, en casos de extraordinaria y urgente necesidad, y que no podrán afectar al ordenamiento de las instituciones básicas del Estado, a los derechos, deberes y libertades del Título I de la Constitución, al régimen de las Comunidades Autónomas, ni al Derecho electoral general.

Ahora bien, es necesario que el Congreso de los Diputados ratifique el Decreto-ley, frente a la práctica anterior en que bastaba con una simple noticia de hechos consumados a las Cortes, por lo que pudo decirse que los Decretos-leyes constituían en el Derecho español la creación de una auténtica posibilidad legislativa de carácter alternativo, dado que se utilizaban con frecuencia Decretos-leyes cuya urgencia era dudosa o inexistente, como, por ejemplo, limitándose a modificar el número de Gobernadores del Banco de España, poniendo ciertamente en entredicho la razón de la urgencia como base de los Decretos-leyes.

Realmente, la posibilidad de dictar Decretos-leyes es una opción razonable y legítima, puesto que en determinadas circunstancias es lógico que no pueda convocarse a las Asambleas o Parlamentos cuando hay que salir al paso de ellas rápidamente. Pero esta excepción es compatible con que las Cortes posteriormente intervengan, conozcan de lo legislado por el Decreto-ley y ratifiquen o no la acción del Gobierno que intenta solventar las situaciones producidas. Por eso la Constitución establece que los Decretos-leyes deberán ser sometidos inmediatamente a debate y votación de la totalidad del Congreso, convocado al efecto si no estuviese reunido, en el plazo de los treinta días siguientes a su promulgación. El Congreso habrá de pronunciarse expresamente dentro de dicho plazo sobre su convalidación o derogación, para lo cual el Reglamento de la Cámara prevé un procedimiento especial y sumario, pudiendo, además, durante aquel plazo ser tramitados como proyectos de ley por el procedimiento de urgencia. Estas normas se convalidan mediante «acuerdo» del Congreso de los Diputados, conforme dispone el artículo 151.5 de su Reglamento.

Una vez publicados los Decretos-leyes, tienen la misma fuerza que la Ley, es decir, pueden modificar y derogar Leyes y otros Decretos-leyes. Se incorporan con el mismo rango de la Ley al ordenamiento. Su especialidad es sólo de origen y no de efectos jurídicos. Los Decretos-leyes, al igual que las Leyes, son inatacables por los particulares, salvo el recurso de inconstitucionalidad previsto por la Constitución; no se puede recurrir contra los mismos, han de acatarse.

3) Los Decretos legislativos

Están también contemplados en la Constitución, que, al igual que ocurre con los Decretos-leyes, ha introducido importantes innovaciones, singularmente referidas al control del uso de esta técnica, en relación con la situación anterior. El artículo 82.1 de la Constitución dice que «las Cortes Generales podrán delegar en el Gobierno la potestad de dictar normas con rango de Ley sobre materias determinadas», que no deban ser objeto de regulación por Leyes Orgánicas. En tanto el artículo 85 señala que las disposiciones del Gobierno que contengan legislación delegada recibirán el título de Decretos legislativos. También, lo mismo que sucede con los Decretos-leyes, se encuentran regulados en la Ley de Régimen Jurídico de la Administración del Estado (art. 10).

Vemos aquí que, a diferencia de los Decretos-leyes, no se trata de poderes previos reconocidos al Gobierno, sino que para que éste pueda innovar el ordenamiento con una norma de rango de Ley, promulgando un Decreto legislativo, es necesario que las Cortes autoricen, en cada caso, a dictar estos Decretos legislativos con fuerza de Ley. Es preciso, asimismo, que el Consejo de Estado informe acerca de si el Gobierno ha cumplido o se ha extralimitado en relación a la debida autorización otorgada por las Cortes (art. 21.1 de su Ley reguladora).

Por lo tanto, tal delegación se agota con su ejercicio, habrá de otorgarse precisamente al Gobierno, sin que en ningún caso pueda permitirse la subdelegación a autoridades distintas del propio Gobierno, de forma expresa, para una materia concreta y con fijación del plazo para su ejercicio, sin que, en consecuencia, pueda entenderse concedida de modo implícito o por tiempo determinado. Tampoco podrán en ningún caso las Leyes de Bases autorizar la modificación de la propia Ley de Bases ni facultad para dictar normas con carácter retroactivo. Aquí vemos, pues, una transmisión de poderes de las Cortes al Gobierno para regular una materia concreta, o mejor, una invocación al Gobierno para que coadyuve en las tareas legislativas.

Sus manifestaciones son:

1.ª El desarrollo de las Leyes de Bases.
2.ª Los denominados textos refundidos.

A) Las Leyes de Bases

Previstas en el artículo 82 de la Constitución, las Leyes de Bases son aquellas que fijan unos puntos programáticos, unas directrices, aunque deben delimitar con precisión el objeto y el alcance de la delegación y los principios y criterios que han de seguirse en su ejercicio, que después son desarrolladas por el Gobierno aprobando el texto articulado de la Ley. Así ha sucedido, entre otras, con las antiguas Leyes de Bases de Régimen Local, y ya en el siglo XIX, con la Ley de Bases del Código Civil, posteriormente desarrollada por el Gobierno.

Esta técnica legislativa es también, en principio, razonable en cuanto que es difícil pensar que las Cortes pueden desarrollar artículo por artículo leyes tan extensas como el Código Civil, tan técnicas como la Ley de Régimen Local, que tiene centenares de artículos, lo que absorbería todas las actividades de las Cortes. Por ello se recurre al sistema de la autorización en bloque al Gobierno para desarrollar la Ley de Bases, cuyo texto articulado, una vez aprobado, tiene rango de Ley ordinaria. Procede el Gobierno con apoyo en lo autorizado por las Cortes y se incorpora al ordenamiento jurídico con rango idéntico a las demás leyes.

En los Decretos legislativos, pues, estamos en presencia de una incorporación del Gobierno a las tareas legislativas, llenando determinados intersticios que han sido dejados en blanco por el legislador. Es, así, un fenómeno de colaboración legislativa del Gobierno en la creación de normas con rango de Ley.

B) Los textos refundidos

Otro tipo de Decretos legislativos son los que constituyen los textos refundidos. A diferencia de los textos que desarrollan las Leyes de Bases, no innovan el ordenamiento, es decir, que el Gobierno no aporta nada nuevo, únicamente refunde una serie de leyes dispersas y sucesivamente promulgadas, incluyéndolas en un texto coherente. El texto refundido no es más que la reunión de un conjunto de leyes anteriores, es un trabajo de racionalización del ordenamiento, tal y como sucede por ejemplo en materia de Régimen del Suelo y Ordenación Urbana a través del Real Decreto Legislativo 1/1992, de 26 de junio. La autorización para refundir textos legales habrá de determinar el ámbito normativo a que se refiere el contenido de la delegación, especificando si se circunscribe a la mera formulación de un texto único o si se incluye la de regularizar, aclarar y armonizar los textos legales que han de ser refundidos.

4) Las normas equiparadas a la Ley de las Comunidades Autónomas

No parece dudoso que los Parlamentos de las Comunidades Autónomas puedan efectuar en sus gobiernos delegaciones legislativas equiparables a las anteriormente estudiadas. De hecho, los Estatutos admiten explicítamente tales posibilidades y regulan las condiciones para su efectividad.

En cambio, los Decretos-leyes no se contemplan en los Estatutos, seguramente porque se consideraba improbable que en relación con las competencias autonómicas se den las circunstancias de apremio que determinan su promulgación. El Parlamento vasco, sin embargo, ha utilizado este instrumento normativo con ocasión de circunstancias excepcionales debidas a inundaciones.

5) Control

Nos hemos referido ya al control de los Decretos-leyes; en cuanto al control de las restantes manifestaciones legislativas, en principio se pensaba que al estar equiparadas a las leyes eran, por tanto, inatacables. Ello no tiene por qué ser forzosamente así, dado que incluso en cuanto a las Leyes de Bases cabe perfectamente, como se hizo con el Código Civil, la ratificación posterior de la Ley por las Cortes, que controlan y fiscalizan si el Gobierno ha cumplido o no realmente el mandato recibido. Cabe también el que los tribunales, al aplicar las leyes, comprueben si el Gobierno se ha extralimitado del mandato de las Cortes, introduciendo por su cuenta normas distintas a las autorizadas por la Asamblea.

Una vez aprobada la Constitución, este tema queda aclarado al señalar el artículo 82.6 que sin perjuicio de la competencia propia de los Tribunales en enjuiciar las eventuales extralimitaciones de la delegación, las propias leyes de delegación podrán establecer fórmulas adicionales de control. Así pues, junto a ese control que pueden prever las leyes de delegación, los Decretos legislativos pueden ser susceptibles de recurso de inconstitucionalidad conforme a lo prevenido en los artículos 161.1.a) y 163 CE, y, en su caso, sujetos al control por los Tribunales de lo Contencioso.

III. HABILITACIONES NORMATIVAS

Los fenómenos paralegislativos, dentro de los cuales incluimos las deslegalizaciones, las autorizaciones normativas y las medidas excepcionales, son aquellos que, sin alterar sustancialmente el orden de producción de normas, introducen algunas rectificaciones o por lo menos realizan correcciones que afectan al sistema general.

1) Las deslegalizaciones

Son aquellos actos de las Cortes en virtud de los cuales el Gobierno queda autorizado a producir normas anteriormente de la competencia de aquéllas. A diferencia de las anteriores manifestaciones normativas, de los Decretos-leyes y de los Decretos legislativos, las normas que emanan aquí del Gobierno no tienen rango de Ley; tienen, simplemente, rango reglamentario y son sancionadas normalmente por un Decreto. Lo que sucede es que el Gobierno, de por sí, no hubiera podido regular estas cuestiones por haber sido dispuestas anteriormente por el legislador. El legislador lo que hace es rebajar el rango de las correspondientes materias, permitiendo que el Gobierno intervenga en las mismas y dicte sus normas privativas.

Las deslegalizaciones suponen la extracción de una materia del ámbito de la Ley haciéndola susceptible en el futuro de ser regulada por el Gobierno. Si una materia concreta venía regulada por una Ley, bastará que el legislador dicte una Ley nueva estableciendo que en el futuro será suficiente para regular tal materia una disposición del Gobierno, que entra así, autorizadamente, en este sector, antes acupado por la Ley.

Estas técnicas, que han sido utilizadas primero en el ordenamiento francés y que después pasan a nuestro país, posibilitan la actividad normativa de la Administración en sectores cuyo monopolio, por parte del legislativo, no se considera imprescindible mantener, por la importancia menor de las materias o por tratarse de conductas que necesitan una gran fluidez de regulación y que hacen más idónea la intervención de la Administración, con sus cauces menos rígidos y más rápidos que la del legislativo.

En determinadas circunstancias, en efecto, surgen leyes que regulan quizá materias escasamente trascendentales. En una distribución racional de actividades y competencias se puede estimar que no es necesario que las Cortes intervengan, pero se precisa otra ley, pues esta materia había quedado legislativamente congelada, para que vuelva sobre los mismos pasos y desmonte lo que había creado la norma anterior.

2) Las autorizaciones normativas

No son propiamente una alteración, como el caso de las deslegalizaciones del campo competencial; son, a lo más, una reiteración, y a menudo innecesaria, de las competencias que son propias del Poder ejecutivo. Es habitual que las leyes incluyan una cláusula final estableciendo que queda autorizado el Gobierno para dictar las disposiciones necesarias para su desarrollo. El significado de esta cláusula de autorización al Gobierno es simplemente facultarle para que con normas de rango inferior a la Ley complete una serie de supuestos que la Ley no ha podido llegar a desmenuzar.

Sucede que el Gobierno tendrá de por sí competencias para desarrollar tales normas, en tanto en cuanto no contradiga lo dispuesto por el legislador, y podrá aplicar a casos más concretos los supuestos más amplios de la Ley. La autorización legislativa lo único que suele hacer es reforzar, poner el énfasis en estas posibilidades reglamentarias del Gobierno. No se trata, pues, de una transformación del ámbito de competencias, sino de una reafirmación de competencias, que son propias del Gobierno en cuanto a la ejecución de las leyes. Por ello, en muchos casos, esta expresión puede ser desorientadora.

3) Las medidas excepcionales

Por último, estas medidas afrontan circunstancias concretas excepcionales y de carácter transitorio. Es dudoso que estemos siempre en presencia de auténticas normas jurídicas, aproximándose en ocasiones más bien a los actos, aunque pueden tener cierta vocación normativa. Vimos cómo las normas jurídicas tenían como características su permanencia; pues bien, los instrumentos contemplados, que no se corresponden con lo que la doctrina francesa denomina ordenanzas de necesidad, tienen, por el contrario, duración fugaz, persiguen regular unas circunstancias acusadamente excepcionales y en tanto se mantenga tal situación; así, por ejemplo, en materia de Régimen Local se faculta a los Alcaldes, por el artículo 21.1.j) de la L.R.B.R.L., a adoptar personalmente y bajo su responsabilidad, cuando concurran las circunstancias que establece el propio precepto, las medidas necesarias, dando cuenta al Pleno.

La Constitución, en el artículo 116, contempla los estados de alarma, excepción y de sitio, cuya regulación encomienda a una Ley Orgánica, ya promulgada con fecha 1 de junio de 1981. El primero es declarado por el Gobierno por un plazo máximo de quince días, dando cuenta al Congreso. El segundo, también de la incumbencia del Gobierno, requiere previa autorización del Congreso. El estado de sitio será declarado por mayoría absoluta del Congreso a propuesta del Gobierno.

IV. LA VIGENCIA EN ESPAÑA DE LA NORMATIVA CON RANGO DE LEY DE LA COMUNIDAD ECONÓMICA EUROPEA

Aunque en términos simplificadores y por ser el complejo más importante aludamos aquí a la Comunidad Económica Europea, en realidad son tres Comunidades las que aparecen implicadas en nuesta reciente adhesión, además de la CEE surgida por el Tratado de Roma de 1957, la derivada con anterioridad del Tratado de París de 1951 que dio lugar a la Comunidad Europea del Carbón y del Acero, CECA, y la Comunidad de Energía Atómica, CEEA, que también surge del Tratado de Roma. Esas tres Comunidades y sus tres Tratados constitutivos quedarán refundidas con el Tratado de Unión Europea firmado en Maastrich, cuya ratificación por España ha tenido lugar mediante la Ley Orgánica 10/1992, de 28 de diciembre.

1) Las previsiones constitucionales

La Constitución preveía nuestra adhesión a la CEE facilitando los mecanismos necesarios. Así distingue entre la incorporación de la normativa procedente de Tratados ordinarios previamente autorizados, cuyos resultados deberán ser objeto de publicación por una sola vez (arts. 94 y 96) de aquellos otros que implican además la vinculación con centros productores de sucesivas normas jurídicas.

El artículo 93, clave para la operación analizada, dispone que: «Mediante ley orgánica se podrá autorizar la celebración de tratados por los que se atribuye a una organización o institución internacional el ejercicio de competencias derivadas de la Constitución.»

2) Las consecuencias de la Adhesión de España a las Comunidades Europeas

Tras una larga tramitación, el Consejo de las Comunidades Europeas decidió, en 4 de junio de 1985, con efecto de 1 de enero de 1986, la admisión de España en las Comunidades Europeas, lo que fue ratificado por los Estados ya miembros mediante Tratado de 12 de junio de 1985. En el mismo día se produjo nuestra adhesión al Acta que estipulaba las condiciones del ingreso.

Como consecuencia se produce la incorporación al ordenamiento español tanto del denominado Derecho originario, los Tratados, como del derivado que incluye a su vez la normativa ya producida en la fecha de nuestra adhesión y la que, según lo previsto en aquéllos, se promulgue en el futuro.

En cuanto al Derecho originario ya vigente en la CEE, el artículo 2 del Acta de Adhesión explicitaba que: «Desde el momento de la adhesión, las disposiciones de los tratados originarios y los actos adoptados por las intituciones de la Comunidad antes de la adhesión obligarán a los nuevos Estados miembros y serán aplicables en dichos Estados en las condiciones previstas en estos Tratados y en la presente Acta.» Para la efectividad de esta disposición se delegó en el Gobierno, por Ley de 27 de diciembre de 1985, la promulgación de las normas necesarias para la adaptación de nuestro ordenamiento al comunitario.

Los caracteres tales del Derecho comunitario que nos afectan como consecuencia de nuestra integración en las Comunidades son sumariamente los siguientes:

— *Efecto directo.* El Derecho comunitario se aplica interiormente sin más requisito que su publicación, trascendiendo a la conducta de los sujetos y no sólo a la de los Estados, que no pueden por cierto oponerse a su vigencia.

— *Implementación obligada.* Los Estados deben adoptar, si es preciso, las medidas necesarias para la efectividad de las disposiciones de la Comunidad.

— *Prevalencia.* El Derecho comunitario prima sobre el nacional como consecuencia de la transferencia de competencias producida en el campo de su aplicación.

— *Justicialidad propia.* Los jueces nacionales deben aplicar este Derecho, pero, además, el Tribunal de Justicia de las Comunidades Europeas es competente para intervenir cuando se denuncie por la Comisión Europea su incumplimiento o los Tribunales españoles susciten recursos prejudiciales de interpretación.

3) Normas comunitarias con rango de Ley

No necesariamente las disposiciones comunitarias tienen rango legal, ya que a veces sus efectos son de mero Reglamento, sobre todo si la normativa interior implicada es de tal carácter. Pero potencialmente al menos su trascendencia es equiparable a la de la Ley formal, ya que prima sobre todas las disposiciones afectadas y trasciende con frecuencia a materias reservadas a la Ley. Además del Derecho originario rige en los Estados miembros el Derecho derivado vehiculizable a través de los siguientes instrumentos:

Reglamentos

Pese a su denominación son normas de carácter general, cuyo contenido es obligatorio en todos sus elementos y directamente aplicables en todo Estado miembro (art. 189 del Tratado de la CEE). Su equiparación a la Ley hace que su ejecución interna revista forma reglamentaria propiamente dicha.

Directivas

Obligan a todos los Estados miembros destinatarios «en cuanto al resultado a alcanzar, dejando a las instancias nacionales la competencia en cuanto a forma y medios» (art. 189 del Tratado de la CEE).

En principio parecería que a diferencia de los Reglamentos las Directivas sólo implicarían a los Estados que habrían de utilizar los instrumentos adecuados para su aplicación, Leyes si estaban afectadas materias reservadas o reguladas previamente por Ley y Reglamentos en otros casos. Éste fue, parece, el mecanismo originario que ha evolucionado después hacia la adicional y paralela efectividad inmediata de Directivas con contenido preciso y detallado invocable por los propios ciudadanos, según la jurisprudencia adoptada por el Tribunal de Justicia.

Aunque no se trata de normas con rango de Ley, a efectos expositivos se incluyen también las Decisiones comunitarias, definidas como normas obligatorias en todos sus elementos para todos sus destinatarios (sean Estados o personas físicas o jurídicas), reguladas en el artículo 189 del Tratado citado.

CAPÍTULO IX

EL REGLAMENTO

I. CONCEPTO Y CARACTERES.

II. FUNDAMENTOS DE LA POTESTAD REGLAMENTARIA.

III. TITULARES DE LA POTESTAD REGLAMENTARIA.

IV. CLASES DE REGLAMENTOS.

1) En cuanto a sus destinatarios.
2) En cuanto a su relación con la Ley.
3) En cuanto a los titulares.
4) En cuanto a su jerarquía.

V. LÍMITES DE LA POTESTAD REGLAMENTARIA.

VI. PROCEDIMIENTO DE ELABORACIÓN DE LOS REGLAMENTOS.

EL REGLAMENTO

I. CONCEPTO Y CARACTERES

Los Reglamentos son disposiciones administrativas de carácter general y de rango inferior a la Ley. Se diferencian de algunas de las disposiciones que vimos en el capítulo anterior porque aquéllas se equiparaban, en cuanto a su fuerza y vigor, a la propia Ley. Son regulaciones administrativas de carácter general, es decir, son normas jurídicas. Los Reglamentos están sujetos a los dictados de la legalidad, deben respetar las disposiciones emanadas de los escalones normativos superiores e ir prolongando sus efectos hacia situaciones concretas, a través, quizá, de sucesivos escalones intermedios.

El contener normas jurídicas distingue a los Reglamentos de los actos administrativos. No se trata de un acto general, sino de una norma, aunque algunos autores consideran, sin embargo, que los Reglamentos no son sino una especie de actos. Esto no es rigurosamente admisible por cuanto que el Reglamento presenta caracteres propios de la norma y distintos del acto, y ello por las siguientes razones:

1.º El Reglamento enriquece el ordenamiento jurídico, aporta algo nuevo al conjunto de normas, las completa, mejora o deroga. Se inserta, pues, en el ordenamiento. Tiene una trascendencia ordinamental.

2.º El Reglamento presenta caracteres singulares que le diferencian de los actos, como, por ejemplo, la denominada inderogabilidad singular de los Reglamentos (art. 52.2 LRJ-PAC). Ésta impide que los Reglamentos puedan ser modificados por un acto, aun procedente de una autoridad de igual o superior rango. Es decir, una autoridad que dicta un Reglamento y, por lo tanto, una norma jurídica, no puede exceptuarlo luego para un caso concreto. Si, por ejemplo, el Ministro aprueba la reglamentación general para la enseñanza universitaria, no tiene facultades para excepcionar, frente a una petición determinada, lo establecido en la norma por él mismo dictada. Es decir, la potencia del Reglamento se superpone a la propia del que lo dicta y también a las autoridades superiores. Los actos singulares no pueden ir en contra del Reglamento, aunque emanen de la autoridad que lo dictó o de una superior. Esta característica del Reglamento refuerza la tesis sustentada de que estamos en presencia de una norma y no de un acto.

3.º Los Reglamentos ilegales tienen un tratamiento distinto del de los actos viciados de ilegalidad. Los Reglamentos ilegales, de acuerdo con el artículo 62.2 de la LRJ-PAC, son nulos de pleno derecho. Nulidad que puede producirse al vulnerar la Constitución, las leyes u otras disposiciones administrativas de rango superior, o porque regulen materias reservadas a la Ley o incluso al disponer la retroactividad de disposiciones sancionadoras no favorables o restrictivas de derechos individuales. En cambio, en los actos, como veremos, la sanción es normalmente de anulabilidad. Igualmente, ha sido tradicional sostener que para determinados Reglamentos ilegales no basta con una legitimación individual, es decir, no puede un sujeto aislado atacar su vigencia; es necesario que se realice por todo el sector de los afectados por tales Reglamentos; ésta es la llamada legitimación corporativa, prevista en el artículo 28.1.b) de la LJCA, que puede entenderse derogada por la vigencia del artículo 24 CE, como sostienen algunas decisiones del Tribunal Supremo (así, entre otras, las SSTS de 30 de septiembre de 1986 y 30 de abril de 1988).

4.º Los Reglamentos, a diferencia de los actos, pueden desconocer y modificar los derechos adquiridos. Derechos adquiridos son aquéllos concebidos a un particular por una norma o por un acto. Pues bien, estos derechos pueden ser desconocidos por los Reglamentos, que puedan alterar la situación y cancelar aquellas concesiones otorgadas anteriormente. Si, por ejemplo, se modifica el plan de estudios de una carrera universitaria incorporándose un curso más, los que han empezado la carrera no pueden alegar derechos adquiridos a cursar los cinco años que preveía el plan anterior. En el caso de los actos, por el contrario, este límite de los derechos adquiridos aparece como un valladar frente a las disponibilidades administrativas. No puede, por ejemplo, el alumno que ha superado una asignatura o un curso ser privado de tales derechos por quien los creó. El Ministro de Educación no puede suspender a un alumno ya aprobado, pero sí puede modificar un reglamento que le afecta como miembro de la comunidad estudiantil.

II. FUNDAMENTOS DE LA POTESTAD REGLAMENTARIA

Figuran en primer lugar razones de carácter práctico, material, en cuanto a la imposibilidad de los Parlamentos y Asambleas de regular por sí, hasta mínimos detalles, todas las conductas administrativamente disponibles en la vida social. De hecho no es viable para tales órganos arbitrar un esquema minucioso de administración. Es necesario que la Administración complete las tareas del legislador especificando una serie de normas complementarias que son los Reglamentos.

Jurídicamente, la aparición de una potestad reglamentaria en manos de la Administración tiene como precedentes los poderes atribuidos al Monarca antes de la aparición del Estado de Derecho y frente a los estamentos y Cortes populares. Con el establecimiento de la división de poderes, la potestad reglamentaria se configura inicialmente como pura y simple ejecución de la Ley. Todo el ámbito legislativo era monopolizado por los Parlamentos, y quedaba tan sólo en manos de la Administración la ejecución de los Leyes, interponiendo para la aplicación de sus superiores mandatos, disposiciones de rango reglamentario. Más adelante, al hilo concreto de la Restauración monárquica francesa, posterior a la Revolución, aparecen potestades reglamentarias en manos del Monarca, con un cierto carácter independiente en línea con la posición que en aquella coyuntura histórica asignábase al Rey. En la actualidad, salvo circunstancias distintas, como son la anglosajona, en que la Administración requiere en cada caso para poder dictar Reglamentos una habilitación expresa del Parlamento, la Administración aparece, por lo general, dotada de poderes de desarrollo y ejecución de las leyes, y también de poderes reglamentarios propios en cuanto al desarrollo de sus competencias.

Una vez que se asignan unas determinadas atribuciones, se entiende también que se conceden potestades para regular reglamentariamente determinadas materias promulgando Reglamentos. Esta habilitación puede venir normalmente contenida en una Ley, como en el caso de sus Reglamentos ejecutivos; pero puede estar también conectada con la Constitución, con el conjunto del ordenamiento general. La potestad reglamentaria es una potestad como todas las que tiene en su mano la Administración de carácter subordinado y no autónoma. Ahora bien, esta subordinación es compatible con la atribución conjunta del poder reglamentario a la vez que se asignan funciones o competencias. Se entiende que se permite a la Administración reglamentar lo que la Constitución o la Ley le asigna expresa o implícitamente.

La potestad reglamentaria no se basa, pues, en la potestad discrecional de la Administración, en el sentido de que ésta puede autolimitarse allí donde tenga libertad para actuar; esto puede tener cierta trascendencia en relación con los actos, pero no es una justificación admisible en relación con las normas. La potestad reglamentaria procede de una habilitación expresa o genérica que para dictar Reglamentos se concede a la Administración, habilitación que puede venir derivada directamente de la Ley o genéricamente de la Constitución y del ordenamiento en su conjunto.

III. TITULARES DE LA POTESTAD REGLAMENTARIA

Los titulares de la potestad reglamentaria son, por supuesto, órganos distintos de los titulares de la potestad legislativa. Hemos visto que los Reglamentos son normas de rango inferior a la Ley y proceden de la Administración, del Ejecutivo. Esta asignación de la titularidad en bloque debe completarse con la precisión de cuáles sean aquellos órganos concretos que dentro de la Administración pueden dictar Reglamentos.

Tradicionalmente, en nuestro Derecho constitucional del siglo pasado la potestad reglamentaria correspondía, en general, al Jefe del Estado, al Monarca. Aunque su ejercicio, acotado para sectores concretos, pudiese ser transmitido a otros órganos inferiores de la Administración, las Constituciones solían asignar al Rey la potestad que nos ocupa. En nuestro ordenamiento anterior y hasta la aparición de la L.O.E. había de estarse a lo dispuesto por las Leyes de prerrogativas de 1938 y 1939, que asignaban en bloque la facultad de dictar normas jurídicas al Jefe del Estado. Estas facultades, que en su vertiente legal eran ejercidas después en colaboración con las Cortes, en su vertiente reglamentaria eran desenvueltas en colaboración con el Consejo de Ministros.

Así, al menos en cuanto a los Reglamentos ejecutivos de las Leyes, la Ley de Régimen Jurídico, en su artículo 10, determina como de competencia del Consejo de Ministros la propuesta al Jefe del Estado de la aprobación de Reglamentos ejecutivos. Los Ministros, por su parte, también tenían y tienen potestad reglamentaria reconocida por el artículo 14 de la propia Ley, que la concede para su ejercicio en las materias propias del departamento respectivo. Incluso autoridades inferiores, Directores generales, Gobernadores, pueden, de acuerdo con su artículo 25, dictar disposiciones generales según el orden de su respectiva jerarquía, aunque éstas, a menudo, tendrán sólo una trascendencia administrativa interna. Pueden también dictar Reglamentos las Corporaciones locales, las Comunidades Autónomas en el marco de sus Estatutos y los Organismos Autónomos.

La L.O.E. modificó y completó este panorama determinando que era el Consejo de Ministros quien ejercía la potestad reglamentaria, sin que ello supusiera la privación a los Ministros o a las Comisiones Delegadas del Gobierno y autoridades inferiores de la facultad para dictar disposiciones reglamentarias dentro de su propio ámbito competencial, sino que únicamente se conecta la totalidad de esta potestad con el Consejo de Ministros, depositario de tales atribuciones.

El artículo 97 de la Constitución continúa esta línea determinando que es el Gobierno el titular de la potestad reglamentaria, que la ejercerá de acuerdo con la Constitución y las leyes.

En otra perspectiva, en relación con los ámbitos autónomicos y local es necesario tener en cuenta las previsiones contenidas en los artículos 137 y siguientes del texto constitucional.

IV. CLASES DE REGLAMENTOS

1) En cuanto a sus destinatarios

Reglamentos generales: normalmente reglamentos de policía, son aquellos dirigidos a todos los ciudadanos, han de ser cumplidos por los nacionales o por todos los sujetos que actúan en un Estado. No se precisan características singulares de tales sujetos, aunque puede quedar en manos de los mismos el colocarse o no en las circunstancias que determinan la aplicación del Reglamento. Así, un Reglamento de utilización de carreteras afecta, sin más, a todos los usuarios de la mismas, a los que conduzcan por ellas, aunque éstos puedan transitar o no, puedan adquirir o no un vehículo motorizado; pero siempre que se den las circunstancias previstas les es de aplicación el Reglamento, en cuanto que son ciudadanos; por eso es un Reglamento general y tiene un contenido policial de velar por el buen orden, por el buen uso de la vía.

Reglamentos especiales: son los dirigidos a quienes están en una singular relación con la Administración, a los que están en las denominadas relaciones especiales de sujeción. Aquí la Administración tiene un ámbito mayor de disponibilidades reglamentarias en cuanto a los límites de propiedad y libertad, en cuanto al ejercicio de sus poderes frente a los ciudadanos, al entenderse que han sido éstos los que libremente se han situado en una situación especial con la Administración, voluntariamente decidida, que les hace someterse a todo lo que reglamentariamente se dicte. Los incluidos en el régimen de la seguridad social están sometidos, por ejemplo, a una relación especial de sujeción, que se hace más intensa en el caso de utilizar como pacientes un hospital en el cual se someten a los reglamentos internos del mismo. Lo que sucede es que, al ampliarse hoy la acción administrativa, se desnaturaliza la ficción de la voluntariedad como fundamento de tales poderes; la afiliación a la seguridad social es obligatoria para los trabajadores, y la utilización de otros servicios es una necesidad.

2) En cuanto a su relación con la Ley

Otro tipo de Reglamentos pueden ser clasificados por sus relaciones con la Ley. *Los Reglamentos ejecutivos:* desarrollan lo establecido en la Ley, normalmente por autorización o mandato expreso de la misma. Frente a éstos, los *Reglamentos independientes* no se conectan inmediatamente con la Ley, sino que operan sus disposiciones sobre ámbitos distintos de los regulados por las leyes y de acuerdo con las autorizaciones explícitas o implícitas que permitan a la Administración desarrollar sus propias competencias y cometidos.

Por otra parte, y fruto de la recomposición del sistema de fuentes al que se ha aludido en capítulos anteriores, podemos detectar la aparición de una nueva categoría de Reglamentos cuya legitimidad surge directamente de la Constitución, sin referencia a la Ley y sin que ésta pueda tampoco interferir en su ámbito normativo. Nos referimos a las disposiciones emanadas de aquellos entes, Ayuntamientos, Diputaciones, Universidades, a los que la Constitución reconoce la autonomía necesaria para la gestión de los intereses que le son propios.

3) En cuanto a los titulares

Podemos distinguir entre *Reglamentos estatales,* que emanan de órganos de la Administración estatal; *locales,* que son aquellos que emanan de la Administración territorial descentralizada: Ayuntamientos, Diputaciones, etc., y Reglamentos de las Comunidades Autónomas. Los *Reglamentos institucionales* proceden de las personas jurídico-públicas institucionales.

4) En cuanto a su jerarquía

La distinción más importante de los Reglamentos es la que versa sobre su orden jerárquico. Atendiendo al mayor o menor rango del órgano del que emanan los Reglamentos, éstos tendrán a su vez mayor o menor rango en la escala normativa. Debemos distinguir aquí, como hacíamos en relación a la Ley, entre forma y contenido. Lo que acuerda el Consejo de Ministros tiene normalmente, como vehículo, un Decreto, así como lo que acuerdan los Parlamentos tiene como vehículo una Ley, y lo que acuerdan los Ministros tiene como vehículo una Orden ministerial; ahora bien, el contenido puede ser o no ser normativo. Cuando estamos en presencia de un Decreto del Consejo de Ministros, no podemos decir, sin más, si se trata o no de un Reglamento, puesto que lo que dispone el Consejo de Ministros tiene habitualmente forma de Decreto. Será necesario que su contenido tenga carácter normativo, que tenga, por tanto, carácter netamente reglamentario. En tal caso el título es ya de por sí orientador para ubicar el Reglamento en la escala correspondiente.

El artículo 23 de la Ley de Régimen Jurídico de la Administración del Estado nos dice que las disposiciones administrativas de carácter general se ajustarán a la siguiente jerarquía: Decretos del Consejo de Ministros, Órdenes de las Comisiones Delegadas del Gobierno, Órdenes ministeriales y, por último, disposiciones de autoridades y órganos inferiores, según el orden de su respectiva jerarquía, disposiciones éstas que revestirán normalmente la forma externa habitual de instrucciones u órdenes de servicio. La jerarquía normativa de los Reglamentos es importante en cuanto a las posibilidades de modificación o de derogación de unos Reglamentos por otros. Nos remitimos aquí a la teoría general de las normas que permite a una norma superior modificar el contenido de una inferior o de una de igual rango, pero anterior en el tiempo.

V. LÍMITES DE LA POTESTAD REGLAMENTARIA

Los límites de la potestad reglamentaria son de carácter formal y material. Formalmente, al emitirse un Reglamento han de adoptarse las vías procedimentales previstas para ello. La Administración no puede dictar Reglamentos sin más, está obligada a crear las disposiciones a través de ciertas formalidades y con arreglo a determinados cauces. Viene obligada a publicarlos para su conocimiento general.

El incumplimiento de estos límites formales de la potestad reglamentaria, la omisión, por ejemplo, del dictamen preceptivo del Consejo de Estado (art. 22.3 L.O.C.E.) cuando se trata de Reglamentos ejecutivos de las Leyes, lleva aparejada la nulidad del Reglamento correspondiente. Lo mismo sucede con la omisión del informe de las Secretarías Generales Técnicas de los Ministerios de que proceden los Reglamentos (art. 130.1 L.P.A. que en este aspecto se mantiene vigente).

Otros límites son de carácter material y están vinculados al principio de la legalidad. La Administración no puede disponer de las materias reservadas a las Leyes sin autorización expresa de las Cortes. Los Reglamentos que vayan contra el principio de legalidad y, en consecuencia, de la reserva de la Ley, son nulos de pleno derecho. La Administración no puede tampoco, de acuerdo con lo prescrito en el artículo 26 de la Ley de Régimen Jurídico de la Administración del Estado y en el 62.2 de la LRJ-PAC dictar disposiciones contrarias a las Leyes. La primacía de rango de la Ley se impone a todos los Reglamentos, sancionándose con nulidad la infracción de tal principio. También dentro del ámbito propiamente administrativo debe respetarse la jerarquía reglamentaria. Los Reglamentos de rango inferior que infrinjan lo dispuesto en un reglamento de rango superior son igualmente nulos. Así como salvaguardar la irretroactividad sancionadora perjudicial o restrictiva de los derechos individuales. La jerarquía normativa y el principio de legalidad y la irretroactividad desfavorable son, pues, límites de la potestad reglamentaria.

VI. PROCEDIMIENTO DE ELABORACIÓN DE LOS REGLAMENTOS

Este procedimiento incluye una serie de momentos que recoge la L.P.A. en sus artículos 129 y siguientes. Se inicia su elaboración por el centro que toma la iniciativa reglamentaria, previos los informes que se estimen oportunos. Ha de ser sometido a informe de la Secretaría General Técnica del Ministerio y también del Consejo de Estado, cuando se trata de Reglamentos ejecutivos. Debe darse previo conocimiento a los demás Ministerios cuando el Reglamento haya de ser adoptado en definitiva por el Consejo de Ministros. Una vez aprobado por la autoridad de quien emane, debe procederse a su publicación en el «B.O.E.», entrando en vigor conforme a lo dispuesto en el artículo 2.1.º del Código Civil a los veinte días, salvo que en él no se indique otra cosa.

Esto en cuanto a los Reglamentos de la Administración General del Estado. Los reglamentos de la Administración local han de ser también publicados. Las Ordenanzas, incluidas las normas de los Planes urbanísticos, de acuerdo con el artículo 70 de la LRBRL deben publicarse en el «Boletín Oficial» de la provincia y no entran en vigor en tanto no se haya publicado íntegramente su texto y haya transcurrido el plazo previsto en el artículo 65.2 de la misma Ley.

En cuanto a los Reglamentos autonómicos, que constituyen un bloque normativo importante, requieren igualmente con sujeción a las bases estatalmente aprobadas (art. 52.1 de la LRJ-PAC), de su publicación en los respectivos Diarios Oficiales.

CAPÍTULO X

LA ORGANIZACIÓN ADMINISTRATIVA

I. GENERALIDAD DE LOS PROBLEMAS ORGANIZATORIOS.
   1) Aspectos no jurídicos de la organización.
   2) Aspectos jurídicos.

II. LA TEORÍA DEL ÓRGANO.

III. PECULIARIDADES DE LA ORGANIZACIÓN ADMINISTRATIVA.

IV. CLASES DE ÓRGANOS.

V. LA COMPETENCIA.
   1) Caracteres.
   2) Clases.

VI. LA JERARQUÍA.
   1) Caracteres.
   2) Consecuencias.

VII. OTRAS TÉCNICAS DE RECONDUCCIÓN A LA UNIDAD.
   1) La mutua información.
   2) La resolución de conflictos.

3) Comunicación entre órganos.
4) Órganos coordinadores.
5) La tutela.
6) Conflictos constitucionales.

VIII. LA DESCENTRALIZACIÓN Y DESCONCENTRACIÓN.

1) La descentralización.
2) La desconcentración.

LA ORGANIZACIÓN ADMINISTRATIVA

I. GENERALIDAD DE LOS PROBLEMAS ORGANIZATORIOS

1) Aspectos no jurídicos de la organización

El tema de la organización no es privativo de los ámbitos jurídicos de la Administración, no tiene por qué tener exclusivamente un tratamiento valuable en Derecho. Siempre que nos encontremos con un conjunto de medios, personales y materiales, puestos al servicio de un fin, habrá que llegarse de alguna manera a una distribución de cometidos y funciones entre las distintas personas físicas que integran tal complejo. Con ello habrá de asignarse también a los agentes personales de la organización determinados poderes y concretos instrumentos materiales y, además, también quizá jurídicos. Estaremos, pues, en primer lugar, en presencia de los problemas elementales que plantea, desde una dimensión interna, la exigencia racional de la división del trabajo. Resultado de la organización es tanto el establecimiento de una cadena de montajes en una fábrica como la distribución de cometidos en el seno de una unidad adjunta a un directivo general. Vemos, pues, que la organización propiamente dicha tiene una dimensión general de validez para toda clase de empresas.

2) Aspectos jurídicos

Los problemas jurídicos surgen principalmente en la vertiente externa del complejo organizado. La división interna carece a menudo de trascendencia ajena. Los problemas frente al Derecho aparecen cuando se quiere dar unidad al conjunto y se quieren localizar, además, centros de decisión susceptibles de obligar a la totalidad de la organización. Se trata, pues, de concebir el todo como una unidad, posibilitando a la par a los diversos agentes que lo integran para actuar por cuenta de la organización, adquiriendo derechos y contrayendo obligaciones para ella.

Para el primer objetivo, unidad, vale la solución personalista. Ya vimos en capítulos anteriores cómo la Administración se nos ofrecía en cuanto organización como persona jurídica total, y vimos también cómo para facilitar la gestión de determinadas parcelas de la actuación administrativa se recurría a su personificación. Ello también es aplicable al sector privado. Cuando se quiere dar mayor sustantividad en el tráfico al conjunto material y personal que constituye una empresa, se le dota de personalidad jurídica, y, así, aparecen las sociedades mercantiles como unidad personificada de un conjunto de elementos materiales y personales puestos al servicio de un fin. De esta forma, la empresa aparece sustantivizada en términos de Derecho a las personas físicas a determinados efectos.

Al crear una persona moral no resolvemos definitivamente más que una dimensión organizadora, nos quedan otras cuestiones importantes a determinar, especialmente cómo dentro de una persona jurídica ciertos sujetos podrán actuar hacia fuera por y para la empresa.

Es necesario para ello una distribución estable de funciones adjudicándoselas a personas físicas, que aparecen así, por una parte, en relación de servicio con la persona total, la organización en su conjunto, y, por otra, con apoyo en estos vínculos de carácter interno entran en relaciones externas con sujetos ajenos a la organización. Así, por ejemplo, en el ámbito de las sociedades mercantiles aparecen los apoderados, gerentes y administradores, cuyas facultades, para conocimiento general, son anotadas en los registros mercantiles, aunque otras funciones menos importantes, las de un simple dependiente, que también comprometen a la empresa, se consideran sin más formalidades adjudicadas con las tareas que se encomiendan. Esta solución puede valer para explicar determinadas relaciones de ciertos agentes sobre bases de representaciones y apoderamientos implícitos o explícitos que funcionan como vehículos entre representante y representado, actuando aquéllos por cuenta de éste y obligándole frente a terceros a virtud de los poderes recibidos. Pero cuando las personas físicas se funden, por así decirlo, con la organización no es posible establecer vínculos convencionales, puesto que tales personas son el propio soporte de la organización de la que forman parte, haciendo viable la existencia de la organización personalizada. Necesitamos entonces recurrir a otras soluciones, entre las que destaca la del órgano.

II. LA TEORÍA DEL ÓRGANO

La teoría del órgano surge, primero, en el Derecho canónico. El Derecho canónico, que es para su tiempo un Derecho evolucionado y progresivo, surge en el mundo caótico de las relaciones personalistas feudales, y va a permitir que se sustantivicen determinados cargos con independencia de sus sucesivos titulares; así aparece, entre otras, la imagen de la Sede Episcopal, que no es otra cosa que la abstracción del asiento del episcopado. La silla (sede) deja de ser un objeto apropiable por el titular de ese cargo, como sucedía en otras épocas en que los príncipes temporales o espirituales asignaban a una determinada persona, fiel y leal, el desempeño vitalicio de ciertas funciones. Pues bien, los canonistas hacen abstracción de la persona y crean la figura de la Sede, susceptible de perpetuarse como elemento estable de la organización, y que puede estar vacante sin que se extinga, aunque desaparezca transitoriamente la persona que la ocupaba. Ésta es una anticipación y explicación elemental, pero todavía válida, de la teoría del órgano como conjunto de funciones atribuibles en el tiempo a diferentes personas físicas, pero que tienen permanencia por sí y no se identifican con los titulares sucesivos del mismo.

Los teóricos del iusnaturalismo y del organicismo tratan de justificar estas soluciones comparándolas con las características de la persona humana, foco y objetivo principal de sus preocupaciones. La imagen de hombre resultaba ejemplificadora al observarse que la persona se sirve de sus extremidades, por ejemplo, para realizar determinadas operaciones sin que estos órganos tengan sustantividad por sí, permaneciendo integradas en la persona, formando parte de la misma. Trasladando estos planteamientos a la teoría general de la organización, ya no se necesitaba recurrir a la dualidad de los sujetos (apoderado y apoderante), puesto que sin establecer relaciones de apoderamiento los agentes de la organización, al incorporarse a la misma, actúan ya, en cuanto servidores, como órganos; son sólo partes integrantes; su personalidad se diluye en el conjunto. Esto lo veremos claro en la Administración, donde, por ejemplo, el cargo del Rector de una Universidad es independiente de las personas físicas que sucesivamente lo ocupen, pero lo vemos igualmente en las sociedades privadas. En éstas podemos encontrar también perfectamente relaciones de apoderamiento. Pero aunque existen, desde luego, representantes apoderados, que tienen específicas funciones que constan documentalmente y que determinan relaciones personales entre la empresa en su conjunto y el apoderado, es muy difícil explicar desde este punto de vista la posición, por ejemplo, del Consejo de Administración o de la Asamblea de Accionistas.

Los poderes de la Asamblea o del Consejo no derivan de un contrato entre las personas físicas que lo integran y la Sociedad en su totalidad. La explicación más convincente es la que considera que el Consejo es un órgano de la Sociedad y, por lo tanto, es un centro permanente de actuación de la misma, con independencia de las personas físicas que lo componen. No hay hacia dentro relaciones entre varias personas y la empresa, sino una situación institucional dentro de este complejo personificado. Por lo tanto, podemos considerar a los órganos como aquellos *centros permanentes de decisión servidos por personas físicas*. Ello no es óbice a que interiormente, como examinaremos al tratar de los funcionarios, aparezcan relaciones de servicio entre éstos y la organización, precisamente para la integración física de los órganos.

III. PECULIARIDADES DE LA ORGANIZACIÓN ADMINISTRATIVA

Hemos visto cómo hay temas comunes a la empresa pública y la privada, y cómo los problemas organizatorios tienen una dimensión general del conjunto. Sin embargo, la característica de la Administración, como mundo subordinado a los centros superiores de poder, aflora también aquí en materia de organización administrativa. La organización, más acusadamente de lo que sucede quizá en el campo del Derecho privado, es para la Administración un *prius* lógico, un antecedente, es decir, si no existe una organización jurídica legítima no puede haber una actuación administrativa válida.

No cabe pensar en una actividad pública desorganizada, esto es, no jurídicamente estructurada, sin unos órganos preestablecidos, puesto que sería imposible para la Administración ejercer unos poderes si previamente no han sido distribuidos ni asignados. La organización es, en el campo de la Administración eminentemente jurídica, antecedente de toda su actividad y viene dominada por la idea ya expuesta de atribución de potestades. La Administración no es autónoma, se configura precisamente como quieren los titulares de los poderes soberanos. De aquí que los cargos más altos de la organización del Estado vengan prefijados incluso por los textos de las Constituciones. La Constitución se pronuncia expresamente, como vimos para España, sobre la configuración y distribución orgánica de los centros claves de la Administración, sobre las funciones del Jefe del Estado, la composición y nombramiento del Consejo de Ministros, del Presidente de Gobierno, etc. Tiene tal trascendencia esta materia, que se conecta y es objeto de atención de las Leyes básicas del país al constitucionalizar el artículo 103.2 que los órganos de la Administración del Estado son creados, regidos y coordinados de acuerdo con la Ley.

Según la importancia de los problemas organizatorios, se gradúa la asignación de potestades para las correspondientes decisiones. Cuando la organización afecta a escalones no constitucionalmente predeterminados, que son, sin embargo, importantes, se deja al legislador ordinario la fijación de sus principales caracteres, aunque hay que señalar que la nueva Constitución, a diferencia de las Leyes Fundamentales sustentadoras del anterior régimen, ha eliminado prácticamente la reserva de ley en esta materia. Así, la disposición final segunda de la Ley 39/1992, de 29 de diciembre, autorizó al Presidente del Gobierno para variar, mediante Real Decreto dictado a propuesta del mismo, el número, denominación y competencias de los Departamentos ministeriales, facultad que se ha ejercido por el Real Decreto 1173/1993, de 13 de julio, de reestructuración de Departamentos ministeriales.

Para la configuración de otros órganos inferiores hay que distinguir los de nivel superior a Subdirección General, para los que se precisa Real Decreto acordado en Consejo de Ministros (art. 12 de la Ley 10/1983), y los de nivel inferior a Subdirección, es decir, Servicios, Secciones y Negociados, para cuya configuración se estará a lo que determine cada Administración pública, en su propio ámbito competencial (art. 11 de la LRJ-PAC).

IV. CLASES DE ÓRGANOS

En cuanto a su ámbito territorial, tratándose de la Administración del Estado y de las Comunidades Autónomas, los órganos pueden ser centrales o periféricos; en el campo de la Administración local, provinciales y municipales. Atendiendo a la amplitud de las competencias, pueden existir órganos generales, como, por ejemplo, el Consejo de Ministros, y especiales, como las distintas Direcciones generales. En cuanto a la índole de sus funciones, caben órganos activos, que son los que actúan directamente sobre la realidad administrativa modificándola o transformándola; deliberantes, que deciden pero que no actúan directamente de por sí, encomendando la ejecución a los órganos activos, como sucede con el Consejo de Ministros, y consultivos, que son aquellos que asesoran a los órganos activos y deliberantes. En cuanto a su composición, los órganos pueden ser unipersonales si su titular es una persona física, y colegiados si una pluralidad de personas físicas integran el mismo. El Ayuntamiento en Pleno es un órgano colegiado, el Gobernador Civil es órgano unipersonal.

V. LA COMPETENCIA

La noción de competencia completa lo expuesto en relación con la distribución orgánica. La competencia no es otra cosa que la función o conjunto de funciones adjudicadas a un órgano. Competencias administrativas serán, pues, las que correspondan a los distintos órganos de la Administración. La distribución de funciones y la propia de competencia está imbuida también por las preocupaciones de eficacia y de racionalidad material que animaban al sistema orgánico, pero tiene igualmente una destacada trascendencia jurídica en cuanto que sólo la previa y legítima asignación de competencias a un órgano da validez a sus actuaciones. El ordenamiento jurídico sanciona, por ejemplo, con nulidad absoluta las actuaciones realizadas por órganos manifiestamente incompetentes (art. 62.1 LRJ-PAC). Los órganos pueden moverse dentro del ámbito acotado para aquellas funciones que les han sido adjudicadas; más allá de este campo, sus actuaciones estarán viciadas desde el punto de vista del Derecho y pueden ser anuladas a instancia de los particulares.

Aunque la competencia es orgánica, no debe olvidarse que éstas son, en definitiva, imputadas a organizaciones más amplias o a las personas jurídico-públicas que engloban estos órganos. Por ello puede aludirse a las competencias de la Administración central o de los Ayuntamientos. Entendemos que cabe referirse aquí a competencias en cuanto suma de las que corresponden a sus distintos órganos.

1) Caracteres

Las competencias administrativas tienen los siguientes caracteres:

1.º La obligación de su ejercicio

Quiere decirse con esto que las funciones no se asignan simplemente para aumentar teóricamente el poder de los distintos órganos de la Administración, sino para que se cumplan; un agente de tráfico no puede dejar de multar, por ejemplo, una infracción del tráfico, sino que, si ésta se produce, está obligado a sancionarla. Claro está que para el ejercicio de las competencias se necesitará que se den las condiciones de hechos necesarias, pero una vez producidas es preciso que se pongan en funcionamiento, aunque quede un ámbito de discrecionalidad en la graduación de la intensidad del ejercicio y en la apreciación de la oportunidad de las medidas. No se trata, pues, de ámbito de actuaciones lícitas, sino de ámbitos de actuación necesaria.

2.º La asignación de potestades

Junto con la distribución orgánica, la distribución de competencias (art. 11.2 LRJ-PAC), se asigna atendiendo a su relativa importancia, a centros decrecientes de poder. Determinadas adjudicaciones se operan a niveles constitucionales, otras han de hacerse por Ley y otras corresponden a centros inferiores, de acuerdo con su gradual trascendencia. La atribución de funciones implica el ejercicio de potestades administrativas, pero ello no supone que siempre deban emplearse; únicamente será necesario utilizar este arsenal de poderes cuando se encuentren resistencias. Un Ayuntamiento tiene, por ejemplo, atribuciones para construir un parque municipal, y para ello puede disponer de la coacción que supone la expropiación forzosa, pero si los particulares voluntariamente ceden sus terrenos, este recurso no será necesario.

3.º Las competencias son del órgano y no de la persona

No cabe un derecho subjetivo del titular del órgano al ejercicio de la competencia, sino, a lo más, el planteamiento orgánico de un conflicto de atribuciones. Quien tiene competencias no es la persona física en cuanto tal, sino el órgano al cual se sirve.

4.º Indisponibilidad

Las competencias son indisponibles por parte de sus titulares, es decir, no puede renunciarse a las competencias. La competencia, nos dice la LRJ-PAC en el artículo 12, es irrenunciable y se ejercerá precisamente por los órganos administrativos que la tengan atribuida como propia, salvo los casos de delegación o avocación, cuando se efectúen en los términos previstos en ésta u otras leyes. Los órganos no pueden modificar sus propias competencias en cuanto que ello viene conectado con el sistema gradual de distribución de poderes ya aludido. Sin embargo, existen algunas excepciones al sistema de indisponibilidad de las competencias.

Estas excepciones son, pues, la delegación y la avocación. En tanto que otras técnicas, como la encomienda de gestión, la delegación de firma y la suplencia únicamente comportan alteración de los elementos determinantes del ejercicio de la competencia (art. 12 de la LRJ-PAC). Junto a esos supuestos, aunque con un sentido distinto, cabe incluir la desconcentración a la que aludiremos en otro momento.

Delegación es la transmisión provisional del ejercicio de competencias, efectuada en los términos previstos en la LRJ-PAC o en otras leyes, a otros órganos administrativos aunque no sean jerárquicamente dependientes, cuando existan circunstancias de índole técnica, económica, social, jurídica o territorial que lo hagan conveniente. El titular de la competencia sigue siendo el órgano delegante. Cuando las resoluciones administrativas se adopten por delegación deberá indicarse expresamente esta circunstancia por el órgano delegado y se considerarán dictadas por el órgano delegante, según dispone el artículo 13.4 de la LRJ-PAC.

La citada Ley excluye la posibilidad de delegar ciertas competencias tanto por razón del órgano titular como por razón de las materias (art. 13.2 y 5), facultando para su revocación en cualquier momento por el órgano que la haya conferido (art. 13.6).

En los casos en que proceda, al objeto de garantizar el conocimiento general y para la validez de la actuación delegada, se precisa que la delegación se publique en los Boletines o Diarios oficiales dependiendo de la Administración a que pertenezca el órgano delegante y el ámbito territorial de su competencia. Otro tanto se requiere cuando se produzca la revocación (art. 13.3). Una particularidad para su ejercicio en el caso de delegación en órganos colegiados se prevé también en el artículo 13.7 de la Ley.

La *avocación* es lo contrario de la delegación. En los términos y con las circunstancias de ésta, los órganos superiores pueden atraer para sí el conocimiento de un asunto cuya resolución corresponda ordinariamente o por delegación a sus órganos administrativos inferiores. Cuando se hubieren delegado competencias en órganos no jerárquicamente dependientes, la avocación únicamente puede efectuarla el órgano delegante.

En cualquier caso, no se requiere publicación, bastando acuerdo motivado que debe notificarse a los interesados en el procedimiento, si los hubiere, antes de dictar la resolución final (art. 14).

La *encomienda de gestión* es una figura prevista para encargar la realización de actividades de carácter material, técnica o de servicios entre órganos o Entidades de Derecho público de la misma o de distinta Administración. El órgano o Entidad encomendante retiene la responsabilidad de dictar las resoluciones que den soporte jurídico a la actividad encomendada. La formalización, a través de los instrumentos y con los requisitos contenidos en el artículo 15, debe en todo caso publicarse en el Diario Oficial correspondiente. Ese régimen no es de aplicación a las actividades cuya realización quede encomendada a personas físicas o jurídicas de Derecho privado, ya que deberá atenderse entonces a la legislación de contratos del Estado.

La *delegación de firma* es una modalidad de la delegación de competencia, en la que con los límites de ésta, los órganos superiores ceden el poder de firmar que ostentan en órganos o unidades administrativas dependientes. Sin requerir para la validez de publicación, ni alterar la competencia que cada órgano tiene atribuida, en las resoluciones y actos que se firmen por delegación se hará constar esas circunstancias. En las resoluciones de carácter sancionador, según el artículo 16, queda excluida tal posibilidad.

La *suplencia* tampoco implica modificación de la competencia. Es un supuesto de sustitución temporal en el que el titular del órgano es suplido por razón de vacante, ausencia o enfermedad por quien designe el órgano competente para el nombramiento de aquél (art. 17).

2) Clases

La distribución de las competencias se acomoda en alguna manera a la distribución orgánica que ya hemos visto. Las competencias pueden ser asignadas con criterios territoriales, materiales o jerárquicos.

1.º Competencias territoriales

Son aquellas que limitan el ámbito de actuación de un órgano en función de determinadas parcelaciones del territorio. Así, un Gobernador Civil tiene competencia sobre una provincia; un Ministro tiene competencia sobre todo el territorio nacional. Otros órganos de la Administración, como un Rector de una Universidad, tienen competencias intermedias sobre ámbitos supraprovinciales, regionales, distritos, etc. Teniendo en cuenta, pues, el espacio físico dentro del cual se acota el ejercicio de las funciones del órgano, podemos establecer una clasificación territorial de la competencia, cuyos dos grandes bloques para la Administración del Estado son: competencias centrales y competencias periféricas. Las competencias periféricas son normalmente de ámbito provincial, pero también de ámbito infraprovincial o supraprovincial, depende del trazado que en cada caso se imponga al ejercicio de tales competencias.

A este cuadro competencial debe ahora incorporarse las correspondientes a las Comunidades Autónomas que se ejercen sobre su propio territorio.

2.º Materiales

Desde una perspectiva material, las competencias pueden ser generales en cuanto que asignan funciones amplias, relativamente indeterminadas a un órgano, como en el caso del Consejo de Ministros, o especiales si asignan cometidos singulares y específicos, atendiendo a una materia concreta, como la Dirección General de Universidades e Investigación.

3.º Jerárquicos

La competencia puede ser también jerárquica. Estudiaremos a continuación cuál es la jerarquía que implica la asignación gradual de competencias de mayor o menor grado, según el orden de importancia de los órganos respectivos. Los superiores tienen competencias que priman sobre las de los inferiores, y así sucesivamente. Esta competencia jerárquica normalmente es exclusiva, es decir, sólo corresponde a un órgano, si bien en algunos casos puede haber una competencia alternativa o concurrente, esto es, dos órganos pueden conocer a la vez una misma cuestión o bien un órgano puede atraer hacia sí la competencia excluyendo a otro.

VI. LA JERARQUÍA

Especial importancia tiene para la organización y distribución competencial la jerarquía administrativa. La jerarquía administrativa no es otra cosa que la ordenación gradual y vertical de las competencias. Tiene también, como los órganos, su origen remoto en la organización eclesial, en el Derecho Canónico, incluso la misma palabra remite a sus antecedentes. Jerarquía significa gobierno de las cosas sagradas, regimiento de las cosas sacras; de aquí que cuando con referencia a la Iglesia se habla de la Jerarquía todos sabemos que se alude a un orden eclesiástico de autoridad. La Iglesia, que en el tiempo fue la organización más perfecta, instaura, primero, este sistema de distribución de competencias de acuerdo con un orden descendente. Después pasa a la organización militar y, por fin, a la organización administrativa civil.

1) Caracteres

Los caracteres de la jerarquía y las circunstancias que operan para que ésta tenga lugar son los siguientes:

A) Se precisa la existencia de una pluralidad de órganos. Si existe un solo órgano, es claro que no podemos hablar de jerarquía; es necesario, pues, un conjunto de órganos que queremos ordenar escalonada y racionalmente.

B) Una identidad de cometidos y competencias en razón de la materia, común para todos los órganos, puesto que si cada uno de ellos tuviese cometidos distintos que no guardasen relación entre sí, el establecimiento de una jerarquía carecería de sentido. El hecho de que todos los órganos colaboren en unas actividades comunes y tengan unos objetivos idénticos hace viable y necesario el ordenarlos mediante el establecimiento de una jerarquía entre ellos (art. 11.2 LRJ-PAC).

C) Estos órganos asumen responsabilidades específicas; hay, pues, una división de trabajo y de funciones, una subdivisión de cometidos entre los distintos órganos jerarquizados.

D) Los órganos jerarquizados están subordinados unos a otros con arreglo a una escala que va de mayor a menor.

2) Consecuencias

El establecimiento de la jerarquía es una técnica organizatoria cuya trascendencia más acusada es el mantenimiento de la unidad en el sistema orgánico, en las parcelas del obrar administrativo encomendadas a un conjunto de órganos. Con ello se consigue: unidad de dirección que permite a los órganos superiores dictar normas e instrucciones de obligado cumplimiento para los inferiores, orientar en casos concretos las conductas de los órganos inferiores obligando a éstos por el deber de obediencia a acatar las órdenes y mandatos concretos, siempre que aquéllos obren a su vez de acuerdo con sus competencias y dentro de la legalidad (art. 21 LRJ-PAC).

La jerarquía garantiza a los titulares de los puestos orgánicamente más elevados posibilidades de vigilancia de las actuaciones de los inferiores, inspeccionando su conducta, haciendo efectivas las responsabilidades y resolviendo los recursos planteados frente a los actos de estos órganos. Este último es el fundamento de recurso ordinario antes denominado de alzada. El superior jerárquico conoce y resuelve de las reclamaciones presentadas frente a los actos y resoluciones del que está por debajo de él en la escala orgánica (art. 114 LRJ-PAC).

VII. OTRAS TÉCNICAS DE RECONDUCCIÓN A LA UNIDAD

Con el sistema jerárquico puede la Administración reconducir a la unidad sus actividades, aun cuando los cometidos se dispersen entre distintos órganos específicos. La jerarquía permite una visión unitaria, una efectiva integración de las funciones que corresponden a un complejo orgánico. Sin embargo, en el obrar administrativo no se producen siempre tales relaciones jerárquicas. Existen órganos que participan en el obrar común, en la empresa común de la Administración y que no están vinculados entre sí con relaciones jerárquicas. Surge aquí el problema de la unidad administrativa para las relaciones no jerarquizadas.

Para evitar el caos, la dispersión, el mutuo desconocimiento de los distintos órganos y de los agentes titulares que operan en el seno de la Administración habrá de recurrirse a ciertas técnicas e instrumentos complementarios de la jerarquía. Los distintos Ministerios no están jerarquizados entre sí, pero no sería racional ni sensato que un Ministerio y sus Direcciones generales desconociesen las actuaciones de otros Ministerios. Precisamente la unificación de las tareas administrativas es el primer problema organizador de nuestro tiempo, que se enfrenta con una Administración expansiva, multidiversificada y omnipresente.

1) La mutua información

De aquí que se recurra a diversas técnicas, en primer lugar a la mutua información de los órganos con actividades de alguna forma confluyentes o que pueden ser recíprocamente influidas. Así, como vimos, cuando se trata de aprobar una disposición general por el Consejo de Ministros, previamente el proyecto se reparte a los otros Ministerios para que manifiesten su posición o comuniquen su postura (art. 131 L.P.A.). Ésta es la técnica más elemental, más racional y más directamente accesible, el divulgar previamente, entre los distintos sectores de la Administración, los planes y proyectos que pueden tener alguna trascendencia para sus respectivos cometidos.

2) La resolución de conflictos

En la estructura jerárquica, la resolución de conflictos entre dos órganos inferiores que estiman deben conocer, o no conocer, de un mismo asunto, se resuelve fácilmente en cuanto que se asigna al órgano superior la decisión de tales divergencias (arts. 16 a 19 L.P.A.), para el ámbito de la Administración General del Estado. Pero cuando no existe una relación jerárquica entre los órganos, cuando, por ejemplo, el Ministerio de Obras Públicas y Urbanismo y el del Interior entienden que deben conocerse simultáneamente a la vez de temas relacionados con el urbanismo o con las Corporaciones Locales, se precisa arbitrar algún dispositivo que elimine las diferencias y adopte una decisión acatable por ambos órganos y a este fin hay que indicar que la Exposición de Motivos de la Ley orgánica 2/1987, de 18 de mayo, de Conflictos jurisdiccionales, indica que el principio previsto en la Ley de 17 de julio de 1948 por el que se atribuyó al Jefe del Estado la competencia para resolver por Decreto tales conflictos es incompatible con nuestro ordenamiento constitucional, y con la posición que en el mismo ocupa el Rey. Esa incompatibilidad —creemos— se extiende también a la resolución de conflictos entre órganos administrativos, que debe residir ahora en el Presidente del Gobierno, cuando se trate de conflictos de atribuciones entre Ministerios (aunque no den respuesta a esta cuestión los artículos 48 a 53 de la Ley de 17 de julio de 1948 que aún se hallan en vigor). Conforme a la LRJ-PAC (art. 20.3), los conflictos de atribuciones sólo podrán suscitarse entre órganos de una misma Administración no relacionados jerárquicamente, y respecto a asuntos sobre los que no haya finalizado el procedimiento.

Esta solución es la que acogen los Estatutos de Autonomía (vgr. Comunidad Valenciana, art. 16.f), atribuyendo al Presidente del

Consejo de Gobierno la resolución de conflictos de atribuciones entre Consejerías. Los conflictos pueden ser positivos cuando dos autoridades entienden que son competentes para conocer de un mismo asunto o negativos cuando ninguna de las dos autoridades se considera competente para conocer de la cuestión conflictiva.

En la nueva situación del Estado de las Autonomías, cuando el conflicto afecta a órganos centrales estatales y órganos autonómicos, su conocimiento corresponde al Tribunal Constitucional a través del conflicto de competencias a que se refiere el artículo 161.1.c) de la Constitución, incluyendo los conflictos entre Comunidades Autónomas.

Por otra parte, los conflictos de jurisdicción entre los Juzgados o Tribunales y la Administración son resueltos por el órgano colegiado regulado en el artículo 38 L.O.P.J., que recibe el nombre de Tribunal de Conflictos de Jurisdicción, según el artículo 1.º de la Ley de Conflictos Jurisdiccionales antecitada. Ese Tribunal está formado por el Presidente del Tribunal Supremo, que lo presidirá, y por cinco vocales, de los que dos serán Magistrados de la Sala de lo Contencioso-Administrativo del Tribunal Supremo, designados por el Pleno del C.G.P.J., y los otros tres serán Consejeros Permanentes del Consejo de Estado.

3) Comunicación entre órganos

Para facilitar las relaciones interorgánicas, la LRJ-PAC prevé (art. 19) que la comunicación entre los órganos de una misma Administración se efectuará siempre directamente, sin traslados ni reproducciones a través de unidades intermedias.

4) Órganos coordinadores

También se intenta la coordinación (principio constitucionalizado en el art. 103.1) bien con algunas reglas relativas a las relaciones interorgánicas e interadministrativas como prescribe el artículo 18 de la LRJ-PAC, o a través de ciertos órganos especialmente configurados y concebidos a efectos de la armonización de actividades. Estos órganos pueden ser unipersonales, como es el caso del Presidente del Gobierno y de los Gobernadores Civiles, que a escala nacional o provincial representan la unidad de la Administración. Pero lo normal es que se arbitren órganos colegiados en cuyo seno tengan representación los diferentes sectores de la Administración y pueden fundir las diferencias adoptando unas decisiones que sean conformes a los cometidos específicos de cada uno de los órganos allí representados. Tal es el caso del Consejo de Ministros, órgano colegiado por excelencia y superior en el seno de la Administración, y del que forman parte todos los Ministros, y que tienen, por lo tanto, ocasión de conocer las distintas iniciativas de cada uno de los jefes del departamento y de hacer sentir su voz orientando hacia decisiones armoniosas. Lo mismo sucede con las Comisiones Delegadas del Gobierno, órgano inmediatamente inferior al Consejo de Ministros. En el ámbito provincial periférico, a esta idea responden las Comisiones Provinciales de Colaboración del Estado con las Corporaciones Locales y las Comisiones Provinciales de Gobierno. Estos órganos colegiados, para que produzcan efectos unificadores más enérgicos, son normalmente de carácter deliberante, concepto éste que ya conocemos; pero existen, además, otros órganos colegiados que tienen carácter simplemente consultivo o asesor. Órganos coordinadores específicos aparecen con una proliferación infinita no sólo en nuestra nación, sino en la mayoría de los países, aunque su trascendencia sea más bien poco importante y su multiplicación anule prácticamente los resultados perseguidos.

5) La tutela

Una técnica importante para reconducir a la unidad al complejo de administraciones públicas es la tutela. El término tutela evoca las relaciones de derecho privado entre el menor de edad y su tutor, por lo que en el campo administrativo resulta hoy impropio, pues procede de una época en que a los Municipios se les consideraba como menores frente al Estado. En el Derecho público estas técnicas se aplican preferentemente para modular las relaciones entre dos entes, uno de los cuales es el Estado representado por uno de sus órganos y que vela por intereses más generales incorporados a normas estatales, aunque también puede estar en juego la apreciación de la oportunidad de las decisiones adoptadas por el ente tutelado (arts. 155 CE y 61 y 67 L.R.B.R.L.).

Como decimos, la tutela opera habitualmente sobre el grupo de entes descentralizados a quienes nos referimos al final de este capítulo. A veces, sin embargo, por analogía se califican como de tutela relaciones entre órganos centrales no jerarquizados entre sí, como puede ser el caso del Gobernador con relación a las distintas delegaciones ministeriales periféricas, pero el supuesto típico de la tutela se refiere a relaciones entre la Administración directa del Estado y la Administración descentralizada; por ejemplo, era un acto de tutela la aprobacion anteriormente de los presupuestos municipales por la Delegación de Hacienda. La puesta en marcha de las distintas Comunidades Autónomas ha trasladado a las mismas el ejercicio de tutela sobre las Corporaciones locales, si bien debe observarse que estos controles han desaparecido casi totalmente al aplicarse los principios de autonomía incluidos en la Constitución.

La tutela se diferencia de la jerarquía en que no existen aquí relaciones de subordinación, el ámbito de la tutela es limitado, su existencia no se presume, origina vínculos menos estrechos, no implica deber de obediencia y, salvo excepciones, puede dar lugar a que el tutelado reaccione contra los actos del tutelante impugnando sus actuaciones ante los Tribunales, lo que no sucede en las relaciones de jerarquía. La tutela se manifiesta, por lo general, no por órdenes, sino a través de aprobaciones, autorizaciones o suspensiones de los actos tutelados, medios estos que difieren de los más significativamente empleados para hacer efectivos los poderes de jerarquía.

6) Conflictos constitucionales

En cuanto a los conflictos constitucionales, recordemos que la competencia para dirimirlos corresponde al Tribunal Constitucional y pueden afectar a las relaciones Estado-Comunidades Autónomas, a éstas entre sí y a los órganos constitucionales del Estado. En el primer caso están legitimados para plantear el recurso ante el Tribunal los órganos superiores de las Comunidades: Parlamento o Gobierno, según los Estatutos, y por parte del Estado, el Presidente del Gobierno. La interposición de la impugnación por el Presidente del Gobierno tiene en estos casos virtualidad suspensiva sobre los actos o las disposiciones de las Comunidades Autónomas afectadas.

VIII. LA DESCENTRALIZACIÓN Y DESCONCENTRACIÓN

1) La descentralización

Éste es un tema de actualidad y remite a la asignación de competencias a personas jurídicas, a entes, y recordemos que llamamos entes a las personas jurídicas administrativas. De las dos soluciones organizatorias que vimos al principio: asignación de competencias a órganos o a personas jurídicas, la descentralización pone su énfasis en la personificación de la gestión administrativa. La descentralización es, pues, una solución organizatoria que pretende, en primer lugar, una mayor eficacia en el desempeño de las funciones administrativas, lo que tampoco es privilegio del sector público. En el sector privado, sobre todo cuando las empresas adquieren proporciones gigantescas, se pretende igualmente personalizar y segregar partes de una empresa, creándose sociedades dotadas de mayor autonomía para coadyuvar a los fines del complejo empresarial en el que están inmersas.

Pero la descentralización puede tener también, junto a la dimensión de eficacia, una dimensión de democracia cuando el regimiento de la persona jurídica se encomienda a los propios administrados interesados en su mejor gestión. El prototipo de los entes descentralizados son los entes de la descentralización territorial, las Corporaciones locales, Ayuntamientos y Diputaciones, cuyos órganos rectores están integrados por los representantes de la vecindad, de la población municipal o provincial. Las Comunidades Autónomas también son entes territoriales descentralizados, aunque en realidad exceden la mera descentralización administrativa, en tanto que ejercen funciones políticas y legislativas.

Otros tipos de entes también de vocación democrática, pero no territorial, son los entes sectoriales corporativos, como, por ejemplo, los Colegios profesionales y las Cámaras de Comercio, Industria y Navegación, que están integrados y autoadministrados por los propios interesados.

2) La desconcentración

A diferencia de la descentralización, la desconcentración no crea entes, no personifica, sino que implica el traslado de competencias de unos órganos superiores a otros inferiores, fundamentalmente de carácter periférico. Lo que se pretende es no recargar el peso de la gestión en el centro y aligerar cometidos de los órganos centrales, traspasándolos a aquellos que operan en ámbitos territoriales más reducidos, por entenderse, con razón, que éstos tienen mayor inmediación con los usuarios de los servicios, con los administrados, pudiéndose así economizar trámites procedimentales al dotar de más competencias y autonomía a los órganos periféricos, evitanto que el círculo decisorio tenga que pasar necesariamente por el centro.

Mientras que la descentralización se produce a favor de entes, a favor de personas jurídicas, la desconcentración se produce a favor de órganos. La desconcentración supone, a diferencia de la delegación, una modificación estable de las competencias, ya que a partir de la desconcentración la titularidad y el ejercicio de las mismas son ejercidas como propias por el órgano desconcentrado (art. 12.2 LRJ-PAC). La desconcentración tiene trascendencia normativa, pero a diferencia de lo que en general ocurre en la delegación no proviene necesariamente de quien tenía previamente las competencias; es decir, la transferencia puede hacerse por una autoridad superior. En materia de recursos cuando se delega no cabe recurso ordinario ante el delegante por los actos del delegado, sino ante el superior del delegante; cuando se desconcentra puede el desconcentrante, si era el superior jerárquico, conocer de dicho recurso.

Ambas técnicas aparecen constitucionalizadas en el artículo 103.1 de la CE, y a la desconcentración y sus efectos se refiere el artículo 12.2 de la LRJ-PAC.

CAPÍTULO XI

ESTRUCTURA DE LA ADMINISTRACIÓN DEL ESTADO

I. ÓRGANOS CENTRALES.

1) **El Jefe del Estado: el Rey.**
2) **El Consejo de Ministros.**
3) **Las Comisiones Delegadas.**
4) **El Presidente del Gobierno.**
5) **Vicepresidente del Gobierno.**
6) **Los Ministros.**
7) **Los Secretarios de Estado.**
8) **Los Subsecretarios y Directores Generales.**

II. ORGANIZACIÓN PERIFÉRICA.

1) **Direcciones Provinciales Ministeriales.**
2) **Gobernadores Civiles.**
3) **Comisiones Provinciales de Colaboración del Estado con las Corporaciones locales.**
4) **Las Comisiones Provinciales de Gobierno.**

III. LA ADMINISTRACIÓN PERIFÉRICA Y EL NUEVO ORDEN AUTÓNOMICO.

1) **Las nuevas tendencias.**
2) **El Delegado del Gobierno.**

ESTRUCTURA DE LA ADMINISTRACIÓN DEL ESTADO

Los grandes rasgos de la Administración española se contienen en el esquema incluido en los primeros capítulos de esta obra. Vimos allí que la Administración General del Estado podía ser: Administración central, integrada por órganos de competencia nacional; periférica, cuyos órganos tienen competencia territorial más reducida; regional, provincial o infraprovincial. Se vio también que la Administración del Estado era concebida como una persona jurídica única, lo cual no era obstáculo, y ello se conecta con el último epígrafe del capítulo anterior, a la creación de personas jurídico-administrativas, institucionales, que para la mayor agilidad y eficacia de la gestión desempeñan con tal forma jurídico-personal determinados cometidos.

I. ÓRGANOS CENTRALES

1) El Jefe del Estado: el Rey

No es dudosa la configuración en la Constitución de la figura del Jefe del Estado, del Rey, como un órgano que no tiene nada que ver con la posición del Jefe del Estado anterior en las Leyes Fundamentales, en donde el carácter administrativo de este último —además de otras cualificaciones— era claro. El Jefe del Estado, el Rey, resulta en la actualidad delineado como un órgano que está por encima del juego ordinario de los diversos poderes, con una evidente función moderadora o arbitral sobre los mismos, siendo, además, políticamente irresponsable, lo que asumen en relación a sus actos los órganos o autoridades que los hubieran refrendado. A diferencia de lo que ocurría en el régimen anterior, el Rey no ejercita potestad legislativa ni reglamentaria, limitándose a sancionar y promulgar las leyes aprobadas por las Cortes, y a expedir —no aprobar— los Decretos acordados por el Consejo de Ministros (art. 62 CE).

La Constitución regula también el régimen de sucesión dinástica del Rey siguiendo una línea familiar cuyas características precisa la norma constitucional en el Título II.

2) El Consejo de Ministros

A continuación del Jefe del Estado, del Rey, aparece, como órgano superior de la Administración central el Gobierno (arts. 97 y 98 CE). El Gobierno, esto es, esencialmente el Consejo de Ministros, puede ser presidido por el Rey cuando asista a sus reuniones, pero solamente, a diferencia de lo que ocurría en el régimen anterior, a efectos de información y a petición del Presidente del Gobierno si el Monarca lo estima oportuno (art. 62.g) CE). Con independencia de esta presidencia eventual, que no integra el Gobierno, éste está constituido por el Presidente del Gobierno, por los Vicepresidentes, en su caso, por los Ministros y por los demás miembros que establezca la Ley.

La aparición del Consejo de Ministros como superior órgano colegiado de la Administración y con una dimensión también política, pero administrativa fundamentalmente, tiene sus precedentes en los Consejos privados de los monarcas con las cámaras que le rodeaban y asesoraban, en los Consejos reales; en España, quizá, en el Consejo de Castilla.

Con la aparición del Estado constitucional se institucionalizan de alguna manera la composición y funciones de estos Consejos, que antes tenían como misión asesorar al monarca, sin mediatizarle, ayudarle en sus funciones, pero que dependían íntegramente de su benevolencia, de su confianza, de su buen ánimo. El Estado constitucional sustantiva al Consejo de Ministros en cuanto Gobierno, conectándolo con la Constitución y estableciendo su composición y las funciones que le corresponden. Como tantas otras instituciones, su perfilamiento continental se debió fundamentalmente a los políticos y hombres de Estado franceses que desarrollaron los logros de la Revolución francesa. Fundamentalmente se trata de un gran hallazgo napoleónico que evoca la organización militar. Se introduce entre nosotros en tiempos de Fernando VII, con un Real Decreto de 1823, y adquiere una configuración decisiva a través de la obra de ese gran reformador que fue Javier de Burgos.

La LRJAE, en su artículo 10, especifica cuáles son las competencias propias del Consejo de Ministros. Éstas son, en principio, las funciones más importantes de la Administración española, las decisiones y soluciones de los asuntos de mayor trascendencia. Como señala la Constitución, el Gobierno dirige la política, la Administración civil y militar y la defensa del Estado. Ejerce la función ejecutiva y la potestad reglamentaria de acuerdo con la Constitución y las leyes.

3) Las Comisiones Delegadas

A continuación del Consejo de Ministros vienen las Comisiones Delegadas del Gobierno. Estas Comisiones fueron creadas en 1957 —tienen funciones coordinadoras, de preparación y estudio de determinados asuntos específicos y de resolución de las materias a ellas asignadas—. Sus competencias aparecen recogidas en el artículo 11 de la LRJAE y en ellas no se entra aquí con detalle. Por lo demás, salvo en materia económica, su peso es escaso y aún no han ejercido realmente las facultades normativas que a través de órdenes les atribuye dicha Ley.

4) El Presidente del Gobierno

Una figura capital en el panorama orgánico de la Administración General del Estado es el Presidente del Gobierno. El Presidente del Gobierno, que aparecía ya en la LRJAE, se recoge también expresamente en la Constitución, artículos 98.2, 99 y 101. Su nombramiento se efectúa de la siguiente manera: después de cada renovación cuatrienal —o menor en caso de disolución de las Cámaras— del Congreso de Diputados, o de pérdida de la confianza parlamentaria del Gobierno o por fallecimiento, dimisión o incapacidad del Presidente —supuestos todos ellos de cese del mismo—, el Rey, previa consulta con los representantes de los Grupos políticos con representación parlamentaria, y por medio del Presidente del Congreso, propondrá un candidato a la Presidencia del Gobierno. Este candidato expondrá su programa y solicitará la confianza del Congreso, que deberá otorgarla por mayoría absoluta de sus miembros, en cuyo caso será nombrado por el Jefe del Estado. No obstante, si no alcanzase dicha mayoría absoluta, cuarenta y ocho horas después se procederá a segunda votación, y la confianza se entenderá otorgada si la Cámara la otorgase por mayoría simple. Ahora bien, si en el plazo de dos meses a partir de la primera votación de investidura ningún candidato de los propuestos sucesivamente hubiere obtenido la confianza del Congreso, el Rey, a propuesta del Presidente de esta Cámara, disolverá las Cortes y convocará nuevas elecciones.

Como atribuciones, corresponde al Presidente del Gobierno, según la Constitución, dirigir la acción del Gobierno y coordinar las funciones de los demás miembros del mismo y proponer el nombramiento de los Ministros. Más detalladamente recogen sus atribuciones los artículos 13 de la LRJAE y 2.º de la Ley 10/1983 (LOACE). Es, pues, una figura importante dentro del conjunto de los órganos superiores de la Administración.

5) Vicepresidente del Gobierno

A continuación del Presidente del Gobierno están, en su caso, el o los Vicepresidentes del Gobierno. Tienen como función sustituir al Presidente del Gobierno en sus ausencias y realizar, por delegación, los cometidos que se les asignen de acuerdo con las previsiones del artículo 3.º de la LOACE antecitada. Los Ministros integran, con el Presidente y los Vicepresidentes, el Consejo de Ministros.

6) Los Ministros

El origen de los Ministros está en las Secretarías de despacho de los monarcas, normalmente a cargo de juristas, de asesores en derecho. Estas Secretarías se sustantivizan después viniendo a adquirir unos cometidos relativamente independientes y un volumen de gestión propia: apareciendo así en España las Secretarías de Estado, de Guerra, de Justicia, de Marina e Indias.

La organización ministerial actual española viene dada, en principio, por la LRJAE, aunque con notables modificaciones posteriores, como la efectuada por la LOACE, que reestructuró la Administración central del Estado, suprimiendo, refundiendo y creando Ministerios. En la actualidad, tras la reestructuración efectuada por el Real Decreto 1173/1993, de 13 de julio, los Ministerios son los siguientes: Asuntos Exteriores, Justicia, Defensa, Economía y Hacienda, Interior, Obras Públicas, Transportes y Medio Ambiente, Educación y Ciencia, Trabajo y Seguridad Social, Industria y Energía, Comercio y Turismo, Agricultura, Pesca y Alimentación, Administraciones Públicas, Cultura, Sanidad y Consumo, Asuntos Sociales y de la Presidencia.

A la cabeza de los Ministerios están los Ministros.

Los Ministros son nombrados y separados por el Rey a propuesta del Presidente del Gobierno, conforme prevé el artículo 100 CE.

7) Los Secretarios de Estado.

Uno de los aspectos novedosos del Real Decreto de 4 de julio de 1977, reorganizador de la Administración Central, es quizá la introducción en nuestra Administración de la figura de los Secretarios de Estado, situándolos en un escalón intermedio entre los Ministros y los Subsecretarios, atribuyéndoseles importantes funciones propias de los Ministros (art. 9.º de la Ley 10/1983). Concretamente, y respecto de las Unidades administrativas que se les adscriban, tendrán las facultades que la LRJAE confiere a los Ministros en los números 1, 4, 5, 6, 7, 10 y 11 del artículo 14.

Se trata de una figura muy discutible tal y como se ha configurado, en cuanto que en buena medida su papel podría ser cubierto con solvencia por los Subsecretarios.

8) Los Subsecretarios y Directores Generales

Inmediatamente después de los Ministros y de los Secretarios de Estado están los Subsecretarios, que desempeñan también la Jefatura del personal y tienen a su cargo la inspección de los servicios del Departamento. Son órganos de comunicación del Ministro, le sustituyen en sus ausencias, ejercen a menudo una serie de competencias residuales, bien por tener un carácter general y abarcar a todo el Ministerio en su conjunto, bien por delegación del Ministro. La LOACE creó en algunos Ministerios la figura del Secretario General, con rango de Subsecretario, con funciones similares a las de éste y coordinar algunas Direcciones Generales del Ministerio a que pertenezca.

Las distintas parcelas de cometidos específicos que corresponden a un Ministerio se distribuyen en sus Direcciones Generales. Los Directores Generales que están a su frente tienen las funciones que enuncia el artículo 16 de la LRJAE, dirigiendo y gestionando los servicios y competencias de su unidad. Los Directores Generales se nombran por Decreto del Consejo de Ministros, a propuesta del Ministro correspondiente.

Equiparados a los Directores Generales, en todos los Ministerios civiles existe un Secretario General Técnico, que tiene el mismo rango que los Directores Generales, pero cuyos cometidos no son específicos, sino que tienen funciones generales en cuanto que documentan y asesoran, por ejemplo, en materia de organización y método, a los demás órganos del Ministerio.

Debajo de los Directores Generales pueden existir Subdirectores Generales. Las unidades inmediatas son normalmente los Servicios y las Secciones dirigidas por los Jefes correspondientes, que a su vez engloban varios Negociados.

II. ORGANIZACIÓN PERIFÉRICA

1) Direcciones Provinciales Ministeriales

La distribución de la Administración periférica generalmente se apoya en el trazado territorial de las Provincias, y a veces llega al de los Municipios. La mayoría de los órganos periféricos de la Administración extienden sus competencias a una Provincia. Existen excepciones hacia abajo, pero también hacia arriba, en cuanto que determinados órganos tienen un asentamiento territorial de carácter regional.

Cada uno de los Ministerios tiene normalmente Delegaciones periféricas. Uno de los problemas que abordó la LRJAE fue precisamente la concentración de estas Delegaciones provinciales o periféricas, de forma que exista para cada Ministerio una sola delegación. Esto se ha ido cumpliendo tardíamente y a desgana, en evitación de que existan Ministerios con varias Delegaciones distintas y a veces competitivas entre sí.

El Real Decreto de 24 de julio de 1981, sobre Reforma de la Administración Periférica del Estado, insiste en la tendencia economizadora, ordenando que todos los servicios dependientes de un mismo Departamento se organicen en una sola unidad provincial. El Gobierno incluso puede acordar la agrupación de los servicios correspondientes a varios Ministerios. La reforma introduce cambios de rúbrica, pasando a denominarse las Delegaciones Ministeriales, Direcciones Provinciales, Departamentales o Territoriales cuando tengan ámbito supraprovincial, carreteras por ejemplo.

Mayor importancia tienen los lineamientos de la última reforma de mayo de 1983, sobre la que volveremos en el contexto del nuevo orden autonómico.

Como consecuencia de la instauración de las Comunidades Autónomas y de su progresiva asunción de competencias y servicios vía transferencias, la Administración periférica del Estado ha venido perdiendo cometidos, siendo presumible el que a medida que avance el proceso su importancia será muy reducida.

A esta realidad era sensible la Ley Orgánica de Armonización del Proceso Autonómico, LOAPA, que prevé la reestructuración de este nivel de Administración mediante la supresión de las Delegaciones Ministeriales y la reagrupación de los servicios que deban subsistir bajo la autoridad del Gobernador civil, único delegado en la Provincia, o del Delegado del Gobierno para los de carácter regional.

El Decreto de 4 de mayo de 1983 abunda en estos mismos términos sin añadir nada nuevo, salvo la precisión de un Decreto para la supresión de las delegaciones, aunque introduciendo un cierto confusionismo con la figura del Delegado Comisionado de eventual creación con funciones de comunicación y coordinación.

La LOAPA (Ley ordinaria y no armonizadora), tras su revisión por el Tribunal Constitucional, no ha sido modificada a este respecto.

2) Gobernadores Civiles

Órganos generales de la Administración provincial son los Gobernadores Civiles. Los Gobernadores no representan a un Ministerio concreto, sino a la unidad del Gobierno a escala provincial. Son delegados del Gobierno y por ello se nombran por el Consejo de Ministros, aunque a propuesta del Ministro del Interior, porque su función más destacada es la de mantener el orden público.

El origen de la figura del Gobernador se conecta con la instauración, por iniciativa de Javier de Burgos a principios de 1831, de los llamados Subdelegados de Fomento, que estaban montados sobre el modelo prefectoral francés. La evolución de estas figuras ha sido distinta; los Gobernadores civiles, que han sustituido a los Subdelegados de Fomento, se han politizado en el sentido de que su extracción no es profesional, como los actuales prefectos franceses, sino que su designación se basa en consideraciones de orden político.

Su actual Estatuto, de 22 de diciembre de 1980, insiste en su carácter de representante permanente del Gobierno de la Nación en la provincia y eje de todos los servicios civiles periféricos en el territorio de su jurisdicción. La figura del Gobernador Civil ha perdido importancia en la nueva situación constitucional como consecuencia sobre todo del nuevo sentido del orden público y de la progresiva liquidación de la Administración periférica estatal.

Por encima del Gobernador Civil en las Comunidades Autónomas provinciales aparece el Delegado del Gobierno, con el carácter de Gobernador General, órgano este previsto en la legislación anterior pero que nunca llegó a proveerse, y al que se alude en el próximo epígrafe tras su reconocimiento constitucional.

3) Comisiones Provinciales de Colaboración del Estado con las Corporaciones Locales

Creadas por Decreto de 15 de octubre de 1977, han venido a sustituir a las Comisiones Provinciales de Servicios Técnicos. Estas últimas aparecieron en la Ley de Régimen Local, como órgano de asistencia de la Diputación a los Municipios de la Provincia, pero a partir de la Ley de Presupuestos de 1957 se transforman, en cuanto que asumen la ejecución de los denominados Planes Provinciales de Obras y Servicios. En un primer momento eran, pues, un órgano de la Diputación, de la Administración Local, aunque integrado colegiadamente y con participación de las distintas Delegaciones de los servicios de la Administración, para la asistencia y potenciación de los intereses de la colectividad provincial. Después se conectan y vinculan a la Presidencia del Gobierno, adquiriendo un carácter netamente burocratizante, y tomando a partir de 1958 una dimensión adicional al absorber una serie de Comisiones especializadas de ámbito provincial y constituirse en órgano para el mejor asesoramiento del Gobernador, garantizando la unidad de la Administración a nivel provincial. Pero, en general, su configuración no era satisfactoria y la doctrina ha venido reclamando, con razón, su reincorporación a la Diputación.

El Decreto más arriba citado las suprime, como se ha dicho, y establece una nueva organización administrativa, que no parece tampoco una solución ideal. Creadas la Comisión Central y las Comisiones Provinciales de Colaboración del Estado con las Corporaciones Locales por Real Decreto-ley de 2 de junio de 1977, el Decreto aludido las estructura como órganos colegiados a través de los cuales se canaliza la cooperación entre la Administración del Estado y las Corporaciones Locales, así como se provee a la resolución conjunta en todas aquellas materias en las que existan competencias compartidas o concurrentes.

La Comisión estará presidida por el Gobernador civil y funciona en Pleno o en Comisión, configurándose como Subcomisión, entre otras, la importante Comisión Provincial de Urbanismo.

El Real Decreto de 3 de julio de 1981 reestructura la composición y funciones de esta Comisión.

En relación con los Planes Provinciales de Obras y Servicios, que constituye un importante aporte financiero estatal a la infraestructura local, debe decirse que a partir de 1981 ha quedado descentralizada su confrontación.

4) Las Comisiones Provinciales de Gobierno

La otra pieza clave en la misión de coordinación de los servicios administrativos estatales en la Provincia es la Comisión Provincial de Gobierno, creada también por el Decreto de 15 de octubre de 1977, diseñada como órgano exclusivo de coordinación de los servicios estatales bajo la presidencia del Gobernador civil; su Pleno se integra por todos los Delegados Provinciales de los Ministerios civiles que radiquen en la Provincia, el Secretario General del Gobierno Civil y el Abogado del Estado Jefe, que actuará como asesor.

Tiene como misión, entre otras, asistir al Gobernador civil en las funciones de orientación, impulso, coordinación y fiscalización de la actividad de los órganos periféricos de la Administración del Estado.

El esquema descrito, una vez puesto en marcha el proceso autonómico previsto constitucionalmente, se ha alterado sustancialmente, determinando para la Administración periférica del Estado importantes reducciones de su aparato y una imprescindible reconversión, lo que se anticipa para la composición de la Comisión Provincial de Gobierno por el Real Decreto-ley 1801/1981.

III. LA ADMINISTRACIÓN PERIFÉRICA Y EL NUEVO ORDEN AUTONÓMICO

1) Las nuevas tendencias

La instauración del estado de las autonomías lleva aparejado, como vimos, la progresiva desaparición de la Administración periférica del Estado, a medida que se transfieren los servicios correspondiente a las competencias que a las Comunidades Autónomas correspondan según sus Estatutos.

Esta transición no es fácil, ya que tanto los Ministerios como los funcionarios se resisten al cambio, defendiéndose, además, el mantenimiento del *status quo* anterior, sobre la base de que no todas las funciones de una Delegación han pasado a la Comunidad. El Decreto de mayo de 1983 antes citado pretende impulsar el desmonte de una doble e innecesaria Administración en los casos que sea procedente.

Pero los propósitos de la reforma territorial van más allá de la sustitución de una Administración periférica por otra, la del Estado por la de la Comunidad. Se pretende que los servicios de ámbito provincial de éstas se encomienden a las Diputaciones.

2) El Delegado del Gobierno

El artículo 154 de la Constitución dispone que un Delegado nombrado por el Gobierno dirigirá la Administración del Estado en el territorio de la Comunidad Autónoma y la coordinará cuando proceda con la administración propia de la Comunidad.

En desarrollo de este precepto, la Ley 17/83, de 16 de noviembre, regula el Estatuto del Delegado del Gobierno y establece sus funciones, que básicamente consisten en asumir la alta representación del Gobierno en la Comunidad, ejercer su autoridad sobre los Gobernadores civiles de las distintas provincias y a través de ello sobre todos los órganos de la Administración periférica y coordinar ésta con la de la Comunidad.

El Delegado carece de atribuciones propiamente dichas sobre los órganos de la Comunidad Autónoma, por lo que la coordinación de que se responsabiliza únicamente puede hacerse efectiva por vías informales.

Tampoco puede directamente actuar en pro del mantenimiento de la legalidad, únicamente puede promocionar recursos ante los tribunales o informar al Gobierno.

Precisamente, la última reforma de esta institución acentúa su énfasis en la información mutua Estado-Comunidades Autónomas.

CAPÍTULO XII

LA ADMINISTRACIÓN CONSULTIVA Y LA ADMINISTRACIÓN DE CONTROL

I. INTRODUCCIÓN.

II. EL CONSEJO DE ESTADO: ORGANIZACIÓN Y COMPETENCIAS.

III. EL CONSEJO ECONÓMICO Y SOCIAL.

IV. LAS SECRETARÍAS TÉCNICAS Y OTROS ÓRGANOS CONSULTIVOS.

V. EL CONTROL FINANCIERO DE LA ADMINISTRACIÓN.

LA ADMINISTRACIÓN CONSULTIVA Y LA ADMINISTRACIÓN DE CONTROL

I. INTRODUCCIÓN

El sistema de la Administración napoleónica conoce como uno de sus pilares básicos la distinción entre órganos activos, deliberantes y consultivos. La idea, tomada de Sièyes, la repetiría en España Oliván: «Para deliberar como para juzgar son buenos los muchos: para ejecutar, uno solo.»

En los antiguos regímenes no se concebía más que una Administración en la que existía un hombre solo, al que se encargaba de decidir y ejecutar, o una asamblea de tal naturaleza que el poder ejecutivo no era confiado a nadie en particular. Esto se ve perfectamente claro en la organización administrativa española preconstitucional, donde aparecen una serie de Consejos con confusión de funciones ejecutivas y asesoras, lo que alguien ha llamado sinodiarquía; así los Consejos reales, el Consejo de Castilla, el Consejo del Reino, etcétera.

Era preciso articular las relaciones entre los órganos activos, consultivos y deliberantes que prevé el esquema napoleónico. Las posibilidades de la articulación son varias: o bien el jefe dispone de su propio aparato asesor o bien se integra en el propio Consejo que le asesora, y en cuyas decisiones él mismo participa, o bien el Consejo se coloca independientemente, y el jefe se dirige a él de una manera formal para pedir dictamen. A la primera de estas articulaciones posibles responden nuestras Secretarías Generales Técnicas, que ya con carácter general para toda la Administración civil consagra el artículo 19 de la LRJAE. Al segundo sistema de articulación, los Consejos interiores de los Ministerios, y al tercero responden el Consejo de Estado, el Consejo Económico y Social, etcétera.

En nuestros días, aunque el esquema napoleónico sigue vigente, pueden apreciarse en la Administración consultiva los siguientes rasgos: aumento casi infinito de órganos asesores y especialización de sus tareas frente a la solución inicial de un solo Consejo con facultades generales y valoración fundamentalmente jurídica; aparición de cuerpos asesores vinculados a un solo Ministerio; entrada en los órganos colegiados de representaciones muy amplias y diversas, lo que, con ciertas ventajas, sacrifica coherencia y eficacia; carácter mixto de estos colegios entre asesor y coordinador; obsolescencia de muchos de los organismos asesores y despegue independiente de la Administración activa; transformación de los dictámenes y consultas en mero trámite y peso decisivo de las opiniones de los expertos incorporados a la Administración activa, que ven en los órganos colegiados a menudo más un instrumento de persuasión que de información; vuelta larvada, en definitiva, a la vieja confusión entre decisión y ejecución.

II. EL CONSEJO DE ESTADO: ORGANIZACIÓN Y COMPETENCIAS

El Consejo de Estado español, aunque en algún momento de su evolución evoque la figura de los antiguos Consejos reales, al menos en cuanto a su denominación se refiere, constituye un trasplante a nuestro terreno del Consejo de Estado francés creado por Napoleón. Aparece primero en la Constitución de Bayona, y luego en las Cortes de Cádiz. Sufrió durante el siglo XIX los avatares de la movida y fluctuante vida política de aquel período, en el que es a menudo una de las piezas claves de los programas políticos. Tuvo, como su predecesor francés, también funciones judiciales, pero a diferencia de éste las pierde en 1888 y definitivamente en 1904, al incorporarse la Jurisdicción contenciosa a tribunales independientes vinculados al Tribunal Supremo. El momento actual del Consejo de Estado no es de los más fulgurantes de su historia, habiendo acusado de lleno el impacto de los factores antes enunciados, a los que debe añadirse la competencia con los Órganos Consultivos o Asesores propios de las Comunidades Autónomas (ya creados en las de Canarias y Cataluña).

Pese a todo, el Consejo de Estado ha venido siendo el supremo órgano consultivo de la Administración, aunque la Constitución en el artículo 107 alude a que es el supremo órgano consultivo del Gobierno. De acuerdo con este texto constitucional, la Ley Orgánica 3/1980, de 22 de abril, ha regulado su composición y competencia. Actualmente, se estructura en Pleno, Comisión Permanente y Secciones.

Integran el Consejo de Estado en Pleno:

1) El Presidente, los Consejeros Permanentes y el Secretario General.

2) Diez Consejeros natos, reseñados en el artículo 8.º de la Ley.

3) Diez Consejeros libremente designados por el Consejo de Ministros entre las personas que reúnan las condiciones exigidas por la Ley.

Componen la Comisión Permanente del Consejo del Estado el Presidente, los Consejeros permanentes y el Secretario General.

El Consejo de Estado funciona dividido en secciones. Entre las secciones se distribuyen los asuntos según los Ministerios de que procedan, o según su naturaleza en la forma que se determine por Orden de la Presidencia del Gobierno.

Al servicio del Consejo de Estado existe un cuerpo especial de funcionarios, los Letrados del Consejo de Estado, que desempeñan las funciones de estudio, preparación y redacción de los proyectos de informe sobre los asuntos que sean competencia del Consejo. Este cuerpo fue refundido junto con otros en el Cuerpo Superior de Letrados del Estado (disposición adicional novena, 4, Ley de Reforma de la Función Pública), siendo declarada inconstitucional esta refundición por sentencia del Tribunal Constitucional de 11 de junio de 1987, por entender que vulneró el artículo 81 del texto fundamental.

El Consejo de Estado emitirá dictamen sobre cuantos asuntos sometan a su consulta el Gobierno o sus miembros, las Comunidades Autónomas a través de sus Presidentes y las Corporaciones locales por conducto del Presidente de la correspondiente Comunidad Autónoma y a través del Ministerio para las Administraciones Públicas (art. 48 LRBRL), en tanto en el ámbito autonómico no se constituyan sus Órganos consultivos (STC 204/1992, de 26 de noviembre).

El Pleno deberá ser consultado preceptivamente en relación con una serie de temas que la Ley enumera, entre los que se incluyen los Decretos legislativos, Anteproyectos de leyes en ejecución de tratados internacionales, transacciones judiciales y extrajudiciales de los derechos de la Hacienda Pública, etc.

La Comisión Permanente deberá ser consultada, entre otros, para los siguientes asuntos: Reglamentos o disposiciones de carácter general que se dicten en ejecución de las Leyes, así como sus modificaciones; impugnación de disposiciones de las Comunidades Autónomas ante el Tribunal Constitucional; conflictos de atribuciones y cuestiones de competencias; recursos administrativos de revisión; revisión de oficio de los actos administrativos; nulidad e interpretación de concesiones y contratos.

La ausencia de este trámite, salvo que el procedimiento terminase en Ley, es invalidante del acto o disposición final.

La forma normal de pronunciarse el Consejo de Estado es el dictamen. El Consejo de Estado, además, puede elevar al Gobierno las propuestas que juzgue oportunas acerca de cualquier asunto de interés general o buen orden de la Administración que la práctica y experiencias de sus funciones le sugieren (mociones). Como se ve, dos son los modos de manifestación del Consejo de Estado; la más normal y corriente es el dictamen, y la menos usada, la moción.

III. EL CONSEJO ECONÓMICO Y SOCIAL

El artículo 131.2 CE prevé la creación de un Consejo, cuya composición y funciones se desarrollarán por ley. La Ley 21/1991, de 17 de junio, ha creado el Consejo Económico y Social cumpliendo así ese mandato constitucional (aunque paradójicamente en su Exposición de Motivos no se alude a dicho precepto constitucional).

Se trata de un órgano consultivo del Gobierno en materia socioeconómica y laboral, configurado como un Ente de Derecho Público de los previstos en el artículo 6.5 del Real Decreto-Legislativo 1091/1988, de 23 de septiembre, con personalidad jurídica propia y plena capacidad, autonomía orgánica y funcional para el cumplimiento de sus fines, estando adscrito al Ministerio de Trabajo y Seguridad Social.

Dicho Consejo estará integrado por 61 miembros, incluido su Presidente (éste será nombrado a propuesta conjunta de los Ministros de Trabajo y Seguridad Social y de Economía y Hacienda, previa consulta a los grupos de representación que integran el Consejo, debiendo contar con el apoyo de, al menos, dos tercios de sus miembros). De ellos 20 compondrán el grupo primero en representación de las organizaciones sindicales; 20 el grupo segundo, en representación de las organizaciones empresariales, y 20 el grupo tercero, correspondiendo de ellos tres al sector agrario, tres al sector marítimo-pesquero, cuatro a consumidores y usuarios, cuatro al sector de economía social, siendo los seis restantes expertos en las materias competencia del Consejo.

El mandato de los miembros del Consejo será de cuatro años, renovable por períodos de igual duración.

El Consejo funcionará en Pleno, Comisión Permanente y Comisiones de trabajo.

Son funciones del mismo:

1. Emitir dictamen con carácter preceptivo, sobre:

a) Anteproyectos de Leyes del Estado y Proyectos de Reales Decretos-Legislativos que regulen materias socioeconómicas y laborales, y Proyectos de Reales Decretos que se considere por el Gobierno que tienen una especial trascendencia en la regulación de las indicadas materias (se exceptúa expresamente de esta consulta el Anteproyecto de Ley de Presupuestos Generales del Estado).

b) Anteproyectos de Ley o Proyectos de disposiciones administrativas que afecten a la organización, competencias o funcionamiento del Consejo; separación del Presidente y Secretario General y cualquier otro asunto que, por precepto expreso de una Ley, haya que consultar al Consejo.

2. Emitir dictamen, con carácter facultativo en los asuntos que se sometan a consulta del mismo por el Gobierno de la Nación o sus miembros.

3. Elaborar, a solicitud del Gobierno o de sus miembros, o por propia iniciativa, estudios e informes que, en el marco de los intereses económicos y sociales que son propios de los interlocutores

sociales, se relacionen con las materias que indica el apartado 1.3 del artículo 7.º de la Ley.

4. Regular el régimen de organización y funcionamiento internos del Consejo de acuerdo con lo previsto en la indicada Ley.

5. Elaborar y elevar anualmente al Gobierno, dentro de los cinco primeros meses de cada año, una Memoria en la que se expongan sus consideraciones sobre la situación socioeconómica y laboral de la nación.

El personal al servicio del Consejo quedará vinculado a éste por una relación sujeta al Derecho laboral.

Los contratos de obras, servicios y suministros se ajustarán a lo establecido en la disposición transitoria segunda del Reglamento general de Contratación del Estado, desarrollándose en régimen de Derecho privado.

IV. LAS SECRETARÍAS TÉCNICAS Y OTROS ÓRGANOS CONSULTIVOS

Auténticos órganos «staff» de la Administración española son las Secretarías Generales Técnicas, cuya competencia se concreta en asesorar, informar, realizar estudios y reunir documentación sobre las materias propias del departamento, especialmente en orden a elaborar los proyectos de planes generales de actuación, prestar asistencia técnica y administrativa al Ministerio, proponer las reformas que se encaminen a mejorar y perfeccionar los distintos servicios del Ministerio, proponer las normas generales sobre la adquisición de material y preparar compilaciones de las disposiciones vigentes que afecten al Ministerio, así como proponer las refundiciones o revisiones de los textos legales que se consideren oportunas. Realizar, pues, entre otras funciones, misiones asesoras y consultivas.

Otros órganos consultivos generalizados de la Administración española son la Dirección General del servicio jurídico del Estado, las Asesorías Jurídicas de los distintos departamentos ministeriales y las Abogacías del Estado existentes en cada provincia. Pero además, en todos los Ministerios existen órganos colegiados de carácter asesor vinculados a los mismos y a menudo, además, a cuerpos poderosos de la Administración: Consejo Superior de Obras Públicas, Montes, Agronómicos, etc. Los de alcance interministerial suelen conectarse con la Presidencia del Gobierno.

V. EL CONTROL FINANCIERO DE LA ADMINISTRACIÓN

El control financiero de la Administración puede ser de carácter previo o de carácter sucesivo, y también exterior a la Administración o interior a la misma. Órganos de control en España en esta materia son:

1) Intervención General de la Administración del Estado, con sus Intervenciones delegadas en Ministerios y organismos autónomos, y en los Ministerios militares intervenciones especiales allí radicadas, que realizan fundamentalmente control previo de carácter interno.

2) Tribunal de Cuentas, supremo órgano fiscalizador de las cuentas y de la gestión económica del Estado, así como del sector público. Es un órgano externo a la Administración, dependiendo directamente de las Cortes y ejerce sus funciones por delegación de ellas en el examen y comprobación de las Cuentas Generales del Estado.

Un nuevo punto de partida para la reactivación de las importantes funciones de este Tribunal puede ser la aprobación de su Ley Orgánica, prevista en el artículo 136 de la Constitución, en 12 de mayo de 1982 y de su Ley de Funcionamiento, recientemente aprobada el 5 de abril de 1988.

Con arreglo a esta ley son funciones propias del Tribunal de Cuentas la fiscalización externa permanente y consultiva de la actividad económica y financiera del sector público y el enjuiciamiento de la responsabilidad contable en que incurran quienes tengan a su cargo el manejo de caudales y efectos públicos.

El Pleno del Tribunal está integrado por doce magistrados, que eligen a su Presidente, nombrados por un período de nueve años por las Cortes Generales.

La jurisdicción del Tribunal se extiende también a las Comunidades Autónomas, algunas de las cuales prevén en sus Estatutos propios mecanismos de fiscalización. En estos casos, el Tribunal podrá delegar en los órganos correspondientes de la Comunidad los procedimientos jurisdiccionales para el enjuiciamiento de la responsabilidad contable.

CAPÍTULO XIII

LAS COMUNIDADES AUTÓNOMAS

I. VISIÓN HISTÓRICA.

II. PLANTEAMIENTOS CONSTITUCIONALES BÁSICOS.

III. EL PROCESO DE CREACIÓN DE COMUNIDADES AUTÓNOMAS.

- **1) Los regímenes preautonómicos.**
- **2) Los trámites previstos en la Constitución.**
  - **A) Comunidades de autonomía gradual.**
  - **B) Comunidades de autonomía plena.**
- **3) La dinámica estatutaria real.**

IV. TIPOLOGÍA.

- **1) La autonomía.**
  - **A) Autonomía plena.**
  - **B) Comunidades con autonomía gradual.**
- **2) El territorio.**
  - **A) Comunidades pluriprovinciales.**
  - **B) Comunidades uniprovinciales.**
  - **C) Comunidades insulares.**
  - **D) Comunidades infra o extraprovinciales.**

V. EL MAPA AUTONÓMICO.

LAS COMUNIDADES AUTÓNOMAS

I. VISIÓN HISTÓRICA

El modelo político territorial asumido en estos momentos por la Humanidad para la asignación de los máximos poderes en los distintos pueblos que la integran es, como es sabido, el del Estado-Nación que a su vez puede ser uninacional o plurinacional.

A esta solución se ha llegado tras la superación del orden feudal en aquellos territorios que habían adoptado en el pasado tal fórmula, o bien mediante una extrapolación de nuevo cuño en los continentes que, como, por ejemplo, América no habrán pasado por tal estado.

En Europa se partía de un complejo de vivencias sobre comunes afinidades en el que incidieron procesos de muy diversa índole: uniones dinásticas, robustecimiento del poder real-urbano sobre la nobleza rural, guerras de conquista, etcétera. En cualquier caso, interesa dejar sentado que esta modalidad de organización política es de reciente implantación pese a su éxito y generalización.

El impulso contemporáneo del modelo Estado-Nación responde básicamente a preocupaciones económicas, viniendo animado por los avances de la industrialización y por el sistema de intercambios. Pieza clave en este montaje es la defensa fiscal de las fronteras, que permitirá disponer de un mercado interior protegido para la naciente industria nacional.

En España, aunque la unidad política se consumó quizá antes que en ningún otro Estado europeo, ha pervivido la sustantividad de determinadas comunidades interiores dando lugar a un desfase entre la comprensión del aparato del Estado y la institucionalización interior de las aspiraciones de poder. Ello puede ser debido, en primer lugar, a las profundas singularidades de los pueblos hispánicos reflejadas en sus lenguas, a la debilidad real auténtica de los poderes centrales, al predominio de los dirigentes de extracción rural en la época de la industrialización y posiblemente a la escasa entidad, entre nosotros, de este proceso que no produjo, como se sostiene, una auténtica revolución burguesa.

No es éste el lugar para entrar en más detalles sobre el análisis de las causas socioeconómicas que han determinado la situación actual. Baste recordar que esta problemática flota a lo largo de todo el siglo XIX, dando lugar a las dos Guerras Carlistas, a la Revolución de 1868, con sus Juntas de pueblos y ciudades y a la República Federal de 1873.

La Segunda República se enfrenta, lógicamente, también con esta problemática que trata de encajar constitucionalmente mediante una fórmula intermedia entre el Estado Unitario y el Estado Federal, el denominado Estado Integral compatible con la Autonomía de Municipios y Regiones.

En desarrollo de este precepto constitucional, solamente en Cataluña se instauró un régimen estatutario con una cierta permanencia ratificado por plebiscito en 1931 y aprobado por las Cortes el 15 de septiembre de 1932.

En cuanto al Estatuto del País Vasco, también plebiscitado con la autoexclusión de Navarra, entró en vigor en plena Guerra Civil, el 8 de octubre de 1936; no funcionó, pues, en el breve período de su vigencia con normalidad.

El Estatuto de Galicia, plebiscitado en junio de 1936, no llegó a ser sancionado por las Cortes.

El tema de la distribución interior territorial del poder es seguramente el más importante entre los que tiene planteados la comunidad española en su conjunto y, lógicamente, afloró polémicamente en los debates constitucionales, dando lugar a la solución adoptada por la Constitución de 1978, que sucintamente trataremos de sistematizar, tarea esta por cierto nada fácil, ya que el texto refleja más bien una fórmula de compromiso político que un modelo perfilado reflexivamente.

II. PLANTEAMIENTOS CONSTITUCIONALES BÁSICOS

Con arreglo al artículo 2.º de la Constitución, ésta «se fundamenta en la indisoluble unidad de la Nación Española, patria común e indivisible de todos los españoles, y reconoce y garantiza el derecho a la autonomía de las nacionalidades y regiones que la integran y la solidaridad entre todas ellas».

Los dos postulados de que parte la Constitución, unidad de la nación española y autonomía de naciones y regiones, dan a nuestro modelo constitucional una original fisonomía política que va más allá de un Estado Regional y, aunque no define un Estado Federal, potencialmente no puede descartarse que en el marco de la Constitución se desarrolle una dinámica que conduzca de hecho a esta fórmula política.

Pudiera decirse que a este respecto la Constitución resulta escasamente dogmática, siendo su principal característica el carácter abierto de su sistema de distribución territorial del poder, lo que contrasta con los definidos rasgos de otras Constituciones. Queda, pues, al juego futuro de las fuerzas políticas, en buena medida, la adopción de criterios para la efectiva aplicación de los imprecisos pronunciamientos constitucionales.

La referencia a nacionalidades y regiones, terminología que ha sido objeto de agudas polémicas, nos va a dar, sin embargo, la clave de las tensiones que la Constitución pretende arbitrar y encauzar.

La tipología de entes autonómicos que la Constitución recoge, pero sin definir explícitamente, ni siquiera rubricar con precisión, reconduce a la comprensión de las distintas Comunidades españolas que tales términos tienen presente.

Los redactores de la Constitución y las partes políticas presentes en las Cortes que sancionaron el texto eran conscientes de que no podía llevarse a efecto una transformación profunda, generalizada e inmediata, del sistema de radicación territorial de potestades y competencias. Aparece, pues, implícita una modulación del ritmo de transferencia de poderes en función de la trayectoria histórica y de la sustantividad sociopolítica de las distintas Comunidades del país.

El primer grupo, el de las nacionalidades, vendría representado por Cataluña, el País Vasco y Galicia, en cuanto que sólo estos territorios reúnen las condiciones establecidas en la disposición transitoria segunda de la Constitución, es decir, tuvieron en el pasado un Estatuto de Autonomía plebiscitariamente aprobada. Teóricamente, otros territorios, por los cauces que más adelante veremos, pueden acceder a corto plazo a un régimen similar, por lo que la calificación como nacionalidades a las comunidades que en ellos se asienten pudiera aparecer también justificada. Sin embargo, las cautelas que para estos casos establece la propia Constitución suponen un filtro realmente tupido.

Entendemos que son Comunidades Autónomas aquellos entes públicos territoriales con facultades políticas de autogobierno amparadas por la Constitución. Dentro de estos entes distinguiremos los que tienen autonomía plena e inmediata de los que disfrutarán de una autonomía gradual o diferida. Los primeros, y en una aproximación provisional, equivaldrían a las nacionalidades y los segundos a las regiones.

Debe, no obstante, advertirse que la terminología adoptada, autonomía plena versus autonomía gradual, es puramente orientativa del estadio en que se encuentran las autonomías, puesto que aunque éstas tienen sin duda un techo, más allá del cual se vulnerarían los postulados básicos constitucionales dislocándose el sistema general del Estado, sucesivos Estatutos pueden ampliar la esfera de poder de las Comunidades calificadas como de autonomía plena.

La Constitución, aunque no incluye clasificación ni tipología alguna de Comunidades Autónomas, ni menos aún define sus competencias, tiene presente dos bloques, según las competencias que pueden asumir, lo que queda a la determinación de los Estatutos. Se prevén, pues, Comunidades que pueden tener una autonomía plena e inmediata y otras en la que ésta tiene un carácter gradual o diferido en cuanto que sólo por el transcurso del tiempo y mediante la reforma de los Estatutos podrían acceder a la autonomía plena. De alguna manera se intuye que para la Constitución el primer *status* correspondería a las nacionalidades y el segundo a las regiones. En la práctica, como veremos, esto no ha funcionado así.

III. EL PROCESO DE CREACIÓN DE COMUNIDADES AUTÓNOMAS

1) Los regímenes preautonómicos

Antes de la promulgación, incluso, de la Constitución, la presión política que actuaba sobre el tema de las autonomías hizo que a partir de la Ley de 4 de enero de 1977 se iniciase un proceso preautonómico de rápida generalización a partir del Decreto-ley de 28 de septiembre de 1977, que restablece provisionalmente la Generalidad de Cataluña, y el de 4 de enero de 1978, que crea el Consejo General Vasco.

La instauración de estos regímenes llevaba aparejada la promulgación de una serie de Decretos por los que se transferían a las nuevas instituciones territoriales creadas competencias anteriormente detentadas por la Administración central.

El proceso de las preautonomías, aunque ha dado lugar a ciertas frustraciones en cuanto a la cadencia de transferencias, ha tenido efectos positivos, ayudando a la generalización ulterior de las autonomías, a crear sentimientos de convivencia regional en muchos casos previamente inexistentes, y a facilitar el trazado del mapa autonómico. Ha funcionado como una especie de ensayo general del sistema, si bien su voluntarismo y el espontaneísmo imperante en la época de su instauración, de la mano de la lógica debilidad de los primeros Gobiernos, determinó quizá que la configuración final del mapa autonómico no fuera la mejor posible, lo que trató de encauzarse, ya tardíamente, a partir de los Pactos Autonómicos de 1981, entre las dos más importantes fuerzas políticas a la sazón, que dieron lugar a aprobación de la Ley Orgánica de Armonización del Proceso Autonómico de 1982, L.O.A.P.A., objeto de fuerte contestación política, que, tras su revisión por el Tribunal Constitucional, en su sentencia 76/1983, de 5 de agosto, ha perdido, como vimos, dos de sus siglas, las correspondientes a su carácter orgánico y armonizador, transformándose en L.P.A. La sentencia, que afectó a todo el título preliminar y otros artículos, hizo hincapié especialmente en la contradicción en que parcialmente incurría esta Ley al asumir un papel interpretativo general de la Constitución que ésta no contempla.

2) Los trámites ordinarios previstos en la Constitución

Conforme a lo establecido en el artículo 143 de la Constitución, «Las provincias limítrofes con características históricas, culturales y económicas comunes, los territorios insulares y las provincias con entidad regional histórica podrán acceder a su autogobierno y constituirse en Comunidades Autónomas con arreglo a lo previsto en este Título y en los respectivos Estatutos».

La base territorial de las Comunidades Autónomas se apoya generalmente en la actual demarcación provincial, agrupando a provincias o bien operando sobre provincias aisladas. Sin embargo, se admiten excepciones que deberán ser autorizadas mediante Ley Orgánica para ámbitos territoriales que no superen el de una provincia o territorios no integrados en la organización provincial.

Se está pensando con ello en casos como el de Ceuta y Melilla o el que eventualmente pueda presentar en el futuro el territorio de Gibraltar. Lo que sí prohíbe expresamente la Constitución, artículo 145, es la federación de Comunidades Autónomas, aunque no el establecimiento de convenios entre ellas.

Los Estatutos de Autonomía deberán contener, conforme prevé el artículo 147:

a) La denominación de la Comunidad que mejor corresponda a su identidad histórica.

b) La delimitación de su territorio.

c) La denominación, organización y sede de las instituciones autónomas propias.

d) Las competencias asumidas dentro del marco establecido en la Constitución y las bases para el traspaso de los servicios correspondientes a las mismas.

El procedimiento para la instauración de Comunidades Autónomas es distinto según sean éstas de autonomía plena o gradual.

A) Comunidades de autonomía gradual

Estas Comunidades, a quienes la incipiente doctrina califica también como de autonomía diferida o parcial, no asumen originariamente competencias que podrían ser transferidas en el marco establecido en el artículo 149, sino sólo las que recoge el artículo 148.

La iniciativa del proceso autonómico corresponde, según el artículo 143.2, a todas las Diputaciones interesadas o al órgano interinsular correspondiente y a la dos terceras partes de los municipios con población en conjunto mayoritaria. Sin embargo, dado que la mayoría del territorio español tenía ya régimen provisional de autonomía, habrá de estarse a lo dispuesto en la Disposición Transitoria primera, con arreglo a la cual tal iniciativa en estos casos puede ser adoptada por mayoría absoluta de sus órganos colegiados superiores.

El proyecto de Estatuto es elaborado por una Asamblea compuesta por los miembros de la Diputación u órgano interinsular de las provincias afectadas y por los Diputados y Senadores elegidos en ellas y elevado a las Cortes Generales para su tramitación como ley.

B) Comunidades de autonomía plena

Este tipo de Comunidades puede instaurarse por tres procedimientos distintos:

— Cuando así lo acordaren por mayoría absoluta los órganos preautonómicos colegiados superiores de los territorios que en el pasado hubiesen plebiscitado afirmativamente proyectos de autonomía (Disposición Transitoria segunda).

— Por el transcurso de cinco años, mediante la reforma del Estatuto de las Comunidades de autonomía gradual (art. 148.2).

— Cuando la iniciativa del proceso autonómico sea acordada dentro del plazo del artículo 143.2, además de por las Diputaciones o los órganos interinsulares correspondientes, por las tres cuartas partes de los municipios de cada una de las provincias afectadas que representen, al menos, la mayoría del censo electoral de cada una de ellas y dicha iniciativa sea ratificada mediante referéndum por el voto afirmativo de la mayoría absoluta de los electores de cada provincia en los términos que establezca una ley orgánica (art. 151.1).

Tal como hemos constatado con anterioridad, la Constitución pretende que sólo un limitado número de Comunidades Territoriales acceda inmediatamente a la autonomía plena. Para estas Comunidades, las tres que cuentan con un plebiscito estatutario en el pasado, y excepcionalmente las que sigan los trámites del artículo 151.1, el proceso es el siguiente:

a) Aprobación del Proyecto de Estatuto por la Asamblea de Parlamentarios correspondiente.

b) Remisión del mismo a la Comisión Constitucional del Congreso, quien lo examinará con el concurso de una Delegación de la Asamblea.

c) Caso de llegarse a un acuerdo, referéndum del Cuerpo Electoral de las provincias afectadas.

d) Elevación a las Cortes Generales para su ratificación si es aprobado en cada provincia por mayoría de votos emitidos.

En el supuesto de que no existiera acuerdo en el seno de la Comisión Constitucional reforzada con la Delegación de la Asamblea, el Proyecto de Estatuto se tramitará como Proyecto de Ley, sometiéndose a referéndum el texto aprobado.

Como se ha visto, cabe la posibilidad de que aun territorios que no hubiesen contado con un Estudio plebiscitado en el pasado puedan acceder al régimen de autonomía plena sin que necesiten transcurrir cinco años. Sin embargo, los trámites formales constituyen para estos casos un serio escollo, reforzado además por el hecho de la necesidad de que previamente se apruebe una ley orgánica.

3) La dinámica estatutaria real

Las previsiones, sin duda pausadas, del legislador constitucional se han visto desbordadas por el curso de los acontecimientos ulteriores, que han determinado el que en poco más de cuatro años, tras la aprobación de la Constitución, se haya completado el mapa autonómico, forzándose en varios casos a golpe de Ley Orgánica los mecanismos constitucionales para conseguirse cotas de competencias que difícilmente encajaban en los procedimientos ordinarios.

Un fuerte sentimiento de emulación entre todos los territorios del Estado ha presionado para la obtención de las máximas competencias previstas para cada grupo de Comunidades por la Constitución, convirtiéndose las meras posibilidades de asunción en globales asignaciones, más allá de las cuales se avanzan incluso arriesgadas incursiones en otros campos. Allí donde, evidentemente, no se podía llegar, los Estatutos anticipan las competencias que en su día podrían recibir.

La ausencia, también desde la Constitución, de un marco territorial definido para las distintas Comunidades Autonómicas, lo que ciertamente no era realizable, dadas las características de nuestro proceso constituyente, ha hecho que nuestro mapa autonómico tenga una composición altamente heterogénea, dando entrada a un quizá excesivo número de Comunidades Autónomas uniprovinciales, cinco, además de las insulares, y a una gran desproporción entre los distintos conjuntos territoriales.

IV. TIPOLOGÍA

1) La autonomía

Para rubricar los dos grandes grupos en que se distribuyen las Comunidades Autónomas hemos utilizado los términos de autonomía plena y gradual, prefiriéndolos a los de Comunidades de primer grado y de segundo grado, que han encontrado cierto eco en la doctrina, pero que quizá pueden inducir a confusión, dadas las evocaciones y concomitancias a que este escalonamiento conduce, orillando el carácter dinámico que el proceso autonómico supone.

La Constitución no regula con precisión dos tipos de Comunidades Autónomas, fijando sus respectivas características orgánicas y sus disponibilidades funcionales.

Una lectura de la Constitución, desvinculada de la realidad estatutaria actual, nos daría dos grupos de Comunidades Autónomas: los que extraen sus competencias del ámbito del artículo 148 y los que además legitiman sus funciones con materias contenidas en el artículo 149.1, todo ello referido, desde luego, a la potestad legislativa, ya que en cuanto a capacidad ejecutiva es difícil obtener pautas diferenciadoras significativas.

A su vez, las Comunidades Autónomas del primer grupo habrían aprobado su Estatuto por los trámites de los artículos 143-146 y los del segundo habrían seguido los del artículo 151, abreviados en el caso de que en el pasado hubiesen plebiscitado su Estatuto.

Pero tales criterios carecen en la práctica estatutaria consolidada de virtualidad diferenciadora, ya que buena parte de las Comunidades que denominamos de autonomía gradual ha desbordado el ámbito del artículo 148, mientras que otras han llegado a las más altas cotas de autonomía por trámites que bordean o modifican el artículo 151.

A mi juicio, pues, una clasificación con consecuencias jurídicas inmediatas de las Comunidades Autónomas debería de incluir en un grupo a aquellas que exhaustivamente han asumido en su Estatuto todas las competencias posibles, conforme a los catálogos contenidos en los artículos 148 y 149 y en otro a aquellas que precisarán del transcurso de cinco años y de la reforma de sus Estatutos para conseguir estas cotas competenciales.

En estos momentos no existen, por así decirlo, diferencias cualitativas entre Comunidades Autónomas, sino cuantitativas, en relación con la entidad de los contenidos competenciales que asuman.

A) Autonomía plena

Lo que caracteriza, pues, a las Comunidades que calificamos como de autonomía plena es únicamente su techo competencial legislativo, que rebosa el catálogo funcional del artículo 148 de la Constitución, agotando prácticamente las posibilidades incluidas dentro del marco del artículo 149.1, que a su vez parece pretender realizar una catalogación integral de las competencias estatales no incluidas en otros artículos.

La plenitud de la autonomía de estas Comunidades no significa el que hayan alcanzado actualmente su cenit, aunque quizá desde el punto de vista estatutario, dada la ambición de sus apoderamientos, será difícil incrementar, a costa del Estado, sus potenciales competencias, salvo que se produzca una reforma constitucional o que las Cortes Generales hagan uso de la autorización contenida en el artículo 150.2 y transfieran mediante ley orgánica a estas Comunidades facultades correspondientes a la titularidad estatal susceptibles de transferencia por su propia naturaleza.

El grado de autonomía que se adjudica a las Comunidades aquí agrupadas hace referencia, desde luego, a las virtualidades derivables del Estatuto, cuya materialización integral no se ha producido en estos momentos, al requerirse, lógicamente, un período de adaptación.

a) *Comunidades con Estatuto plebiscitado con anterioridad*

Éste es el caso de Cataluña, País Vasco y Galicia, en quienes concurrieron las condiciones establecidas en la Disposición Transitoria segunda de la Constitución, a saber: estatuto plebiscitado en el pasado positivamente y régimen provisional de autonomía en el momento de promulgarse la Constitución.

Estos territorios podían, en consecuencia, acogerse al régimen excepcional que la Disposición comentada recoge, permitiéndoseles, cuando así lo acordaren sus órganos colegiados preautonómicos, acceder al estadio superior de autonomía a través del procedimiento abreviado que luego veremos.

Este subgrupo estatutario no es entre sí totalmente homogéneo, destacando la mayor amplitud competencial del correspondiente al País Vasco en lo que se refiere al servicio del mantenimiento del orden público, pero sobre todo en lo que respecta al régimen hacendístico, correspondiendo aquí a las Diputaciones forales la recaudación, con tres excepciones, de todos los tributos estatales con ulterior redistribución a través del sistema de cupos. También difieren estos Estatutos entre sí en cuanto al tratamiento institucional de sus comunidades interiores y, concretamente, las de carácter provincial.

b) *Territorios de régimen foral*

La disposición adicional primera de la Constitución determina el amparo y respeto de los derechos históricos de los territorios forales: «La actualización se llevará a efecto en el marco de la Constitución y de los Estatutos de Autonomía». Como sabemos, este precepto constitucional sería aplicable a Vizcaya, Guipúzcoa, Álava y Navarra, si bien sólo en estas dos últimas provincias se habrían mantenido modalidades administrativas reconducibles al régimen foral.

Para el caso de Navarra, la disposición transitoria cuarta de la Constitución prevé una modalidad singular de incorporación al Consejo General Vasco, o régimen autonómico que le sustituyera, de la que no se hizo uso, siguiéndose una vía especial, la del denominado amejoramiento del fuero, sobre cuya problemática constitucional volveremos, que ha dado lugar a una solución normativa asimilable en cuanto a su consideración como tal, a la de Estatuto de Autonomía y precisamente del nivel superior, ya que las facultades de autogobierno que se asignan a esta Comunidad son parangonables a las de los Estatutos de mayor contenido autonómico.

c) *Comunidades sin antecedentes forales ni plebiscitarios con acceso inmediato*

El artículo 151 de la Constitución excepciona, mediante el cumplimiento de requisitos procesales especialmente rigurosos, de la necesidad de esperar al transcurso de cinco años para pasar de un primer estadio de autonomía a otro ampliado. De estas posibilidades se ha hecho uso solamente para Andalucía, lo que determinó la promulgación de complementarias disposiciones procedimentales, dadas las circunstancias que presidieron la adopción de su vigente Estatuto.

d) *Comunidades con competencias reforzadas mediante Ley Orgánica*

La Constitución, como sabemos, permite en su artículo 150.2 ya citado aumentar las competencias autonómicas vía transferencia o delegación, pero en manera alguna preveía que tales incrementos apareciesen ya en el propio Estatuto. Pues bien, en dos casos, Canarias y Valencia, se han seguido inéditas vías autonómicas, consistentes en la aprobación de los Estatutos por un lado y de una Ley orgánica de transferencia por otro, leyes estas últimas, por cierto, que se limitan a autorizar «in genere», sin enumeración expresa, considerándolas como transferencia, las materias de titularidad estatal contenidas en los Estatutos que así lo exigiesen.

En el caso de Canarias no se ha llegado al máximo nivel de autonomía contemplada en este apartado, por lo que sus Estatutos corresponden al grupo siguiente, pero sí deben incluirse aquí los de Valencia, cuyo título III se identifica prácticamente con el correspondiente de Cataluña. Se da, además, aquí la paradójica circunstancia de que la Ley Orgánica sobre transferencias a la Comunidad Valenciana es de 10 de agosto de 1982, mientras que los Estatutos fueron aprobados en 1 de julio de 1982.

B) Comunidades con autonomía gradual

Los Estatutos aquí agrupados han seguido las pautas ordinarias previstas para acceder a este régimen por la Constitución, pero sólo en uno de ellos, Cantabria, las competencias asignadas responden estrictamente a los dictados del artículo 148. Otros, que constituyen el bloque mayoritario, también contemplan como de la responsabilidad de la Comunidad materias comprendidas en el artículo 149, lo que, como vimos, trasciende a la relatividad de límites entre los dos grupos de Estatuto que tiene presente la Constitución, tal es el caso de las materias que se atribuyen en régimen de desarrollo legislativo sobre promoción, prevención y restauración de la salud, coordinación hospitalaria, instituciones de crédito cooperativo y Cajas de Ahorro, régimen minero y energético, industria y comercio.

El mayor nivel competencial corresponde en este grupo a Canarias, que se reserva, además, el desarrollo legislativo del Régimen local.

El proceso dinámico, progresivamente dirigido a satisfacer las aspiraciones de nuevas competencias reivindicadas por el grupo de Comunidades Autónomas que accedieron al autogobierno por la vía del artículo 143 de la CE, tiene de momento su culminación en la Ley Orgánica 9/1992, de 23 de diciembre, fruto de previos

Acuerdos autonómicos alcanzados por los dos grandes partidos mayoritarios en las Cortes. Utilizando la fórmula del artículo 150.2, mediante esa Ley se ha procedido a transferir a estas autonomías un amplio elenco de competencias de titularidad estatal, lo que determina una equiparación sustancial al otro grupo de Comunidades, si bien aún persisten diferencias notables, por ejemplo, en materia de sanidad, policía, ordenación de crédito, etc. La antecitada Ley constituye en todo caso un buen ejemplo de técnica legislativa al concretar tanto las materias que se transfieren como la delimitación, contenido y condiciones de su ejercicio.

2) El territorio

A) Comunidades pluriprovinciales

Buena parte de las Comunidades Autónomas existentes contienen varias Provincias, lo que implica la previsión de modalidades adecuadas para la captación de las Diputaciones en cuanto al quehacer comunitario. A partir de la adopción de los acuerdos autonómicos, los mecanismos de integración tienen caracteres comunes en los Estatutos ulteriormente aprobados.

B) Comunidades uniprovinciales

La Constitución, en su artículo 143.1, posibilita el acceso a su autogobierno, constituyéndose en Comunidad Autónoma, a las Provincias con entidad regional histórica. El artículo 144.a) prevé, por su parte, que incluso sin este respaldo sociohistórico, pueda llegarse a la misma situación.

Las consecuencias jurídicas en estos casos, derivadas no ya de la Constitución, sino de los propios Estatutos aprobados con este alcance, han sido la supresión de las Diputaciones y el traspaso de sus competencias a la Comunidad Autónoma uniprovincial.

C) Comunidades insulares

Las dos Comunidades de este carácter creadas hasta la fecha con unas características geográficas análogas en cuanto a su integración por varias islas, partían, sin embargo, de una realidad administrativa distinta, a saber: en el caso de Canarias, como es sabido, dos provincias, y en el de Baleares una sola. Los resultados han sido a la postre similares, en cuanto que se prescinde en el Estatuto de Canarias de sus anteriores organizaciones interinsulares de carácter provincial, dando lugar, como en Baleares, a una estructuración institucional territorial de sólo dos niveles, el autonómico y el insular. Este último con un respaldo constitucional directo en cuanto que el artículo 141.4 establece que en los archipiélagos las islas tendrán, además, su administración propia en forma de Cabildos o Consejos.

D) Comunidades infra o extraprovinciales

Este tipo de Comunidades, las únicas que no se han constituido hasta la fecha, toman su base en el artículo 144.a), y en la Disposición transitoria quinta que se refieren a las de ámbito infraprovincial y en el propio artículo 144.b) para las no integradas en la organización provincial. Al primer supuesto corresponde la situación de Ceuta y Melilla, ciudades que, de acceder a la autonomía, habrían de liquidar su actual administración municipal, al igual de lo que, respectivamente, ha sucedido con las Comunidades uniprovinciales y sus anteriores Diputaciones. La organización extraprovincial remite, como habrá podido colegirse, al hipotético caso de integración de Gibraltar.

Debe recordarse que los regímenes autonómicos específicos de ciertas ciudades no son ajenos al sistema federal, como demuestra la experiencia de ordenamientos que incluyen como Estados miembros a determinadas urbes importantes.

V. EL MAPA AUTONÓMICO

El 25 de febrero de 1983, con la aprobación de los Estatutos de Baleares, Extremadura, Castilla-León y Madrid, se ha completado el mapa autonómico, que incluye diecisiete Comunidades Autónomas, de las cuales siete de autonomía plena: País Vasco, Cataluña, Galicia y Andalucía, Navarra, Valencia y Canarias; diez con autonomía gradual, siete uniprovinciales y, dentro de ese subgrupo, una insular: Baleares.

El mapa autonómico, tal como fue diseñado finalmente en virtud de los Acuerdos Autonómicos, queda, pues, así:

Andalucía: Provincias de Almería, Málaga, Granada, Jaén, Córdoba, Sevilla, Cádiz y Huelva.

Aragón: Provincias de Zaragoza, Huesca y Teruel.

Asturias: Oviedo.

Canarias: Territorios insulares de Tenerife, La Palma, Gomera, Hierro, Gran Canaria, Fuerteventura y Lanzarote e islas agregadas.

Baleares: Mallorca, Menorca, Ibiza, Formentera y Cabrera e islas adyacentes.

Cantabria: Santander.

Castilla-La Mancha: Provincias de Toledo, Ciudad Real, Cuenca, Guadalajara y Albacete.

Castilla-León: Provincias de Burgos, Soria, Segovia, Ávila, León, Zamora, Salamanca, Valladolid y Palencia.

Cataluña: Provincias de Barcelona, Tarragona, Lérida y Gerona.

Extremadura: Provincias de Cáceres y Badajoz.

Galicia: Provincias de La Coruña, Lugo, Orense y Pontevedra.

La Rioja: Provincia de su denominación.

Madrid: Provincia de su denominación.

Murcia: Provincia de su denominación.

Navarra: Provincia de su denominación.

País Vasco: Provincias de Álava, Guipúzcoa y Vizcaya.

Valencia: Provincias de Castellón de la Plana, Valencia y Alicante.

El mapa autonómico anteriormente descrito y la inclusión que realizan de los territorios de la nación en las distintas comunidades creadas puede alterarse si se reforman los Estatutos, lo que, sin duda, enfrentará dificultades notables.

CAPÍTULO XIV

LOS ESTATUTOS DE AUTONOMÍA

I. LA AUTONOMÍA EN EL CONTEXTO DEL ORDENAMIENTO JURÍDICO GENERAL.

II. NATURALEZA JURÍDICA DE LOS ESTATUTOS DE AUTONOMÍA.
  1) Los Estatutos como integrantes del bloque constitucional.
  2) Los Estatutos como norma autonómica básica.
  3) El Estatuto en cuanto Ley estatal singular.

III. LAS INSTITUCIONES AUTONÓMICAS.
  1) Poder Legislativo.
  2) Poder Judicial.
  3) Poder Ejecutivo.

IV. LAS COMPETENCIAS.
  1) El sistema constitucional-estatutario.
  2) El esquema competencial propuesto.
  3) El papel del Derecho estatal.

V. LOS MEDIOS.
  1) Personal.
  2) Los medios materiales.
  3) Medios jurídicos.

VI. LA SOLIDARIDAD INTERCOMUNITARIA.

VII. CONTROL.

VIII. RELACIONES INTERADMINISTRATIVAS.

LOS ESTATUTOS DE AUTONOMÍA

I. LA AUTONOMÍA EN EL CONTEXTO DEL ORDENAMIENTO JURÍDICO GENERAL

De acuerdo con los orígenes griegos de la palabra, autonomía remite a la capacidad de un grupo social para darse normas a sí mismo, en definitiva, a ser titular de potestades normativas; en este sentido puede contraponerse a autarquía, esto es, autoadministración sin prerrogativas normativas; pero esta antítesis es falsa en cuanto la atribución administrativa lleva implícita normalmente la potestad reglamentaria, y, por otro lado, no se concibe la autonomía aislada de la gestión de los asuntos normados.

La autonomía se postula ordinariamente de los grupos sociales territoriales con organización representativa, pero en realidad se corresponde con una escala más amplia de distribución de poderes e incluso puede predicarse cierto parangonismo con el comportamiento de las especies, tal como explica la ecología o la sociobiología, bien que aquí, como es lógico, las leyes no están a disposición de los componentes del grupo.

La autonomía puede adjudicarse a una comunidad no territorial, una Universidad o una Congregación religiosa, por ejemplo; pero a los efectos que aquí interesa remite al conjunto de prerrogativas públicas que correspondan a una colectividad espacialmente asentada, Municipio, Provincia y, en nuestro caso, Comunidad Autónoma, y de alguna manera viene postulada por la lógica del principio de adaptación a las áreas sociales de los espacios administrativos, es decir, allí donde exista un conjunto definido y sustantivo de intereses colectivos deben radicarse suficientes poderes para su atendimiento.

En este sentido consideramos como autonomía el *desempeño autoresponsable de competencias públicas territoriales,* lo que supone, en primer lugar, que el ente autonómico no está sometido al control de otro superior o, al menos, no en lo que suponga tutela de la oportunidad de sus decisiones; en el caso de que la gesión sea desacertada, la sanción se realizará por cauces políticos hechos efectivos por los propios componentes del grupo cuyos representantes no le han servido como debieran. Pero hay otro factor importante: la definición de las competencias que se residencian en el ente autonómico; aquí sí aparece, naturalmente, la remisión a otro ente, de ámbito territorial más amplio, que le engloba y que define, dentro de ciertos límites, cuáles sean las materias que tienen trascendencia supracomunitaria, por ejemplo; para el Estado, para un grupo de Estados o la propia comunidad internacionales, y cuáles incumben, por sus propias características, total o parcialmente, al ente autonómico en cuestión. Por último, señalaremos que autonomía no supone una calificación unívoca y precisa, sino que es un concepto gradual y dinámico ajustable a las características de la comunidad de que se trate y que es susceptible de evolucionar al compás del devenir histórico.

La precisión de la noción de autonomía que hemos intentado ayudará a comprender, esperamos, la propia de las Comunidades de este carácter que suponen las Nacionalidades y Regiones con Estatuto propio, correspondiendo en estos casos a la Constitución y a los Estatutos determinar su contenido, al menos tendencialmente, pues, como vimos, es imposible concretar definitivamente las competencias de gestión autonómica, servidumbre y limitación, ésta notable, que producirá frustraciones y desalientos en los analistas y polémicas inevitables que sólo la interpretación histórica del Tribunal Constitucional podrá zanjar.

Una característica importante de las autonomías que aquí nos ocupan es que incluyen también la potestad legislativa, lo que complica la comprensión tradicional de la jerarquía normativa al aparecer en la clásica pirámide kelseniana, que sigue siendo válida para la comprensión del sistema ordinamental, junto a las leyes del Estado y con el mismo rango, las leyes de las Comunidades Autónomas, subordinadas ambas a la Constitución. Para una visión más ajustada del esquema podrían evocarse una serie de subconjuntos piramidales ubicados en el interior de la pirámide ordinamental general que corona la Constitución. De hecho, sin embargo, dada la notablemente generalizada remisión de la Constitución a la ley estatal para la definición de competencias, habrá de preceder frecuentemente una ley de este carácter a la ley autonómica, aunque, insistimos, formalmente tienen la misma jerarquía y sólo pueden revisarse por el Tribunal Constitucional, pese a que el artículo 149.3 establece que en caso de conflicto sobre competencias concurrentes prevalecerán las leyes del Estado sobre las de las Comunidades Autónomas.

II. NATURALEZA JURÍDICA DE LOS ESTATUTOS DE AUTONOMÍA

La calificación de los Estatutos de Autonomía, en principio una típica operación lógico-jurídica, difícilmente puede sustraerse a la influencia de posicionamientos previos sobre este polémico tema que en un extremo presentan reminiscencias nostálgicas autodeterminacionistas y en el otro pretende identificar una simple reforma descentralizadora. Pero es cierto que el rigor jurídico interpretativo no puede desconocer la sustancia política que ha animado los procesos decantadores de las normas estatutarias.

Creemos que, más allá de una catalogación unilateral, como ya ha hecho la mejor doctrina que se ha ocupado de esta materia, los Estatutos pueden ser considerados desde el triple enfoque que a continuación abordamos.

1) Los Estatutos como integrantes del bloque constitucional

Los Estatutos, en cuanto delimitan y precisan el derecho a la autonomía que la Constitución reconoce a las Naciones y Regiones, en sus aspectos normativos, ya que contienen también declaraciones y programas de otro carácter, suponen la materialización, al más alto nivel, del ordenamiento fundamental.

El Tribunal Constitucional les ha reconocido, ciertamente, esta naturaleza señalando que para interpretar la normativa aplicable en determinados casos hay que acudir al «bloque de constitucionalidad», partiendo del hecho de que «la Constitución remite con carácter general a los Estatutos para que éstos determinen las competencias autonómicas» (Sentencia de 23 de marzo de 1982; también la de 24 de mayo de 1982).

Esta remisión y apoderamiento constitucional directo hace que los Estatutos primen sobre las demás normas, sean estatales o autonómicas. No es que constituyan formalmente un escalón superior a las Leyes, incluidas las orgánicas, sino que al incardinarse inmediatamente en la Constitución, una vez acreditada su congruencia, los Estatutos no podrán ser desconocidos por otras normas sin que éstas incurran con ello en anticonstitucionalidad.

Claro está que las anteriores conclusiones no pueden predicarse con simplista rotundidad. De un lado, los Estatutos no definen con nitidez, según se verá, su propio ámbito competencial y funcional, y, de otro, existen normas que, a su vez, también traen causa directa de la Constitución en cuanto a la especificidad de su contenido material, por lo que la determinación de este bloque es tarea a realizar, dinámicamente, por el Tribunal Constitucional y la praxis constitucional-autonómica, para lo que, desde luego, constituyen una sólida base los Estatutos en vigor.

2) Los Estatutos como norma autonómica básica

Aunque no es legítimo equiparar pura y simplemente los Estatutos de Autonomía con las Constituciones de los Estados Federados, sí es cierto que existen entre ambos cuerpos normativos analogías notables, en cuanto que, como señala el artículo 147.1 de la Constitución, suponen la norma institucional básica de cada Comunidad Autónoma.

Los Estatutos constituyen la clave de bóveda de los respectivos ordenamientos autonómicos a los que legitiman en su conjunto.

Recordemos la constitucionalización de las autonomías que los Estatutos realizan y, por tanto, su supremacía sobre normas que ignoren esta legitimidad, lo que es válido también para la propia legitimación autonómica.

La producción normativa de las Comunidades Autónomas, tanto legislativa como reglamentaria, sólo es posible a partir del montaje institucional de esta forma efectuado, por lo que en su concreto funcionamiento habrán de atemperarse a las disposiciones estatutarias.

La disponibilidad del legislador autonómico encuentra su límite y medida en las prescripciones estatutarias, por lo que creemos no podrá abdicar de sus responsabilidades específicas, como se ha intentado en algún proyecto, deslegalizando materias y traspasándolas a otros entes territoriales.

3) El Estatuto en cuanto Ley estatal singular

No parece controvertible el que los Estatutos sean formalmente una Ley orgánica, y parece ocioso hacer hincapié en el carácter aprobatorio de esta Ley (art. 81), en cuanto que el acto de sanción legal presta este carácter a todo el contenido estatutario.

Los Estatutos, una vez aprobados, se integran en el ordenamiento jurídico general del Estado (art. 147.1) y, en este sentido, son leyes estatales fruto de la soberanía de las Cortes Generales.

Pero los Estatutos son algo más que esto, e incluso que la Ley orgánica reforzada que aquí identifica un autorizado sector de la doctrina, no agotando su singularidad en el plus de garantías que representa el especial procedimiento establecido para su adopción y para su reforma, lo que les da, ciertamente, una notable rigidez a la hora de intentarse su alteración.

Pero, más allá de esto, creemos que los Estatutos suponen, en realidad, la concreción de un pacto reconducible al que subyace en el modelo federativo, si bien sus efectos jurídicos sólo se producen a partir de la Ley, de su sanción que explicita y materializa los términos del convenio conseguido. Ello parece válido si revisamos el procedimiento estatutario para los Estatutos de las Comunidades actualmente con autonomía plena, pero también, en su momento, para las restantes Comunidades.

III. LAS INSTITUCIONES AUTONÓMICAS

El artículo 152 de la Constitución establece que los Estatutos de las Comunidades que hemos calificado como de autonomía plena incluirán una organización institucional basada en una Asamblea legislativa, un Presidente, un Consejo de Gobierno y un Tribunal Superior de Justicia.

Esta organización ha sido asumida por todos los Estatutos de Autonomía, y no sólo por los contemplados en el artículo 151, que se reservan, además, la autoorganización, completándose así las previsiones constitucionales básicas. Aludiremos, pues, a continuación a una organización institucional que corresponde a la versión estatutaria de los tres poderes del Estado.

1) Poder Legislativo

En todas las Comunidades existe un supremo órgano representativo de la Comunidad que ejerce la potestad legislativa, controla la acción política y de gobierno, aprueba los presupuestos, elige el Presidente de la Comunidad y adopta otras decisiones de especial trascendencia y relevancia para ésta.

La denominación de este órgano varía con los Estatutos, calificándosele como Parlamento, Asamblea, Diputación General, Cortes, según los casos.

Su integración se realiza cada cuatro años, mediante sufragio universal, libre, igual, directo y secreto, de acuerdo con la legislación electoral que el propio órgano apruebe. La Constitución ordena que la representación sea proporcional, asegurándose, además, la de las diversas zonas del territorio, lo que efectúan directamente los Estatutos en algunos casos, dejándose en otros estas determinaciones a la ley electoral.

Los Estatutos contienen también algunas normas de organización y funcionamiento de estas Cámaras, como las relacionadas con la Presidencia, que no debe confundirse con la de la Comunidad, Mesa y Diputación permanente, Pleno y Comisiones, sesiones ordinarias y extraordinarias, etc., lo que complementará el Reglamento que el propio Parlamento apruebe.

Sólo algunas leyes autonómicas (como es el caso del País Vasco o Cataluña) prevén que, al igual que sucede con las Cortes Generales, puedan las Asambleas ser disueltas por el Presidente. A esa facultad se refiere con carácter general la Ley Electoral General en su artículo 15, modificado por la Ley Orgánica 8/1991, de 13 de marzo.

2) Poder Judicial

Tampoco hay aquí una definición clara de la trascendencia que para la nueva reorganización del poder judicial pueda tener la distribución territorial que la Constitución introduce.

En términos generales, puede, en primer lugar, afirmarse que las Comunidades Autónomas carecen de atribuciones en cuanto a la composición de los órganos jurisdiccionales y al sistema de impartición de la justicia.

Con arreglo al artículo 117 de la Constitución, el Poder Judicial se integra por magistrados independientes e inamovibles. Dicho artículo sentencia además el principio de la unidad jurisdiccional.

Por su parte, el artículo 122, en su apartado 1, dispone: «La Ley orgánica del Poder Judicial determinará la constitución, funcionamiento y gobierno de los Juzgados y Tribunales, así como el estatuto jurídico de los Jueces y Magistrados de carrera, que formarán un Cuerpo único, y del personal al servicio de la Administración de Justicia.»

En cuanto al Consejo General, que constituye el órgano de gobierno del Poder judicial, su integración se realiza a nivel de Estado.

Insistimos que con referencia a la Administración de Justicia la Constitución explícitamente se pronuncia por la unidad del poder judicial; sin embargo, las Comunidades Autónomas pueden intervenir en la organización de las demarcaciones judiciales del territorio.

El artículo 152 de la Constitución dispone que un Tribunal Superior de Justicia, sin perjuicio de la jurisdicción que corresponde al Tribunal Supremo, culminará la organización judicial en el ámbito territorial de la Comunidad Autónoma, Tribunal que debe entenderse integrado en el dispositivo judicial general del Estado.

Expresamente determina el citado artículo que las sucesivas instancias procesales, sin perjuicio de lo dispuesto en el artículo 123, se agotarán ante órganos judiciales radicados en el mismo territorio de la Comunidad Autónoma en que esté el órgano competente en primera instancia.

Ahora bien, este precepto, que parece quiere dejar sentado que en todo caso la resolución de los litigios finalizará en el Tribunal Superior radicado en el ámbito territorial de la Comunidad Autónoma, puede estar en colisión con lo dispuesto en el artículo 123.1, según el cual «el Tribunal Supremo, con jurisdicción en toda España, es el órgano jurisdiccional superior en todos los órdenes, salvo lo dispuesto en materia de garantías constitucionales». Con la aprobación de la Ley Orgánica 6/1985, de 1 de julio, del Poder Judicial, se han previsto «ex novo» los Tribunales Superiores de Justicia, órganos que extenderán su jurisdicción a todo el territorio de la Comunidad Autónoma en que radiquen; sus cuatro Salas, de lo Civil, Penal, Contencioso-Administrativo y de lo Social, conocerán de las causas y casos previstos en la Ley Orgánica citada y en los Estatutos de Autonomía. La reforma procesal introducida por la Ley Orgánica 10/1992, de 30 de abril, determina los supuestos en que las resoluciones de estos Tribunales agotan la vía judicial ordinaria, impidiendo, salvo excepciones, recurso de casación ante el Tribunal Supremo.

3) Poder Ejecutivo

La cúspide del Poder Ejecutivo está integrada por el Presidente y el Consejo Ejecutivo.

El Presidente es elegido por la Asamblea de entre sus miembros y nombrado por el Rey, correspondiéndole la dirección del Consejo, la suprema representación de la Comunidad y la del Estado en ella.

El Presidente responde políticamente ante la Asamblea, por lo que los Estatutos, o las Leyes que los desarrollan en este aspecto, prevén su dimisión, en caso de no prosperar la cuestión de confianza, y su remoción en caso de aprobarse una moción de censura, lo que arrastra, naturalmente, la del Consejo de Gobierno.

Este Consejo, también denominado, según los Estatutos, Gobierno, Junta o Diputación General, está integrado por el Presidente y los Consejeros, designados libremente por éste con responsabilidades sectoriales. Puede haber también uno o más vicepresidentes.

Los miembros del Consejo disfrutan de garantías de inviolabilidad e inmunidad; únicamente pueden ser detenidos en caso de flagrante delito, y su procesamiento y juicio incumbirá al Tribunal Superior de Justicia de la Comunidad o al Tribunal Supremo, en función del territorio.

La administración ordinaria de las competencias de la Comunidad incumbe a una serie de unidades calificadas como Consejerías o Departamentos, equivalentes a los Ministerios a nivel central y con análoga estructuración interior.

IV. LAS COMPETENCIAS

El tema más peliagudo entre los implicados en la problemática estatutaria es, sin duda, el de la distribución de competencias Estado-Comunidad. Las dificultades inherentes a todo reparto territorial de poderes se acentúan en nuestro caso ante la indefinición de la Constitución y las ambiciosas, aunque igualmente ambiguas, declaraciones estatutarias. Sólo con el transcurso del tiempo, y mediante la paciente labor del Tribunal Constitucional, será posible llegar a un modelo pacíficamente consolidado de asignación de responsabilidades públicas.

1) El sistema constitucional-estatutario

Digamos, en primer lugar, que las competencias deben abordarse desde una doble perspectiva: funcional y material. La primera remite a los poderes disponibles: legislación básica, de desarrollo, reglamentación, ejecutiva, y la segunda, a las actividades sobre las que aquéllos inciden.

La Constitución, en su artículo 148, no precisa, sin embargo, qué funciones podrán asumir las Comunidades Autónomas sobre las materias que relaciona disponibles por sus Estatutos, aunque sobre algunas de ellas el Estado se reserva en el artículo siguiente la legislación básica.

El artículo 149.1 relaciona, a su vez, una serie de materias en las que Estado tiene competencia exclusiva, pero aquí sí, aunque asistemáticamente, se matiza a veces la función que el Estado monopoliza, como puede ser la legislación básica o la coordinación.

Los Estatutos, por su parte, contienen sus propios catálogos competenciales, si bien materias de singular importancia, como medios de comunicación, seguridad social, policía o enseñanza, son objeto de normas específicas. Aparecen aquí tres bloques de competencias según se adjudiquen a la Comunidad en exclusividad, en desarrollo legislativo y ejecución de la legislación del Estado o, simplemente, en ejecución.

Sucede que en numerosos casos hay una doble remisión que constituye un auténtico círculo vicioso: Constitución-Estatutos-Constitución, al establecerse en la primera que corresponde en exclusiva al Estado la legislación básica sin perjuicio de las facultades de las Comunidades Autónomas y, en los Estatutos, que incumbe a éstas igualmente en exclusiva la misma materia sin perjuicio de las facultades del Estado. A mi juicio, esta conflictiva antinomia sólo puede resolverse sobre la base del juego de los principios: uno de carácter lógico, que descarta la exclusividad cuando hay coincidencia de actividades, y otro institucional, que, tal como ha puesto de relieve el Tribunal Constitucional en, entre otras, las sentencias de 28 de julio de 1981, 28 de enero de 1982 y 26 de julio de 1984, reserva al Estado no simplemente la promulgación de Leyes de Bases, sino la normativa de los aspectos fundamentales de una materia, de cara, sobre todo, a la realización del postulado de igualdad.

2) El esquema competencial propuesto

De acuerdo con las consideraciones realizadas, creemos que la clasificación de las competencias de las Comunidades Autónomas, y por supuesto también del Estado, podrá sintetizarse como sigue:

Competencias integrales	
Competencias compartidas	Exclusivas Concurrentes

Competencias integrales

Serían aquellas sobre las que a uno de los dos órdenes corresponde la totalidad de las funciones; por ejemplo: defensa para el Estado o Derecho Foral específico para las Comunidades Autónomas que les afecte.

Competencias compartidas en exclusividad

Sobre una misma materia coinciden competencias de distintos entes que asumen funciones distintas sobre las que no se admiten injerencias; por ejemplo: fijación por el Estado de los estándares generales, y por las Comunidades, determinación legislativa de requisitos más precisos, vigilando, además, el cumplimiento de toda la normativa.

Competencias compartidas en concurrencia

Aquí las mismas funciones se ejercitan de forma paralela, pero sin que entren en conflicto, por tener carácter netamente complementario. Estas competencias son principalmente de carácter promocionador: económico, cultural, etc.

3) El papel del Derecho estatal

Con arreglo al artículo 149.3 de la Constitución, como vimos, las normas del Estado prevalecerán, en caso de conflicto, sobre las de las Comunidades Autónomas en todo lo que no esté atribuido a la exclusiva competencia de éstas. Este precepto ha estimulado seguramente la forzada asignación en los Estatutos de Autonomía a una serie de competencias de su carácter de exclusivo, bajo cuya protectora rúbrica se pretendía, un tanto ingenuamente, escapar de la prevalencia del Derecho estatal.

En el mismo juego entraron los redactores de la L.O.A.P.A., que contraatacaron de nuevo declarando que «las normas que el Estado dicte en el ejercicio de las competencias que le reconoce el artículo 149.1 de la Constitución prevalecerán sobre las normas de las Comunidades Autónomas».

Este precepto, que fue precisamente el blanco principal de las encendidas protestas que la Ley en cuestión suscitó, no innovaba, a mi juicio, el ordenamiento anterior, pues es evidente que sería inasimilable una redacción que volviera por pasiva su declaración. De todas formas, ha sido anulado por el Tribunal Constitucional en su sentencia 76/1983, de 5 de agosto.

Evidentemente, allí donde existen legítimas competencias exclusivas del Estado las normas de éste prevalecerán, sean cualesquiera las formulaciones que sobre ello se adopten; pero la actividad estatal debe detenerse, porque sería igualmente anticonstitucional si, como ha señalado también el Tribunal Constitucional en, entre otras, las sentencias de 23 de julio de 1981, 28 de abril de 1983 y 11 de diciembre de 1986, con ello se produjese el vaciamiento de la capacidad de desarrollo legislativo de las Comunidades Autónomas.

En caso de conflicto de normas, sólo en el supuesto, poco improbable dada la experiencia actual, de que no se plantee el caso ante el Tribunal Constitucional, habría de estarse a lo dispuesto en el artículo 149.3 citado de la Constitución.

Creemos, pues, que con los criterios antes expuestos sobre el carácter de las normas básicas y el auténtico sentido de la exclusividad competencial pueda resolverse satisfactoriamente la armonización de los ordenamientos implicados, sin tener que recurrir a una presunta cláusula general de supremacía del Derecho estatal, que no aparece en nuestra Constitución.

V. LOS MEDIOS

Como es común a todas las Administraciones públicas, los medios de que éstas disponen para el ejercicio de las competencias de su cargo son de carácter personal, material y jurídico. A ellos nos referiremos sumariamente en este epígrafe, sin perjuicio de volver sobre el particular en las lecciones correspondientes.

Debe indicarse que la concreta asignación de los elementos funcionales y materiales precisos se producirá inicialmente mediante el proceso de transferencia operado a través de Comisiones Mixtas Estado-Comunidad previamente facilitado mediante el trabajo de otras Comisiones, éstas de ámbitos estatal y de especialización sectorial. A lo largo de este proceso se identifica la competencia transferida y se valoran las condiciones de su ejercicio y se asignan los medios necesarios, que pueden ser, lógicamente, modificados más adelante por iniciativa de la propia Comunidad.

1) Personal

Uno de los problemas más importantes para la puesta en operatividad del estado de las autonomías es la dotación a las Comunidades de unos medios personales adecuados, de forma tal que no se mantenga paralelamente el dispositivo anterior del Estado, lo que haría duplicar innecesariamente costes y efectivos.

La depuración del proceso de transferencias sugerida por los expertos, y recogida en los Acuerdos Autonómicos de 1981, ha trascendido a la L.P.A., que pretende arbitrar soluciones para que la recepción de las nuevas competencias por las Comunidades Autónomas vayan acompañadas de la traslación de los funcionarios que venían colaborando a su desempeño.

Aunque la Constitución reserva al Estado la regulación de las bases del régimen estatutario de los funcionarios, artículo 149.1.18, y establece principios de general observancia para su reclutamiento, artículo 103, no se descarta, lo que recogen los Estatutos, el que las Comunidades Autónomas monten su propia estructura de personal, básicamente de carácter funcionarial, aunque incluyendo también excepcionalmente vinculaciones contractuales.

En una línea economicista, un Decreto del Gobierno Central abordó la reestructuración y concentración de la Administración periférica del Estado, evitando su perpetuación, no obstante la traslación de sus cometidos a las Comunidades Autónomas. Otro proyecto pretendió lo que era más difícil, trasladar a las Comunidades funcionarios al servicio de Ministerios centrales que han perdido competencia.

Idénticos propósitos se persiguen por la Ley mencionada anteriormente, con trascendencia también al ahorro de medios materiales, al propugnarse que las Comunidades Autónomas no monten su propia Administración periférica, apoyándose a este respecto en las Diputaciones Provinciales.

2) Los medios materiales

Estos medios abarcan tanto los bienes patrimoniales como los demaniales adscritos a los servicios y actividades de las Comunidades Autónomas; también los de origen tributario, que han de sufragar los costos ordinarios del desempeño de las competencias.

En cuanto a los primeros, muebles e inmuebles, provendrán de la mecánica de las transferencias, siendo su regulación de la competencia de las Comunidades.

Con relación a la Hacienda tributaria, factor decisivo para una auténtica autonomía, aunque el tema no corresponda a nuestra disciplina, deben hacerse las siguientes precisiones.

En primer lugar, las Comunidades Autónomas gozan de autonomía financiera (art. 156 de la Constitución), en coordinación con la Hacienda estatal; aprueban sus presupuestos, establecen sus impuestos propios y los recargos que procedan en los estatales, gestionan y liquidan los tributos propios y los cedidos por el Estado y conciertan determinadas operaciones de crédito.

Los Estatutos, en aplicación del artículo 157 de la Constitución, determinan cuáles son los recursos de las Comunidades Autónomas, lo que se completa por la Ley Orgánica de Financiación de las Comunidades Autónomas (L.O.F.C.A.), de 22 de septiembre de 1980, con especial importancia para la determinación, con base en determinados indicadores, de los porcentajes de participación de éstas en la recaudación del Estado, si bien hasta tanto se completen las transferencias incumbe a una Comisión Mixta la valoración de los costos, que habrán de ser compensados por el Estado, por los específicos servicios transferidos y por la Ley 30/1983 sobre cesión de tributos del Estado (revisada por la STC 181/1988, de 13 de octubre) y las correspondientes a las distintas Comunidades que han materializado las transferencias tributarias previstas.

Finalmente, debe señalarse que la Hacienda del País Vasco recibe un tratamiento diferencial, en cuanto que corresponde a las Diputaciones Forales la gestión de todos los tributos, estatales y autonómicos, con excepción de los que integran la Renta de Aduanas y los Monopolios Fiscales, fijándose por el Parlamento Vasco la aportación que deberán realizar para el funcionamiento de las instituciones comunes y estableciéndose, de acuerdo con los órganos del Estado, un cupo para el levantamiento de las cargas y atendimiento de los servicios generales.

3) Medios jurídicos

Aunque la Constitución reserva al Estado el establecimiento de las bases del régimen jurídico de las Administraciones públicas, así como lo relacionado con el procedimiento administrativo común, expropiación forzosa y contratos (art. 149.1.18), las Comunidades Autónomas disponen, desde luego, de todas las prerrogativas de la Administración abordadas en los distintos capítulos de la presente obra, lo que algunos Estatutos se preocupan expresamente de recalcar.

VI. SOLIDARIDAD INTERCOMUNITARIA

El principio de solidaridad de todas las nacionalidades y regiones de España, y el objetivo de nivelación de los desequilibrios existentes, aparece reiterado en la Constitución (art. 158.2), y constituye una de las primeras preocupaciones de nuestro texto fundamental.

A estos propósitos se prevé la constitución de un Fondo de Compensación con destino a los gastos de inversión, cuyos recursos serán distribuidos por las Cortes Generales entre las Comunidades Autónomas.

Este Fondo, del que se hacen eco los Estatutos, se halla regulado por la Ley 7/1984, de 31 de marzo, cuyo examen de constitucionalidad fue objeto de la STC 183/1988, de 13 de octubre.

VII. CONTROL

Los tipos de control que la Constitución prevé sobre la actividad de los órganos de las Comunidades Autónomas son los siguientes:

— Control parlamentario sobre competencias legislativas transferidas (art. 150).

— Control constitucional ejercido por el Tribunal de este orden y que versará sobre la constitucionalidad de disposiciones normativas con fuerza de Ley (art. 152 a).

— Control jurisdicional ordinario, que corresponde a los tribunales contencioso-administrativo y recaerá sobre los actos y normas reglamentarias (art. 153 c).

— Control gubernamental sobre las competencias transferidas o delegadas a las Comunidades Autónomas mediante Ley Orgánica (art. 150.2).

— Control económico y presupuestario ejercido por el Tribunal de Cuentas (art. 153 d).

— Control extraordinario para los supuestos de incumplimiento de sus obligaciones o actuación gravemente contraria al interés general (art. 155) ejercido por el Gobierno con la aprobación por mayoría absoluta del Senado.

Mención especial merece la figura del Delegado del Gobierno, a quien el artículo 154 atribuye la dirección de la Administración del Estado en el territorio de la Comunidad Autónoma y su coordinación cuando proceda con la Administración de la Comunidad. El Delegado del Gobierno aparece así con una doble función, por una parte como especie de Gobernador General en relación con las competencias ejercidas por la Administración periférica y por otra en cuanto coordinador de competencias administrativas.

Ciertamente que esta figura resulta un tanto desdibujada, a diferencia de la que sucede en otras Constituciones, en las que el Delegado del Gobierno tiene postestades de supervisión y de refrendo.

VIII. RELACIONES INTERADMINISTRATIVAS

La necesidad de reconducir la compleja realidad administrativa que depara la coexistencia de diferentes Administraciones Públicas, Estado-Comunidades Autónomas, sobre todo, y Entidades Locales, se traduce en el reforzamiento del principio de cooperación y en la utilización de cauces que faciliten eficazmente la coordinación, colaboración y ayuda mutua entre todas ellas. En esta dirección, que debe respetar siempre las respectivas competencias atribuidas a cada Ente, la nueva LRJ-PAC proyecta los ejes básicos de esas relaciones y los mecanismos que los hagan operativos.

Su artículo 4 establece los principios que deben presidir las relaciones recíprocas, a través de la facilitación de información mutua, cooperación y asistencia activas, para el ejercicio de las competencias. Para canalizar esos proyectos, al nivel Estado-Comunidades Autónomas, estatuye las Conferencias Sectoriales como foros donde intercambiar puntos de vista, examinar en común los problemas de cada sector y las medidas tendentes a afrontarlos y resolverlos. Estas Conferencias estarán integradas por los titulares de los órganos del Gobierno de las autonomías y el Ministro o Ministros del ramo (art. 5).

Al objeto de otorgar mayor relevancia a su funcionamiento se prevé que los acuerdos puedan formalizarse mediante Convenio de Conferencia Sectorial.

Otra modalidad de interrelación son los Convenios de Colaboración, cuya regulación ofrece en detalle el artículo 6, y de los cuales puede surgir la creación de Consorcios cuando para su gestión sea necesario crear una organización común dotada de propia personalidad jurídica (art. 7). Los Convenios, sean de una u otra clase, serán comunicados al Senado y deberán publicarse en el «BOE» y Diario Oficial de las Comunidades Autónomas firmantes (art. 8).

Desde otra perspectiva, y para facilitar el cumplimiento de obligaciones derivadas de los Tratados o actos comunitarios, el artículo 10 dispone la necesidad de facilitar a la Administración General del Estado la información precisa en el plazo de quince días.

Las relaciones entre las Administraciones del Estado y las Comunidades Autónomas con las Entidades Locales se rigen por la legislación básica en materia local y supletoriamente por la LRJ-PAC (art. 9).

CAPÍTULO XV

LA ADMINISTRACIÓN LOCAL

I. NATURALEZA Y SENTIDO DE LA ADMINISTRACIÓN LOCAL.

II. EL RÉGIMEN LOCAL EN EL NUEVO ORDEN CONSTITUCIONAL.

1) La autonomía.
2) Las competencias estatales. Normativa básica.
3) Las competencias de las Comunidades Autónomas.

III. LA REFORMA DEL RÉGIMEN LOCAL Y EL SISTEMA DE FUENTES.

IV. TIPOLOGÍA DE LOS ENTES LOCALES.

LA ADMINISTRACIÓN LOCAL

I. NATURALEZA Y SENTIDO DE LA ADMINISTRACIÓN LOCAL

La Administración local es Administración descentralizada en cuanto que supone la asignación de competencias a personas jurídicas, a entes; es Administración pública también, pero no es estatal en el sentido de la Administración directa del Estado, aunque claro es que sus poderes en la organización moderna derivan en definitiva de éste, en cuanto representante del complejo comunitario nacional.

Si bien su base es también personalista, se diferencia de la denominada Administración corporativa-institucional en que aquí la población y el territorio son elementos propios y no meros factores competenciales, como es el caso de los entes corporativos. El tipo de Administración que ahora nos ocupa responde a unos planteamientos claramente perceptibles: la justificación y la conveniencia de que los propios interesados integrantes de una comunidad territorial asentada dentro de los límites estatales se administren a sí mismo y participen a través de sus representantes en las tareas colectivas de trascendencia primaria para la comunidad a la que pertenecen. De aquí que las competencias de estos entes sean amplias y difíciles de definir *a priori* y de una vez para siempre, dependerán de lo que en un momento dado se considere singularmente relevante para cada Comunidad, de acuerdo con sus características.

Para que la Administración local aparezca con sus rasgos propios se precisa un sistema que garantice el autogobierno de los ciudadanos en sus respectivas colectividades, que incluya la autointegración de sus órganos rectores y les asigne propias responsabilidades, sin perjuicio de la necesaria intervención del Estado para garantizar el cumplimiento de las leyes generales y el respeto de intereses supralocales.

La Administración local pasa en estos momentos en todo el mundo por una grave *crisis,* de la que es de esperar, o al menos de desear, que, como pieza básica de la democracia, salga robustecida. Los factores de esa crisis son los siguientes: urbanización masiva e industrialización, que ponen en entredicho trazados territoriales y soluciones institucionales pensadas para unas distribuciones estables de poblaciones predominantemente agrícolas y que se servían de medios de transporte lentos; interconexión y desplazamiento supralocal de intereses, un mercado, por ejemplo, o el abastecimiento de aguas, afecta, más que a una comunidad aislada, a amplias zonas, a una región e incluso a varias; absorción, en consecuencia, por el Estado de competencias y medios financieros antiguamente administrados por las Corporaciones locales.

No obstante las indicadas circunstancias, la Administración local sigue siendo una solución imprescindible para la organización de la convivencia; es más, en estos momentos creemos sinceramente que a través de los entes locales se pueden encontrar cauces idóneos para la efectividad de las legítimas aspiraciones participadoras del hombre contemporáneo, cuyos sentimientos de alienación y frustración personal se deben a la ausencia de posibilidades para influir en su propio destino comunitario e individual.

La Administración local, si se encuentran fórmulas adecuadas, puede estimular el protagonismo de los ciudadanos en el vida pública, apartándoles de las tendencias funestas al egoísmo, a la insolidaridad y a la pasiva recepción de bienes y servicios. Constituye un complemento, no un sustitutivo del juego democrático general que habrá de articularse en torno a círculos concéntricos progresivamente más amplios. Así, a una comunidad relativamente reducida corresponderá decidir en materia de escuelas, de parques, de limpieza de calles; a otra más amplia, que englobe las inferiores, puede corresponder el abastecimiento de aguas, la ubicación de un aeropuerto, de un puerto, de un mercado mayorista regional, de la ordenación del territorio. Si vamos ampliando los círculos nos encontramos con los actuales Estados nacionales o plurinacionales, con las organizaciones supranacionales a escala continental o mundial, aunque estas últimas están todavía, desgraciadamente, escasamente desarrolladas.

En el anterior planteamiento podrá observarse la inclusión de un nivel comunitario intermedio que remite a la organización regional, organización esta que está llamada a desempeñar un importante papel para la gestión de competencias e intereses supralocales y que puede ser una escala decisiva para el juego de una eficaz planificación democrática del desarrollo económico y de la urbanización.

Todo lo hasta aquí expuesto vale igualmente para la Administración local en la organización española: el anacronismo de la distribución territorial y la insuficiencia de medios en las corporaciones locales aparecen también entre nosotros. Pero, además, hasta hace bien poco tiempo el sistema de nombramiento de Alcaldes y Presidentes de Diputación no era representativo en absoluto, situación que ha quedado definitivamente resuelta con la aprobación de la Constitución, que establece una composición netamente democrática de los entes locales.

En cuanto a la Región, recordemos que ha constituido un tema, entre nosotros, objeto, en los extremos, de una polarización acentuada y a menudo irreconciliable de pasiones y sentimientos políticos, con olvido de que sus fecundas posibilidades han de sentarse, por un lado, en el respeto de singularidades diferenciales y en la asignación de responsabilidades políticas y gestoras, y, por otro, en la solidaridad interregional y en la competencia estatal para los intereses comunes.

Estos principios han sido plasmados en el nuevo texto constitucional, que ha roto con el modelo de Estado centralista existente hasta la fecha, estableciendo un Estado en donde las diversas regiones y nacionalidades de España pueden en muy buena medida ser protagonistas en sus propios asuntos por medio de su constitución en Comunidades Autónomas. Pero éste es otro nivel constitucional con componentes políticos que ha sido ya abordado en los anteriores capítulos.

II. EL RÉGIMEN LOCAL EN EL NUEVO ORDEN CONSTITUCIONAL

1) La autonomía

El ordenamiento constitucional español, en los artículos 137, 140 y 141, después de pronunciarse principalmente y con carácter general en pro de la descentralización de la Administración pública, incluye entre los postulados básicos de la organización territorial del Estado la gestión autónoma de sus respectivos intereses por los Municipios y Provincias.

En el ámbito de la problemática que aquí se aborda, la Constitución, al referirse a la Administración local, garantiza, con indudable trascendencia jurídico-positiva, la autonomía de los Municipios y configura a la Provincia como entidad local cuyo gobierno y administración autónoma estará encomendado a la Diputación y otras Corporaciones de carácter representativo.

No cabe duda, pues, que el desconocimiento de la autonomía local por parte del Estado o de las Comunidades Autónomas sería inconstitucional, incluso a nivel de Ley, determinando en este caso la posibilidad de que por el Tribunal Constitucional se revisasen estas injerencias.

Otra cosa será la precisión del ámbito específicamente protegido de los intereses locales, lo que, dentro de ciertos límites, corresponde determinar al legislador ordinario, a diferencia de lo que sucede con las Comunidades Autónomas y los órganos superiores del Estado, cuyas competencias se incardinan en la Constitución. Pero, en cualquier caso, como ha señalado el Tribunal Constitucional en una importante sentencia, la de 28 de julio de 1981, «las nociones mismas de intereses peculiares, de competencias propias y de servicios mínimos preceptivos como elementos imprescindibles, constitutivos del núcleo esencial de la institución constitucionalmente garantizada, han de ser consideradas como bases que no cabe ignorar al legislar sobre la materia».

2) Las competencias estatales. Normativa básica

Aunque en ningún lugar de la Constitución se dice expresamente que incumbe al Estado la legislación básica del Régimen local, la reserva de esta función se deduce del propio artículo 149.1.18 de la Constitución, que asigna al Estado el establecimiento de las bases del régimen jurídico de las Administraciones públicas y del régimen estatutario de sus funcionarios, el procedimiento administrativo común, expropiación forzosa, contratos, concesiones y responsabilidad.

De hecho, el Tribunal Constitucional se ha pronunciado reiteradamente en este sentido, sin que ello haya suscitado ninguna oposición en la doctrina, si bien es presumible que se produzcan discrepancias de criterio en cuanto a lo que considere como básico, así, en las sentencias 4 y 32/1981, de 2 de febrero y 28 de julio.

Para las Corporaciones locales que pudiéramos calificar de régimen común, es decir, aquellas situadas en el ámbito de Comunidades Autónomas que no tienen asignado el Régimen local con carácter general, el Estado mantiene prácticamente las mismas potestades normativas de que disponía con anterioridad y que se prolongan a los desarrollos reglamentarios precisos.

3) Las competencias de las Comunidades Autónomas

Un grupo de Comunidades, las que disfrutan de autonomía plena, recogen en sus Estatutos, incluso con la calificación de exclusivas, las competencias correspondientes al Régimen local, lo que a la postre significa que, más allá de la disciplina estatal de los aspectos sustanciales que afectan a los intereses generales y a la efectividad del principio de igualdad, les corresponden los desarrollos legislativo y reglamentario que sean compatibles con el respeto de la autonomía municipal y provincial.

Todas las Comunidades Autónomas han asumido ya, a escala de gestión, las competencias que contempla el artículo 148.1.2 de la Constitución; en concreto, la alteración de términos municipales y las funciones que corresponden a la Administración del Estado sobre las Corporaciones locales, cuya transferencia autorice la legislación sobre Régimen local.

Este último inciso está referido, desde luego, al apoyo financiero a estos entes, pero su mayor virtualidad remite al campo del control de la legalidad y, excepcionalmente, de la oportunidad, antigua tutela, en los casos y condiciones que autorice la Ley estatal, fiscalizaciones estas que el Tribunal ha considerado compatibles con la autonomía, siempre que versen básicamente sobre el respeto a la legalidad (sentencia de 2 de febrero de 1981).

Estas facultades han pasado a la esfera dispositiva de las Comunidades Autónomas, como consecuencia de las transferencias ya realizadas en la fase de las preautonomías.

III. LA REFORMA DEL RÉGIMEN LOCAL Y EL SISTEMA DE FUENTES

La nueva regulación de la Bases del Régimen Local, sancionada por Ley 7/1985, de 2 de abril, acomoda este ordenamiento a los dictados constitucionales introduciendo una revisión de nuestro modelo de Administración local de mucha mayor profundidad que el acometido con ocasión de las reformas precedentes.

Ello, sin embargo, lleva aparejada la instauración de un sistema complejo de fuentes del Derecho como consecuencia de la concitación de la normativa constitucional, la estatutaria, la derivada de la propia Ley de Bases y la que sucesivamente emane del Estado, de las Comunidades Autónomas y de las propias Corporaciones locales. Hasta el presente, además de la Ley básica local de 1985, ha sido cumplido el encargo en ella dispuesto al aprobarse el Texto Refundido (Real Decreto Legislativo 781/1986, de 18 de abril), norma esta última que según su disposición final séptima también contiene normas de carácter básico. La reforma del Régimen Local está alcanzando a otras normas de rango reglamentario; así, han sido promulgados nuevos Reglamentos de Población y Demarcación Territorial, de Bienes y de Organización, Funcionamiento y Régimen Jurídico de las Entidades Locales. Paralizada, al menos por el momento, la producción normativa estatal en esta materia, todavía tienen vigencia los viejos Reglamentos de Contratación y de Servicios de las Corporaciones Locales, cuyas normas son aplicables en la medida en que sean compatibles con los principios e instituciones contenidos en la reciente normativa local. El panorama, bastante intrincado por sí, se complica, además, por el distinto juego legislativo que incumbe a las Comunidades de autonomía plena, *versus* las de autonomía gradual. A estas alturas ya son numerosas las normas dictadas en materia de Régimen Local por distintas Comunidades Autónomas, lo que constituye el Derecho aplicable en esos ámbitos territoriales junto con la legislación básica estatal. Con ánimo de aclarar en lo posible este panorama hemos redactado el esquema que a continuación se expone:

Bloque constitucional. La Constitución y Estatutos encabezan, evidentemente, todo el sistema de fuentes, garantizando aquéllas la autonomía general de los entes locales y graduando éstos las competencias correspondientes a los dos grupos de Comunidades Autónomas.

Legislación básica. De carácter estatal, se apoya en el artículo 149.1.18 de la Constitución con el que se conecta la Ley de Bases, pero que no se agota en ésta, ya que deberán regularse también aspectos básicos relacionados con la función pública, como ya se ha hecho en parte: bienes, procedimiento, expropiación, contratos, concesiones y responsabilidad. Entendemos, aunque la Constitución no se pronuncia expresamente al respecto, que tendrá también este carácter la legislación específica de las Haciendas locales, sin perjuicio de la aplicación a todo el sector público de la legislación general tributaria.

Legislación ordinaria. La expresión es insastisfactoria, ya que todas las leyes, sabemos, tienen el mismo rango; nos referimos ahora a las de carácter no básico. Las potestades legislativas estatales para las Comunidades del grupo primero se constriñen a la regulación por Ley de materias de la competencia local; para las restantes, las competencias estatales son amplias y, respetando la autonomía local, parangonables a las procedentes, salvo las reservas ya aludidas del artículo 148.1.2. de la Constitución y la legislación complementaria que contempla la Ley de Bases (disposición adicional primera, 1.)

En cuanto a la legislación de las Comunidades Autónomas, la STC de 21 de diciembre de 1989 reconoce un ámbito dispositivo propio para aquellas Comunidades que tengan competencias asumidas en materia de Régimen Local, incluso en materia de organización de los entes locales dotados de autonomía, por lo que, tanto en este campo como en el de la asignación de competencias, el diseño material de la Administración local será el resultante de la acción legislativa conjunta del Estado y de las Comunidades Autónomas.

Potestad reglamentaria. Corresponderá, por lo general, a las C.C.A.A. de autonomía plena, aunque al Estado pueda incumbir desarrollos de competencias materiales concurrentes con las locales. Para las restantes, la reglamentación del texto articulado será de cargo del Estado, salvo lo relacionado con modificaciones de alcance territorial y la legislación complementaria.

Normativa local. Afecta a los Reglamentos y Ordenanzas locales que, a partir de la Constitución, tienen un soporte mucho más sólido en cuanto que, como reconoce indirectamente la Ley de Bases, una vez matizada por el Tribunal Constitucional, en materia organizatoria más allá de los aspectos básicos generales establecidos por la legislación estatal y autonómica, la autonomía municipal se impone desplazando cualquier intromisión que conculque lo que constituye su núcleo esencial.

Esquema de fuentes del ordenamiento local

Rango	*Origen*	*CC. AA. de autonomía plena*	*CC. AA. de automía gradual*
Bloque Constitucional	Estatal	Apoderamiento genérico	Apoderamiento específico (art. 148.1.2)
Legislación básica	Estatal	Régimen general Potestades instrumentales (artículo 149.1.18 Bienes Hacienda).	Idem.

Rango	*Origen*	*CC. AA. de autonomía plena*	*CC. AA. de automía gradual*
Legislación ordinaria	Estatal	Competencias materiales	Texto Refundido. Competencias materiales
	Autonómica	Régimen general Competencias materiales	Aspectos territoriales. Legislación complementaria (Disp. Adicional 1.ª.1)
Reglamentos	Estatal	Excepcional: competencias materiales	Desarrollo Texto Refundido. Competencias materiales
	Autonómico	Ordinario: desarrollo legislación local general	Desarrollo legislación específica
Normativa Local	Local	Reglamentos	Reglamentos
		Ordenanzas	Ordenanzas

IV. TIPOLOGÍA DE LOS ENTES LOCALES

Aunque el Municipio es el ente local por excelencia, existen entidades territoriales que, como la Provincia, tienen también reconocida su autonomía en la Constitución o que se entronca derivativamente con el Municipio: comarcas, mancomunidades, o guardan una cierta conexión con el hecho provincial: islas. Algunas de estas entidades surgen de la propia organización territorial del Estado, concitándose directamente con la Constitución. Otras son el resultado de una actuación legítima.

La clasificación, pues, de los entes locales puede quedarse así (véase la página siguiente):

Esquema de entes locales

Entidades necesarias	Municipio. Provincia. Isla (Archipiélagos Balear y Canario).
Entidades potestativas	Entidades submunicipales (artículo 45 de la Ley de Bases). Comarcas. Areas Metropolitanas. Mancomunidades municipales (Asociaciones de Municipios).

CAPÍTULO XVI

LA ADMINISTRACIÓN LOCAL: LA PROVINCIA

I. LA ADMINISTRACIÓN PROVINCIAL. PRECEDENTES

II. LA PROVINCIA EN LA CONSTITUCIÓN ESPAÑOLA.

III. COMPETENCIAS.

IV. GOBIERNO PROVINCIAL.

V. LAS DIPUTACIONES PROVINCIALES Y LAS COMUNIDADES AUTÓNOMAS.

- **1) El orden autónomico y el hecho provincial.**
- **2) Los distintos supuestos.**
  - **A) Comunidades Autónomas uniprovinciales.**
  - **B) El protagonismo de los Territorios históricos vascos.**
  - **C) La comarcalización de Cataluña.**
  - **D) Un modelo integrador.**

VI. LA COMARCA.

LA ADMINISTRACIÓN LOCAL: LA PROVINCIA

I. LA ADMINISTRACIÓN PROVINCIAL. PRECEDENTES

Con independencia de sus funciones delimitadoras para la organización administrativa del Estado, aparece, entre los entes locales, la Provincia como persona jurídica de Derecho Público de carácter territorial. El anclaje constitucional del concepto de Provincia se encuentra en la Constitución gaditana de 1812. Hasta entonces, el concepto de Provincia no existía *de iure*. A partir de este momento ningún régimen político ha descuidado la regulación legal de la Provincia, y todos, más o menos, han tratado de proyectar sobre ella los principios ideológicos en que se basaban.

Una fecha importante en esta materia la constituye el Decreto de 30 de noviembre de 1833, que es aquel por medio del cual Javier de Burgos realizó la división provincial que aún hoy subsiste. El número de provincias en el citado Decreto era de 49, y así subsistió hasta 1927, en que, por Decreto-ley de 21 de septiembre, las Islas Canarias se convirtieron en dos provincias, las de Santa Cruz de Tenerife y Las Palmas. La división de Javier de Burgos fue una división basada, sobre todo, en el modelo francés, más que en el tradicional español.

Una de las características del tratamiento de las provincias en la reforma de 1833 es la de la homogeneidad y la fuerte presencia del Poder Central, pues la Provincia no era concebida en el pensamiento de Javier de Burgos como una entidad local, sino como una mera división territorial para la prestación de los servicios del Estado. La máxima autoridad en ellas estaba constituida por el Subdelegado Provincial de Fomento, figura que se corresponde, más o menos, con la actual de nuestros Gobernadores Civiles. Debe, no obstante, advertirse que el trazado provincial tenía bases históricas sociales y geográficas, a diferencia de los Departamentos franceses.

Todo el siglo XIX conoce una serie de reformas de los regímenes municipal y provincial, pero a nuestros efectos, la que más interesa es la realizaba con el llamado Estatuto de Calvo Sotelo en 1925, antecedente inmediato de la actual regulación. El Estatuto de Calvo Sotelo parte de una concepción de la Provincia distinta de aquella que latía en la reforma inicial de 1833. El legislador de 1925 se enfrenta ya con una auténtica entidad local de vida propia, y, como tal, la configura, haciendo hincapié en su doble carácter de entidad con fines propios y esenciales, y de asociación de Municipios precisamente para aquellas competencias que por su importancia y amplitud no son atendidas directamente por cada uno de ellos, como hospitales, asilos, etc. La división hecha en 1833 por Javier de Burgos adquiere cuerpo institucional como una entidad que aglutina intereses propios de ciudadanos provinciales que se sienten reunidos en torno a una organización común.

El Estatuto de 1925 parte de la autonomía de la Provincia. Una autonomía entendida en un doble sentido: orgánica y funcional. La autonomía orgánica se plasmaba en que los representantes provinciales eran elegidos por sufragio universal, directo en parte, y por representación corporativa. Y funcional porque gozaba la Provincia de una cierta libertad de acción sin intromisiones del Poder Ejecutivo central, excepto en materia de regímenes presupuestario y financiero. Hay que decir, sin embargo, que el sistema, en lo que afecta, por ejemplo, al acceso democrático de los representantes provinciales, no echó a andar, entre otras razones, por el contexto autoritario en que nació el Estatuto. Piénsese que en 1925 se vivía en plena Dictadura de Primo de Rivera y en un clima de franco fervor corporativo.

II. LA PROVINCIA EN LA CONSTITUCIÓN ESPAÑOLA

Desde la perspectiva de nuestra normativa fundamental (art. 141.3 y 4), lo que se enlaza por cierto con la tradición constitucional, la Provincia tiene una triple consideración.

— Entidad local determinada por la agrupación de Municipios.
— División territorial para el cumplimiento de las actividades del Estado.
— Circunscripción electoral básica.

Aquí nos interesa su tratamiento como ente local dotado, por tanto, de personalidad jurídica y al que la Constitución garantiza, como a las Comunidades Autonomas y Municipios, autonomía para la gestión de sus intereses.

La Provincia, en cuanto comunidad sustantiva autoadministrada, es, como vimos, resultado tardío de un proceso que se inicia al final del primer tercio del pasado siglo. Su mantenimiento como tal se ha puesto en entredicho en ciertas ocasiones, incluso en algún momento del período posterior a la guerra civil. Desde el punto de vista teórico, ha tenido también detractores —recordemos el alegato de Ortega y Gasset en el período constituyente de la II República.

La Constitución de 1978 decidió mantenerla, aunque no sin oposición, sobre todo por parte catalana, si bien la discrepancia es más de rúbica y ámbito que de principio, ya que se postula también aquí la administración de una comunidad intermedia.

La Provincia no es reconocida institucionalmente en cuanto comunidad primaria, caso de Municipio, sino derivativa, formada por la agrupación de éstos, pero sociológicamente se identifica como colectividad con mayor o menor intensidad según los casos. Otra cosa será el que este espacio social deba, a su vez, ser un área administrativa, lo que además complica el panorama público-territorial, pero esta polémica es ociosa ahora al haber quedado zanjada por la Constitución.

III. COMPETENCIAS

Las actividades a cargo de la Administración provincial venían y vienen sustancialmente determinadas por su consideración como agrupamiento de Municipios.

Las competencias tradicionales de la Provincia se orientaban en este sentido a la provisión de servicios que excedían de las aisladas disponibilidades de los Municipios: establecimientos médico-quirúrgicos, hogar infantil, hospital psiquiátrico, residencia de ancianos, instituto de maternología.

Existen, además, una serie de actividades de fomento provincial a cargo de las Diputaciones, en el terreno cultural, económico, agrícola y ganadero, y una línea de apoyo a la infraestructura provincial y a la de los Municipios, predominante, aunque no exclusivamente de carácter rural, la plasmada en los Planes Provinciales de Obras y Servicios.

Estos cometidos van a ser en buena medida afectados por el cambio de circunstancias sobrevenido, que trasciende a los factores técnicos, económicos, sociales y políticos de los quehaceres provinciales tradicionales. Así, la labor asistencial de las Diputaciones ha caído en buena medida en la órbita de la Seguridad Social. El fomento económico requiere planteamientos más amplios que los que suministra este espacio, y la urbanización progresiva afecta a la vocación rural de la Provincia. Pero, sobre todo, como veremos en el epígrafe final de este capítulo, la Provincia va a venir inevitablemente implicada en el proceso de distribución territorial de los poderes del Estado que asume la vigente Constitución.

La Ley de Bases rompe con una tradición ininterrumpida que identificaba y catalogaba las competencias provinciales, criterio que la propia Ley mantiene, como veremos, para el Municipio. La precisión de las funciones del órgano corporativo de la Provincia, la Diputación, se remite a lo que establezcan las Leyes del Estado y de las Comunidades Autónomas. Hasta tanto no se promulguen éstas, conservarán las Diputaciones las competencias que le asignan en la actualidad la legislación sectorial y la legislación local.

La Ley, sin mayores precisiones tampoco, califica como competencias propias de la Diputación, en todo caso:

- La coordinación de los servicios municipales entre sí para garantizar su prestación integral y adecuada.
- La asistencia y la cooperación jurídica, económica y técnica a los Municipios.
- La prestación de servicios públicos supramunicipales.
- En general, el fomento y la administración de los intereses peculiares de la Provincia.

Como para los Ayuntamientos, se prevé que las Diputaciones pueden gestionar competencias delegadas por la C.C.A.A. y el propio Estado. También pueden asumir la gestión ordinaria de competencias encomendadas. Por cierto, la Ley de Bases, por primera vez en la historia legislativa española, introduce y maneja correctamente las técnicas de delegación y encomienda.

Instrumento capital para la acción de las Diputaciones en el ámbito municipal-provincial son los Planes Provinciales de cooperación de las obras y servicios, a través de los cuales puede articularse una auténtica cooperación entre todas las Administraciones confluyentes: estatal, autonómica, provincial y municipal.

IV. GOBIERNO PROVINCIAL

La Constitución nos dice que el gobierno y la administración de las provincias estará encomendado a las Diputaciones u otras Corporaciones representativas (art. 141.2). Hay aquí, pues, menos predeterminaciones que en el caso de los Municipios. La Ley de Bases, desarrollando este precepto y, por lo demás, en una línea tradicional, establece que la organización provincial incluirá en todas las Diputaciones el Presidente, el Vicepresidente, la Comisión de Gobierno y el Pleno.

El Pleno está integrado por todos los Diputados y el Presidente, y le corresponden los pronunciamientos más importantes: organización, ordenanzas, presupuestos, plantilla de personal, adquisición y disposición de bienes, control y fiscalización general, moción de censura al Presidente.

El Presidente es el encargado de dirigir la gestión ordinaria en términos parecidos a los establecidos para el Alcalde.

La Comisión de Gobierno se integra por el Presidente y un número de Diputados no superior a un tercio del total, nombrados y separados libremente por aquél. Asiste al Presidente en el ejercicio de sus funciones y ejerce las competencias que se las deleguen.

Tampoco la Ley de Bases decide el sistema de elección de Presidente y Diputados, lo que se deja a la Ley Electoral; esta Ley Orgánica 5/1985, de 19 de junio, parcialmente modificada por la Ley Orgánica 8/1991, de 13 de marzo, mantiene la elección del Presidente por los Diputados entre ellos. Éstos no son votados directamente por los ciudadanos, sino que se designan entre los Concejales que han resultado elegidos, por Partidos Judiciales, en función de los resultados obtenidos por los distintos grupos políticos. El número de Diputados varía en función de la población provincial.

V. LAS DIPUTACIONES PROVINCIALES Y LAS COMUNIDADES AUTÓNOMAS

1) El orden autonómico y el hecho provincial

Por primera vez en los últimos ciento cincuenta años, salvo breves *lapsus* temporales, las provincias van a encontrar por arriba un nivel territorial de poder que secciona, en cuanto entes locales, sus antiguas conexiones directas con el centro y que sustituye a éste en las relaciones anteriormente anudadas.

También con alguna fugaz excepción en otra época se da ahora un hecho insólito: la desaparición de la generalización de las Diputaciones, al subsumirse algunas de éstas en las Comunidades Autónomas uniprovinciales.

Pero, sobre todo, está por definir el papel que habrán de representar en el futuro estos entes en el nuevo orden autonómico. De un lado, parece deseable el robustecimiento de su capacidad gestora y la armonización de sus cometidos con los propios de la Comunidad y su funcionalización operativa al servicio de las competencias comunitarias. Pero, de otra parte, no puede desconocerse que buena parte de las competencias materiales de las Comunidades Autónomas caían ya en el pasado, en alguna manera, en la esfera de influencia de las Diputaciones, siendo, por tanto, previsible detracciones funcionales. Hay que contar, además, con una cierta tendencia hegemonista de los centros de poder que propenden espontáneamente a absorber potencialidades situadas en su área de influencia.

2) Los distintos supuestos

Dadas las conocidas características de nuestro proceso autonómico y la disparidad de situaciones originadas, es totalmente imposible diseñar para la Provincia un modelo predictivo común. En unos casos se tratará pura y simplemente de su desaparición en cuanto ente local, mientras que en otros lo que se intenta es su máxima potenciación. Analizaremos, por tanto, brevemente los diversos supuestos afrontados.

A) Comunidades Autónomas uniprovinciales

Evidentemente que en estos ámbitos no se dan mayores problemas, ya que la solución adoptada, lógicamente, por los Estatutos aprobados pasa por la supresión de la Administración provincial y su absorción por los órganos de las Comunidades Autónomas. Sin embargo, debemos distinguir dos subtipos, ya que en el caso de los archipiélagos se imponen determinadas modulaciones.

a) *Comunidades insulares*

El alejamiento, separación física y peculiaridades idiosincráticas de los distintos territorios insulares englobados en estas Provincias, lógicamente, habría de trascender a la organización administrativa de las Comunidades de esta índole, lo que determina peculiaridades administrativas para las islas de alguna manera a caballo entre la que podría ser una organización comarcal y una diversificación territorial interior que recuerda, a esta escala, el supuesto de las Comunidades pluriprovinciales. La categoría aquí contemplada sólo era aplicable inicialmente a la Comunidad Autónoma de Baleares, pero es también de extensión a Canarias, dados los términos de su Estatuto, que supera la anterior estructuración biprovincial. En ambos casos, los Consejos o Cabildos previstos por la Constitución constituyen el escalón institucional inferior que inmediatamente sigue al que representa la Comunidad.

b) *Provincias peninsulares*

La homogeneidad de sus respectivos espacios físicos, pese a la posible existencia de singularidades comarcales, no plantea ni ha planteado mayores dificultades a la hora de integrarse las Diputaciones en el contexto de las nuevas Administraciones.

B) El protagonismo de los Territorios históricos vascos

El Estatuto de Autonomía del País Vasco y la propia Constitución del Estado se pronuncian expresamente sobre el reconocimiento y respeto de los derechos históricos de los Territorios forales, esto es, las Provincias Vascas, cuya actualización se prevé. Ello conlleva un patente énfasis sobre el ensamblaje igualitario de estos Territorios, lo que trasciende a la propia composición del Parlamento, cuyos componentes se reparten entre ellos en idénticas cifras. Aparecen así unas ciertas tendencias federativas reconducibles al ideario carlista foralista, de conocido arraigo en el medio rural, que se enfrentó al liberalismo urbano.

Estas corrientes, que parecen reforzarse en estos momentos, han encontrado la oposición política de quienes propugnan una compresión realista del devenir histórico y un sentido de modernidad institucional, lo que desembocaría en el refuerzo de las instituciones comunes, Gobierno y Parlamento Vasco. Recordemos que, efectivamente, el desarrollo foral se truncó precisamente cuando se iniciaba la industrialización y que, por lo demás, aquel régimen, con algunas peculiaridades, era el de general implantación antes del advenimiento de las actuales organizaciones estatales.

Pero es cierto que, como señalábamos, en estos momentos parecen definitivamente triunfantes las tesis foralistas, llegándose a una reestructuración de la Administración provincial que, en alguna manera, reproduce el modelo de distribución de poderes del Estado de Derecho, incluyendo Juntas Generales, que sancionan Normas forales desarrolladas por Decretos; Diputación Foral, cuyos miembros son designados por el Diputado General, y Direcciones Generales ejecutivas.

Por cierto que para la elección de los miembros de las Juntas, especie de cuasi Parlamento provincial, se ha realizado una nueva reestructuración de las demarcaciones electorales que incrementa la representatividad del medio rural, lo que realmente es discutible en términos de democracia material, pero reproduce y visualiza los criterios, ciertamente históricos, que primaban a las tierras llanas frente a las villas.

Por último, señalaremos que las Diputaciones tienen adjudicada en el País Vasco la gestión de todos los tributos, salvo los municipales y los que se reserva el Estado, lo que las coloca en una sólida posición inicial de poder económico.

C) La comarcalización de Cataluña

El Estatuto de Autonomía de Cataluña, en el polo opuesto, sitúa el centro de gravedad de la Administración territorial interior en las comarcas, lo que efectivamente tiene apoyo histórico, sociológico y geográfico, al existir en Cataluña y otros ámbitos del litoral mediterráneo y fuera de él una auténtica y vívida identificación comarcal.

El Estatuto de Cataluña y la praxis autonómica sobre él montada es, además, en este sentido, rigurosamente moderno, en cuanto que potencia el protagonismo metropolitano, en este caso del área de Barcelona, sede de las instituciones catalanas, en línea con los actuales planteamientos que reconocen a estos espacios como centros claves de organización de los sistemas urbanos que, de una forma y otra, comprenden e integran todos los demás territorios.

Pero la opción comarcal que la Generalitat quiso desarrollar con carácter sustitutorio de la Provincia, por Ley de 17 de diciembre de 1980, no tenía en tan extremados términos apoyo constitucional, como hubo de reconocer el Tribunal Constitucional en su Sentencia de 28 de julio de 1981; ni tampoco, a mi juicio, salvo que se trate simplemente de una cuestión semántica, pueden reconducirse todos los servicios e intervenciones de trascendencia territorial a estas escalas, válidas, sin duda, para algunas de ellas, pero demasiado menguadas para el ejercicio de la mayoría de las competencias públicas, que se enfrentarían entonces con pérdidas de eficacia y crecientes costes.

La Ley de Bases, que se hace eco de las expectativas catalanas, faculta a la Asamblea Legislativa de esta Comunidad Autónoma para acordar la constitución de Comarcas aun cuando no se cumpliesen las exigencias generales que la Ley introduce. Recientemente, por Ley 6/1987, de 4 de abril, el Parlamento Catalán aprobó la Organización Comarcal de Cataluña.

D) Un modelo integrador para las Comunidades Autónomas pluriprovinciales

Más allá de los supuestos anteriormente contemplados, en los que las condiciones físicas o políticas son excepcionales, creemos que el propio éxito de la generalización de la estructuración autonómica del Estado depende, en España, del adecuado tratamiento del hecho provincial.

Las nuevas Comunidades Autónomas, lo que es válido también para las anteriormente reseñadas, excepto el breve lapso de Cataluña, carecen de tradición moderna en cuanto a una Administración en común. En muchos casos, los sentimientos e identidades provinciales son más fuertes que los regionales, e incluso aparecen rivalidades interiores que harían fracasar cualquier propósito integrativo si no se consigue ofrecer suficiente cancha a la Administración provincial. La reproducción mimética a esta escala del modelo centralizado preconstitucional traicionaría, además, las esperanzas depositadas en la nueva singladura del Estado. La Ley del Proceso Autonómico responde, en este sentido, a una filosofía renovadora, pero es dudoso que arbitre para ello los mecanismos adecuados.

Esta Ley, cuyo contenido han asumido anticipadamente numerosos Estatutos, se inserta, lógicamente, en la línea planteada por el Informe de los Expertos, en el sentido de incorporar las Diputaciones a la gestión competencial de las Comunidades Autónomas. Sin embargo, la terminología utilizada y las propias técnicas jurídicas sancionadas son, a mi juicio, poco afortunadas.

El articulado del título II, relacionado con las Comunidades Autónomas y Diputaciones provinciales, parece referirse a tres tipos de competencias asignables a las Diputaciones: transferidas, delegadas y de mera gestión; pero la terminología no se mantiene, y así, en el artículo 11, párrafo 1, se afirma que las leyes de las Comunidades Autónomas podrán transferir a las Diputaciones competencias propias de la Comunidad o delegar su ejercicio, mientras que en el párrafo siguiente se alude a servicios asignados o delegados. De todas formas, salvo el régimen de recursos, se trata de distinciones puramente semánticas, ya que es común el tratamiento de la «dirección y control» tanto para las competencias transferidas como para las delegadas, dando lugar en todos estos casos a posibilidades interventoras de las Comunidades Autónomas que excepcionan no sólo los postulados teóricos, sino la propia praxis enraizada en Estados con Constitución parangonable a la nuestra.

En caso de inobservancia de los requerimientos podrá dejarse sin efecto la transferencia o delegación, entendemos que por los órganos ordinarios de la Comunidad, aunque hayan sido inicialmente acordadas por ley y deban comprender a todas las Diputaciones del respectivo ámbito territorial. Más enérgicas medidas pueden conducir, también para estos casos, a la ejecución por sí de la competencia por la Comunidad mediante órdenes vinculantes «para todos los agentes que gestionen el servicio».

En la actualidad ya son varias las Comunidades Autónomas que de acuerdo con lo previsto en sus respectivos Estatutos de Autonomía han dictado Leyes de ordenación y articulación de las CCAA con sus respectivas Diputaciones (Andalucía, Valencia, Aragón, Castilla y León, Cataluña, Murcia y, con sus peculiaridades, País Vasco). Precisamente, la Ley Valenciana 2/1983, de 4 de octubre, sobre funciones de las Diputaciones provinciales, fue sometida a recurso de inconstitucionalidad, siendo resuelto por sentencia del máximo intérprete de la Constitución de 27 de febrero de 1987, sustentando una doctrina de gran interés.

VI. LA COMARCA

La Constitución (art. 141.3), admite la posibilidad de creación de agrupaciones de Municipios diferentes de la Provincia. Se está pensando, sin duda, en la Comarca, que para el Estatuto de Cataluña, como vimos, tiene una importancia capital, alternativa incluso de la Provincia, aunque no haya prosperado la viabilidad constitucional de esta sustitución.

Con otro carácter, más bien complementario, se contempla también la Comarca en la mayoría de los Estatutos, cuya creación se deja al arbitrio de los organismos autonómicos.

Es de destacar el carácter de la Comarca como hecho social, de base histórica, geográfica y económica, que constituye un soporte idóneo para el montaje o dispensación de determinados servicios. La constatación o, más bien, reconocimiento con trascendencia administrativa de la Comarca se apoyaría en la agrupación de los Municipios afectados, previas las consultas pertinentes.

La Ley de Bases establece que las CCAA, de acuerdo con lo dispuesto en sus respectivos Estatutos, podrán crear Comarcas, determinándose por Ley su ámbito territorial y la composición y funcionamiento de sus órganos de gobierno. No podrán establecerse Comarcas si se oponen las dos quintas partes de los Municipios implicados que representen, al menos, la mitad del censo electoral.

La Ley configura a las Comarcas como agrupamientos de Municipios, dando a sus órganos de gobierno un carácter representativo de los Ayuntamientos afectados. La creación de las Comarcas no podrá suponer la pérdida por los Municipios de sus competencias en materia de servicios (art. 26 de la Ley), lo que debe entenderse en el sentido de que pueden recuperarse estas competencias no en el de que la Comarca no pueda asumir algunos de estos servicios, lo que constituirá posiblemente su principal razón de ser.

CAPÍTULO XVII

LA ADMINISTRACIÓN LOCAL: EL MUNICIPIO

I. CONCEPTOS.

II. ELEMENTOS.

  1) El término municipal.
  2) La población municipal.
  3) Organización municipal.

III. CAPACIDAD Y COMPETENCIA DEL MUNICIPIO.

IV. EL GOBIERNO MUNICIPAL.

V. REGÍMENES ESPECIALES.

LA ADMINISTRACIÓN LOCAL: EL MUNICIPIO

I. CONCEPTOS

El Municipio es el más característico de todos los entes locales y al que va a dedicarse aquí mayor atención. El Municipio es un ente público de carácter territorial que tiene por objeto la consecución y defensa de los intereses locales. Ha habido una polémica trasnochada sobre el carácter natural o legal del Municipio, es decir, sobre si el Municipio era creado por la Ley o si existía antes de ser objeto de consideración por parte del legislador. Desde un punto de vista jurídico, debe decirse que el Municipio, sólo en cuanto está contemplado por la Ley, puede ser integrante de la Administración.

Para la Ley de Bases los Municipios son entidades básicas de la organización territorial del Estado y cauces inmediatos de participación ciudadana en los asuntos públicos, teniendo, lógicamente, personalidad jurídica y plena capacidad para el cumplimiento de sus fines.

Los Municipios podrán asociarse entre sí formando Mancomunidades para obras, servicios y otros fines de la competencia municipal. Estas Mancomunidades tienen plena capacidad jurídica para el cumplimiento de sus fines y su representación corresponde a los organismos determinados por sus estatutos. Las Mancomunidades son, pues, asociaciones voluntarias de Municipios.

Los Municipios tienen propia denominación, que puede alterarse con aprobación de las CCAA, lo que requiere ahora la inscripción en un Registro especial y la publicación en el «B.O.E.», exigencia esta razonable, ya que se han venido cambiando, sin más, las denominaciones tradicionales, con grandes trastornos, incluso de trascendencia internacional: tráfico, correos, estadísticas, etc.

II. ELEMENTOS

1) El término municipal

El término municipal es el territorio en el que ejerce su competencia el Ayuntamiento. Es elemento esencialísimo, pues, como sabemos, el Municipio tiene carácter de ente territorial, de manera que los órganos competentes en un Municipio son incompetentes en otro.

Los términos municipales pueden ser alterados: 1) por incorporación de unos Municipios a otros; 2) por fusión de dos o más en uno independiente; 3) por segregación de parte de uno para constituir otro independiente; 4) por segregación de parte de varios para crear otro independiente; 5) por segregación de parte de uno para agregarlo a otro (Ley de Régimen local, arts. 12 a 22).

La creación o supresión de Municipios según la Ley de Bases, así como la alteración de los términos municipales, se regulará por las Comunidades Autónomas requiriéndose dictamen del Consejo de Estado o en su caso del Órgano consultivo correspondiente.

2 La población municipal

Constituye la población municipal el conjunto de personas que se encuentran en el término municipal. Se dividen en residentes, que son los españoles y extranjeros que viven habitualmente en el término municipal, y transeúntes: los que se encuentran temporal o accidentalmente en el Municipio.

Los residentes se clasifican, a su vez, en vecinos y domiciliados; los primeros, que tienen el máximo de derechos ciudadanos, deben ser españoles y mayores de edad. Los domiciliados son o menores de edad o extranjeros; todas estas condiciones se adquieren jurídicamente como consecuencia de la inscripción en el padrón municipal, obligatoria para los residentes. El padrón es documento público y fehaciente a todos los efectos administrativos, y clave para el ejercicio de los derechos políticos básicos. Está a cargo de los Ayuntamientos, que deberán actualizarlo anualmente y rectificarlo cada cinco años.

Clasificación de la población municipal

Población	Residentes	Vecinos
		Domiciliados
	Transeúntes	

III. CAPACIDAD Y COMPETENCIA DEL MUNICIPIO

Una antigua línea doctrinal, que se conecta con el iusnaturalismo del siglo XIX e incluso con proposiciones anteriores, tiende a garantizar a los Municipios un ámbito de competencias exclusivas oponibles incluso frente al Estado. Tal solución, que ha cuajado en varios ordenamientos recogiéndose a nivel constitucional, se plasma en la adopción legal de una lista de funciones privativamente municipales con la posibilidad de su defensa en las más altas instancias judiciales.

Esta fórmula no goza en estos momentos de especial favorecimiento ni en términos teóricos ni prácticos, ya que la complejidad de las tareas de la Administración moderna impide su compartimentación por bloques. Por otra parte, la experiencia de los regímenes que han incorporado esta opción dista de ser positiva para la propia autonomía municipal que se pretendía potenciar.

La Ley de Bases, consciente de tales circunstancias y condicionantes, expresamente abandona el sistema simplista de reparto para hacer hincapié, a mi juicio, en cuanto a los apoderamientos que legitiman la actividad municipal, en una triple técnica:

Declaración general de capacidad. En relación con los intereses propios de las correspondientes colectividades, cláusula esta de una gran tradición en la historia del régimen local y que se conecta con las viejas proposiciones fisiocráticas.

Asignación de potestades instrumentales. Como es el caso de las fiscales, expropiatorias, sancionadoras, etc. La Ley, entendemos, remite a la legislación básica estatal para su concreción.

Atribución de competencias materiales. Se trata de actividades específicamente previstas por la Ley en términos enumerativos que, conforme a la metodología asumida en esta obra, pueden clasificarse en:

— *Garantías.* Seguridad en los lugares públicos, salubridad, disciplina urbanística, entre otras.
— *Prestaciones.* Alumbrado, cementerios, mataderos, etcétera, graduando su obligatoriedad en función de las características del Municipio.
— *Estímulos.* No expresamente mencionados en cuanto tales, pero de indudable aplicación a finalidades relacionadas, por ejemplo, con la cultura, patrimonio histórico-artístico y promoción social.

Aunque la Ley de Bases remite a la Ley para la determinación concreta de estas competencias (arts. 25 a 28), debe observarse que más arriba de las leyes ordinarias la Constitución veta injerencias que afecten al núcleo autonómico protegido, mientras que por abajo no pueden descartarse intervenciones normativas de rango reglamentario —piénsese en la disciplina urbanística—, aunque entroncadas con la Ley formal.

La Ley de Bases prevé el ejercicio de competencias vía delegación, lo que no ha funcionado en el pasado, y arbitra mecanismos de coordinación y armonización competencial interadministrativa, que tampoco tienen tras sí experiencias positivas.

IV. EL GOBIERNO MUNICIPAL

Entre los distintos sistemas adoptables para el gobierno municipal, la Constitución vigente, siguiendo con ello pautas consuetudinarias de nuestro país, opta por el de carácter colegiado-representativo, siendo significativo que, a diferencia de la postura adoptada por la precedente Ley de Régimen Local, no se mencionan separadamente Alcalde y Ayuntamiento como órganos de gobierno, sino que aquél es, con los Concejales, parte de éste.

Se descarta, desde luego, que el Presidente de la Corporación pueda designar sus restantes componentes, pero no queda cerrada la adopción de un cierto presidencialismo, acentuándose las funciones ejecutivas del Alcalde y dando un papel fundamentalmente deliberante al Pleno Municipal. La opción por un procedimiento electoral separado para Concejales y Alcalde supone un notable robustecimiento de esta figura.

El esquema de la Ley de Bases es, a este respecto, el clásico: Alcalde, Teniente de Alcalde, Pleno y Comisión de Gobierno para Municipios de más de 5.000 habitantes; esta última en sustitución de la Comisión Permanente. En cualquier caso, hay que tener en cuenta que estos órganos, al estar previstos en la Ley básica local, han de estar presentes en todos los Municipios, pudiéndose adicionar a ellos otros órganos complementarios en los términos que prevea el propio Municipio en ejercicio de su potestad organizadora o bien la Comunidad Autónoma en uso de sus competencias sobre régimen local.

La asignación de competencias a estos órganos, con mayor perfección técnica, se ajusta también al esquema conocido, incumbiendo al Pleno los pronunciamientos más importantes de carácter directivo y normativo, como aprobación de planes, ordenanzas, reglamentos, presupuestos, cuentas, plantillas, etc., y el control y fiscalización de los restantes órganos municipales, por cierto, equívocamente calificados como «de gobierno» [art. 22.2 a)].

Las atribuciones del Alcalde también son las habituales, con alguna adición comprensible como la contratación de obras y servicios menores de acuerdo con los procedimientos legales, pero hay un evidente robustecimiento de esta figura, en lo que puede incidir adicionalmente la legislación autonómica, o los reglamentos municipales, que también podrían contrariamente incrementar el poder de los órganos colegiados. El reforzamiento de la Alcaldía viene, sobre todo, de la nueva modalidad de nombramiento de la Comisión de Gobierno, que, a diferencia de lo que antes sucedía con la Permanente, trasunto de la composición de fuerzas en el Pleno, puede venir integrada sólo por personas de la confianza del Alcalde o de su misma línea política. Pero no aparece globalmente justificada la calificación de presidencialista que se ha asignado a la Ley. Debe recordarse, además, que incumbirá al Pleno destituir al Alcalde, vía aprobación de un voto de censura, y nombrarle si así lo decide la legislación electoral.

La Ley no toma partido por un extremo importante, a saber: el procedimiento para la elección de Alcalde, lo que deja a la Ley Electoral. Pero hay un indicio positivo en relación al mantenimiento de la solución anterior: elección del Alcalde por los Concejales, la posibilidad contenida de la remoción de aquél por éstos, lo que, *a sensu contrario,* implicaría también su elección. La Ley Orgánica 5/1985 reitera, efectivamente, esta opción. La reforma del artículo 13.2 de la CE, aprobada por las Cortes Generales y sancionada por el Rey el 27 de agosto de 1992, a raíz de la aplicación anticipada de la «ciudadanía europea» que establece el Tratado de Unión Europea, permitirá a los ciudadanos extranjeros residentes en España el derecho de sufragio activo y pasivo en las elecciones municipales, atendiendo al principio de reciprocidad.

V. REGÍMENES ESPECIALES

La Ley se distancia del modelo uniformista anterior y prevé, además de la institucionalización del espacio comarcal —lo que se ha abordado anteriormente—, las siguientes posibilidades diferenciadoras:

Concejo abierto. Es decir, autonomía local pura con democracia directa, a cargo de una Asamblea en la que participan todos los vecinos, para Municipios que tradicionalmente contaban con este sistema u otros que, por tener menos de 100 habitantes y otras circunstancias, así lo aconseje.

Municipios de características singulares. Se deja a la legislación de las CCAA el establecimiento de peculiaridades de gobierno para Municipios de escasa población, carácter rural, turístico, industrial, minero u otros que tiene su precedente en el antiguo régimen de carta.

Entidades submunicipales. Incorporados a la órbita de un Municipio para la administración descentralizada de núcleos de población separados. Su regulación también incumbe a las CCAA.

Áreas Metropolitanas. En el otro extremo del espectro municipal abarcan varios municipios con poblaciones interrelacionadas socioeconómicamente constituyendo grandes aglomeraciones urbanas. Corresponde a las CCAA determinar su sistema de gobierno. En estos últimos años hemos asistido a la desaparición de dos Áreas Metropolitanas, la de Madrid y Bilbao, sufriendo una profunda transformación las de Valencia y Barcelona.

CAPÍTULO XVIII

LA ADMINISTRACIÓN INSTITUCIONAL

I. CONCEPTO.

II. LAS CORPORACIONES DE DERECHO PÚBLICO.

III. LOS ENTES FUNDACIONALES DE DERECHO PÚBLICO.

IV. EXAMEN ESPECIAL DE LA LEY DE ENTIDADES ESTATALES AUTÓNOMAS DE 26 DE DICIEMBRE DE 1958.

V. LA ADMINISTRACIÓN INSTITUCIONAL DE LAS COMUNIDADES AUTÓNOMAS.

LA ADMINISTRACIÓN INSTITUCIONAL

I. CONCEPTO

Contemplamos aquí aquel sector de la Administración integrado por los entes públicos secundarios de carácter no territorial. Los rasgos que caracterizan a los entes que componen la Administración institucional son los siguientes: son personas jurídicas públicas, es decir, que tienen capacidad para actuar en el mundo del Derecho, se rigen por el Derecho administrativo y están sometidas a relaciones de tutela. Son éstos, como se ve, rasgos típicos de la descentralización; ahora bien, a diferencia de la descentralización territorial, la descentralización que se opera con estas organizaciones no tiene un territorio como elemento y soporte del ente, aunque tenga competencias propias. Se rigen por el principio de la especialidad, es decir, que sólo pueden actuar con los fines concretos que hayan sido específicamente determinados en la Ley, a diferencia de los fines generales que se adscribían a los entes públicos de carácter territorial. Resumiendo, podemos decir que los entes encuadrados en la Administración institucional tienen las siguientes características:

— son personas jurídicas diferenciadas;
— se rigen por un estatuto de Derecho público;
— están sometidas a relaciones de tutela y no de jerarquía;
— se adecuan al principio de especialidad de competencias;
— a través de ellas se descentralizan funciones y servicios.

La Administración institucional conoce un gran auge, debido al aumento de cometidos del Estado, a la necesidad de agilizar sus actuaciones y de incorporar sectores profesionales y económicos, pero también al deseo de huir de controles rigurosos y de obviar otras formas de descentralización más democráticas como es la territorial. Ello ha producido un cierto caos en todos los países, dando lugar a un complejo mosaico de entes públicos descoordinados y dispersos, verdaderos reductos burocráticos exentos que pueden conducir a la disolución del poder.

Las principales manifestaciones de la Administración institucional son las Corporaciones y los entes fundacionales. Estos últimos con el refrendo constitucional del artículo 34.

II. LAS CORPORACIONES DE DERECHO PÚBLICO

Las Corporaciones son sujetos de Derecho público que integran obligatoriamente una serie de personas con intereses comunes, privativos de sus componentes, pero también relevantes para el Estado, que las incorpora a su organización dotándolas de determinadas prerrogativas. Tienen un substrato eminentemente personal, de manera que los miembros que las integran son los llamados a crear la voluntad interna de estos entes. Como ejemplos paradigmáticos de estas Corporaciones se citan los Colegios Profesionales regulados por la Ley de 13 de febrero de 1973, modificada por la de 26 de diciembre de 1978, y las Cámaras Oficiales de la Propiedad Urbana, de Industria, Comercio y Navegación, aunque éstas han dejado de ser Corporaciones de Derecho público por la disposición final décima de la Ley 4/1990, de 29 de junio, de Presupuestos del Estado. Por el contrario tienen esta consideración las Cámaras Agrarias según dispone el artículo 2.º de la Ley de 24 de diciembre de 1986. Dentro de este esquema cabe incluir otras Asociaciones del Derecho público cuando se trate de personas jurídicas regidas por un estatuto público que puedan, en cuanto a su naturaleza, ser reconducidas al concepto genérico de Corporación.

Las Corporaciones tienen carácter imperativo, pues obligan a pertenecer a ellas a las personas previstas como miembros —pensemos en un Colegio de Economistas o en un Colegio de Abogados—. Tienen naturaleza pública, lo cual quiere decir que se someten al Derecho administrativo, aunque importa precisar que no todos sus actos están sometidos a este Derecho, ni muchos de sus contratos son de naturaleza pública, ni sus fondos están sometidos al control del Tribunal de Cuentas, ni les es aplicable la Ley General Presupuestaria, ni su personal es funcionario. Por lo tanto, sólo en los casos de representación externa y disciplina interna (admisión en la Corporación, imposición de sanciones, etc.) tienen carácter netamente administrativo y sus actos estarán sometidos a la revisión de la jurisdicción contencioso-administrativa. Esto no obstante, la LRJ-PAC dispone que estas Corporaciones representativas de intereses económicos y profesionales ajustarán su actuación a su propia legislación específica.

La descentralización corporativa es interesante, pero peligrosa. Presenta como ventaja la posibilidad de utilización por el Estado de los distintos grupos sociales que incorpora a su hacer, pero puede desembocar en un Estado corporativo antidemocrático, en el que el bien común desaparezca y sólo prevalezcan los intereses parciales de los grupos poderosos.

En uno de los textos del anteproyecto de la Constitución se trató de desmontar esta estructura corporativa, sin éxito, prevaleciendo al final la regulación dada por el artículo 36 de la norma constitucional, que señala que la Ley regulará las peculiaridades propias de los Colegios Profesionales y el ejercicio de las profesiones tituladas. La estructura interna y el funcionamiento de los Colegios deberán ser democráticos.

III. LOS ENTES FUNDACIONALES DE DERECHO PÚBLICO

La fundación es la personificación de un patrimonio para fines concretos, en nuestro caso, de carácter público. El substrato de ellas, como se ve, no son las personas, sino los bienes que se adscriben a un fin. Tres son las diferencias fundamentales entre Corporación y ente fundacional.

1) La Corporación es unidad de personas; el ente fundacional es de bienes.

2) La voluntad de la Corporación la forman sus propios miembros —médicos, arquitectos, economistas—; la voluntad de la fun-

ción es trascendente y no inmanente, porque depende de cómo haya sido preconfigurada por el fundador.

3) En la Corporación los miembros se integran dentro de ella; el ente fundacional, en cambio, no tiene miembros, sino beneficiarios que quedan fuera de la organización.

IV. EXAMEN ESPECIAL DE LA LEY DE ENTIDADES ESTATALES AUTÓNOMAS DE 26 DE DICIEMBRE DE 1958

La Ley de Entidades Estatales Autónomas (en adelante L.E.E.A.) trató de poner orden en el complejo y caótico mundo de una serie de organizaciones que vivían vinculadas al Estado, pero sin un estatuto jurídico claro y coherente.

En cierta manera, el problema que afronta la Ley de Entidades Autónomas se relaciona con la de las «cajas especiales» existentes durante todo el siglo XIX y buena parte del XX, y que constituían una quiebra del principio de la unidad de presupuesto y caja. Las Leyes de Contabilidad del siglo XIX, la Ley de Administración y Contabilidad de la Hacienda Pública de 1911 y el Texto Refundido de la Ley General Presupuestaria, aprobado por Real Decreto-Legislativo 1091/1988, de 23 de septiembre, prohíben la existencia de tales cajas especiales, pero de hecho seguían existiendo en la ilegalidad. La existencia de estas cajas suponía la disposición de fondos al margen de los Presupuestos Generales del Estado; ahora bien, aunque el problema de las cajas especiales es antecedente del de las Entidades Autónomas, hay que tener en cuenta que la realidad es a veces distinta. Las cajas especiales surgieron muchas veces por una imperiosa necesidad física, ante la imposibilidad de trasladar fondos por las distancias, las dificultades en la comunicación, los transportes, aunque después se persigan otros objetivos.

Las Entidades autónomas tratan de descentralizar para conseguir mayor eficacia, agilidad en la gestión y, a veces, la participación de los administrados, aunque a su socaire la difusión de estos entes represente a menudo un intento de huida ante los rígidos controles administrativos generales en materia de personal, contratos y, sobre todo, retribuciones, dando lugar en algún momento a una situación feudalizante en la que los funcionarios autoadministraban bajo la forma de tasas sus propias percepciones.

La L.E.E.A. supuso un principio de orden, aunque es una norma a la que pueden dirigirse severas críticas que pueden empezar por su mismo título, pues muchas veces sus destinatarios ni son entidades ni son autónomas, y lo único que puede efectivamente predicarse de ellas es que son estatales, pues se encuadran dentro de la organización del Estado, La expresión de entidad estatal autónoma es, en realidad, un supraconcepto que engloba tres tipos de organizaciones distintas, a saber, los Organismos autónomos, los Servicios sin personalidad jurídica y las Empresas nacionales. A cada uno de ellos dedica la Ley un régimen distinto, aunque se fija fundamentalmente en los Organismos autónomos. Vamos a estudiar cada uno de ellos por separado.

Los *Organismos autónomos* son entidades de Derecho público creadas por la Ley con personalidad jurídica y patrimonio propio independientes de los del Estado, a quienes se encomienda en régimen de descentralización la organización y administración de algún servicio público, el cumplimiento de actividades económicas y la administración de determinados bienes del Estado. Son, pues, claramente entes institucionales. La creación de los organismos habrá de realizarse por Ley, Ley que contendrá:

— las funciones que hayan de tener a su cargo, así como su competencia;
— el Ministerio a que hayan de quedar adscritos;
— las bases generales de su organización, régimen de acuerdos de sus órganos colegiados y designación de personal directivo;
— los bienes y medios económicos con que cuenten.

El control a que se somete este tipo de organismo viene regulado por la L.E.E.A. y puede resumirse de la siguiente manera: en cuanto a las tarifas que exijan los Organismos autónomos por sus servicios se someten a la autorización del Consejo de Ministros, a propuesta conjunta del Departamento que corresponda y del Ministerio de Hacienda. Los fondos de dichos organismos deben ser depositados en el Banco de España.

Los presupuestos de los Organismos autónomos se redactarán

por éstos y serán sometidos al Ministro Jefe del Departamento a que estén adscritos, quien después de pronunciarse sobre ellos los remitirá al Ministerio de Hacienda para su informe y posterior elevación al Consejo de Ministros. De acuerdo con la Ley General Presupuestaria, habrá de incluirse en los Presupuestos Generales del Estado un presupuesto-resumen de los Organismos autónomos. Sólo excepcionalmente se admite que los Organismos autónomos tengan dos presupuestos, uno dedicado a actividades administrativas y otro a actividades comerciales, cuando ejecuten actividades propias de los empresarios normales. El control de personal se efectúa a través del nombramiento del personal directivo. El control de legalidad se hace efectivo, entre otros cauces, por la resolución del Ministerio de que dependen de los recursos contra los actos del Organismo autónomo. El régimen procedimental normalmente previsto por los propios Estatutos debe estar adaptado a las prescripciones de la LRJ-PAC, la cual expresa que las Entidades de Derecho Público vinculadas o dependiente de las Administraciones Públicas sujetarán su actividad a dicha Ley cuando ejerzan potestades administrativas, quedando en cuanto al resto de actividades sujetas a lo que dispongan sus normas de creación. También les es de aplicación la Ley de Contratos del Estado.

El personal de los Organismos autónomos se divide en: a) directivos, que son de libre designación por el Gobierno o Ministro del que dependan; b) funcionarios del Estado que presten sus funciones en estos Organismos, c) funcionarios propios del Organismo que se regulen por el Estatuto de Personal al servicio de los Organismos autónomos, aprobado por Decreto de 23 de julio de 1971, posteriormente modificado, normas actualmente vigentes en tanto no se opongan al contenido de la Ley 30/1984, de 2 de agosto, de Reforma de la Función Pública; su régimen retributivo se regula por Decreto de 13 de mayo de 1977; y, por último, d) del personal contratado.

Se extinguen los Organismos autónomos:

— por Ley;
— por el transcurso del tiempo señalado en la ley fundacional;
— por el cumplimiento del fin para el que fueron creados;
— por acuerdo del Consejo de Ministros y previo dictamen del Consejo del Estado.

Con arreglo al Texto refundido de la Ley General Presupuestaria, los Organismos Autónomos pueden ser de dos clases: de carácter administrativo o de naturaleza comercial, industrial y financiera.

Ejemplos de estos órganismos autónomos son, en la actualidad, la Editora Nacional, el Boletín Oficial del Estado y toda una serie de organismos cuya actividad es estrictamente económica, y de los que pueden citarse el antiguo Servicio Nacional del Trigo, hoy Servicio Nacional de Productos Agrícolas, el mismo Fondo para la Ordenación y Regulación de la Producción y Precios Agrícolas, conocido por las siglas F.O.R.P.P.A., etcétera.

La L.E.E.A. *no se aplica* a determinados organismos autónomos, como son:

- Las Cámaras Oficiales de la Propiedad Urbana, Industria, Comercio y Navegación.
- Las organizaciones de regantes de la Ley de Aguas.
- Las entidades oficiales de seguros sociales y complementarios de la previsión social.
- Las entidades oficiales de seguros privados en cuanto a las operaciones técnicas que realicen.
- El Instituto Nacional del Libro.

Disposiciones posteriores han venido aumentando la nómina de excepciones, entre las que se incluyen la R.E.N.F.E., la mayoría de los entes dependientes del Ministerio de Hacienda y el I.N.I., como el últimamente creado Instituto Nacional de Hidrocarburos.

Los *Servicios Administrativos sin personalidad jurídica*, como su rúbrica indica, no son entes institucionales propiamente dichos. Estos servicios, que tienen una cierta independencia de gestión, son de dos clases:

Aquellos que en atención a sus circunstancias tienen consignadas la totalidad o la mayor parte de sus dotaciones en los Presupuestos Generales del Estado en forma de subvención y aquellos creados para la administración de fondos especiales que tienen a su cargo exclusivamente la gestión de recursos destinados a la dotación complementaria del personal y material de algún servicio público.

Ejemplo de estos servicios son las Juntas de Retribuciones y Tasas que funcionan en cada Ministerio.

Las *Empresas nacionales* son aquellas creadas por el Estado o algún Organismo autónomo para la realización de actividades mercantiles, industriales y otras análogas de naturaleza económica. Han de ser precisamente constituidas en forma de Sociedad Anónima y se rigen por los Derechos civil, mercantil y laboral, aunque tiene una decisiva influencia el Derecho público en su creación y control; de cara al exterior se rigen por el Derecho privado. No son, pues, Administración institucional. Según establece la L.E.E.A., aquellas empresas nacionales en las que el capital del Estado excede del 75 por 100 quedan sometidas al control del Tribunal de Cuentas.

Ejemplos de estas empresas nacionales son la empresa Nacional Calvo Sotelo, la Empresa Nacional Bazán y las conocidísimas Iberia, Endesa o Ensidesa, todas ellas dependientes del Instituto Nacional de Industria.

El citado Texto refundido de la Ley General Presupuestaria ha venido a reconocer la existencia de empresas públicas no constituidas como Sociedad Anónima en cuanto entidades de Derecho público que han de ajustar sus actuaciones al ordenamiento jurídico privado, RENFE por ejemplo, a las que califica, impropiamente, como Sociedades estatales.

V. LA ADMINISTRACIÓN INSTITUCIONAL DE LAS COMUNIDADES AUTÓNOMAS

El régimen de las instituciones aquí contempladas va a venir afectado por el ejercicio de las competencias atribuidas a las Comunidades Autónomas; así, la Administración corporativa cae bajo la influencia de las Comunidades con autonomía plena.

Parece lógico que todas las Comunidad tengan capacidades para la creación de sus propios organismos autónomos al amparo de las facultades de autoorganización que les conceden la Constitución y los Estatutos, incluida la normativa general aplicable. Algunos Estatutos, como el de Andalucía, expresamente incluyen entre las competencias exclusivas la organización y estructura de sus organismos autónomos. De hecho, las Comunidades Autónomas que tienen ya una cierta trayectoria como tales han procedido a la creación de entidades de este carácter.

Lo mismo puede decirse de las empresas públicas autonómicas, de las que hay ya también varias en marcha. Numerosos Estatutos comprenden entre las competencias de las Comunidades su sector público, lo que parece obvio. Algunos de ellos, como el de Asturias, expresamente menciona la posibilidad de crear empresas públicas y reclama la participación de la Comunidad en las estatales radicadas en la Región.

Pero para todos estos supuestos la legislación en estos momentos vigente es la estatal anteriormente reseñada, la que se extiende también a las Comunidades Autónomas, al amparo de las disposiciones transitorias de los Estatutos que mantienen la aplicación de la legislación actual hasta tanto no hagan uso de sus respectivas competencias el Estado o la Comunidad.

Pero, aunque estas últimas dispongan de apoderamientos para legislar en la materia, habrán de respetar los principios contenidos en la legislación hoy en vigor, o en la que la sustituya, conforme al artículo 149.1.18 de la Constitución, que reserva a la competencia exclusiva estatal, como sabemos, las bases del régimen jurídico de las Administraciones públicas. Bases que aparecen contenidas en la Ley 30/1992, de 27 de noviembre (LRJ-PAC).

CAPÍTULO XIX

LOS FUNCIONARIOS PÚBLICOS

I. PERSONAL AL SERVICIO DE LA ADMINISTRACIÓN Y FUNCIONARIOS «STRICTU SENSU». ÁMBITO DE LA LEY DE FUNCIONARIOS CIVILES DE LA ADMINISTRACIÓN DEL ESTADO.

1) Funcionarios estatales.

A) La Ley de Funcionarios Civiles.

B) La Reforma de 1984.

a) Criterios.

b) Balance provisional.

2) Funcionarios de las Comunidades Autónomas.

3) Funcionarios locales.

4) Personal al servicio de los Organismos autónomos.

II. EL INGRESO EN LA FUNCIÓN PÚBLICA.

III. DERECHOS Y DEBERES DE LOS FUNCIONARIOS PÚBLICOS.

IV. SITUACIONES DE LOS FUNCIONARIOS.

V. INCOMPATIBILIDADES.

VI. RESPONSABILIDAD DE LOS FUNCIONARIOS.

VII. PÉRDIDA DE LA CONDICIÓN DE FUNCIONARIO.

VIII. ADMINISTRACIÓN DE LA FUNCIÓN PÚBLICA.

LOS FUNCIONARIOS PÚBLICOS

I. PERSONAL AL SERVICIO DE LA ADMINISTRACIÓN Y FUNCIONARIOS «STRICTU SENSU». ÁMBITO DE LA LEY DE FUNCIONARIOS CIVILES DE LA ADMINISTRACIÓN DEL ESTADO

Para fijar el concepto de funcionario público es preciso hacer relación a un concepto genérico más amplio, cual es el de personal al servicio del Estado. Este personal puede clasificarse en los siguientes grupos: 1) políticos, personas que transitoriamente ocupan cargos en el Poder, ejemplo paradigmático de los cuales es un Ministro; 2) ocasionales, con una relación administrativa contractual no estatutaria ni permanente con la Administración; 3) laborales, que mantienen un vínculo de Derecho laboral o privado con la Administración; 4) por último, están los funcionarios públicos, a los que cabe encuadrar en el siguiente esquema:

- Funcionarios públicos
  - Administración
    - Civiles
      - Estatales
        - Regidos por la L.F.
        - No regidos por la L. F.
      - Autonómicos
      - Locales
      - Institucionales
    - Militares
  - Judiciales: Funcionarios que desempeñan sus cargos en la Carrera Judicial y en los Cuerpos al Servicio de la Administración de Justicia.
  - Legislativos: Funcionarios parlamentarios al servicio de las Cortes, numéricamente son poco importantes.
  - Otros órganos constitucionales: Funcionarios al servicio del TC, TCu, Defensor del Pueblo.

1) Funcionarios estatales

A) La Ley de Funcionarios Civiles

En el Derecho español existe una Ley de funcionarios civiles de la Administración del Estado (L.F.), cuyo texto articulado fue aprobado por Decreto de 7 de febrero de 1964. Esta Ley se aplica sólo, como su propio nombre indica, a los funcionarios civiles, no militares, al servicio de la Administración del Estado, que son fundamentalmente los que aquí van a ser objeto de consideración. Los funcionarios locales se regulan por el Título VII de la Ley básica local y las normas correspondientes del Texto Refundido, además de otras disposiciones reglamentarias; a todo ello hay que añadir las normas básicas de la Ley de medidas para la Reforma de la Función Pública, aplicables a todos los funcionarios de las distintas Administraciones públicas. La L.F. del Estado tiene aquí carácter supletorio. Los funcionarios de la Administración institucional disponen, a partir del Decreto de 23 de julio de 1971, de un estatuto propio que sigue en buena parte los criterios de la L.F.

No todos los funcionarios civiles son regidos por la Ley de Funcionarios, como se observará por el cuadro anteriormente transcrito; por ejemplo, los Notarios, los Agentes de Cambio y Bolsa, los Corredores de Comercio tienen estatutos independientes, quizá porque históricamente fueron puestos privados que han ido pasando al campo público, pero no han sido digeridos enteramente por la Administración. No cobran sueldos, sino aranceles o derechos por sus operaciones.

Los funcionarios de la Administración públicas son (art. 1.º de la L.F.) «las personas incorporadas a la misma por una relación de servicios profesionales y retribuidos regulada por el Derecho administrativo». Las relaciones funcionariales de estas personas vienen así regidas por un estatuto especial que se aplica en bloque una vez efectuada la adscripción a la función pública. Las características de los funcionarios son, pues:

— Incorporación a la Administración frente a las personas de dependencia particular, como los guardas jurados.
— Servicios profesionales, excluidos políticos.
— Servicios retribuidos, exclusión personal honorario.

— Regulación por el Derecho administrativo, exclusión laborales.
— Sometimiento a un Estatuto general que precisa derechos y obligaciones.

Clases de funcionarios regidos por la L. F.	carrera	Cuerpos generales	Técnico Gestión Administrativo Auxiliar Subalterno
		Cuerpos especiales	
	de empleo	interinos eventuales	

Criterios de la Ley de Funcionarios

Al Cuerpo General común a todos los Ministerios se les aplica íntegramente la Ley de Funcionarios. A los especiales se les aplica parcialmente, existiendo al mismo tiempo estatutos propios de los distintos Cuerpos especiales que establecen singularidades en su régimen, como sucede en los Economistas del Estado, los Ingenieros de Obras Públicas, etcétera.

Los funcionarios civiles estatales pueden ser de carrera o de empleo:

A) *Los de carrera* lo son en virtud de nombramiento legal, desempeñan funciones de carácter permanente. Pertenecen a plantillas y sus sueldos son fijos y se incluyen en el Presupuesto General del Estado. Se excluyen, pues, los colaboradores eventuales y los que no tienen sus sueldos asignados en los Presupuestos Generales del Estado.

a) Cuerpo General, encargados del desempeño de funciones comunes al ejercicio de actividades administrativas. Constituyen un apartado uniforme y básico en la Administración. Los funcionarios del Cuerpo General pueden ser:

— *Técnicos,* en el estadio superior del Cuerpo General; realizan funciones de gestión, estudio y propuestas de carácter administrativo. Han de poseer título universitario.

— Gestión, creado por la Ley de Reforma de la Función Pública; para poder acceder a él es preciso estar en posesión del título de Ingeniero Técnico, Diplomado Universitario, Arquitecto Técnico, Formación Profesional de tercer grado o equivalente.
— *Administrativos,* no necesitan carrera, sino título de Bachiller superior o equivalente. Colaboran con los técnicos en tareas de trámite, archivos, registros de documentos, etc.
— *Auxiliar,* trabajos complementarios de mecanografía, taquigrafía, etc.; se exige Bachiller elemental o equivalente.
— *Subalterno,* ejemplo de los cuales son los conserjes, bedeles, etc.

b) Cuerpos Especiales. Hay infinidad de ellos en la Administración española y constituyen reductos que se resisten a la uniformalización.

B) *Los de empleo:* no tienen normativamente dedicación indefinida al servicio de la Administración. Pueden ser:

a) *Eventuales,* despachan asuntos de confianza o asesoramiento especial. Tal es el caso de los secretarios particulares de los Ministros.

b) *Interinos,* ocupan plazas de plantillas sin haber ingresado de forma ordinaria, sino transitoriamente, hasta tanto se dote la plaza de forma reglamentaria. Ejemplo, el profesor que está encargado de una Cátedra por no existir Catedrático titular.

B) La Reforma de 1984

La denominada Ley de Medidas para la reforma de la Función Pública, aprobada por las Cortes a finales de julio de 1984, aborda determinados aspectos del vigente estatuto funcionarial adelantando revisiones importantes en espera de que se desarrolle íntegramente el mandato constitucional del artículo 149.1.18 de la Constitución, que apodera al Estado para la adopción de las bases de la función pública. Esta Ley resultó levemente modificada por la 23/1988, de 28 de julio, para adaptarla a los dictados de la sentencia del Tribunal Constitucional de 11 de junio de 1987, resolutoria de un recurso de inconstitucionalidad interpuesto contra ella.

a) Criterios de la reforma

Los principales propósitos de la reforma pueden ser sintetizados así:

— Extensión del ámbito normativo

Las medidas de aplicación de la Ley se amplían a los funcionarios de los organismos autónomos, personal civil al servicio de la Administración militar y personal funcionario de la Administración de la Seguridad Social, si bien este último, de acuerdo con la Disposición Transitoria Cuarta, vuelve a salir prácticamente del ámbito de la Ley.

La Ley afecta también a las Comunidades Autónomas en cuanto a los preceptos que define como básicos e incluso a las Corporaciones Locales en cuanto a la intercambiabilidad de posibilidades de servicio que abre.

— Esfuerzo coordinador

No sólo en relación con las distintas unidades de personal de la Administración Central, sino también con la Administración autonómica y también la local. Para ello se crean o se remodelan una serie de órganos: Ministerios para las Administraciones Públicas, que asume las competencias del antiguo Ministerio de la Presidencia en materia de personal; Consejo Superior y Comisión de Coordinación de la Función Pública y Comisión Superior de Personal, destacándose el papel al respecto de los Delegados del Gobierno y Gobernadores Civiles respecto a los servicios periféricos.

Pero sobre todo puede tener un efecto armonizador definitivo la estandarización de los Registros de Personal de todas las Administraciones públicas, que permitirá la movilidad de los distintos funcionarios y la conexión de plantillas y Leyes de Presupuestos.

— **El énfasis en el puesto de trabajo**

Seguramente el propósito más definido de la reforma se dirige al potenciamiento del enfoque del puesto de trabajo, tanto para la adscripción de funcionarios como para la asignación de retribuciones. Ello supone un intento frontal de sustituir anteriores criterios basados en la pertenencia a cuerpos especiales y en la adjudicación a éstos de bloques de tareas relacionadas con las competencias de determinados Departamentos u órganos de la Administración. El criterio antiestamentalista de la Reforma llega a requerir la intervención del Gobierno para la adscrición de puesto de trabajo a funcionarios de un determinado cuerpo y escala y a prohibir que los órganos de selección estén integrados mayoritariamente por funcionarios pertenecientes a un mismo cuerpo.

— **Optimización de los recursos**

La homogeneización de los Registros y la política de puesto de trabajo posibilitará el intercambio de funcionarios entre el Estado y las Comunidades Autónomas como pretende la Ley, lo que hace extensivo a las Corporaciones Locales entre sí y las Comunidades Autónomas.

b) Esquema de distribución de efectivos

De acuerdo con lo establecido en la Ley, los efectivos de personal quedarían como sigue:

Horizontal (cometidos)	— Cuerpos Generales. (Interdepartamentales) — Cuerpos y escalas especiales. (Departamentales)

Verticales (Responsabilidades)	— Grupos. (Titulación)	A. Doctor, Licenciado, Ingeniero y equivalente. B. Diplomado, Ingeniero Técnico y equivalente. C. Bachiller Superior y equivalente. D. Graduado Escolar. E. Certificado de Escolaridad.
	— Puestos de trabajo.	(treinta grados).

El Proyecto incluía sólo la creación de un nuevo Cuerpo, el de Gestión, sin duda para, desde la óptica de Administración general, cubrir el Grupo B. Pero a su paso por el Senado se han elevado a doce los nuevos cuerpos, algunos de los cuales se corresponden con pequeñas adiciones con los Cuerpos Generales ya existentes, como el Cuerpo Superior de Administración Civil del Estado, el Cuerpo General Administrativo de la Administración del Estado, el Cuerpo General Auxiliar y el Cuerpo General Subalterno. Otros, como el Cuerpo Superior de Letrados del Estado, que integra a los Abogados del Estado y a los Letrados del Ministerio de Justicia y del Consejo de Estado, pueden tener también carácter interdepartamental. Pero los restantes se corresponden con las tareas de un solo Ministerio o a lo más de dos, refundiendo Cuerpos especiales preexistentes.

c) Ingreso, adscripción y promoción

La Ley descarta la contratación administrativa y sólo admite la incorporación estatutaria y la laboral. En cuanto a las modalidades de ingreso, incluye el concurso y el concurso-oposición, determinando que la ulterior adscripción a los distintos puestos de trabajo será indistintamente para todos los funcionarios, mediante concurso, normalmente, o libre designación excepcional, lo que venía establecido ya en la legislación anterior. La Ley establece un sistema de promoción que prima el mantenimiento de las situaciones adquiridas; la regulación del régimen de promoción funcionarial se halla en el Real Decreto 28/1990, de 15 de enero, por el que se aprueba el Reglamento General de Provisión de Puestos de Trabajo y Promoción Profesional de los Funcionarios Civiles de la Administración del Estado.

d) Régimen económico

La novedad más importante es la incorporación del complemento de productividad, lo que había suscitado los recelos de buena parte de los funcionarios.

C) Balance provisional

Sin duda que todo esfuerzo de racionalización de la función pública debe considerarse positivo y, en este caso, la Ley contribuye a clasificar, sistematizar y simplificar el dispositivo de personal de las Administraciones públicas, contribuyendo, sobre todo, a evitar que se agrave hasta términos irrecuperables la situación, como consecuencia de la adopción por las Comunidades Autónomas de su propio dispositivo. Mientras que de la Reforma de 1964 se afirmó que sólo afectaba plenamente a unos 20.000 funcionarios, la actual extiende notablemente su ámbito y pretende reducir a unos setenta los cerca de mil cuerpos y escalas actuales.

La Ley, sin embargo, acusa una excesiva obsesión en liquidar los Cuerpos Especiales, estimable propósito en lo que respecta a excesos estamentalistas y a diferencias económicas irritantes, hoy ya superadas sustancialmente, pero que pueden producir efectos notablemente perjudiciales para el Estado, que tiene en muchos de estos cuerpos excepcionales servidores, estimulados por largas tradiciones y por la vocación administrativa de sus componentes. Por otra parte, la especialización se impone en muchos casos por la fuerza de las cosas.

Se ha dicho que la Ley prima los intereses del antiguo Cuerpo General Técnico y que trata con injusta rudeza a los funcionarios de edad. Lo primero exigirá una comprobación más rigurosa; en cuanto a lo segundo, sí es cierto que el acortamiento de la edad de jubilación supone una seria penalización económica para los afectados, a corto plazo al menos, dados los reducidos porcentajes de ingresos, que pasan a convertirse en pensiones.

2) Funcionarios de las Comunidades Autónomas

Creemos, al igual de lo dicho para la Administración institucional, que las Comunidades Autónomas tienen competencias para estructurar su función pública, como explícitamente proclaman los Estatutos correspondientes a las Comunidades de autonomía plena, lo que es extensible a todas las demás. La LPAut., que en este título ha sufrido escasas modificaciones, abundando en estos términos, dispone que los funcionarios transferidos y todos los que no tengan carácter nacional se integrarán en los cuerpos y escalas de las Comunidades creadas por Ley de sus Parlamentos respectivos.

El Estatuto de la función pública autonómica debe respetar, no obstante, lo dispuesto en la Constitución en cuanto al respeto, para la configuración del sistema de acceso, de los principios de igualdad, mérito y capacidad y, en general, las bases que fije el Estado en aplicación a lo dispuesto en el artículo 149.1.18. En tanto no se promulge esta legislación, las Comunidades Autónomas pueden avanzar su propia normativa, deduciendo los principios comunes de la legislación actual.

La LPAut. aborda también un tema que ha venido suscitando dificultades, aún no del todo remontadas: el de la adscripción a las Comunidades Autónomas de los funcionarios dependientes de servicios y organismos centrales afectados por transferencias de competencias. Sucede que, no obstante el importante traslado de funcionarios de la Administración del Estado a la Autonómica, ello sólo ha determinado una parcial reasignación en esta dirección de los funcionarios de las delegaciones periféricas, pero no los de los órganos centrales, con lo que se da una doble disfunción: los Ministerios quedan sobresaturados de personal y las Administraciones Autónomas carecen de los efectivos necesarios.

Regula al respecto un sistema de traslados voluntarios y forzosos, con indemnización, que es dudoso vaya, no obstante, a poder superar las resistencias de toda índole que se van a producir, muchas de ellas humanamente comprensibles.

La Ley de Reforma de 1984 pretende también promocionar la redistribución de efectivos apuntada, llegando incluso a prever el paso de los renuentes a la situación de excedencia forzosa sin percibo de haberes. Pero es improbable que tampoco produzca mayores efectos.

Las Comunidades Autónomas pueden promulgar su propio Estatuto de Personal, como de hecho han efectuado muchas de ellas, pero han de respetar las bases fijadas por el Estado, que ya se han establecido parcialmente por la Ley de Reforma en relación, entre otras materias, con órganos coordinadores, agrupación de funcionarios en Cuerpos y Escalas, Registros de Personal, movilidad, selección de personal, provisión de puestos de trabajo, promoción, conceptos retributivos e igualación de cuantías básicas, clasificación, situaciones y jubilación forzosa. Por Ley 53/1984 se considera también básico el régimen de incompatibilidades.

Algunas Comunidades Autónomas han dictado ya su propia normativa en materia de función pública, que será de aplicación en sus territorios junto a la normativa básica estatal.

3) Los funcionarios locales

La Administración Local tiene su propio estatuto funcionarial, íntegramente constituido hasta ahora por normas estatales, que partía de los preceptos que a esta materia dedicaba la Ley de Régimen Local, desarrollada al efecto por el Reglamento de Funcionarios. El panorama normativo presentaba, hasta la última reforma, una gran confusión derivada de los sucesivos textos legales y de las múltiples disposiciones reglamentarias que les contemplan, especialmente en el tema de las retribuciones.

El esquema anterior partía fundamentalmente de dos grupos de funcionarios: uno, reducido, de carácter directivo y ámbito estatal, constituido por los denominados Cuerpos Nacionales (Secretarios, Interventores, Depositarios y Directores de Bandas de Música), y otro, el más numeroso, que comprendía a los funcionarios de cada Corporación. En los Cuerpos Nacionales se ingresaba a través de oposiciones nacionales y podía servirse después mediante la participación en concursos sucesivos en distintas Corporaciones locales. Los funcionarios de los cuerpos locales lo eran de por vida de las Corporaciones que les hubiesen seleccionado y nombrado.

La nueva Ley de Bases de 1985 mantiene sustancialmente, con derogaciones parciales para el País Vasco y Navarra, este esquema, ampliando las posibilidades de movilidad de los funcionarios del segundo grupo, vieja aspiración de éstos.

Aunque no se reproduce la rúbrica de Cuerpos Nacionales, sí se establece que existirán funciones públicas necesariamente reservadas en las Corporaciones locales a funcionarios con habilitación de carácter general, en relación con:

— Secretaría, fe pública y asesoramiento legal.
— Control y fiscalización interna de la gestión económico-financiera y presupuestaria.
— Control y fiscalización interna de contabilidad, tesorería y recaudación (funciona excepcionalmente a cargo, en pequeñas Corporaciones, de otro personal).

Para los funcionarios que pueden desempeñar estos puestos hay una selección nacional desconcentrable y concursos convocados a instancias de las Corporaciones locales, que pueden influir, aunque no decisivamente, en los baremos y proponer el candidato seleccionado, pasando, tras su nombramiento central, a depender de la Corporación. La Ley 10/1993, de 23 de abril, modifica este régimen al reformar el artículo 99 de la LRBRL concretando las normas básicas para la provisión por el sistema de libre designación introducido como excepcional frente al normal o de concurso por la Ley 31/1991, de 30 de diciembre.

Aunque quizá mediatizado en exceso el proceso, es de alabar el que se haya mantenido esta opción, ya que el sistema español venía dando excelentes resultados y ha sido copiado y admirado exteriormente en cuanto que propicia la formación continuada de los funcionarios implicados a través de sucesivas experiencias en Corporaciones de progresiva complejidad y de la realización de cursos de especialización.

En cuanto a los restantes funcionarios, su selección es de la competencia de las Corporaciones respectivas, cubriéndose las vacantes —entendemos que las que no lo son mediante pruebas selectivas de acceso directo— mediante convocatoria pública dirigida a funcionarios que pertenezcan a cualquier Administración pública.

Las Corporaciones locales, de acuerdo con el sistema normativo general a que hemos aludido en la lección correspondiente, ven reforzarse en este campo sus posibilidades estatutarias, pero continúan sujetas a múltiples mediatizaciones estatales homogeneizadoras en relación con: caracterización de puestos de trabajo, retribuciones básicas, límites de los complementos, jornada de trabajo, sindicación, procedimiento de concurso, etc., todo lo cual constituye para las CCAA legislación básica.

4) Personal al servicio de los Organismos autónomos

Podían ser o propios de las Corporaciones y Organismos autónomos o funcionarios del Estado que desempeñasen puestos en los Organismos autónomos. Su estatuto jurídico propio constituía la carta de sus derechos y deberes. Se clasificaban en:

— Directivos.
— Funcionarios del Estado al servicio del ente.
— Funcionarios propios del ente.

La Ley de Reforma ha afectado sustancialmente a estos funcionarios al refundir buena parte de sus cuerpos y escalas y hacer desaparecer la figura de supernumerario que afectaba a los funcionarios estatales a su servicio.

II. EL INGRESO EN LA FUNCIÓN PÚBLICA

En España el cauce tradicional para el ingreso en la función pública es el de oposición, aunque innumerables corruptelas históricas han hecho que se acceda frecuentemente a la Administración primero por favoritismo y discrecionalidad, vía interinazgo, contrato laboral o administrativo, consolidando después la situación mediante la ficción de las denominadas oposiciones restrictivas.

La Ley de Reforma, tras reiterar los principios constitucionales de mérito y capacidad para el acceso, así como el de igualdad-publicidad, sancionados en los artículos 103.3 y 14, respectivamente, generaliza el sistema para todo el personal de nuevo ingreso, laboral o funcionarial, contemplando como técnicas selectivas el concurso, la oposición y el concurso-oposición. Continuando una tradición no interrumpida por ninguna de las Leyes de Reforma precedentes, introduce también su propio dispositivo para consolidar la situación del personal con acceso irregular anterior.

Al poco la Ley entró en pleno funcionamiento a este respecto para la Administración del Estado mediante la aprobación del Reglamento General de Ingreso del Personal al Servicio de la Administración del Estado (Real Decreto 2223/1984, de 19 de diciembre). En líneas generales, el proceso es el siguiente:

— Aprobación de los Presupuestos Generales del Estado.
— Oferta de empleo público para cada año. La primera se efectuó en 1985 (Real Decreto 152/1985, de 6 de febrero).
— Publicación en el «B.O.E.» de las convocatorias de las pruebas para la provisión de los puestos de trabajo contemplados en la oferta, incluyendo Bases y Tribunales.
— Solicitudes para participar en las pruebas (veinte días). Publicación «B.O.E.» aprobación de lista de admitidos (un mes).
— Práctica de las pruebas selectivas: oposición como regla general para funcionarios y concurso para laborales.
— Propuesta de nombramiento por el Tribunal.
— Aportación de documentación justificatoria por los seleccionados (veinte días).
— Curso selectivo o período de prácticas, en su caso.
— Nombramiento.

Además, según el artículo 36 de la Ley de Funcionarios que considera vigente, habrá de:

— jurarse o prometerse cumplir fielmente el cargo con lealtad al Rey y guardar y hacer guardar la Constitución;
— tomar posesión dentro del plazo de un mes a contar de la notificación del nombramiento.

III. DERECHOS Y DEBERES DE LOS FUNCIONARIOS

Derechos

1.º Derecho al cargo: se conecta con la inamovilidad de los funcionarios. La inamovilidad en sentido absoluto quiere decir derecho de por vida, salvo en caso de sanciones, a una determinada carrera y a desempeñar un cargo fijo en un sitio determinado. Inamovilidad relativa remite a la idea de derecho a la carrera, pero no concreta tarea ni localidad. El sistema que predica y actúa la inamovilidad de los funcionarios públicos tiene como ventaja principal la de que la Administración puede contar con un cuerpo sólido de funcionarios a su servicio sustrayéndolo a la política, pero como inconveniente principal ofrece la posible rutinarización del funcionario, que se sabe seguro en su puesto.

2.º Licencias y permisos: los funcionarios tienen derecho a treinta días de vacaciones cuando lleven ya un año en la función pública. Otras licencias se producen en caso de enfermedad, por razón de matrimonio, de embarazo (en el caso de la mujer funcionario), etc.

3.º Derechos de carácter económico: los funcionarios reciben un sueldo, cuya estructura ha sido modificada por un Real Decreto-ley de 30 de marzo de 1977 y posteriormente por la Ley de Reforma de 1984, resultando:

Retribuciones básicas. Fijadas en los Presupuestos Generales del Estado e integradas por el sueldo que corresponde según el índice de proporcionalidad asignado a cada uno de los Grupos en que se clasifican los Cuerpos y Escalas, los trienios, que se devengan cada tres años, y dos pagas extraordinarias.

Retribuciones complementarias. Abarcan el complemento de destino correspondiente al nivel del puesto desempeñado; el específico en su caso si el puesto tuviese especiales características: responsabilidad, peligrosidad, etc.; el de productividad si procede; las gratificaciones por trabajos extraordinarios fuera de jornada; indemnizaciones como viajes, dietas, vestuarios, etc.

En estos momentos se intenta evolucionar en la modificación del sistema de retribuciones, con especial énfasis en la valoración del puesto que se desempeña más que en el cuerpo de procedencia, para lo que se están clasificando las situaciones actuales, tarea nada fácil, ya que parece que hay unos 6.000 puestos diferentes en la Administración española.

Para ello se tendrá en cuanta el destino-grado, o posición jerárquica, Director, Subdirector, Jefe de Sección, etc., y el área de actividad; así se dice, en el último sentido, que aunque ocupen el mismo nivel no son iguales las responsabilidades de un Director General de Correos, con miles de funcionarios y complejas responsabilidades, que las del Director General de Bellas Artes.

Debe recordarse, también, que los puestos mejor remunerados son los correspondientes a Cuerpos de funcionarios que cobran por arancel, que, por cierto, no están afectados por la reforma: Notarios, Registradores, Agentes de Cambio y Bolsa, Corredores de Comercio... Pues bien, estos últimos, por ejemplo, desempeñan cometidos para los que no se requieren cualificaciones técnicas especiales, mientras que los puestos de la máxima complejidad, programadores de informática (sofware), probablemente se cubren por nominación directa y están escasamente retribuidos.

Pero el postergamiento general de las consideraciones de Cuerpo no es justo ni eficaz. Es verdad que en el pasado, al menos algunos componentes de cuerpos de élite, parecían legitimar sus percepciones únicamente en razón del esfuerzo realizado en la oposición de su ingreso. Lo razonable, en estos casos, sería el asignarles cometidos y retribuciones concordes a sus cualificaciones, no igualarlas sin más por abajo con las de otros funcionarios que accedieron a otros cuerpos de mucha menor exigencia de entrada y que, por causas ajenas, desempeñan de hecho las mismas tareas que aquéllos. Están, además, las ventajas ya aludidas que para la Administración se derivan de lealtades y tradiciones corporativas.

Seguridad Social. Los derechos pasivos de los funcionarios constituyen una percepción reconocida de antiguo, que sucesivas disposiciones completan y actualizan. Su regulación actual se contiene en el texto refundido aprobado por Decreto 1120/1966, que contempla pensiones de jubilación y pensiones a los familiares por fallecimiento del funcionario. Sucede que estos conceptos giran sobre las retribuciones básicas, con lo que las cantidades liquidadas son muy reducidas; así, las pensiones de jubilación suponen de un 35 a un 60 por 100 de los ingresos en activo, con lo que los funcionarios en esta situación, ahora, a los sesenta y cinco años, se encuentran en una situación nada holgada, y menos incluso sus familias. Pero aún así la carga para el Estado es muy importante, y difícilmente mantenible.

La ayuda familiar se percibe en función de los familiares a cargo del funcionario; su cuantía es meramente simbólica.

La principal aportación de la Ley 29/1975 constituyó, junto con la parcial ordenación del sistema anterior de mutualidades, un tanto caótico, la asignación a los funcionarios de los beneficios de asistencia sanitaria, de la que carecían hasta entonces, a través de un organismo de nueva creación: la MUFACE. La Ley permitía optar por la integración en el sistema de prestaciones de la Seguridad Social general o por conciertos con entidades privadas. Los funcionarios, casi unánimemente, optaron, paradójicamente, por esta última solución, no burocrática. La Ley 30/1984 anuncia tercamente, no obstante, la reestructuración de la MUFACE y la mayor aproximación del sistema al de la Seguridad Social.

Para la Administración Local otra mutualidad, la MUNPAL, a la que cotizaban Corporaciones Locales y funcionarios, atendía la seguridad social de éstos con mayor perfección que en el caso de los funcionarios estatales. No obstante, el RD 480/1993, de 2 de abril, amparado en las previsiones de las Leyes 31/1991 y 39/1992, de Presupuestos Generales del Estado, ha cancelado este régimen integrando en el general de la Seguridad Social a todo el personal activo y pasivo con efectos del 1 de abril de 1993.

Un problema importante constituía el que los funcionarios no estaban encuadrados en la Seguridad Social, a efectos de enfermedad, supliendo a veces este fallo el mecanismo de las Mutualidades de Funcionarios, que funcionan dentro de cada Cuerpo. Esta situación fue rectificada por la Ley 29/1975, de 27 de junio, en virtud de la cual se incluye a los funcionarios públicos entre los beneficiarios de las prestaciones de la Seguridad Social, que contiene tres sistemas de cobertura: Derechos Pasivos, Ayuda Familiar y Mutualismo Administrativo.

4.º En la actualidad, además, los funcionarios tienen reconocido el derecho de libre sindicación, con ciertas excepciones, a través de la Ley Orgánica 11/1985, de 2 de agosto, de Libertad Sindical; el derecho de negociación colectiva y participación en la determinación de las condiciones de trabajo, reconocido por la Ley 7/1990, de 19 de julio, y el derecho de huelga consagrado en el artículo 2.2 de la Ley de Libertad Sindical antecitada.

Deberes

Los funcionarios tienen, entre otros, los siguientes deberes:

1.º Aceptar la Constitución.

2.º Vivir en el término municipal en el que se desempeña la función.

3.º Observar una conducta dentro del máximo decoro.

4.º Acatar las órdenes de sus superiores jerárquicos.

5.º Responsabilizarse de la buena gestión del servicio a su cargo.

La Ley de Reforma, por vía indirecta, es decir, mediante la consideración de falta muy grave, lo que a veces es excesivo, establece o explicita una serie de deberes adicionales, con escasa concreción por cierto, como la fidelidad a la Constitución, el respeto del derecho de huelga, el mantenimiento de sigilo sobre secretos oficiales, la neutralidad política en el proceso electoral, la no discriminación por sexo, raza o religión, etc.

Especial mención merece el cumplimiento por los funcionarios de las normas sobre incompatibilidad, progresivamente endurecidas a partir de la Ley de 9 de junio de 1982.

IV. SITUACIONES DE LOS FUNCIONARIOS

1.º En servicio activo.

2.º En servicios especiales, generalmente de carácter político o internacional, en los supuestos enumerados en la Ley de Reforma (art. 28.2), tiene las mismas consecuencias que la suprimida excedencia especial. También afecta al cumplimiento del servicio militar.

3.º Excedencia voluntaria, como regla general por plazo no superior a diez años ni menor de dos.

4.º Excedencia forzosa por reforma de plantilla o imposibilidad de reingreso en la situación activa.
5.º Suspensión de carácter provisional o definitivo, como consecuencia de un procedimiento penal o disciplinario.
6.º Jubilación, con carácter forzoso a partir de las previsiones de la Ley de Reforma, desde los sesenta y cinco años.

Las situaciones de los funcionarios, reguladas en lo básico por el artículo 29 de la Ley de Reforma de la Función Pública, se hallan en la actualidad desarrolladas por Real Decreto 730/1986, de 11 de abril.

V. INCOMPATIBILIDADES

Un tema tenazmente perseguido por la reforma en curso de la función pública ha sido el intento de la reconducción exclusiva de la actividad profesional de los funcionarios al servicio de un solo puesto de trabajo, prohibiéndose, en todo caso, el desempeño efectivo de más de un empleo en la Administración.

Ya la Ley de Funcionarios de 1964 establecía que los funcionarios no podrían ocupar simultáneamente varias plazas en la Administración, pero las salvedades que contenía, compatibilidad legalmente reconocida o expresamente autorizada por la Administración, hicieron fácilmente excepcionable el principio general.

La primera reacción frontal contra esta situación se produjo con la Ley de 20/1982, de 9 de junio, sobre incompatibilidades en el sector público, que, por otra parte, reitera también otra vieja regla: la de no percepción de más de un sueldo a cargo del sector público.

La Ley amplía su ámbito incluyendo al personal de la Seguridad Social y de las Empresas Públicas; contempla a los puestos políticos y las dotaciones de los órganos constitucionales. La compatibilidad sólo se autorizará por Ley o en caso de servicios de jornada reducida. Las actividades profesionales ejercidas fuera de la Administración se someten sólo a declaración, aunque pueden ser incompatibilizadas si comprometen el servicio del puesto desempeñado.

La Ley 53/1984, de 26 de diciembre, desarrollada por Real Decreto 589/1985, de 30 de abril, endurece el régimen y amplía su campo de aplicación abarcando todas las funciones al servicio de las Administraciones Públicas: civil, militar, autonómica, local, etc., y, más aún, incluye personal que no están incorporados a la misma, como los miembros electos de las Asambleas autonómicas y locales, Administración de Justicia y entidades concertadas con la Seguridad Social. A sus efectos se entiende también extensivamente por remuneración cualquier derecho o contenido económico, aunque su cuantía sea variable y su devengo ocasional.

Salvo las previsiones establecidas para el personal docente y sanitario, este último salvado de la aplicación de la Ley de 1982, se requerirá previa y expresa autorización de compatibilidad para el ejercicio de una segunda actividad que se prestaría en régimen laboral y siempre que no se excedan topes retributivos que la Ley establece. No podrán autorizarse o reconocerse compatibilidades al personal que desempeñe puestos que comportan la percepción de complementos específicos y al retribuido por arancel.

VI. RESPONSABILIDAD DE LOS FUNCIONARIOS

Puede ser:

1.º Penal, por haber cometido delitos en los que pueden incurrir todos los ciudadanos (parricidio, violación, etc.) o los típicos de los funcionarios, como la malversación de fondos.

2.º Civil, producida por perjuicios de este carácter realizados en el desempeño de sus funciones.

3.º Administrativa. La Administración incoa un expediente disciplinario que puede estar motivado por haber cometido faltas muy graves, graves o leves en el desempeño de sus funciones. El régimen disciplinario de los funcionarios públicos en la actualidad está regulado por el artículo 31 de la Ley de Reforma y por el Real Decreto 33/1986, de 10 de enero.

Un procedimiento también especial para exigir responsabilidad a los funcionarios es el que se seguía a través de los Tribunales de Honor, que se constituían por los propios funcionarios y cuyas resoluciones únicamente podían ser, o bien de separación, o bien de absolución. La Constitución, con buen criterio, ha abolido los Tribunales de Honor en el ámbito de la Administración civil.

VII. PÉRDIDA DE LA CONDICIÓN DE FUNCIONARIO

Se pierde la condición de funcionario por renuncia, por pérdida de la nacionalidad española, por sanción disciplinaria que implique separación del servicio, por la imposición de una pena principal o accesoria de inhabilitación absoluta o especial para cargo público. La relación funcionarial cesa también en virtud de jubilación forzosa o voluntaria.

VIII. ADMINISTRACIÓN DE LA FUNCIÓN PÚBLICA

El extenso contingente de personas al servicio de la Administración pública exige un aparato gestor adecuado, cuyas tareas, como saben perfectamente también los empresarios privados, son complejas, difíciles y comportan el enfrentamiento con situaciones tensas y conflictivas, individuales y colectivas.

Aquí debe distinguirse entre los órganos con cometidos sobre toda la función pública, habitualmente con competencias normativas que cuidan de la aplicación general de lo que se considera básico, y las específicas de la Administración Civil del Estado, Comunidades Autónomas, Corporaciones Locales y otros entes asimilados.

Entre los primeros, además del Consejo de Ministros y del Ministro para la Administraciones Públicas en función de propuesta, debe mencionarse el Consejo Superior de la Función Pública y la Comisión de Coordinación de la Función Pública.

En cuanto a la Administración del Estado, la Ley 30/1984, con excesiva ambición por parte de sus redactores, situó la dependencia orgánica de todo el personal en el antiguo Ministro de la Presidencia, hoy sustituido por el de Administraciones Públicas. Es claro que una interpretación extensiva de los vínculos de referencia habría desbordado los cometidos del Ministerio en cuestión, por lo que, aunque reconociéndose a su titular y al Secretario de

Estado para la Administración Pública extensas atribuciones, una norma posterior, Real Decreto 2169/1984, de 28 de noviembre, sobre atribución de competencias en materia de personal, retrocede, como no podía por menos, a los criterios de la legislación anterior situando el centro del sistema en torno a las Subsecretarías, lo que hace que curiosamente puedan surgir ahora escrúpulos sobre la legalidad de esta habilitación.

CAPÍTULO XX

EL ACTO ADMINISTRATIVO

I. EL ACTO ADMINISTRATIVO.

1) **Concepto.**
2) **Origen y sentido.**

II. CARACTERES DEL ACTO ADMINISTRATIVO.

1) **Declaración.**
2) **Unilateralidad.**
3) **No normatividad.**
4) **Origen administrativo. Los actos políticos.**
5) **Sometimiento al Derecho Administrativo.**

III. CLASES DE ACTOS ADMINISTRATIVOS.

1) **En cuanto a sus efectos para los particulares.**
2) **En cuanto a los sujetos.**
3) **En cuanto a la revisión judicial.**
4) **Actos reglados y actos discrecionales.**

EL ACTO ADMINISTRATIVO

I. EL ACTO ADMINISTRATIVO

1) Concepto

La noción de acto administrativo es clave dentro de la disciplina, aunque se presenta inicialmente como un punto enigmático y discutido. El acto administrativo presupone la existencia de un actuar por parte de la Administración; esta actuación o bien crea cargas y obligaciones a los administrados o bien les otorga beneficios y derechos. Es posible dar una aclaración y explicación de la función del acto administrativo definiendolos como *aquéllas declaraciones unilaterales, no normativas, de la Administración, sometidas al Derecho Administrativo.*

El acto administrativo es una conquista del Estado de Derecho, y no es concebible su existencia en un Estado no sometido al Derecho al presuponer una jerarquía de normas cuyos mandatos desembocan en realizaciones concretas. El acto administrativo se va gestando a través de una concatenación de normas jerárquicamente ordenadas, al término de las cuales surgen los actos que realizan, con trascendencia jurídica exterior, los órganos de la Administración. A partir de la aparición o surgimiento de un acto, la acción administrativa puede ser impugnada administrativa o jurisdiccionalmente. Solamente tiene, por tanto, lugar y sentido el acto administrativo en una Administración subordinada a la Ley y controlada con base a ella, ya que si la Administración fuera soberana carecería de trascendencia la noción del acto administrativo fiscalizable.

El acto refleja un obrar intencional de la Administración con posible trascendencia exterior frente a los administrados. Los actos administrativos son, por lo tanto, jurídicos y suponen actuaciones concretas, en oposición a las normas que tienen trascendencia para conductas y relaciones generales. Consecuencia de su carácter declaratorio es su diferencia de los meros actos materiales que no son verdaderos actos administrativos, ya que sólo materializan un acto administrativo preexistente. La orden de derribo de una finca ruinosa es una acto administrativo, declara una conducta a seguir; pero no lo es la ejecución del derribo por los bomberos, mero acto material conectado con aquél.

2) Origen y sentido

El surgimiento del acto en el sentido del Derecho administrativo podemos localizarlo a partir de la Revolución Francesa. La Administración, desde el primer momento, estuvo dotada de una singular fuerza frente a los administrados. Para evitar la paralización del poder público se excluía la injerencia jurisdiccional frente a sus actos, como Administración, dotándosele de exorbitantes poderes cuya utilización partía de la producción del acto cuya efectividad llevaba insita aquellos poderes.

El sentido del acto administrativo como límite del poder judicial va a modificarse y completarse posteriormente, marcándose el énfasis en la mejor defensa del particular frente a la Administración, considerándose el acto administrativo como el foco de atención de las posibilidades defensivas de los administrados ante la Administración.

Esta perspectiva nos lleva a considerar el acto administrativo como la base sobre la que se ha de asentar la defensa del particular presuntamente afectado en sus derechos por el acto, pero esta óptica, si es exclusiva, no nos sirve plenamente hoy, puesto que como la reacción del particular necesita actuaciones concretas frente al «no hacer» de la Administración, al no existir actos administrativos atacables, el ciudadano moderno, que requiere obras, actuaciones, servicios efectivos, quedaría inerme.

Pero esto aparte, el acto administrativo remite a la sujeción de la Administración al principio de legalidad, y somete al actuar administrativo en su concreción de acto, a la posible intervención jurisdiccional controladora. El acto administrativo lleva aparejadas ciertas consecuencias que difieren de los actos jurídicos de los particulares o administrados, tanto en más como en menos. En más, por cuanto que los actos administrativos pueden imponer a los particulares unas determinadas conductas, consecuencia de su vigor y ejecutividad. El particular titular de un derecho debe acudir a los Tribunales para que por éstos le sea reconocido, a diferencia de la Administración, que no tiene, como vimos, por qué acudir a éstos, pudiendo llevar a efecto materialmente por sí misma la declaración contenida en el acto sin el auxilio de aquéllos. En menos, porque la Administración está subordinada a la Ley, que impone condiciones y límites. La Administración tiene que estar autorizada para actuar, y aun así no es libre para adoptar sus actos de cualquier manera. Incluso en el caso de que los actos se desarrollen dentro de un ámbito competencial específico, la Administración no puede obrar como quiera, sino que debe sujetarse a unas determinadas formalidades, cuya consecuencia final es el acto, el cual aparece tras una serie de actuaciones enmarcadas en cauces formales preestablecidos que remiten al procedimiento administrativo.

II. CARACTERES DEL ACTO ADMINISTRATIVO

1) Declaración

Los actos administrativos son declaraciones en cuanto que manifestaciones con trascendencia externa. Estas declaraciones pueden ser de *voluntad,* lo que equivale a negocios jurídicos, que crean o modifican situaciones jurídicas, una multa, una licencia, por ejemplo, de ahí que gran parte de los actos administrativos sean negocios jurídicos; *de deseo,* en cuanto que la Administración puede manisfestar su aspiración de transformar o crear determinadas situaciones jurídicas, como sucede en la convocatoria de oposiciones o exámenes; *de juicio,* en cuanto que la Administración puede emitir una opinión acerca de un determinado asunto, una calificación, por ejemplo; *de conocimiento,* cuando la Administración puntualiza y acredita ciertos hechos al expedir, por ejemplo, una certificación. Los actos administrativos más importantes son los primeros, o sea, aquellos que contienen declaraciones unilaterales de voluntad creando derechos y obligación.

2) Unilateralidad

Son de carácter unilateral, distinguiéndose así los actos de los contratos; mientras que el acto es unilateral, el contrato necesita, por lo menos, dos voluntades en cuanto que implica su unificación conviniéndose la realización de una conducta libremente acordada por cada una de las partes. En el acto no tiene por qué darse necesariamente tal concurrencia de voluntades, pudiendo imponerse por la Administración, de acuerdo con la Ley, determinadas conductas a los particulares.

3) No normatividad

El tercer rasgo de los actos administrativos es su naturaleza no normativa. Con ello se pretende distinguir entre los actos y las normas jurídicas procedentes de la Administración. Esta distinción es materia polémica, pues no siempre se admite una separación estricta entre actos y normas administrativas, y algunos autores engloban estas dos manifestaciones en el concepto genérico de actos, distinguiéndose entre actos administrativos *strictu sensu* y actos normativos. A mi juicio, es más sistemático el excluir del concepto de acto administrativo aquellas manifestaciones que sean reglas de Derecho, ya que los actos, como sabemos, se agotan con su cumplimiento, mientras que las normas se incorporan al ordenamiento; las consecuencias jurídicas de los vicios del acto y de las normas son distintas: para los actos la regla general es la anulabilidad, y para las normas opera la regla de la nulidad, generalmente; el mismo régimen de recursos, como veremos, es distinto, según se trate de atacar actos administrativos o normas jurídicas. Por lo tanto, no tiene utilidad y sentido el englobar dentro del mismo concepto actos y normas, pues el régimen jurídico de unos y otros es esencialmente diverso, aunque existan puntos comunes.

4) Origen administrativo

Los actos administrativos emanan de órganos de la Administración; ello puede parecer una redundancia, pero no es innecesario recalcarlo, porque en la práctica no hay que descartar la aparición de confusiones, ya que no siempre es fácil saber cuándo estamos en presencia de un órgano de la Administración y cuándo se actúa con base al Derecho administrativo, cuestiones estas difícilmente precisables en términos abstractos. A veces sólo a la vista del sujeto del que emana el acto y de su concreto régimen podemos decir que estamos o no en presencia de un acto administrativo.

Pero en todo caso sí puede partirse de la conclusión de que órganos distintos de los administrativos, por ejemplo, los judiciales y parlamentarios, no pueden producir actos administrativos. Así, cuando el presidente de Sala en una Audiencia impone una multa a un particular que altera el orden de la misma, tal acto, que en principio parece un acto administrativo, no lo es, pues el Juez, en este caso, no actúa con carácter de órgano administrativo, sino de órgano judicial. Igual ocurre con los órganos parlamentarios; si el Presidente de las Cortes prohíbe a ciertos Diputados o Senadores reunirse fuera de las Cortes y se acude a la jurisdicción contencioso-administrativa, ésta habrá de declararse incompetente por no tratarse el recurso de un acto de la Administración, sino de un acto emanado de un órgano legislativo. Ello nos pone en contacto, aunque los supuestos no sean idénticos, con la doctrina de los actos políticos.

Los actos políticos

Estos actos emanan de órganos que lo son también de la Administración, pero no son considerados, sin embargo, actos administrativos, pues se trata de órganos superiores que si bien se encuadran en el Poder ejecutivo, participan a la par de la sustancia política que es propia de los órganos soberanos. El problema de los actos políticos surgió en Francia después de la Revolución, con motivo de las actuaciones del Consejo de Estado. El Consejo de Estado, vinculado a la obra de Napoleón, halló la enemistad y suspicacia de los nuevos gobernantes de la Restauración y trató de congraciarse no revisando los actos de la Administración que versaban sobre cuestiones que afectaban al orden establecido. Este criterio excesivamente amplio de actos relacionados con el orden constituido fue luego sustituido por un sistema de lista, en el cual se incluían expresamente cuáles eran los actos que habían de ser calificados como políticos.

En nuestro Derecho tradicionalmente se venían equiparando los actos políticos a los actos discrecionales y los reglamentos. Esta concepción, que ofrecía una gran inconcreción, permitía a las autoridades administrativas incluso de orden inferior dictar actos que caían fuera del control jurisdiccional, de lo que se hacía utilización amplia también para fines de defensa del orden político existente.

La vigente Ley de la Jurisdicción Contencioso-Administrativa acota más rigurosamente el terreno de los actos políticos. Así, su artículo 2.º remite a «Las cuestiones que se susciten en relación con los actos políticos del Gobierno, como son los que afectan a la defensa del territorio nacional, relaciones internacionales, seguridad interior del Estado y mando y organización militar.» Hay en esta relación actos que no tienen ninguna trascendencia administrativa, como los que afectan a las relaciones internacionales, que deben ubicarse en el Derecho internacional; otros parece que pueden tenerla, como son los que se refieren a la seguridad interior del Estado, pero de todas formas la rúbrica general de «seguridad interior» ha sido matizada por la jurisprudencia del Tribunal Supremo, en el sentido de que las conductas que den pie a estos actos han de afectar a la seguridad de todo el territorio o a todo el complejo político, no bastando con un aislado ataque, ello sin perjuicio de las responsabilidades de distinto orden que puedan dar lugar a la actuación de otros Tribunales, lo que aquí no interesa.

Una vez promulgada la Constitución española, el ámbito de los actos políticos no jurisdiccionales desaparece prácticamente al disponerse en el artículo 24.1 que todos tienen derecho a la tutela efectiva de los jueces y tribunales; la jurisprudencia, por su parte, ya está deduciendo las consecuencias del pleno sometimiento de la Administración al Derecho, pronunciándose a favor de la total fiscalización judicial de la actuación de la Administración, como lo prueba, entre otras, la importante sentencia del Tribunal Supremo de 29 de diciembre de 1985. Otra cosa será que sigan al margen de la jurisdicción contenciosa actuaciones no administrativas de órganos públicos que entran en relación constitucional con otros órganos o representan a España en el ámbito internacional.

5) Sometimiento al Derecho Administrativo

Los actos administrativos están sometidos al Derecho Administrativo, ello parece también una declaración innecesaria en cuanto que los actos administrativos deben lógicamente estar sometidos siempre a este Derecho. Pero importa distinguir entre acto administrativo y acto de la Administración. Hay determinados actos de la Administración no sometidos al Derecho administrativo, sino al Derecho privado (civil, mercantil, laboral, etc.). En estas actuaciones de la Administración sometidas a otros ordenamientos hay, no obstante, una fase que sí debe ser calificada de administrativa y constituye lo que suelen llamarse «actos separables». Esto se ve claro si aludimos a un ejemplo: si la Universidad contrata un jardinero, este acto tiene naturaleza laboral, pero antes de la contratación concreta ha podido tener lugar una serie de actos, como el acuerdo de la Junta de Gobierno de la Universidad, del Rector, etc., que sí tienen naturaleza administrativa.

III. CLASES DE ACTOS ADMINISTRATIVOS

1) En cuanto a sus efectos para los particulares

Los efectos de los actos pueden ser: favorables, cuando amplían las posibilidades jurídicas de los administrados, y de gravamen, que restringen su esfera de actuación.

A) Actos favorables

a) *Admisiones*. Suponen la atribución a los administrados de un «status» jurídico. Es decir, adjudicación de una situación y de un régimen especial para tal sujeto, tal sucede al alumno que por medio de su matrícula se integra en la Universidad.

b) *Concesiones*. Implican la adjudicación de determinadas potestades, originariamente administrativas, a un sujeto, lo cual lleva aparejado ciertos controles por parte de la Administración; tal, por ejemplo, puede ser la respuesta a la solicitud de la instalación de una central hidráulica. Ésta es la doctrina tradicional. Sin embargo, y aun siendo cierto, la concesión se caracteriza mejor por el otorgamiento de una situación de privilegio en comparación con los restantes ciudadanos. Tal es el caso del titular de una concesión minera, o de un transporte en exclusiva, o del explotador de una central; puede, por concesión de la Administración, realizar algo que no pueden acometer otros sujetos.

c) *Autorizaciones*. Se distinguen de la concesión en que no origina derechos nuevos para los particulares y sólo remueven límites que la Administración había impuesto para el ejercicio de derecho preexistente. Ésta es también la doctrina tradicional; ahora bien, parece que la autorización crea, en el fondo, derechos como la concesión, pero sin privilegios como aquélla. Todos tienen derecho a obtener una licencia o autorización de caza. Por ello sería más exacto definir a la autorización como el acto ampliatorio en virtud del cual se constata que existen las circunstancias necesarias para el surgimiento y ejercicio de un derecho general. La autorización, a diferencia de la aprobación, es un requisito para la validez de las conductas que la requieren.

d) *Aprobaciones*. Constituyen un requisito posterior a determinados hechos, los cuales son válidos en sí, pero son ineficaces hasta tanto no medie la intervención de la Administración. Tal sucede con la adopción de determinados acuerdos sociales relacionados con la emisión de obligaciones: el acuerdo es válido, pero no puede ejecutarse hasta su aprobación por la Administración.

e) *Dispensas*. Son aquellos actos favorables que excepcionan sobre una prohibición general anterior. Ha de estar, normalmente, prevista por la Ley, pues de no ser así se podría producir una derogación por vía singular de un reglamento, lo cual es ilegal, según el artículo 52.2 de la LRJ-PAC (principio de la inderogabilidad singular de los reglamentos).

B) Actos de gravamen

Son aquellos que restringen la esfera jurídica de los particulares. Estos actos pueden ser, a su vez, subclasificados como siguen:

a) *Actos de sanción.* Las sanciones suponen la retribución negativa de una conducta ilegítima, la multa es el prototipo de una sanción, pero también lo es la imposición de una medida disciplinaria, como, por ejemplo, la suspensión de un funcionario. Las sanciones restringen la esfera de actuación de los ciudadanos, imponiéndoles determinadas conductas gravosas no queridas por ellos.

b) *Las expropiaciones.* No implican una conducta ilegítima, sino que realizan una transformación coactiva de derechos de la esfera privada a la pública en aras del interés común; son, pues, traspasos patrimoniales realizados en pro del bien general que llevan aparejada indemnizaciones; cuando ésta no media, estamos en presencia de confiscaciones.

c) *Órdenes preceptivas.* Son aquellas que imponen determinadas conductas a los particulares, que antes no venían obligados a seguir; así, por ejemplo, la fijación de un horario de comercio especial para las fiestas navideñas se realiza o puede realizarse mediante una orden no en el sentido de norma jurídica, puesto que estamos en el campo de los actos, sino en el sentido de un mandato concreto de la Administración que obliga a realizar determinadas conductas. El horario de los comercios es teóricamente indefinido, a menos que medie una decisión general de la Administración, o especial, en este caso. La Administración decide modificar transitoriamente el horario y adopta un acto que obliga al sector mercantil afectado.

c) *Prohibiciones.* Son aquellos actos que vetan determinadas conductas que antes eran posibles. Impiden, pues, a los particulares realizar algo que antes de la prohibición podían libremente realizar; por ejemplo, el penetrar en un determinado recinto o el tránsito de vehículos por una vía.

2) En cuanto a los sujetos

Otra clasificación de los actos administrativos puede partir de los sujetos administrativos de que proceden o de los sujetos que aparecen como destinatarios de los actos. Atendiendo al sujeto público de procedencia, del que emanan los actos, podemos separar tantos grupos de actos como sectores de Administración habíamos contemplado: actos de la Administración General del Estado, autonómica, local, institucional, etc.

En cuanto a los sujetos receptores o destinatarios de los actos, los administrados, podemos distinguir entre actos dirigidos a los ciudadanos en cuanto tales, no sometidos a especiales relaciones con la Administración y actos dirigidos a grupos de ciudadanos que están en una especial relación de sujeción con la Administración. Ya vimos la distinción entre estas dos posibles posiciones: el ciudadano simple, no cualificado, es objeto, por ejemplo, de la simple actuación policial de la Administración que vela por el orden y seguridad pública; el ciudadano que voluntariamente adopta un «status», una situación determinada, es objeto de unas relaciones más intensas con la Administración que dan lugar a unos actos que no hubieran podido ser adoptados con carácter general. Los actos dirigidos, por ejemplo, a los transeúntes de una vía pública tienen una legitimación y un contenido posible distinto que los que contemplan los visitantes de un museo.

Desde otra perspectiva, por el número de sujetos destinatarios, cabe contraponer los actos individuales a los actos generales. Actos individuales son los dirigidos a un solo sujeto: una beca de estudio, por ejemplo, y actos generales son los que tienen como destinatario una pluralidad de sujetos, una convocatoria de oposiciones.

3) En cuanto a la revisión judicial

Una clasificación importante, que nos valdrá después para orientar la materia de la impugnación de los actos administrativos, es aquella basada en su impugnabilidad ante los Tribunales contenciosos, para lo que debe tenerse en cuenta también el momento del procedimiento administrativo en que los actos se producen. Tomando en consideración, pues, las posibilidades de ataque de los actos ante los Tribunales debemos previamente hacer dos grandes grupos: actos no excluidos y actos excluidos de la Jurisdicción Contenciosa. Estos últimos, que son la excepción, son aquellos que contempla el artículo 2.º de la Ley de Jurisdicción Contenciosa y los supuestos del artículo 40 de la misma Ley aún subsistentes, pues el contenido de este precepto ha sido afectado por normas posteriores, fundamentalmente por los artículos 24.1 y 106 de la Constitución. Entre los actos excluidos figuran aquellos, ya aludidos, que aun procediendo del Poder ejecutivo no tienen carácter administrativo y no son residenciables en Tribunales ordinarios por venir directamente ordenados a la Constitución, pero también los que emanan de la Administración y tienen índole civil, penal o laboral, incumbiendo su conocimiento a otras jurisdicciones.

Dentro de los actos no excluidos, en principio podemos distinguir los actos de trámite de los actos definitivos. Esta clasificación toma como base el momento del procedimiento administrativo en que se producen los actos. Los actos de trámite son preparatorios de los actos definitivos, y, por lo tanto, al carecer de sustantividad propia, al tener su sentido en relación con la totalidad del procedimiento, se les excluye de la vía revisora, a no ser que decidan directa o indirectamente el asunto o produzcan indefensión. Así, por ejemplo, en unas oposiciones realmente lo impugnable es la decisión final del tribunal o de la autoridad que haga suyo el juicio del tribunal examinador, pero si no se puede llegar a ello porque a un opositor se le separa de las pruebas por considerar que no tiene título o edad, ello, aunque es un acto de trámite, para el opositor es un acto definitivo, puesto que decide para él el fondo del asunto;

entonces cabe impugnarlo ante los tribunales, previos los recursos administrativos que procedan en la vía administrativa.

La impugnabilidad versa, pues, en principio, sobre los actos definitivos, que son aquellos que ponen fin al procedimiento, los que cristalizan y recogen la voluntad de la Administración. Sin embargo, no todos los actos definitivos son directamente atacables ante la jurisdicción contenciosa. Hay actos definitivos dentro de un procedimiento, pero que no agotan lo que se denomina vía administrativa, es decir, aunque pongan fin al procedimiento en la instancia o nivel en que se producen, son susceptibles de modificación por la autoridad superior a través del recurso ordinario. Estos actos no agotan la vía administrativa, son definitivos al poner fin al procedimiento, pero no lo agotan, puesto que son susceptibles de recurso administrativo dentro, todavía, del campo de la Administración y con base en las técnicas de la jerarquía ya explicadas.

Los actos agotan la vía administrativa, bien porque no son susceptibles de otro recurso en vía administrativa al no existir superior jerárquico, por ejemplo, los actos de los Ministros, o bien porque se ha utilizado el recurso procedente, o el procedimiento de impugnación o reclamación sustitutivo que, en su caso, habiliten las Leyes. Estos actos son, en general, aquellos de los que conoce la Jurisdicción Contenciosa, pero no de todos ellos, solamente de los que se denominan no firmes, por contraposición a los firmes. Los actos definitivos que agotan la vía administrativa pueden, pues, ser firmes y, por tanto, no revisables por los tribunales. Si el particular ha dejado pasar los plazos necesarios para acudir a éstos o para efectuar los trámites administrativos previos que proceden, se convierten así en actos consentidos. A estos actos se equiparan los confirmatorios de otros actos ya firmes o los que simplemente reproducen actos también firmes. La clasificación resulta así un poco compleja, pero puede aclararse mediante el siguiente esquema recapitulador, que se entenderá mejor una vez comprendidos los capítulos referentes al procedimiento, recursos y contencioso. En cuanto a los actos de trámite, están excluidos de la Jurisdicción Contenciosa, salvo que decidan el fondo del asunto o produzcan indefensión; en estos últimos casos su régimen es el de los definitivos.

- Actos definitivos
  - Excluidos de la Jurisdicción Contenciosa
    - — Los atribuidos a otras jurisdicciones.
    - — Los actos políticos del Gobierno.
    - — Las cuestiones de competencia y los conflictos de atribuciones.
    - — Los del artículo 40 de la LJCA.
  - No agotan la vía administrativa (ha de interponerse previamente el recurso ordinario o el sustitutivo que prevean las Leyes).
  - No excluidos de la Jurisdicción Contenciosa
    - Agotan la vía administrativa
      - Firmes (Inimpugnables)
        - Consentidos
        - Confirmatorios
      - No firmes (éstos son los actos realmente impugnables)
- Actos de trámite
  - Impiden continuar el procedimiento. Producen indefensión
    - Agotar la vía administrativa (igual que definitivos)
      - Impugnables

4) Actos reglados y actos discrecionales

Otra clasificación de los actos administrativos versa sobre el margen de libertad que en su decisión corresponde a la Administración. Atendiendo, pues, a las posibilidades innovadoras de ésta, podemos distinguir entre actos discrecionales y actos reglados. Actos reglados son aquellos que tienen predeterminados sus elementos, prejuzgándose por el legislador la decisión a adoptar por la Administración; así, por ejemplo, si se establece taxativamente que el aparcamiento en lugar prohibido debe ser sancionado con 250 pesetas, la Administración aquí no puede hacer otra cosa más que constatar que se ha aparcado en un lugar calificado e imponer la multa que la ley ya preestablece. En los actos discrecionales existe un mayor o menor ámbito de posibilidades de matización y decisión autónoma por parte de la Administración; aunque la discrecionalidad debe desde ahora anticiparse, no supone arbitrariedad. Así la Administración puede conceder un premio a la empresa más competitiva con cierta libertad, pero no puede otorgar éste caprichosamente.

Los actos discrecionales deben ser legítimos, actos legales. Ahora bien, queda un margen de apreciación por parte de la Administración para la adopción del acto en cuestión; así, por ejemplo, si se establece que las infracciones de tráfico por mal aparcamiento podrán ser sancionadas con multa de 250 a 500 pesetas, la Administración tiene cierta discrecionalidad para apreciar si el aparcamiento se ha realizado interrumpiendo totalmente el tráfico de una calle o sin obstaculizarlo, por la noche, imponiendo la multa, mínima, media o máxima según las circunstancias. En algunos supuestos extremos la discrecionalidad es extrema, como, por ejemplo, el trazado de una carretera o la ampliación de la plantilla de funcionarios; en otros se excluye en absoluto, como en el ejemplo indicado al principio de este epígrafe, pero en cualquier caso cabe controlar la discrecionalidad por las técnicas que veremos y que tienen en cuenta que todos los poderes de la Administración están orientados al mejor cumplimiento del interés general.

CAPÍTULO XXI

ELEMENTOS DEL ACTO ADMINISTRATIVO

I. ELEMENTOS SUBJETIVOS.

II. ELEMENTOS OBJETIVOS.

1) Contenido.
2) Presupuesto de hecho.
3) Causa.
4) Fin.

III. ELEMENTOS FORMALES.

1) Declaración.
2) Notificación.

IV. EL SILENCIO ADMINISTRATIVO.

ELEMENTOS DEL ACTO ADMINISTRATIVO

I. ELEMENTOS SUBJETIVOS

En primer lugar, en relación con el acto administrativo, apreciamos la existencia de un sujeto productor. Para que exista acto administrativo este sujeto debe ser un órgano de la Administración. La Ley califica como tales determinados centros de la Administración pública, siendo de utilidad en los casos dudosos recurrir a las nociones ya expuestas acerca de la idea de la Administración y de Derecho administrativo. El órgano debe ser, además, competente para producir el acto, so pena de que éste aparezca viciado inicialmente por falta de competencia, con trascendencia para su nulidad si esta incompetencia es manifiesta, por razón de la materia o del territorio, o para su anulabilidad en otro caso.

Teniendo en cuenta que los órganos son servidos por personas físicas, es necesario que sus titulares reúnan determinadas circunstancias personales para poder adoptar legítimamente los actos en concreto de que se trate. Los agentes de la Administración pueden, en ocasiones, venir de alguna forma comprometidos personalmente en la materia de que el acto va a versar. De aquí que la LRJ-PAC, en los artículos 28 y 29, prevea ciertas cautelas cuando las autoridades o los funcionarios tengan interés personal en el asunto, un cierto grado de parentesco con las personas implicadas, relaciones amistosas o inamistosas con las mismas, hayan intervenido como peritos o testigos o tengan o hayan estado recientemente en relación de servicio con las personas físicas o jurídicas interesadas. La personalidad del funcionario surge aquí con caracteres propios tras el órgano para enervar su conducta. En tales casos, el funcionario debe abstenerse de intervenir, comunicándolo a las autoridades y órganos superiores. Si no lo hace voluntariamente, éstos pueden ordenarle que se inhiba del asunto, y si no surge de la Administración esta iniciativa, los particulares pueden recusar al funcionario. Se denomina, pues, recusación el poner de manifiesto la existencia de determinadas incompatibilidades por parte del funcionario que pueden hacerle adoptar una cierta parcialidad en la resolución de un asunto.

II. ELEMENTOS OBJETIVOS

1) Contenido

Entre los elementos objetivos del acto administrativo podemos destacar su *contenido*. El contenido es la declaración que el propio acto incorpora y realiza. El contenido es la sustancia del acto, lo que se declara, lo que la Administración decide efectuar a través del mismo. El contenido debe ser ajustado a lo dispuesto en el ordenamiento jurídico y adecuado al fin del acto (art. 53.2 LRJ-PA). El contenido debe ser, pues, lícito, esto es, conforme a la legalidad; razonable, de acuerdo a lo que se propone; posible, en cuanto que elementales imperativos de eficacia hacen que un acto no pueda tener unas características tales que lo conviertan en inviable. Todo ello tiene trascendencia para poder apreciar la existencia de posibles vicios de contenido, irrazonabilidad del acto, desproporcionalidad en la elección de medios, etc.

El contenido del acto puede ser esencial, natural y accidental. Contenido *esencial* es aquel que siempre y en cualquier caso debe acompañarle, puesto que sin ello el acto carecería de virtualidad y de propia existencia. Así en una autorización de obras, el acto de la licencia debe expresar claramente si se permite o no construir el edificio; si se omite tal declaración —no se ha decidido en cuanto a un elemento esencial del acto—, el acto es vacío, intrascendente.

Contenido *natural* es aquello que aun sin expresa mención en el propio acto se considera que es connatural al acto en sí. Así, en el ejemplo anterior, si se concede una licencia para construir, se presupone que el edificio ha de ser edificado bajo la vigilancia de un arquitecto o aparejador, según la importancia de la construcción. No es necesario decir que este edificio ha de ser construido bajo la responsabilidad ténica de un especialista: se supone, ya que la licencia obliga a recurrir a los servicios de un profesional de la construcción.

Por último, el contenido puede ser *accidental* si únicamente se toma en consideración cuando expresamente se introduce por la Administración. Para que la Administración pueda incorporar estos elementos accidentales del acto se precisa que tenga facultades discrecionales a la hora de resolver; así, por ejemplo, una determinada sanción de tráfico puede consistir en una multa, pero la autoridad de tráfico no tiene facultades para decomisar además el vehículo. El contenido accidental puede consistir en una *condición,* que es la introducción de ciertas reservas que pueden invalidar el acto; en el caso de la licencia de obras, la condición pudiera consistir en que ésta se considerará retirada si la Administración decide, en el plazo de un mes, utilizar este terreno para, modificando el plan, trazar una calle. El acto está condicionado a que surja un acontecimiento futuro e incierto que determina la eliminación del mismo.

Otro elemento accidental es el *término.* El término consiste en que la Administración fija un plazo determinado para la producción de los efectos del acto. Así la licencia puede ser dada bajo la salvedad de que si la casa no se construye en dos años, queda sin efecto. Y, por último, contenido accidental es también el *modo* en que se dan las circunstancias que pueden acompañar a la ejecución de tal acto, la licencia de construcción puede concederse con la adición de que habrá de construir un aparcamiento subterráneo. El modo, pues, matiza y completa la declaración principal del acto.

2) Presupuesto de hecho

Dentro de los elementos objetivos del acto administrativo hemos de considerar, además del contenido, los presupuestos de hecho. Los *presupuestos de hecho* son aquellas circunstancias exteriores que justifican y determinan la producción del acto, sus efectos, alcance y sentido. Así, por ejemplo, en la imposición de una multa por mal aparcamiento es presupuesto de hecho el que el vehículo sea conducido por el sancionado y que esté efectivamente mal aparcado; son circunstancias externas, a menudo materiales, pero de trascendencia jurídica, las que determinan la producción de los efectos del acto administrativo. En la licencia de obras, presupuesto de hecho sería la existencia del solar con las características declaradas.

3) Causa

Teóricamente, aunque como veremos pueden ser refundidos e integrados varios elementos del acto, podemos aislar también la causa de los actos administrativos. La causa de los actos administrativos es para algunos autores el «porqué» del acto administrativo: así, en la multa, la causa de la sanción es realmente el haber infringido la ordenanza del tráfico, aparcando en un lugar prohibido; en la licencia, la posibilidad de construir un solar de acuerdo con las ordenanzas.

4) Fin

De la causa puede distinguirse teóricamente también el fin del acto administrativo. El fin del acto administrativo es el «para qué» del acto administrativo. En el caso de la multa se impone la sanción para retribuir negativamente una conducta ilegítima, para evitar que se obstaculice el tráfico, que se haga mal uso de las vías públicas; en el de la licencia, para que efectivamente se construya un inmueble.

El fin del acto administrativo es un elemento importante para el control de los actos discrecionales y con él se conecta la denominada *desviación de poder*. Se considera desviación de poder, de acuerdo con el artículo 83.3 L.J.C.A., la aplicación de potestades para fines distintos de los previstos en el ordenamiento. En el caso de la multa, si la Administración puede sancionar con multa de 250 a 500 pesetas a un infractor de una norma de aparcamiento, y el agente sanciona con multa máxima a determinada persona, ha de hacerlo en función de los fines de interés público (evitación de la infracción de tráfico), pero no para realizar una venganza privada.

Sin embargo, todos estos aspectos del acto administrativo teóricamente diferenciables —el presupuesto de hecho, causa y fin— pueden ser objeto sin mayores resistencias de una refundición general con base al principio de legalidad. En definitiva, presupuestos de hecho, causa y fin vienen a ser diferentes aspectos de la misma cosa, en cuanto que determinan que el ejercicio de potestades sólo puede ser efectuado de acuerdo con las previsiones del ordenamiento. El ordenamiento, en el caso de la multa, asigna potestades sólo cuando se efectúe una infracción: cuando se aparque mal, presupuesto de hecho; precisamente por haberse aparcado mal, *causa*, y en evitación de que se produzcan insistentemente las infracciones sancionando a quien aparque mal, *fin*. Por lo tanto, no son sino el conjunto de presupuestos que condicionan el ejercicio de las potestades concedidas a la Administración, que debe obrar siempre subordinada a la legalidad.

III. ELEMENTOS FORMALES

Los elementos formales son los que trascienden a la forma de integración de la voluntad expresada en el acto, a la declaración de esta voluntad y a su ulterior comunicación. La LRJ-PAC se pronuncia sobre el particular en términos flexibles en cuanto que su artículo 63.2 nos dice que el defecto de forma sólo determinará la anulabilidad cuando el acto carezca de los requisitos formales indispensables para alcanzar su fin o dé lugar a indefensión de los interesados. No obstante, cuando el defecto de forma suponga la omisión total del procedimiento, la sanción es de nulidad [art. 62.1.e)].

Para que un acto surja a la vida del Derecho administrativo se necesita cumplir, pues, con determinadas formalidades, unas de ellas básicas y sustanciales y otras menos importantes, pero que habitualmente acompañarán al proceso de producción del acto. A lo largo del procedimiento administrativo de creación del acto los elementos formales permiten la concreción de una declaración de la Administración y posibilitan el que ésta aflore al exterior y sea después conocida por los particulares para que puedan ocasionarse los efectos queridos. Por ello, en primer lugar aludimos a la forma de integración de la declaración administrativa.

Especialmente cuando la declaración supone una manifestación de voluntad, para que ésta aparezca es necesario que, a través de determinadas etapas, se llegue al momento en que un órgano decisorio pueda emanar la declaración, pueda producir el acto. Existen, pues, fases sucesivas que a lo largo del procedimiento administrativo desembocan en la formación del acto, este momento final del proceso culmina con su aparición. Tal momento, si el órgano productor del acto es unipersonal, resulta relativamente fácil de comprender, supone la formación de un criterio con base a todos los elementos que han venido acumulándose a través del proceso que cristaliza en el pronunciamiento, en un acto.

Mayor complejidad tienen los supuestos en que el órgano que emite el acto es un órgano colegiado, es decir, un órgano integrado por varias personas físicas. Entonces la Ley señala los cauces y requisitos para llegar a la fusión de las distintas voluntades de los participantes de este órgano, de tal forma que lo que emana del mismo sea válido para todos, represente, de una forma u otra, la voluntad de todos los que lo componen. Los artículos 22 a 27 de la LRJ-PAC formulan minuciosamente el régimen jurídico y funcionamiento de estos órganos. Quizá lo único que aquí interesa resaltar es que se precisa, para que el órgano colegiado pueda pronunciarse, la presencia del Presidente y Secretario o sus sustitutos, y la de la mitad al menos de sus miembros cuando se trate de órganos comunes, los integrados por representante de la Administración pública, en tanto que tratándose de órganos mixtos, por haber además representación de intereses sociales, bastará con que estén presentes los miembros de la Administración y los portavoces de aquellos otros intereses. Los acuerdos serán adoptados por mayoría de votos y en caso de empate el voto del Presidente será dirimente en todo caso si es un órgano colegiado común. Otros elementos esenciales del funcionamiento de estos órganos son: la convocatoria con el orden del día, plazo de recepción de ésta, la deliberación y acuerdos sólo sobre los asuntos incluidos en el orden de la reunión, salvo excepción, elaboración de las actas de las sesiones, certificación de acuerdos, etc.

1) Declaración

En cuanto a la forma de declaración, ésta ha de ser idónea para que pueda exteriorizarse el contenido del acto administrativo; no basta con que el órgano colegiado o unipersonal haya llegado a una decisión: es necesario que esta decisión surja al exterior para que ulteriormente pueda ser conocida por los interesados. Normalmente los actos administrativos se exteriorizarán expresamente, es decir, consistirán en una declaración adoptada consecuentemente y expresamente manifestada. Existen, sin embargo, actos presuntos, que son aquellos que veremos se materializan otorgando efectos al silencio administrativo. La Administración no se pronuncia en estos casos expresamente, pero de su pasividad el ordenamiento jurídico deduce unas determinadas consecuencias. Existen otros actos que se denominan tácitos, en los que la Administración adopta una conducta determinada no directamente dirigida a la producción del acto, pero de la cual se deduce implícitamente que ha querido adoptar un acto concreto. Así, por ejemplo, cuando la Administración realiza un nuevo trazado de una carretera, tácitamente está determinando que la antigua, abandonada, deja de ser destinada al servicio público. Aunque hoy la Ley del Patrimonio del Estado exija una expresa manifestación también en estos casos, no cabe duda que con este abandono de la carretera anterior, al trazar una nueva, se indica ya una voluntad tácita de modificar el destino de la antigua red viaria.

La mayoría, sin embargo, de los actos tienen carácter expreso; en tales casos, la forma de declaración es normalmente la escrita. El artículo 55 de la LRJ-PAC nos dice que los actos administrativos se producirán por escrito a menos que su naturaleza exija o permita otra forma más adecuada de expresión y constancia. En algunos supuestos, contemplados por el propio artículo, cabe que los órganos administrativos ejerzan su competencia de forma verbal, pero esto es excepcional; igual sucede con aquellos actos que no se consignan por escrito, por ejemplo, los actos mecánicos o los de expresión puramente gráfica. Un plan de urbanismo, por ejemplo, no aparece redactado con la literatura oficial habitual, pero la simple aprobación del trazado de un Plan supone, aunque sea una manifestación gráfica, una declaración expresa de voluntad, bien que no redactada en la forma administrativa acostumbrada. Lo mismo podemos decir de los denominados actos mecánicos; quizá el cambio de luces de un semáforo dirigido por un ordenador supone un acto administrativo, pero es un acto mecánico, es un acto desencadenado por un instrumento, en el cual, previamente por supuesto, ha intervenido la voluntad regulando los mecanismos necesarios para ello. Esto puede igualmente suceder en relación con los actos de constancia. Teóricamente nada se opone a que estos actos sean emitidos mecánicamente; el carnet de identidad puede ser, por ejemplo, producido por un ordenador electrónico, los certificados de antecedentes penales parece se producirán en el futuro por estos medios.

La declaración de voluntad de los actos administrativos tiene que ser motivada en los supuestos expresamente determinados por la Ley. El artículo 54 de la LRJ-PAC señala que será necesaria la *motivación* con referencia a los hechos y los fundamentos de derechos de: los actos que limiten derechos subjetivos e intereses legítimos; los que resuelvan recursos, reclamaciones previas a la vía judicial, o arbitrajes y los procedimientos de revisión de oficio; los que se separen del criterio seguido en actuaciones precedentes o del dictamen de órganos consultivos; los acuerdos de suspensión de actos y los de ampliación y abreviación de plazos; los actos que se dicten en el ejercicio de potestades discrecionales y los que deban serlo en virtud de disposición legal o reglamentaria expresa. La STC 36/1982, de 16 de junio, y la STS de 1 de octubre de 1988 ilustran sobre las funciones que cumple la motivación del acto administrativo.

En cualquier caso, para el Tribunal Supremo la falta de motivación o la motivación defectuosa constituyen un defecto de forma que puede acarrear un vicio de anulabilidad o una mera irregularidad no invalidante, dependiendo de la producción o no de indefensión al administrado.

Con la reforma y ampliación de los supuestos en los que Administración debe justificar sus actos (la novedad más elocuente que introduce la LRJ-PAC son los actos discrecionales), la práctica totalidad de resoluciones con trascendencia para los particulares necesita de motivación.

2) Notificación

Por último, abordaremos la forma de comunicación. No basta con que el acto administrativo refleje una voluntad, un deseo, una constancia de la Administración; no es suficiente que la voluntad de la Administración se exteriorice: es necesario que llegue a la órbita de los particulares para que produzca sus efectos. Cuando el acto administrativo se ha producido, el particular afectado por el mismo debe tener conocimiento de él. La notificación de los actos administrativos es para los particulares requisito de eficacia de lo dispuesto en ellos. El particular al que no se notifica el acto, que no se entera fehacientemente de él, no viene obligado por su contenido. Nos dice el artículo 58 que se notificarán a los interesados las resoluciones y actos administrativos que afecten a sus derechos e intereses. El propio artículo fija un plazo de diez días para efectuar la notificación. Sin embargo, la trascendencia de este plazo es escasa: sólo obliga internamente a la Administración; el particular no puede alegar que se le ha notificado fuera del plazo; esto no tiene consecuencia para sus derechos. Aunque se le notifique fuera del plazo, viene obligado a cumplir el acto, a no ser en casos excepcionales, como, por ejemplo, en las multas de tráfico, para las que se impone un plazo de notificación concreto, fuera del cual la ausencia de notificación del acto invalida absolutamente las posibilidades sancionadoras de la Administración.

Pero, en general, la superación del plazo de diez días dará lugar, a lo más, a una responsabilidad disciplinaria interna del funcionario negligente que haya tardado en efectuar tal notificación. En la práctica se exceden holgadamente estos plazos.

El contenido de la notificación debe incluir el texto íntegro del acto con indicación de si es o no definitivo en vía administrativa y, en su caso, con expresión de los recursos que proceden, órgano ante el que hubieren de presentarse y plazo para interponerlos. Esto es un imperativo explicable dada la complejidad interna de la Administración y en cierto modo también para facilitar la tarea de los recurrentes; se precisa que la Administración ilustre a los administrados de sus posibilidades defensivas, puesto que en otro caso a un ciudadano ordinario le sería altamente difícil y casi improbable reaccionar ante la Administración. La Administración debe, pues, dar orientaciones y pautas fehacientes, suministrando incluso las armas con las que el administrado pueda atacarla. Las sentencias del Tribunal Constitucional 23 y 25/1982, de 13 y 19 de mayo, disponen al respecto que «al no haber sido notificada la resolución en la forma legalmente requerida no pueden derivarse de ella perjuicios de tipo procesal para el interesado, pues el particular afectado por el acto administrativo no debe sufrir las consecuencias del error de la Administración al redactar la oportuna notificación del mismo».

En cuanto a la práctica de la notificación, la LRJ-PAC en el artículo 59 prevé que las notificaciones puedan realizarse por cualquier medio que permita tener constancia de la recepción por el interesado o su representante, así como de la fecha, la identidad y el contenido del acto notificado. No basta, desde el punto de vista de la Administración, con remitir un simple oficio, es preciso que le conste que ese oficio ha sido recibido y en qué fecha. La recepción de un escrito por correo ordinario no obliga a darse por enterado al receptor, si ello le perjudica; de aquí que normalmente la práctica de las notificaciones se haga mediante una diligencia o recibo que suscribe y devuelve quien lo recibe, constando así su recepción. (Vid. la doctrina sentada por la STS de 10 de abril de 1989 sobre notificación por correo.)

En cuanto al lugar, en los procedimientos iniciados a solicitud del interesado se prevé que se dirigirán las notificaciones al lugar que éste haya señalado a ese efecto. Este último inciso remite a lo que es frecuente en las instancias, la indicación de un domicilio distinto del habitual o propio que puede ser en muchos casos el del representante.

Si se practica en el domicilio, de no hallarse presente el interesado en el momento de entregarse, podrá hacerse cargo de la misma cualquier persona que se encuentre en él y haga constar su identidad. Al bastar con que se entregue a una persona que se encuentre en el domicilio, sin que acredite razón de permanencia allí o parentesco con el sujeto, no ofrece demasiadas garantías. Tampoco puede negarse validez a la notificación cuando el interesado o su representante lo rechacen. En estos casos, la Administración hará constar en el expediente las circunstancias del intento frustrado y se tendrá por evacuado el trámite con las consecuencias que de ello deriven.

Puede suceder que los interesados en un procedimiento sean desconocidos, se ignore el lugar de la notificación o el medio, o bien intentada no se hubiera podido practicar, en todas estas situaciones la notificación se hará por anuncios en el tablón de edictos del Ayuntamiento de su último domicilio conocido y en el Diario Oficial que corresponda según cuál sea la Administración de que proceda el acto y el ámbito territorial del órgano que lo dictó. Y en caso de que el último domicilio sea en el extranjero a través del tablón de anuncios del Consulado o Sección Consular de la Embajada, española se entiende, correspondiente. De forma complementaria también se pueden insertar en todos esos casos los anuncios en los restantes medios de difusión. Así se acredita formalmente la notificación, si bien la posibilidad real de que se enteren los interesados es más bien remota.

En cuanto a las notificaciones defectuosas por su forma o contenido, es importante señalar que surten efecto a partir de la fecha en que el interesado realice actuaciones que supongan el conocimiento del contenido de la resolución o acto notificado o interponga el recurso procedente. Es decir, si se comunica irregularmente a un particular una multa y éste recurre, se da por notificado, y se salva el defecto de la notificación continuando el procedimiento. Si el interesado hace protesta expresa de que la notificación era defectuosa, puede esperar nuevamente a que la Administración la reproduzca. Si realiza actos que presuponen conocer qué se le ha notificado, el defecto queda subsanado.

La fecha y la forma de la notificación es fundamental para todas las relaciones ulteriores entre la Administración y el administrado a partir de la producción del acto. Los plazos de los recursos se cuentan no desde la fecha del acto administrativo, sino desde la fecha en que se notifica; a partir de ese momento puede empezar a defenderse el ciudadano. Únicamente tendrá importancia y trascendencia para él el acto desde el momento en que se ha efectuado su notificación.

La publicación sustituye a la notificación con los mismos efectos que ésta: cuando el acto tenga por destinatario a una pluralidad indeterminada de personas o en los procedimientos selectivos o de concurrencia competitiva, como oposiciones, concursos, subastas de obras públicas por ejemplo. Asimismo cuando lo prevean las normas que regulen los procedimientos o cuando lo aconsejen razones de interés público. Extremos éstos que pueden suponer una evidente quiebra de la regla de la notificación personal y directa. Debe contener los mismos elementos que son propios de las notificaciones y es de aplicación también lo indicado en torno a las notificaciones defectuosas.

Por excepción, si el órgano competente aprecia que la notificación por anuncios o la publicación del acto puede lesionar derechos o intereses legítimos, efectuará una notificación de contenido reducido en los términos que la Ley señala. Es un supuesto arbitrado para proteger del conocimiento público hechos que pueden dañar aquellos derechos o intereses, presuponiendo que no ha sido posible la notificación personal.

IV. EL SILENCIO ADMINISTRATIVO

El silencio administrativo se explica desde la teoría de los actos presuntos; es decir, ante la inactividad de la Administración. Para evitar mayores perjuicios a los administrados la Ley interpreta el silencio en un determinado sentido, al objeto de obviar una paralización perjudicial de las tramitaciones administrativas trascendentes para las posibilidades de actuación o de recurso de los particulares. El silencio, pues, no es nada en sí; materialmente es inactividad, vacío en el obrar; pero esta ausencia es coloreada por el ordenamiento, dándole una significación determinada. Esta significación puede ser positiva o negativa.

Significación positiva del silencio implica que éste es interpretado en el sentido de que la Administración consiente, es el trasunto administrativo del adagio que dice: «el que calla, otorga». Este silencio positivo ha sido, sin embargo, excepcional hasta la entrada en vigor de la LRJ-PAC. Con la LPA (art. 95) únicamente se extraían consecuencias positivas del silencio de la Administración cuando así se establecía por una disposición expresa, por ejemplo, el RD-Ley 1/1986, de 14 de marzo, para diversos supuestos de autorizaciones, o cuando se trataba de autorizaciones y aprobaciones que debían mediar en el ejercicio de funciones de fiscalización o tutela de unos órganos sobre otros. Ya vimos, para estos últimos casos, que la tutela era una forma de reconducir a la unidad actuaciones de órganos no relacionados jerárquicamente, y, por lo tanto, algunos actos de las Corporaciones locales, por ejemplo, están sujetos al control por parte de la Administración autonómica. Pues bien, para facilitar estas relaciones cuando la Comunidad Autónoma, pongo por caso, deba fiscalizar la enajenación de los bienes inmuebles de la Entidad local, y no se pronuncia, transcurrido dicho plazo se entiende que autoriza dicha operación.

A este régimen de las relaciones interadministrativas no se refiere la nueva Ley expresamente, por lo que se seguirá rigiendo por su normativa específica.

Más generalidad tenían con la LPA (art. 94) los llamados efectos negativos del silencio. Los efectos positivos se fundamentan en el deseo de eliminar ciertas trabas impuestas por la Administración para que los administrados puedan seguir actuando por su cuenta; por ejemplo, al solicitarse una licencia de obras no parece aconsejable que en principio se pueda paralizar indefinidamente la construcción de una casa porque la Administración no conteste, y en tal caso se establece que si no se responde en determinado plazo se considera otorgada esta licencia. En el caso de silencio negativo, su articulación está basada en el especial carácter de la Jurisdicción contenciosa como Jurisdicción revisora de actos administrativos. La relación entre el silencio administrativo negativo y la revisión jurisdiccional o la tutela judicial efectiva aparece claramente afirmada en las SSTC 6/1986, de 21 de enero; 204/1987, de 21 de diciembre, y 39/1989, de 16 de febrero. Si el administrado pide algo a la Administración y ésta no le contesta, de no utilizarse la técnica del silencio no habría un acto administrativo impugnable ante los Tribunales sobre el que se solicite su revisión o modificación. No existiría, pues, materia sobre la que pronunciarse los tribunales, y ante el vacío que el silencio supondría, éstos no podrían fallar atendiendo los recursos entablados; si la Administración no se hubiera pronunciado, mal podría el tribunal revisar su conducta.

Para llenar esta laguna, con la técnica del silencio negativo se entiende desestimada la petición y se supone que la Administración la ha denegado. Si se recurre entonces a los tribunales, pueden conocer de un acto y decidir si procedía o no tal denegación. Figura, pues, el silencio negativo como si la Administración se hubiera pronunciado en sentido negativo.

La regulación de los actos presuntos y con ellos el silencio administrativo, ha sufrido una profunda transformación con la LRJ-PAC que parte, en principio, del propósito de invertir los parámetros de modo que los efectos positivos o estimatorios puedan ser ahora la regla y los negativos o desestimatorios la excepción. Este propósito cuyo alcance está por ver dadas las remisiones a lo que determinen las normas reguladoras de las distintos procedimientos no es el único ni el más relevante de los cambios introducidos. La Ley incluye una compleja articulación para la eficacia de esos actos presuntos a través de la certificación que ha de solicitarse, requisito que unido al hecho de que los plazos para interponer los recursos comiencen a computarse a partir de la obtención de aquélla o desde el día siguiente a la fecha límite para expedirla, desdibuja los efectos derivados de esta técnica del silencio administrativo.

De acuerdo con la nueva regulación, cada uno de los distintos procedimientos administrativos existentes deben contener una específica mención de los efectos estimatorios o no que la falta de resolución expresa en plazo produzca. Pero de cualquier forma, la operatividad de la inactividad administrativa deberá encuadrarse sobre las bases que la LRJ-PAC establece en sus artículos 43 y 44, a tenor de los cuales se podrán entender *estimadas* las solicitudes en los procedimientos iniciados por los interesados o en los iniciados de oficio cuya instrucción y resolución afecte a cualquier interesado: cuando se trate de concesión de licencias y autorizaciones de instalación, traslado o ampliación de empresas o centros de trabajo; cuando la estimación habilitara al solicitante para el ejercicio de derechos preexistentes, salvo que tuviera como consecuencia transferirle a él o a terceros facultades relativas al dominio o al servicio públicos; cuando en la normativa de aplicación no se establezca que quedarán desestimadas; en caso de recursos interpuestos contra la desestimación presunta de la solicitud si transcurre el plazo sin dictar resolución expresa sobre los mismos; y la suspensión de la ejecución de actos recurridos.

Los plazos para entender producidos esos efectos positivos los determinarán las disposiciones legales que regulen los procedimientos, pero si no lo disponen, regirá el general de tres meses previsto en el artículo 42, excepto en el caso de suspensión, treinta días.

Por el contrario, se podrán entender *desestimadas,* en los procedimientos iniciados por los interesados o de oficio como en el otro caso: las solicitudes formuladas en el ejercicio del derecho de petición del artículo 29 de la Constitución; los recursos excepto en las circunstancias mencionadas; las solicitudes cuando hubiera afectación del dominio o servicio público, y en los distintos supuestos que la Ley recoge en preceptos específicos y cuyo detalle se ofrece en el esquema orientador al final de este epígrafe.

Los plazos para entender producidos los efectos negativos tienen el mismo tratamiento apuntado anteriormente.

Puesto que la estimación o desestimación se pueden hacer valer ante la Administración y ante cualquier persona, natural o jurídica, pública o privada, transcurrido el plazo oportuno, deberá acreditarse la eficacia de los actos presuntos. A este fin, los interesados pueden solicitar la certificación a partir del día siguiente al del vencimiento del plazo para resolver expresamente. El mismo órgano administrativo que incumplió esa obligación es el responsable de expedirla inexcusablemente en el plazo de veinte días desde que se le solicitó, excepto que en dicho plazo hubiera dictado la resolución. En la certificación deberá hacer constar los requisitos que señala el artículo 44. Si la certificación no fuese emitida en plazo, los actos presuntos son igualmente eficaces, pudiendo acreditarse con la exhibición de la petición de aquélla. Debe observarse que en tanto no se emita esta certificación pesa sobre la Administración la obligación de resolver.

A partir del día siguiente a la recepción de este documento o de no emitirse en los veinte días a partir del día siguiente al de la finalización de ese plazo, se empiezan a contar los plazos para interponer los recursos administrativos y contencioso-administrativos.

ESQUEMA ORIENTADOR

<table>
<tr>
<td>Acto presunto estimatorio</td>
<td>— Solicitudes supuestos art. 42.2 LRJ-PAC
— Recursos frente a desestimaciones presuntas art. 42.3.b)
— Suspensión ejecución del acto, art. 111.4</td>
<td>— Plazo general: 3 meses
— Especial: normas respectivas
— Plazo: 30 días</td>
<td rowspan="3">Requisitos comunes de eficacia:
Certificación actos presuntos:
— Plazo emisión: 20 días
— Omisión certificación: cómputo a partir del día siguiente a aquel plazo</td>
<td rowspan="3">Régimen general de recursos:
— Recurso ordinario (si procede).
Plazo: 1 mes
— Recurso contencioso
Plazo: 2 meses</td>
</tr>
<tr>
<td rowspan="2">Acto presunto desestimatorio</td>
<td>— Ejercicio derecho de petición
— Solicitudes (excepción art. 42.3.b)
— Recursos (salvo caso antecitado)
— Revisión de oficio</td>
<td>— Plazo general: 3 meses
— Especial: normas respectivas</td>
</tr>
<tr>
<td>— Reclamaciones responsabilidad patrimonial
— Reclamaciones previas vía judicial</td>
<td>— 6 meses/ordinario
— 1 mes/abreviado
— Civil: 3 meses
— Laboral: 1 mes</td>
</tr>
</table>

CAPÍTULO XXII

DINÁMICA DEL ACTO ADMINISTRATIVO

I. EFECTOS.

1) Iniciación de los efectos.
2) Manifestaciones de la eficacia del acto.
A) Ejecutividad.
B) Acción de oficio.

II. LA SUSPENSIÓN DEL ACTO ADMINISTRATIVO.

1) Suspensión facultativa en vía de recurso.
2) Suspensión de actos de las Corporaciones locales.

III. EXTINCIÓN DE LOS EFECTOS DEL ACTO ADMINISTRATIVO.

1) Actos originariamente válidos.
A) Cumplimiento.
B) Resolución.
C) Revocación.
D) Voluntad del particular.

2) Actos administrativos originariamente viciados.
A) Nulidad de los actos administrativos.
B) Anulabilidad.
C) Irregularidades no invalidantes.

DINÁMICA DEL ACTO ADMINISTRATIVO

I. EFECTOS

1) Iniciación de los efectos

Los efectos de los actos administrativos se producen, por regla general, desde la fecha en que se dicten, salvo que en ellos se disponga otra cosa. Por lo tanto, la producción de las consecuencias previstas en el contenido del acto tienen lugar a partir de este momento, que suele coincidir con el final del procedimiento administrativo, a lo largo del cual se ha gestado el acto en cuestión. En determinadas casos, sin embargo, los efectos o bien quedan en suspenso y no se materializan inmediatamente o bien, en sentido contrario, se extienden a momentos anteriores. Las excepciones vienen consignadas en el artículo 57 de la LRJ-PAC, el cual nos aclara, en el primer sentido, que la eficacia del acto quedará demorada cuando así lo exija el contenido del mismo, por ejemplo, un acto relacionado con la utilización veraniega de una playa, o cuando esté supeditado a notificación, publicación o aprobación superior. Ya vimos que para el particular los actos sólo tienen trascendencia directa a partir de su conocimiento formal, aunque para la Administración puedan producir efectos inmediatamente; por ejemplo, el acuerdo de la Administración de cambiar o alterar una plantilla de funcionarios o de construir una carretera. Otros actos, por su carácter general, no están sometidos a notificación, sino que se sustituyen por su publicación, en cuyo caso los efectos del acto se aplazan hasta ese momento. En cuanto a los actos sometidos a tutela, la aprobación de la autoridad tutelante es requisito para la eficacia, pero no para la validez del acto.

Normalmente, los actos producen sus consecuencias hacia el futuro, no hacia el pasado, pero también excepcionalmente puede dárseles eficacia retroactiva cuando se dicten en sustitución de actos anulados o cuando produzcan efectos favorables al interesado, siempre que los supuestos de hecho necesarios existieran ya en la fecha a que se retrotraiga la eficacia del acto y ésta no lesione derechos o intereses legítimos de otras personas.

2) Manifestaciones de la eficacia del acto

La eficacia del acto no es, pues, otra cosa que la posibilidad de producción de los efectos previstos y aun frente a eventuales resistencias de los administrados. Es necesario distinguir eficacia y validez del acto administrativo. Hay actos inválidos, pero, sin embargo, eficaces en virtud de la presunción inicial de legitimación del obrar administrativo. Un acto viciado, hasta tanto no se anule, produce sus efectos, es o puede ser un acto eficaz, pese a que intrínsecamente sea un acto inválido, ilegítimo. Por el contrario, existen actos válidos, pero que son transitoriamente ineficaces por mediar las circunstancias explicadas en el epígrafe anterior. Las principales manifestaciones de la eficacia del acto son su ejecutividad y la posibilidad de su realización de oficio por la Administración.

A) Ejecutividad

La ejecutividad no es otra cosa que la virtualidad, la potencia obligatoria del propio acto, su carga de imposición de conductas frente a terceros. Ello se basa en la presunción de que el acto es legítimo (art. 57 de la LRJ-PAC) y se produce como consecuencia de la posibilidad ulterior de proceder a su realización en contra incluso de la voluntad de sus destinatarios. La legislación administrativa nos habla insistentemente así del carácter de ejecutividad de los actos de la Administración sujetos al Derecho público. Supone, pues, que un acto de la Administración, una vez completado, es susceptible de producir las consecuencias que le son propias. Salvo las excepciones previstas en los artículos 111 y 138 de la LRJ-PAC.

B) Acción de oficio

La ejecutividad abre vía al segundo efecto importante del acto administrativo: a la materialización real de su contenido, a su trascendencia exterior. Es lo que hemos denominado la acción de oficio, aunque esto pueda inducir a error en cuanto a otras clasificaciones del obrar administrativo que contraponen acción a instancia de parte interesada a acción de oficio, espontánea de la Administración. Aquí por acción de oficio se entiende la posibilidad por parte de la Administración de imponer materialmente las conductas que se derivan del contenido del acto. Para ello la Administración dispone de una serie de instrumentos, de un catálogo de medidas que se recogen también en la propia LRJ-PAC (arts. 96 a 100). La Administración pública, a través de sus órganos competentes, podrá proceder, previo apercibimiento, a la ejecución forzosa de los actos administrativos, salvo que se exija, o permita, lo que es excepcional, la intervención de los tribunales. Esta ejecución forzosa puede efectuarse a través de los siguientes medios:

Apremio sobre el patrimonio. Éste es el supuesto normal de ejecución de aquellos actos que implican para el destinatario la adopción de conductas de contenido patrimonial, la entrega de cantidades a la Administración, de lo que es prototipo el procedimiento de recaudación de impuesto de la Hacienda pública. En estos casos, la Administración puede cobrarse la cantidad líquida que resulte a su favor a través del procedimiento previsto en el Estatuto de Recaudación (RD 1684/1990, de 20 de diciembre), que permite, por ejemplo, en última instancia la entrada en el domicilio del deudor, aunque en este caso con su consentimiento o autorización judicial y el embargo de sus bienes en cantidad suficiente, la venta en pública subasta, si no se trata de dinero o efectos, y el cobro final con la cantidad resultante.

La ejecución subsidiaria es la realización por la Administración, bien por sí misma, bien a través de determinadas personas y a costa del obligado, del contenido del acto. Si, por ejemplo, la Administración ordena la demolición de un inmueble amenazado de ruina y el propietario no accede a ello, puede mandarse a los bomberos que derriben el edificio a expensas del particular que ha incumplido esta orden. La Administración lo puede hacer bien por sí con sus medios, bien a través de personas contratadas al efecto no pertenecientes a su organización. Es el caso de la grúa municipal, la cual en algunas localidades es manejada por empresas privadas que auxilian a la Administración Municipal.

Multa coercitiva. Estas multas se basan únicamente en el incumplimiento del acto y se distinguen de las que tienen una virtualidad reglamentaria y sancionadora propia. A diferencia, por ejemplo, de una multa de tráfico, que castiga una infracción de estos reglamentos, las multas coercitivas tratan de reprimir una conducta del particular contraria al contenido del acto; por ejemplo, en el caso de la citada casa declarada ruinosa, la Administración puede imponer, si está autorizada, sucesivamente multas al propietario que se niega a cumplir la orden de demolición del inmueble. Son multas coercitivas en cuanto impulsan a la realización del contenido del acto y requieren para ello título legal específico.

Compulsión sobre las personas. Los actos administrativos que impongan a los administrados una obligación personalísima de no hacer o de sorportar podrán ser efectuados mediante compulsión directa sobre las personas en los casos que la Ley lo autorice expresamente y dentro siempre del respeto debido a la dignidad de la persona humana. Cuando se trata de una obligación personalísima que no puede ser sustituida por la Administración se dejan abiertas estas posibilidades de utilización de la coacción física; por ejemplo, para la disolución de un grupo tumultuario no autorizado.

Coacciones indirectas. Entre estas discutibles técnicas, no recogidas por la LRJ-PAC, se ha podido incluir hasta fechas muy recientes la prisión subsidiaria, autorizada por disposiciones especiales para estimular el pago de multas, pero que deben entenderse en la actualidad constitucionalmente prescritas al indicar el artículo 25.3 de la Constitución que la Administración civil no podrá imponer sanciones que, directa o subsidiariamente, impliquen privación de libertad. Este tipo de facultades venían reconocidas en el anterior Estatuto de los Gobernadores Civiles (1958) a estas autoridades. Otras modalidades de coacciones indirectas que aún subsisten son los frecuentes recargos ante el impago de sanciones o liquidaciones, incluso aunque aquél vaya acompañado de recursos cuando éste sea desestimado; o la inmovilización del vehículo por impago de sanciones en los supuestos del artículo 67.1 del Real Decreto Legislativo 339/1990, de 2 de marzo, por el que se aprueba el Texto articulado de la Ley sobre Tráfico, Circulación de Vehículos de Motor y Seguridad Vial; o la suspensión de la autorización para conducir o su cancelación, prevista en el mismo artículo.

II. LA SUSPENSIÓN DEL ACTO ADMINISTRATIVO

La suspensión implica una transitoria paralización de la eficacia de un acto. Decimos transitoria, puesto que, en otro caso, si la suspensión fuese indefinida, equivaldría a la extinción del acto, a su eliminación. De aquí que, por ejemplo, las previsiones de la antigua Ley del Suelo, que permitía a los Gobernadores civiles, como Presidentes de las Comisiones Provinciales de Urbanismo, paralizar las obras sin determinación de plazo pudieran considerarse efectivamente como una anulación de licencia y, por lo tanto, no pudiesen ser tratadas como suspensión, ni incluidas, pues, en las vías suspensorias que prevé la LRJ-PAC. La jurisprudencia ha entendido derogados estos preceptos y la nueva Ley del Suelo de 1992 no los ha recogido. La suspensión es normalmente potestativa por parte de la Administración, aunque en ocasiones parezca obligatoria para la misma, como veremos; la regla general, sin embargo, es el carácter facultativo de la Administración, pues, como ya sabemos, los actos administrativos producen sus efectos con independencia de que se recurra o no contra ellos, al margen de la voluntad de los particulares y sin entrar de momento en el fondo para dilucidar si son o no legítimos.

1) Suspensión facultativa en vía de recurso

La suspensión puede realizarse en vía de recurso administrativo o en vía judicial. En vía de recurso, el artículo 111 de la LRJ-PAC determina que, aunque normalmente la interposición de un recurso no produzca la paralización del acto, la autoridad a quien corresponda resolverlo previa ponderación, suficientemente razonada entre el perjuicio que causaría al interés público o a terceros la suspensión y el perjuicio que se causa al recurrente con la eficacia inmediata del acto recurrido, podrá disponer su suspensión cuando, bien de oficio o bien a instancia de parte, entienda que el acuerdo recurrido pueda causar perjuicios de imposible o difícil reparación, o cuando la impugnación se funde en alegaciones basadas en la nulidad de pleno derecho del acto. En ambos casos, pero sobre todo en evitación de perjuicios de difícil o imposible reparación, y aunque esto pudiera hacerse mediante compensaciones económicas, parece lógico que la Administración, antes de seguir adelante con sus actuaciones, detenga las mismas hasta que tenga ocasión de revisar a fondo el asunto para obviar que se cause un trastorno irremediable para el particular. Pongamos, por ejemplo, la orden de demolición de un edificio que si se ejecutase inmediatamente y después se considerase ilegal, habría producido cierre de establecimientos, y este cierre puede llevar aparejada la pérdida irreparable de clientela, etc. Aunque la Administración retirase después el acto, las pérdidas no serían recuperables por el particular; éste es quizá un supuesto en el que podría mediar tal suspensión del acto. Ésta puede producirse automáticamente por el transcurso de treinta días desde la solicitud de suspensión sin resolución expresa. A este respecto, la STC 66/1984, de 6 de junio, formula importantes consideraciones, indicando que «la rigurosidad de la regla de la no suspensión arbitrando para las hipótesis estimatorias del recurso difíciles fórmulas reintegrativas o permitiendo situaciones irreversibles, o generando de una u otra forma limitaciones carentes de justificación respecto al acceso a la jurisdicción, podrán dañar el derecho a la tutela judicial y justificarán que, desde la idea del artículo 24.1 CE, se reinterpreten los preceptos aplicables».

2) Suspensión de actos de las Corporaciones locales

En el ejercicio de sus atribuciones de tutela, las autoridades encargadas del control de la legalidad de las actuaciones municipales pueden en algunos países suspender estos actos e incluso, caso de los Prefectos franceses, anularlos.

Entre nosotros, el régimen local tradicional permitía a los Gobernadores Civiles ejercer facultades de suspensión en el caso de acuerdos ilegales atentatorios del orden público o en materias que no eran de la competencia local; ahora bien, la anulación correspondía a los Tribunales.

A partir de la Ley de 28 de octubre de 1981 sobre Régimen Jurídico de las Corporaciones Locales se ha introducido un cambio sustancial en la materia; desaparecen las facultades administrativas de suspensión de presuntos acuerdos ilegales, aunque se producen estos efectos como consecuencia de su impugnación ante la Jurisdicción Contencioso-Administrativa, debiendo, no obstante, el Tribunal, en un plazo no superior a treinta días, ratificarla o levantarla.

Eran competentes para realizar estas impugnaciones las autoridades autonómicas encargadas del control de las Corporaciones locales, y, en su defecto, los Gobernadores Civiles, así como los miembros de las Corporaciones que no les hubiesen votado.

En la actualidad, como una consecuencia más del principio de autonomía que inspira la configuración del Régimen Local, de acuerdo con lo previsto en los artículos 65 y 66 de la L.R.B.R.L., los mismos sujetos que acabamos de ver (art. 63.1) podrán impugnar los actos y acuerdos de las Corporaciones locales, pero la suspensión de sus efectos sólo podrá acordarse por el órgano jurisdiccional que conozca del recurso. Por el contrario, el artículo 67 de este mismo texto prevé un supuesto distinto: cuando los actos o acuerdos de la Entidad local atenten gravemente al interés general de España, en cuyo caso el Delegado del Gobierno sí podrá suspenderlos, debiendo impugnarlos seguidamente ante la jurisdicción contencioso-administrativa.

III. EXTINCIÓN DE LOS EFECTOS DEL ACTO ADMINISTRATIVO

1) Actos originariamente válidos

A) Cumplimiento

Los actos legítimos, o al menos con apariencia de tales, se consuman, de la forma más ordinaria y común, a través de su cumplimiento por los administrados, casos de la multa que se abona; o por la Administración cuando los actos no tienen incidencia sobre las esferas jurídicas de los ciudadanos, caso de la carretera que se construye o de la plantilla que se modifica.

B) Resolución

En segundo lugar pueden extinguirse los efectos de los actos por resolución de los mismos decidida por la Administración. Utilizamos aquí el término resolución en un sentido distinto del que tiene el Derecho civil para englobar todos aquellos supuestos en los que los actos se eliminan al producirse la incidencia de algunas de las previstas circunstancias accidentales que habían sido incorporadas a su contenido. Si para un acto había sido establecido un plazo o una condición, de cumplirse este plazo o de mediar los acontecimientos en que versaba la condición, la Administración puede, expresa o tácitamente, considerar extinguidos los efectos del acto. Si, por ejemplo, una licencia de venta ambulante ha sido dada para dos meses, transcurridos estos dos meses la licencia se extingue. Si a su vez esta licencia ha sido conferida con la condición de que será suprimida, lo que puede acaecer tratándose, por ejemplo, de la venta de periódicos, cuando la Administración decida poner unos quioscos fijos, una vez cumplida esta condición la licencia puede extinguirse. La incidencia, pues, de los efectos de determinados elementos accidentales del acto puede dar lugar a su resolución.

Los efectos del acto pueden eliminarse por la resolución expresa de la Administración de ciertos actos, resolución que puede adoptarse como sanción del incumplimiento del contenido del acto en cuestión. Si en el caso de una licencia de venta en la vía pública se sujeta al requisito de que el destinatario en un plazo determinado construya un quiosco a sus expensas y esto no se hace, la Administración puede eliminar la licencia concedida por incumplimiento de las obligaciones previstas. Igual puede suceder en una concesión de explotación minera si el particular no inicia la explotación de la misma en el plazo fijado y con un volumen de extracción suficiente. A menudo estos supuestos se incluyen dentro de la resolución, calificándola precisamente como la revocación-sanción, pero creemos que encajan mejor en la resolución.

C) Revocación

La revocación suele producirse excepcionalmente sin necesidad de que hayan mediado conductas contrarias al contenido del acto por parte de los particulares, a virtud de simples razones de oportunidad. Sobre todo, la Administración es, de hecho, relativamente libre para retirar aquellos actos de gravamen al particular, si no hay terceros perjudicados. En este sentido, el artículo 105 de la LRJ-PAC viene a reconocer a nivel normativo general esta facultad de la Administración de revocar en cualquier momento actos expresos o presuntos, no declarativos de derechos y los de gravamen, siempre que tal revocación no sea contraria al ordenamiento jurídico. Es decir, la Administración puede, por ejemplo, condonar una multa y difícilmente encontrará oposición para ello, aunque en el terreno de los principios, cuando se produzcan circunstancias que deban dar lugar a la imposición de una multa, la Administración no será libre de imponerla o no y de retirarla o mantenerla, pero si median razones suficientes y juegan potestades discrecionales, puede afirmarse que los actos de gravamen son revocables libremente por la Administración. En todo caso, habrá de tener en cuenta los límites que el artículo 106 impone a las potestades revisoras.

En cuanto a los actos creadores de derecho, la revocación no es admisible en términos generales si tales actos pertenecen al grupo que aquí examinamos, el de los actos válidos. La Administración, por ejemplo, no puede retirar libremente una licencia de taxis, puesto que ha creado un derecho para el particular: el mantenimiento de tal licencia, siempre y cuando se cumplan los requisitos establecidos en la misma. Ahora bien, en determinados supuestos la Administración puede revocar incluso estos actos creadores de derechos cuando la Ley expresamente así lo autorice e inicialmente estos actos vengan ya producidos bajo la reserva de su revocación, si cambian la circunstancias que habían influido en su creación. Así, en el reglamento de Servicios de las Corporaciones Locales (art. 16) se prevé que las licencias podrán retirarse si hay un cambio sustancial de las circunstancias que presidieron en su día la concesión de las mismas. Por ejemplo, en el caso de las licencias de taxis cabe pensar que la Administración, ante el crecimiento desmesurado de la flota de vehículos de una ciudad, pueda decidir sustituir las licencias otorgadas a vehículos de menos capacidad para dar mayor flexibilidad y fluidez al tráfico. Ha habido un cambio de circunstancias que ha determinado una recapitulación por parte de la Administración de sus decisiones y, por lo tanto, la revocación de la licencia concedida. Esta revocación puede dar lugar o no a indemnización, lo que depende de las previsiones incluidas en el acto original y en la legislación en que se base.

D) Voluntad del particular

Por último, la extinción de los efectos del acto puede producirse a veces por la simple voluntad del particular. Esto es excepcional porque los actos normalmente se imponen a los administrados, pero para determinados casos cabe que la decisión de los particulares pueda producir la extinción del acto. Así sucede en los supuestos en que juega la renuncia. Las licencias, por ejemplo, son renunciables: el titular de una licencia de taxis puede comunicar a la Administración que desiste de la misma. En otros casos, lo que sucederá es que el particular no aporta las conductas necesarias para que se produzcan los efectos del acto; así, los funcionarios nombrados deben tomar posesión en el plazo de un mes a partir de su nombramiento; pues bien, si no cumplen tales requisitos no es que realmente se haya incumplido el acto, sino que la ausencia de toma de posesión impide que pueda cumplir sus efectos, produciéndose con ello la eliminación del nombramiento conferido.

2) Actos administrativos originariamente viciados

A diferencia de los supuestos anteriores, los actos que examinaremos adolecen inicialmente de alguna desviación frente a lo dispuesto por el ordenamiento jurídico. Las consecuencias y posibilidades de eliminación de tales actos serán sometidas en el Derecho administrativo a determinadas especialidades, que son distintas a las que median para el Derecho civil. En el Derecho privado la regla general es la de la nulidad de los actos contrarios a las leyes; en el Derecho administrativo, por el contrario, es la de la simple anulabilidad. Ello es así porque el ordenamiento civil se limita a marcar y encuadrar el campo de actuaciones lícitas de los particulares, y por lo tanto todo lo que salga de este acotado ámbito es considerado como nulo. En el Derecho administrativo los supuestos son diferentes, no rige el principio de autonomía de la voluntad y las consecuencias son, por ello, diversas. Aquí, por razones de economía, se tiende además a la conservación de los actos.

Los vicios de los actos administrativos son objeto de un cierto escalonamiento con consecuencias distintas a las previstas en el Derecho privado. Se gradúa el alcance de las infracciones del ordenamiento jurídico atendiendo a su mayor o menor gravedad. En primer lugar, aparecen los actos nulos, detrás vienen los actos simplemente anulables y, por último, ciertas irregularidades que no bastan siquiera para invalidar el acto. Por encima de esta escala se omiten habitualmente por la doctrina una serie de supuestos que pueden ser calificables como de inexistencia; más allá quizá de los actos simplemente nulos podemos detectar, en efecto, la presencia de actuaciones que no tienen relevancia jurídica alguna, es decir, que no tienen ni el mínimo de apariencia jurídica que haga necesario el reaccionar contra ellas, pudiendo ser simplemente desconocidas por los particulares, puesto que no cumplen ni con los más elementales requisitos para que dentro de la vida jurídica tengan relieve y trascendencia. Precisamente en nuestro ordenamiento, en el que se prescinde de este grupo, algunos actos calificados como nulos son, en realidad, inexistentes. Un acto inexistente sería, por ejemplo, el de un catedrático que impusiese una multa pecuniaria a un alumno por la inasistencia a clase; el acto procede de un órgano administrativo, pero la ausencia total de facultades para ello hace que el alumno pudiera desconocer la imposición de tal sanción. Tales actos no tienen siquiera un trasunto de juridicidad y pueden ser, por lo tanto, plenamente calificados como inexistentes. Lo que sucede es que en determinados casos existe un comienzo de duda, una apariencia externa de legalidad de los actos administrativos, que hace que ciertos actos no tan crasamente contrarios al ordenamiento sean calificados de nulos de pleno derecho y, por lo tanto, exijan una determinada reacción para su eliminación.

En el Derecho administrativo, fuera de los supuestos de inexistencia, se precisa para la eliminación de los efectos de los actos viciados su revisión. Incluso su más grave defecto, la nulidad, requiere que sea expresamente pronunciada, retirándose el acto bien de oficio por la Administración, bien como consecuencia de solicitud de revisión o de su impugnación por los particulares. Se requiere, pues, la revisión de los actos viciados en los casos en que proceda para que dejen de producir efectos. Por otra parte, el Derecho administrativo, impregnado de preocupaciones de eficacia y de operatividad, favorece la conservación de actos o de partes de los mismos que sean susceptibles de producir sus efectos pese a la calificación de ilegitimidad que en conjunto proceda. Este principio de conservación de actos administrativos afectados de alguna forma de invalidez es recogido por la LRJ-PAC que nos dice que la nulidad o anulabilidad de una actuación no implicará la de las sucesivas en el procedimiento que sean independientes de aquélla y que la invalidez parcial de un acto administrativo no afecta a las demás partes del mismo que no vengan afectadas de ilegitimidad, salvo que la parte viciada sea de tal importancia que sin ella el acto no se hubiera dictado. Por lo demás, los actos nulos o anulables que, sin embargo, contengan los elementos constitutivos de otros distintos producirán los efectos de éste. El mismo principio de economía procesal faculta al órgano administrativo que declare la invalidez de las actuaciones para que pueda disponer la conservación de los actos y trámites cuyo contenido se hubiera mantenido igual de no haberse cometido la infracción (arts. 64 a 66 LRJ-PAC). Se trata, pues, de ahorrar en lo posible esfuerzos en el obrar administrativo conservando lo viable de actuaciones tachadas de alguna forma de invalidez.

A) Nulidad de los actos administrativos

a) *Supuestos.* La nulidad engloba los vicios más importantes que pueden afectar a un acto administrativo. El artículo 62 de la LRJ-PAC dispone que son nulos de pleno derecho los actos de la Administración en los casos siguientes:

— Los que lesionen el contenido esencial de los derechos y libertades susceptibles de amparo constitucional. Es éste un supuesto aplicable sólo a los derechos y libertades incluidos en los artículos 14 a 29 más la objeción de conciencia del artículo 30 de la CE, cuando se afecte a lo que el Tribunal Constitucional define como «aquellas facultades o posibilidad de actuación necesarias para que el derecho sea recognoscible como pertinente al tipo descrito». Por tanto, las limitaciones que lo hagan irreconocible o impracticable o que dificulten su ejercicio irrazonablemente quedarán comprendidas en esta previsión.

— Los dictados por órgano manifiestamente incompetente por razón de la materia o del territorio. Es decir, por órgano que claramente carezcan de competencia objetiva o territorial para adoptar el acto en cuestión, pero a pesar de esta ostensible incompetencia, cuando entra en juego la nulidad es que hay al menos un principio de duda, porque en otro caso estaríamos en un supuesto de inexistencia. La incompetencia jerárquica es susceptible de convalidación por el superior jerárquico (art. 67).

— Los actos cuyo contenido sea imposible. Es lógico que un acto cuyo contenido no pueda realizarse, porque las circunstancias lo impidan, sea nulo de por sí. Así, por ejemplo, el acto que obliga a un particular a demoler un piso en una casa que no ha sido edificada es un acto de contenido imposible. Ahora bien, puede suceder que si el particular no reacciona y la Administración no se entera de que el inmueble no ha sido aún construido, le imponga una sanción. Es necesaria la protesta del particular para poner en claro los hechos, para acreditar que no puede realizarse el acto, porque su contenido es imposible.

— Los que sean constitutivos de infracción penal o se dicten como consecuencia de ésta. Es natural que las infracciones más graves del ordenamiento conlleven la nulidad del acto, tanto si la actuación es la que implica la comisión de un delito o falta penal, como si esa actuación se produce como consecuencia de la infracción delictiva. Por ejemplo, un acto realizado por un funcionario, mediante cohecho, esto es, a cambio de ventajas pecuniarias para él abonadas por el beneficiario; una licencia de importación concebida por soborno es un acto constitutivo de delito y por tanto nulo de pleno derecho.

— Los actos dictados prescindiendo total y absolutamente del procedimiento legalmente establecido para ello o de las normas que contienen las reglas esenciales para la formación de la voluntad de los órganos colegiados. Se precisa una ausencia total de procedimiento, lo cual es apreciable atendiendo a las normas que rigen en cada caso. Así, por ejemplo, si se aprobase a un alumno asistente, pero no matriculado todavía, en la convocatoria libre, estaríamos quizá ante un acto de nulidad de pleno derecho, puesto que habríamos prescindido de las normas que se rigen para matrículas, exámenes, etc. En cuanto a la infracción de las reglas esenciales para la formación de la voluntad de los órganos, es también apreciable en cada caso. Ya vimos cómo para que en el seno de un órgano colegiado aparezca una voluntad se necesitan requisitos previos, como la convocatoria para la reunión, el orden del día, la presencia de un determinado número de miembros, un régimen de mayoría para adoptar acuerdos, la votación, etc. Pues bien, las resoluciones de un órgano colegiado que no hubiese sido convocado legalmente, que se constituyese por menos miembros de los necesarios o que adoptase sus acuerdos sin respetar las reglas de mayorías precisas, serían nulas de pleno derecho.

— Los actos expresos o presuntos contrarios al ordenamiento jurídico por los que se adquieren facultades o derechos cuando se carezca de los requisitos esenciales para su adquisición. Se trata de actos favorables que por silencio administrativo o incluso por resolución administrativa expresa han otorgado facultades o derechos que el ordenamiento jurídico impedía en el caso concreto, al carecer el beneficiado de los requisitos esenciales para ello. Como no se pueden adquirir ventajas cuando el ordenamiento no lo posibilita, el acto así dictado deviene en nulidad radical. Es preciso no disponer de los elementos esenciales, lo que debe conectarse con los requisitos que las disposiciones establezcan según los supuestos. Por ejemplo, obtener una beca sin el expediente académico o económico que exige su normativa o sin llegar a matricularse.

— Cualquier otro que se establezca expresamente en una disposición de rango legal. A diferencia de lo que sucedía con la LPA, ahora las causas que determinan la nulidad de pleno derecho no están íntegramente tasadas en la Ley general. La LRJ-PAC prevé esta cláusula abierta que reenvía a lo que dispongan otras normas de rango legal, por lo que habrá de estarse a posibles nuevas previsiones en la legislación estatal o autonómica.

Por último, y aunque no encaje totalmente en este apartado referente a los actos, debemos recordar que las disposiciones administrativas de carácter general que vulneren la Constitución, las leyes u otras disposiciones administrativas de rango superior, las que regulen materias reservadas a la Ley, y las que establezcan la retroactividad de disposiciones sancionadoras no favorables o restrictivas de derechos individuales, son también nulas de pleno derecho.

b) *Efectos de la nulidad.* La teoría general de los efectos de la nulidad no es de plena aplicación al campo del Derecho administrativo, así se debe evitar el tratar de explicar aquí las consecuencias de la nulidad con módulos trasplantados de las construcciones dogmáticas del Derecho privado. Siguiendo, sin embargo, esta línea equivocada, se dice a veces que los actos nulos de pleno derecho no producen efecto alguno, pueden ser ignorados por los particulares, no precisan de un pronunciamiento, no consumen plazos en cuanto a sus posibilidades de ataque. Para el ordenamiento jurídico sería como si no existieran, entendiéndose que en principio tan grave calificación, nulidad de pleno derecho, debería producir como consecuencia la invalidación de entrada de todas las posibilidades de producción de efectos de tales actos. Además, se afirma que en los actos nulos opera la nulidad inicialmente desde el momento que se adoptaron, y no desde el momento que se retiran, a diferencia de lo que sucede en el caso de la anulabilidad, cuyos efectos se producen a partir del momento en que se pronuncia, anulándose y revisándose el acto.

Tales efectos teóricos del acto nulo debe ser objeto de corrección dentro del campo del derecho que nos ocupa. La no producción de efectos de estos actos debe atemperarse a la presunción inicial de legitimidad de los actos administrativos. Es decir, si un acto, aunque realmente sea nulo de pleno derecho, no es atacado y no es revisado, produce efectos. Si en el ejemplo antes expuesto de la casa no construida la Administración no retira el acto y no conoce las circunstancias reales, el particular puede venir obligado a pagar una multa e incluso se le puede llegar a cobrar en sus bienes por el procedimiento de apremio.

Los actos nulos producen, en consecuencia, ciertos efectos en tanto no sean revisados. Por lo tanto, tampoco es exacto que puedan ser ignorados. Ello sucederá con aquellos actos que más que nulos de pleno derecho sean realmente inexistentes. En ese caso el particular puede desconocerlos sin atacarlos, y la autoridad que tratase de llevarlos a efecto incurriría en responsabilidades no sólo de índole administrativa, sino posiblemente también de índole penal, pero éste no es el caso de los actos nulos.

Lo mismo puede decirse de la pretendida retroacción de los efectos de la declaración de nulidad al momento inicial de la producción del acto. Los actos administrativos, aun los nulos de pleno derecho que han sido objeto de anulación posterior mediando la declaración oportuna, mantienen al menos algunos de sus efectos. Opera para los particulares el principio de la buena fe. Supongamos que una concesión administrativa ha sido otorgada con vicios tan graves que permite calificarla como nula de pleno derecho. Si posteriormente se declara tal nulidad, el beneficiario de la concesión que ignorase tales circunstancias vendría, a mi juicio, amparado por el principio de la buena fe, que la LRJ-PAC recoge en el artículo 106, no viéndose obligado a devolver los beneficios que hubiera obtenido, por ejemplo, de una explotación hidroeléctrica. Tratándose de disposiciones generales anuladas, la LPA (art. 120) se pronunciaba además sobre el mantenimiento de los actos adoptados durante su vigencia. Sin embargo, la LRJ-PAC omite cualquier previsión al respecto. La razón de esta ausencia legal encuentra justificación, de una parte, en la falta de regulación de la revisión de oficio de las disposiciones generales, y de otra, en la imposibilidad de recurrirlas en vía administrativa (art. 107.3). Parece razonable de cualquier forma, seguir manteniendo la subsistencia de los actos firmes dictados con ocasión del reglamento declarado inválido en vía jurisdiccional.

En cuanto a la inexistencia de plazos para recurrir los actos nulos de pleno derecho, esta afirmación debe ser igualmente matizada. Desde el punto de vista del administrado, si deja transcurrir los plazos de los recursos previstos para atacar estos actos, encontrará mayores dificultades para obligar a la Administración a que los retire. El administrado deberá cuidar de recurrirlos en su momento dentro de los plazos consignados al efecto, si quiere proteger eficazmente sus intereses. Podrá hacerlo transcurridos los plazos, pero la Administración, aun viniendo teóricamente obligada a anular el acto viciado de nulidad absoluta, puede no hacerlo, aunque en cualquier caso deberá pronunciarse, con lo que entrarán en juego las posibilidades revisoras de los Tribunales, bien que ello implica evidentemente una complicación de la defensa.

Los efectos de nulidad de pleno derecho se producen principalmente para la Administración, que puede retirarlos en cualquier tiempo. También los tribunales podrán apreciar libremente y sin sujeción a plazos la nulidad, incluso aunque no haya sido alegada, si llegan a conocer de un asunto en el que afloran vicios de nulidad plena. Los actos nulos de pleno derecho no son, por último, convalidables, es decir, sanables por la propia Administración productora de los mismos.

B) Anulabilidad

En el segundo grado de la escala están los actos que adolecen de vicios menos importantes, cuya sanción y efectos son los de mera anulabilidad. Son anulables, nos dice el artículo 63 de la LRJ-PAC, utilizando los medios de fiscalización que en la misma se regulan, los actos de la Administración que incurran en cualquier infracción del ordenamiento jurídico, incluso la desviación de poder.

Causa, pues, de anulabilidad es la infracción del ordenamiento, pero una infracción no tan trascendente como la que justifica la nulidad plena. Los actos anulables deben ser recurridos dentro de los plazos establecidos, pero pueden, en ciertos casos, ser también revisados por la Administración de oficio o a solicitud del interesado con sujeción a unos límites temporales predeterminados. Los actos anulables exigen, y en esto no se diferencian en principio de los nulos de pleno derecho, una declaración expresa que pronuncie su anulación. El silencio, en ambos casos, se entenderá contrario a la revisión.

A diferencia de los actos nulos de pleno derecho, los actos anulables pueden ser convalidados por la Administración, subsanando los vicios de que adolecen. Si el vicio consistiera en incompetencia del órgano no determinante de nulidad, la convalidación podrá realizarse por el órgano competente cuando sea superior jerárquico del que dictó el acto, según prescribe el artículo 67.3 LRJ-PAC. Ya vimos que la competencia podía determinarse en función del grado jerárquico, de la materia o del territorio. Pues bien, aquí únicamente se permite la convalidación de los actos incompetentes por razón de grado, por razón jerárquica, no por razón de la materia o del territorio. Atendiendo al sistema competencial ya superado y con terminología antigua, un acto del Delegado de Obras Públicas y Urbanismo puede ser sanado por el Director General si correspondiera a éste la decisión y se tratara, por ejemplo, de una descalificación de viviendas protegidas. Pero la convalidación es imposible si el acto del Delegado se relacionaba con el tráfico o con un asunto de otra Provincia. Si el vicio consistiere en la falta de una autorización, por ejemplo, de ausencia de un control de tutela sobre un órgano tutelado, la convalidación podrá ser realizada mediante el otorgamiento de la misma por el órgano competente (art. 67.4 LRJ-PAC).

C) Irregularidades no invalidantes

Por último, existen irregularidades que no invalidan los actos administrativos, pese a suponer determinadas infracciones del ordenamiento. Cuando median estas irregularidades, los actos administrativos producen plenamente sus efectos. Así, según el artículo 63.2 LRJ-PAC, el defecto de forma sólo producirá la anulabilidad cuando el acto carezca de los requisitos indispensables para alcanzar su fin o dé lugar a indefensión por parte de los particulares. En cuanto a las actuaciones administrativas realizadas fuera del tiempo establecido, sólo implicarán la anulación del acto si así lo impusiera la naturaleza del término o del plazo (art. 63.3 LRJ-PAC).

CAPÍTULO XXIII

EL PROCEDIMIENTO ADMINISTRATIVO

I. CARACTERÍSTICAS.

1) **El procedimiento en general.**
2) **El procedimiento de la Administración.**

II. NORMATIVA DEL PROCEDIMIENTO ADMINISTRATIVO ESPAÑOL.

1) **Precedentes.**
2) **La LPA de 1958.**
3) **La situación actual. Alcance de la LRJ-PAC.**

III. SUJETOS DEL PROCEDIMIENTO ADMINISTRATIVO.

1) **Posibles sujetos y sus posiciones.**
2) **Administración.**
3) **Los interesados.**

EL PROCEDIMIENTO ADMINISTRATIVO

I. CARACTERÍSTICAS

1) El procedimiento en general

Toda conducta compleja, reiterada, que exija varios actos sucesivos para alcanzar un fin determinado tiende espontáneamente a estereotiparse, a reproducirse, de la forma más simple y que resulte menos costosa. Pero procedimiento propiamente dicho es aquel que fija preestablecidamente los cauces de los actos que contribuyen a un objetivo final. El procedimiento surge cuando los cauces de obtención de determinados fines son fijos, predeterminados, ordenando conductas reiteradas para objetivos idénticos. Tal sucede en el terreno de la empresa con una cadena de montaje o en el de la Administración con el procedimiento de matriculación, que exige llenar determinados formularios, cubrir impresos, cumplir tramites, etc.

2) El procedimiento de la Administración

La Administración sigue también los cauces de racionalidad que son comunes a todo procedimiento que merezca esta calificación por reunir caracteres de estabilidad, obligatoriedad y fijeza. La Administración pretende, con el establecimiento de un procedimiento determinado, economizar en sus movimientos, dar mayor eficacia a sus actuaciones, ahorrar costos, tiempos, conseguir mejores resultados. En esta línea, pues, no existe especialidad propia para la Administración.

El principio de racionalidad anima así también el procedimiento administrativo. Lo que tiene de singular el obrar de la Administración es la juridicidad que domina sus movimientos. Así como el propietario de una empresa puede alterar en cualquier momento la cadena de montaje, si entiende que se pueden ahorrar pasos al realizar otras fases o suprimir algunos movimientos intermedios, la Administración viene obligada a seguir un procedimiento determinado, un procedimiento previamente establecido para ello en las leyes, y hasta tanto éstas no lo modifiquen.

La Administración, a lo largo del procedimiento, no hace otra cosa que actuar unas potestades que le han sido concedidas para determinados fines. Vimos que la Administración no es totalmente libre, que ejerce poderes subordinados concedidos desde estratos superiores de disposición del poder, que está sometida al principio de legalidad en todas sus actuaciones. Esto trasciende al procedimiento en cuanto aspiración de controlar los movimientos de la Administración, de sujetar toda ella a los dictados del Estado de Derecho, dando además seguridad jurídica a los particulares que se relacionan con la Administración, los cuales pueden visualizar todos sus pasos obteniendo defensas frente a sus actuaciones arbitrarias en el caso de que les sean perjudiciales.

El procedimiento administrativo es, por tanto, jurídico en cuanto implica el sometimiento al principio de la legalidad. Obliga a la Administración a seguirlo y suministra garantías, defensas a los particulares. De aquí que la propia Constitución, en el artículo 105.c), se pronuncie sobre el procedimiento y señale que la ley regulará el procedimiento a través del cual los actos administrativos deben producirse, sin que en ningún caso pueda omitirse el trámite de audiencia el interesado constitucionalizando este decisivo trámite.

Procedimiento administrativo es, según la Exposición de Motivos de la L.P.A., el cauce formal de la serie de actos en que se concreta la actuación administrativa para la realización de un fin. Debemos distinguir, por lo tanto, procedimiento y expediente. El primero supone la dinámica del actuar administrativo y el segundo es la cristalización material en forma escrita y documentada de los pasos y resultados a que se ha llegado a través de las fases del procedimiento.

II. NORMATIVA DEL PROCEDIMIENTO ADMINISTRATIVO ESPAÑOL

1) Precedentes

Depende de los distintos ordenamientos jurídicos la existencia o no de un procedimiento administrativo formal. En algunos de ellos hay simples directrices, normalmente acuñadas por la jurisprudencia, pero que no agotan la materia ni sistematizan las reglas a que ha de sujetarse el procedimiento de la Administración. Otros ordenamientos tienen procedimientos administrativos parciales referidos a distintos sectores del obrar administrativo, y otros, por último, aspiran a integrar, ordenada y sistemáticamente, todas las normas procedimentales. Éste es, al menos como aspiración, el caso de España, que ya de antiguo ha adoptado posiciones en esta materia. En 1889 se publicó la Ley de Procedimiento Administrativo de Azcárate, la cual introdujo con carácter general el registro de entrada de documentos, el establecimiento de un sistema de recursos, la audiencia de los interesados y la tendencia a la sumariedad en la tramitación de los expedientes.

Sin embargo, esta Ley dejaba abierta la posibilidad e incluso incitaba a los distintos Ministerios para que arbitraran sus propias normas especiales de procedimiento. Era, pues, una Ley de principios, una Ley muy general que después fue completada por los Ministerios que confeccionaron sus reglamentos de procedimiento administrativo. El sistema, pues, a partir de aquella fecha se integraba por un Ley general de alcance reducido y diversos reglamentos con validez para cada Departamento ministerial. Esto, lógicamente, complicaba la situación, ya que se debía conocer cuál era el procedimiento de cada Ministerio, y éstos establecían recursos y plazos distintos, singularidades de tramitación, que realmente oscurecían y hacían difícilmente asimilable la mecánica procedimental española.

2) La LPA de 1958

El artículo 103.1 de la Constitución, que deberá animar la articulación del procedimiento administrativo para el sector público, establece que «la Administración Pública sirve con objetividad los intereses generales y actúa de acuerdo con los principios de eficacia, jerarquía, descentralización, desconcentración y coordinación, con sometimiento pleno a la ley al Derecho».

El artículo 149.1.18, por su parte, incluye entre las competencias exclusivas del Estado la fijación de las bases del procedimiento administrativo común, ahora regulados por la Ley 30/1992 (LRJ-PAC). A partir de aquí, las Comunidades Autónomas pueden establecer su peculiar normativa procedimental, incluyendo, desde luego, «las especialidades derivadas de la organización propia de la Comunidad», a que se refiere la Constitución y algunos Estatutos. La Generalidad de Cataluña ya ha materializado esta facultad a través de la Ley 13/1989, de 4 de diciembre, de organización, procedimiento y régimen jurídico de su Administración, adelantándose, por cierto, a la regulación estatal y que ahora deberá proceder a su adaptación a aquélla.

La LPA de 1958 ha regido con modernidad esta materia hasta este momento en el que, excepto algunos preceptos aislados, ha quedado derogada con la nueva Ley. Se trataba de una ley ambiciosa, técnicamente muy lograda, hasta el punto que ha sido utilizada como pauta y modelo por otros ordenamientos. Pertenece al grupo de las grandes leyes acuñadas en la época gloriosa del Derecho administrativo español de los años 50, en que aparecen la Ley de Régimen Local y sus Reglamentos, la Ley de Régimen Jurídico de la Administración del Estado (en la actualidad también derogada por la Ley referida), la Ley de la Jurisdicción Contenciosa, la Ley del Suelo, la Ley de Expropiación Forzosa y esta Ley de Procedimiento Administrativo. Dada su prolongada vigencia en el tiempo, su calidad técnica y la influencia que ejerce sobre la Ley que la sustituye, resulta conveniente apreciar algunos de los principales rasgos definidores.

La L.P.A. persigue como objetivos, en primer lugar, reducir a una cierta unidad el esquema procedimental, sistematizarlo, aclararlo y ordenarlo. Trata de superar la anterior dispersión y proliferación de normas procedimentales evitando el antagonismo de los Reglamentos y su mutuo desconocimiento, estableciendo una normativa común para toda la Administración. Esta aspiración de unidad se hace compatible con una cierta flexibilidad en las previsiones de la Ley, que permiten el que determinadas actividades, específicas y singulares, sean reguladas por Reglamentos complementarios y adicionales. Incluso dentro de las normas generales se posibilita una cierta agilidad en su manejo, excluyéndose la rigidez absoluta de las tramitaciones.

La Ley tiende a simplificar trámites y a hacer efectivos los principios de economía procedimental, pronunciándose específicamente sobre los imperativos de celeridad y eficacia en el obrar administrativo. Establece así la forma directa de comunicación entre los distintos órganos de la Administración sin necesidad de que algunos, como sucedía antes con los Gobiernos Civiles, sirvan de correo para otros y de obligado paso, siempre que quieran comunicarse entre sí.

Aspira a la normalización de los expedientes de acuerdo con las técnicas de organización y métodos. Pretende que se tramiten expedientes únicos, aun cuando en el mismo expediente tengan que intervenir órganos de carácter distinto, para cuyos casos concede la responsabilidad de la dirección del expediente al órgano más cualificado, vertiéndose en este expediente los informes y actuaciones procedentes de los otros órganos.

La Ley tiene muy presente la precisión y conveniencia de contar con la colaboración de los interesados. Trata de incorporar a la acción administrativa, a través del procedimiento, los auxilios, que pueden provenir de los propios administrados.

La Ley desea ofrecer las máximas garantías a los afectados por los expedientes, adoptando un sistema claro y expeditivo de recursos y permitiendo a los ciudadanos disponer de suficientes medios defensivos. Para ello previamente se les facilita el conocimiento de las actuaciones de la Administración, permitiéndoseles intervenir en el expediente cuando sea conveniente para su derecho, pudiendo proponer la celebración y prácticas de pruebas y alegar lo que les convenga, y en este sentido hace especial hincapié en el trámite de audiencia, ya constitucionalizado, como hemos visto que configura como uno de los momentos claves y como un requisito procedimental obligatorio e imprescindible.

Aspira a hacer efectivos, en general, el principio de claridad en la actuación administrativa, a lo que remiten las posibilidades de información que en cualquier momento pueden utilizar los interesados para conocer el estado de la tramitación. Éstos pueden también solicitar que se les expida copia certificada de los extremos contenidos en los expedientes, configurándose como obligatoria la notificación a los administrados de los actos que afecten a sus derechos e intereses.

En principio, la Ley va destinada a la Administración civil, pero preveía que la Administración militar adaptaría sus actuaciones a sus principios. Así se hizo posteriormente, y el Decreto de 2 de junio de 1966 acomoda a la Ley de Procedimiento Administrativo el funcionamiento de la Administración militar.

Por lo tanto, la Ley de Procedimiento intenta objetivamente constituir un sistema de normas de obligado cumplimiento para toda actuación de la Administración, aunque éstas desembocasen en actuaciones de régimen privado; en tal caso, de acuerdo con las técnicas de los actos separables, existiría una fase administrativa, cuyo final procedimental será el inicial de las actuaciones sometidas al Derecho privado.

Subjetivamente, la Ley de Procedimiento Administrativo afecta, aunque con distinta intensidad, a los tres órdenes conocidos de la Administración: Administración central, institucional y local, así como también a las Comunidades Autónomas, sin perjuicio de las especialidades derivadas de la organización propia de estas Comunidades.

3) Situación actual. Alcance de la LRJ-PAC

La LRJ-PAC comporta una importante transformación del esquema ordenador de la normativa antecedente formulando un marco amplio y globalizador del denominado «estatuto ordinario» de la Administración Pública.

Dando cumplimiento al mandato constitucional del artículo 149.1.18, la Ley procede a regular tres materias nucleares del ordenamiento administrativo, hasta ahora dispersas en distintas normas:

— *Las bases del régimen jurídico* de las Administraciones Públicas, que permitirá garantizar a los administrados un tratamiento común ante ellas, al unificar los aspectos institucionales, organizativos y funcionales comunes. Esa delimitación no agota la configuración normativa de ese régimen jurídico, sino que se engloba en el principio «bases más desarrollo» que difiere a las Comunidades Autónomas la facultad de dictar normas adicionales, respetando las previsiones estatales. En el ámbito de la Administración Local, al estar regulado su régimen en la LRBRL, tan sólo se requieren adaptaciones mínimas. Como consecuencia de esto, la LRJAE en los preceptos no derogados mantiene su vigencia exclusiva para la Administración General del Estado.

— *El procedimiento administrativo común,* aplicable por igual a todos los Entes públicos, diseña el cauce formal de la actividad administrativa con los institutos jurídicos fundamentales. También en esta parcela las Comunidades Autónomas poseen competencias para adaptarlo a sus especialidades organizativas e incluso para dictar normas de procedimiento en orden a la aplicación de su propio derecho sustantivo. Al margen de ello, tanto el Estado como las autonomías pueden establecer procedimientos específicos en razón de la materia o sector que, con independencia de sus singularidades, deben preservar las garantías previstas en la LRJ-PAC. Tras la vigencia de ésta la LPA queda casi totalmente derogada y en lo que permanece sólo tiene eficacia para la Administración estatal.

— *El sistema de responsabilidad de todas las Administraciones Públicas,* cuya regulación precedente se contenía en la LRJAE, se desarrolla en la Ley de 1992 en lo sustantivo y procedimental, con novedades relevantes a las que se hará mención en el último capítulo de este manual.

Los objetivos de la Ley pese a estos distintos puntos de partida y estructura son coincidentes en buena parte con los expuestos a propósito de la LPA, muchos de cuyos preceptos inspiran o se copian literalmente, si bien introducen distintas novedades de discutible valoración. Se mantienen así todas aquellas reglas dirigidas a la racionalización, eficacia y economía procedimental; se consolidan las técnicas de gestión administrativa facilitando la tecnificación de los medios operativos y la proyección de las innovaciones tecnológicas, y se incorporan postulados derivados de mandatos constitucionales cuyo reconocimiento en la práctica regía ya en la actuación administrativa por la aplicación de la doctrina constitucional. Innova en algunos puntos relevantes, como en el tratamiento de las relaciones interadministrativas, ordenando el marco de las mutuas interacciones y en el régimen de los órganos colegiados. Estatuye un cuadro básico de los derechos ciudadanos en sus relaciones con las Administraciones Públicas, en el que se incluye la regulación de la utilización de las lenguas y el derecho de acceso a los registros y archivos administrativos, ambos huérfanos de desarrollo normativo. Modifica el esquema de aplicación de los actos presuntos y establece ampliaciones y correcciones de cierta entidad en relación con algunos elementos de los actos administrativos (motivación, notificación, invalidez, etc.) y, sobre todo, variaciones cualitativas en materia de procedimiento, recurso y revisión de oficio.

En la materia específica del procedimiento, resultan novedosas la incorporación de técnicas sustitutivas de la resolución administrativa o de los recursos para ámbitos o supuestos sectoriales que se determinen, y muy particularmente la eliminación de recursos en vía administrativa, alzada y reposición, sustituidos por el ordinario, único instrumento utilizable antes de proceder a demandar la tutela judicial. Este medio de defensa no será, sin embargo, oponible en todo caso, al interponerse ante el superior jerárquico que no existe, orgánica o convencionalmente, en numerosos supuestos.

La revocación de los actos no declarativos de derechos y los de gravamen sin que estén afectados originariamente de vicios, supone un paso decisivo en la revisión de la actuación administrativa con escasas cortapisas.

En otro orden, la determinación de los principios de la potestad y procedimiento sancionadores aparece como destacada novedad en su formulación en este ámbito, bien que su vigencia procede del texto constitucional y de la doctrina de su máximo intérprete. La tipicidad, presunción de inocencia, proporcionalidad, interdicción de la arbitrariedad, etc., nociones desarrolladas en el Derecho penal, se importan al Derecho administrativo con algunas adecuaciones singulares y consecuencias de compleja evaluación.

La ley culmina regulando la responsabilidad patrimonial de la Administración, materia de íntima conexión a la actuación administrativa, con el planteamiento innovador de que los particulares exigirán directamente a la Administración las indemnizaciones por los daños y perjuicios ocasionados por las autoridades y personal a su servicio. Por primera vez una Ley reconoce, además, la posibilidad de indemnización por la aplicación de actos legislativos de naturaleza no expropiatoria de derechos.

III. SUJETOS DEL PROCEDIMIENTO ADMINISTRATIVO

1) Posibles sujetos y sus posiciones

En el procedimiento pueden participar la Administración y los administrados. Normalmente, el procedimiento administrativo conecta los intereses de Administración y administrados, relacionando ambos. Pero frente a la Administración puede éxistir o no un administrado, puesto que hay actuaciones de la Administración sometidas al procedimiento administrativo que no tienen trascendencia externa y no afectan, en concreto, a ninguna persona, por ejemplo, la decisión de la construcción de un edificio público. Aquí no cabe hablar de administrados o de interesados, los que a lo más surgirán en el momento en que se contraten las obras de referencia. Por lo tanto, el sujeto del procedimiento administrativo puede ser exclusivamente la propia Administración.

Cuando aparecen la Administración y los administrados, sus intereses suelen estar contrapuestos, pero ello no es forzoso que suceda. Puede suceder también que existan dos administrados enfrentados entre sí y que la Administración asuma un papel arbitral. Esto parece que contradice un poco el esquema tradicional de la disciplina donde el Derecho administrativo aparece como cauce para dirimir los conflictos entre los intereses particulares y los colectivos que la Administración representa, a través del procedimiento administrativo, cuyos resultados son ulteriormente revisables por un juez imparcial. Sin embargo, al ampliarse las competencias administrativas nos encontramos en ocasiones con procedimientos en los que la Administración aparentemente actúa no como representante de intereses públicos comunitarios, sino en el papel de árbitro, zanjando conflictos entre particulares.

Esto sucede en el expediente contradictorio de ruina. Los propietarios propenden, a veces, a solicitar la declaración de ruina de sus inmuebles, al objeto quizá de poder expulsar a inquilinos que pagan una renta baja, demoler el edificio y construir una casa con unas rentas sintonizadas con el mercado de alquileres. Los arrendatarios, lógicamente, se oponen a tales aspiraciones para mantenerse en la posición de ventaja que ocupaban. Surge entonces un conflicto entre las dos partes que es zanjado por la Administración municipal.

Ahora bien, realmente en estos casos la Administración lo que tiene que valorar y ponderar es el interés público general, esto es, si la casa está amenazada de destrucción, no los intereses privados en juego.

2) Administración

Lo normal es, sin embargo, que el procedimiento administrativo afecte o sólo a la Administración o bien, de surgir interesados, a los particulares cumulativamente, pero la Administración aparece siempre como sujeto del procedimiento y personificada. Por lo tanto, el procedimiento administrativo se da en el seno de una Administración, sea ésta la del Estado en su conjunto, la de las Comunidades Autónomas, los entes institucionales o las Corporaciones locales.

En segundo lugar ha de ser desenvuelto por los órganos competentes de la Administración de que se trate. Como además estos órganos están servidos por personas físicas, sus condiciones afloran al procedimiento administrativo con trascendencia y consecuencias de abstención o recusación.

La competencia de los órganos afecta a la validez final del acto, a su anulabilidad o nulidad; da lugar, también, a planteamiento de conflictos que pueden producirse entre órganos que quieren o no quieren conocer del mismo procedimiento administrativo, estimándose o no competentes para ello.

3) Los interesados

Los otros sujetos son los administrados, que habrán de tener la consideración de interesados para poder intervenir en el procedimiento administrativo. La condición de interesados se adquiere por la suma de las siguientes circunstancias:

a) *Capacidad jurídica,* que exige la intervención de una persona, sea física o jurídica. No cabe iniciar el procedimiento administrativo por un grupo de ciudadanos no personificados.

b) *Capacidad de obrar.* Se amplía para las relaciones con la Administración, pues, según el artículo 30 LRJ-PAC, tendrán capacidad de obrar ante la Administración pública, además de las personas que la ostenten con arreglo a las normas civiles, los menores de edad para el ejercicio y defensa de aquellos de sus derechos e intereses cuya actuación esté permitida por el ordenamiento jurídico-administrativo sin la asistencia de persona que ejerza la patria potestad, tutela o curatela, excepto menores incapacitados en los términos que la ley señala. Es decir, que tales personas pueden actuar, o ser parte en el procedimiento administrativo, por sí, sin necesidad de que medien otras personas. Así, los alumnos pueden solicitar becas, traslados, recurrir una sanción, etc.

c) *Legitimación.* Es necesario que los que participan en el procedimiento estén legitimados para actuar en el mismo. Frente a la acción popular que permite la iniciación sin discriminación de un procedimiento o un proceso, en el procedimiento administrativo se exigen determinadas cualificaciones que han de reunir los sujetos en relación con el procedimiento de que se trata. Es decir, no puede, por ejemplo, recurrir contra una multa impuesta a una persona otra que no ha sido afectada por la misma. No puede cualquiera ser parte de un procedimiento administrativo, sino que necesita reunir determinadas condiciones, ser afectado por las actuaciones, para que el procedimiento administrativo le tome en consideración (art. 31).

Excepción constituyen los escasos supuestos de acción popular que se prevén en nuestro Derecho y que la Constitución, por cierto, pretende ampliar. La acción popular se da en materia de urbanismo, permitiendo a todo ciudadano recurrir contra la decisión, por ejemplo, del trazado de una vía pública que viole el plan de ordenación de la ciudad o contra la construcción de una casa con más alturas que las permitidas. Cualquiera tiene interés en defender la ciudad donde habita.

Pero normalmente se necesita una cualificación personal y objetiva para intervenir en el procedimiento administrativo; esta cualificación es la que completa la condición de interesado, bien activamente o pasivamente. Interesados activamente en el procedimiento administrativo son aquellos que lo promueven como titulares de derecho o intereses legítimos, individuales o colectivos. Pasivamente pueden serlos los que sin haber iniciado el procedimiento ostentan derechos que pueden resultar directamente afectados por la decisión que en el mismo se adopte. Por ejemplo, en el caso del expediente de ruina que vimos anteriormente, el titular de un contrato de arrendamiento es interesado pasivo, tiene un derecho que quedará afectado por el procedimiento. Él no ha iniciado el expediente, sino que lo ha hecho el propietario que quiere su declaración, pero, sin embargo, tiene un derecho como inquilino a ocupar la casa que puede extinguirse por la decisión del expediente; tiene, automáticamente, pues, la consideración de interesado, son interesados necesarios. Si durante la instrucción de un procedimiento la Administración advierte la existencia de estos interesados o de otros que ostenten intereses legítimos y directos, deberá instarles a que intervengan. Son igualmente interesados en el procedimiento, aunque no lo diga la Ley, aquellos contra los que éste va directamente dirigido. Es interesado en el procedimiento, por ejemplo, aquella persona que se considera ha cometido una infracción.

Son también interesados pasivamente aquellas personas cuyos intereses legítimos, individuales o colectivos, puedan resultar afectados por la resolución y se personen en el procedimiento en tanto no haya recaído resolución definitiva. A diferencia del supuesto anterior, no lo son automáticamente, es necesario que se presenten.

Si la Ley lo reconoce, esta última condición la ostentarán también las asociaciones y organizaciones representativas de intereses económicos y sociales, como titulares de intereses legítimos colectivos.

Por lo tanto, la LRJ-PAC distingue a estos efectos entre derechos subjetivos e intereses legítimos. La distinción pertenece a la teoría general del Derecho, y es a veces discutida en el campo del Derecho administrativo, por lo que conviene puntualizar que son titulares de derechos subjetivos aquellos que obtienen estos derechos a consecuencia de una norma o un acto en ella basado, que directamente va destinado a proteger o crear una situación jurídica que les beneficia. Mientras que son titulares de meros intereses aquellos que obtienen éstos de una norma dirigida al interés general, pero de la que indirectamente se derivan ventajas o beneficios para el particular. Así, por ejemplo, en una convocatoria de una oposición los que firman no tienen derecho a obtener una plaza, pero sí tienen interés en que la oposición se celebre tal como ha sido convocada. Este interés es también el de la Administración; hay un interés general en que se cubran las plazas, pero en este caso coincide con el interés particular de los que han firmado la oposición. Por el contrario, el que gana la oposición y consigue una plaza, tiene derecho a adquirir la condición de funcionario, tiene ya un derecho subjetivo a obtener el *status* propio del funcionario, puesto que el acto se dirige directamente a él.

No es necesario que en el procedimiento administrativo se actúe por medio de abogado, procurador o representante; no se precisa, pues, lo que se denomina en el proceso judicial postulación. Ahora bien, se permite potestativamente que se nombre un representante, quien con arreglo a la Ley puede ser cualquier persona con capacidad de obrar, lo que ha pretendido limitarse en favor de los gestores administrativos, quienes por una Orden de 1966 consiguieron el monopolio de la representación en el procedimiento administrativo. Es más que dudosa la vigencia de esa disposición estimando que ha quedado invalidada por lo preceptuado en el artículo 32 de la LRJ-PAC.

CAPÍTULO XXIV

DESENVOLVIMIENTO DEL PROCEDIMIENTO ADMINISTRATIVO

I. REQUISITOS GENERALES DE LA ACTIVIDAD.

1) Lugar.
2) Tiempo.
3) Forma.

II. FASES DEL PROCEDIMIENTO ADMINISTRATIVO.

1) Iniciación.
2) Desarrollo.
  A) Ordenación.
  B) Instrucción.
3) Terminación
  A) Normal.
  B) Anormal.

DESENVOLVIMIENTO DEL PROCEDIMIENTO ADMINISTRATIVO

I. REQUISITOS GENERALES DE LA ACTIVIDAD

1) Lugar

El lugar viene más o menos implícitamente determinado por las normas generales del procedimiento, sin que habitualmente se haga hincapié expresamente en el espacio físico en que un procedimiento se desarrolla. Para las comunicaciones a los administrados, ya sabemos que su domicilio opera siempre a efectos de notificación. En cuanto a la Administración, es bueno recordar algunas determinaciones especiales; así, la *circunscripción* es el territorio a donde se extienden las competencias de un órgano administrativo; *localidad* es aquella población donde radica el órgano; *sede* es el inmueble en el que está alojado, y **dependencia** es la ubicación que tiene la unidad operativa concreta que interviene en el procedimiento o fase del mismo.

El espacio más importante, a efectos de procedimientos, es el Registro general. La LRJ-PAC (art. 38), siguiendo la pauta ya marcada por la LPA, establece que en todo Ministerio y organismo autónomo se llevará en todas las dependencias radicadas en un mismo inmueble un único Registro general, sin perjuicio de la llevanza de otros registros auxiliares para facilitar la presentación de escritos y comunicaciones. El Registro es aquel centro en el que normalmente se personan los interesados, es el punto material y jurídico de engarce de la Administración con la actividad privada que se incorpora al procedimiento. Allí se presentan los escritos y se anotan las comunicaciones y certificados. Es, por así decirlo, la puerta procedimental de la Administración. Se anotan en un libro registro y se numeran con base a él los escritos y documentos que entran y salen de la Administración, respetando el orden temporal.

La regla general es que los particulares se comuniquen, pues, con la Administración a través de los Registros generales. Sin embargo, la LRJ-PAC (art. 38.4) facilita estos contactos admitiendo que la presentación física de los documentos se efectúe no sólo en los Registros de los órganos administrativos a los que se dirijan, sino también en los registros de cualquier órgano de la Administración General del Estado o de cualquier Comunidad Autónoma, e incluso de las Entidades Locales si en este último caso hubiere Convenio con la Administración de destino. Si se trata de residentes en el extranjero, pueden presentarse en las representaciones diplomáticas u oficinas consulares de España. No es necesario, pues, el llevar personalmente las solicitudes o escritos a la sede de un órgano, ya que se pueden depositar en todos esos Centros. Pero lo que da mayor flexibilidad y facilidades a estas relaciones es la posibilidad, incluida como innovación en su día por la LPA, sumamente interesante para todos, de mandar los escritos simplemente por correo. Se pueden presentar toda clase de escritos dirigidos a la Administración en las oficinas de Correos, y su sola presentación en la oficina postal correspondiente equivale pura y simplemente a su entrada ya en el centro a que va dirigida y en la misma fecha en que se realiza. Para ello es preciso presentar en las oficinas de Correos el escrito con la documentación correspondiente en sobre abierto para que el funcionarios de Correos selle el escrito, curse el sobre franqueado y lo despache. Se acompaña a veces también un pequeño boletín que tiene efectos internos. Lo que no puede hacer la Administración de Correos es dar recibo de que se ha presentado el escrito en cuestión o sellar la copia eventualmente presentada, y esto, si por una parte es de lamentar y de dusosa legalidad, es por otra obligado, porque para que pudiera expedirse recibo, el funcionario tendría que leerse el documento o compulsar en su caso la copia con el original; realmente esto absorbería íntegramente la actividad de los funcionarios de ventanillas, que por lo demás no están preparados para estas funciones; para ello, quizá la solución sería que en determinadas unidades, por ejemplo en el edificio central de Correos, hubiese simplemente un servicio de fotocopias organizado y garantizado por la propia Administración. Pero es lo cierto que en estos momentos, aunque normalmente los escritos llegan a su término con regularidad, no se puede tener total garantía de que el escrito presentado en Correos va a llegar a la oficina de su destino, lo que es un inconveniente importante si se quiere después denunciar, por ejemplo, el retraso en la tramitación.

2) Tiempo

La actividad administrativa viene estrechamente enmarcada por condicionantes temporales. Los actos administrativos deben producirse en unos tiempos predeterminados con consecuencias a menudo importantes, caso de incumplirse los plazos previstos. Normalmente, tales consecuencias se producen fundamentalmente para los administrados, pero también a veces para la Administración. No obstante, los retrasos de ésta normalmente sólo comprometen a sus funcionarios, aunque también la Administración puede incurrir teóricamente en responsabilidad al realizar trámites procedimentales fuera del tiempo establecido; ahora bien, para los particulares esto es decisivo, puesto que el dejar consumir los tiempos marcados puede invalidar absolutamente todos sus derechos, y como además sucede que los plazos administrativos son muy fugaces, interesa conocer muy bien éstos y el mecanismo del cómputo de los tiempos para actuar dentro de los espacios marcados por el ordenamiento. El transcurso del tiempo tiene además importancia para la Administración y los particulares en cuanto a la interpretación de los efectos del silencio.

En primer lugar, para contar los tiempos se debe tener siempre en cuenta que cuando vienen marcados en días no entran en los cómputos los días inhábiles. Son días inhábiles aquellos que figuran como festivos en los calendarios que oficialmente se publican al efecto. Estos días, además de los domingos, son los que celebran fiestas civiles o religiosas con carácter nacional, regional o local reconocidas como tales.

En cuanto a las horas no hay una especificación clara de cuáles son horas inhábiles. Realmente son horas inhábiles las que caen fuera de las horas de trabajo de la unidad en que se presentan los escritos. Cada Administración debe establecer los días y horarios en que permanecerán abiertos sus registros. Ahora bien, por medio de la utilización de las oficinas de Correos pueden los particulares ampliar las horas hábiles hasta las doce de la noche en las oficinas que estén abiertas hasta tal hora, donde pueden presentarse escritos con validez y con plena eficacia hasta el postrer momento del último día del plazo, lo que hubiera sido imposible en los Registros de los centros que están destinados a recibirlos.

Dentro de los tiempos podemos distinguir los términos y los plazos. *Términos* son aquellos momentos en que debe forzosamente realizarse alguna actuación procedimental, así sucede cuando se comunica que determinado día y hora deberá hacerse una comparecencia, o se practicará una prueba, o simplemente se anuncian unos exámenes. El término, pues, remite al momento o momentos precisos en que debe producirse la actuación administrativa. El *plazo* es el espacio más dilatado en que deben o pueden realizarse determinadas conductas de trascendencia procedimental. Los plazos expresados en días se cuenta siempre a partir del día siguiente a aquel en que tenga lugar la notificación o publicación del acto o, en su caso, conforme a lo previsto en el artículo 44.5 (art. 48 LRJ-PAC). Es decir, si la notificación se produce el día 27, el plazo empieza a contar el día 28.

Siempre que no se diga otra cosa, cuando los plazos se señalen por días, se entiende, como hemos adelantado ya, que éstos son hábiles. Si el plazo se fija en meses o años, éste se computará de fecha a fecha; es decir, si una notificación o una publicación se hace el día 27 de febrero y se fija el plazo de un mes para realizar lo que se trate, el plazo termina el 27 de marzo. Si en el mes correspondiente no hubiere equivalente se contará el día final del mes; es decir, supongamos que el plazo empieza a contarse el día 31 del mes de enero, como en el mes correspondiente siguiente no hay día 31, el plazo termina el último día de febrero.

Es importante conocer el cómputo de los plazos en meses, porque muchas actuaciones tienen plazos mensuales. La regla administrativa difería de la expresada en el Código Civil, en donde los plazos mensuales se entendían siempre de treinta días, mientras que el plazo usual para la L.P.A. era de fecha a fecha, aunque, como excepción, el plazo del recurso de reposición se computaba, por criterio de la jurisprudencia, de la forma prevista en el Código Civil, es decir, de treinta días naturales, por entender aquélla que este recurso es un recurso incorporado a la revisión judicial y, por lo tanto, es de aplicación el cómputo del Código Civil, lo mismo que ocurre con el recurso contencioso, que veremos. Sin embargo, la reforma efectuada al Título Preliminar del Código Civil ha salvado las dificultades planteadas por estas diferencias de cómputo, uniformando el modo de contar los plazos, al establecer que si los plazos estuvieran fijados por meses o años, se cuenta de fecha a fecha.

El cómputo de los días hábiles tiene que tener en cuenta también la regla novedosa que introduce la LRJ-PAC según la cual si el día fuese hábil en el Municipio o Comunidad Autónoma en que residiese el interesado, e inhábil en la sede del órgano administrativo, o a la inversa, será considerado siempre inhábil.

Los plazos normales pueden ser susceptibles de prórroga o acortamiento. La Administración, nos dice el artículo 49 de la LRJ-PAC, podrá conceder, a petición de los interesados, una prórroga de los plazos establecidos que no exceda de la mitad de los mismos. También por razones de urgencia (art. 50), cuando el interés público así lo aconseja, puede establecer un procedimiento de urgencia en el cual pueden reducirse a la mitad los plazos. Éstos, claro está, no afectan a la forma de computar los plazos, sino a los plazos ordinariamente señalados; por ejemplo, si el plazo fijado es de un mes, cabe, si se pide, que la Administración lo prorrogue, o, por el contrario, si la Administración tiene prisa, este plazo general de un mes puede ser reducido a la mitad, pero la técnica del cómputo sigue igual.

Forma

Forma del procedimiento administrativo son las características que deben reunir las actuaciones a realizar dentro del mismo para ser tomadas legalmente en cuenta. La Ley pretende dar las máximas facilidades para que el procedimiento se desenvuelva sin excesiva rigidez; así, cuando los interesados en algún caso omitan determinados requisitos, no por ello el procedimiento se invalida, sino que la Administración debe ponerlo en conocimiento de aquéllos, concediendo un plazo adicional de diez días para la subsanación y, en su caso, mejora de la solicitud (art. 71).

En cuanto a la forma de dirigirse a la Administración, tampoco está sujeta a fórmulas estereotipadas. Los escritos deben individualizar al que los presenta; normalmente se hace en el encabezamiento, incluyendo los datos personales del peticionario o recurrente y, sobre todo, lo que es importante, su domicilio y su nombre y apellidos, porque si no, en otro caso, la Administración no puede relacionarse con él ulteriormente. Asimismo, la identificación del medio preferente o del lugar que señale a efectos de notificaciones si es distinto del domicilio. Es necesario también precisar el lugar en que se redacta el escrito, fechándolo y firmándolo e indicando, lo que se suele hacer al pie del folio, el centro o autoridad a quien va dirigido, pero más allá de estos requisitos imprescindibles la forma de comunicarse con la Administración no está sometida a mayores formalismos, siendo aconsejable la sencillez y claridad en la exposición del contenido del escrito. El artículo 70 dispone el contenido mínimo de las solicitudes de iniciación de un procedimiento, debiendo además tener presente que el ciudadano tiene derecho a no presentar documentos no exigidos por las normas aplicables al procedimiento de que se trate, o que ya se encuentren en poder de la Administración y, previamente, si así lo demanda, a obtener información y orientación acerca de los requisitos jurídicos o técnicos que las normas impongan a las actuaciones y solicitudes que se proponga realizar [art. 35.f) y g)].

La forma de producción normal del procedimiento será el idioma castellano en el ámbito de la Administración General del Estado. Pero incluso ante ésta, cabe formalizarlo en otra lengua cooficial si se dirigen a sus órganos radicados en el territorio de una Comunidad Autónoma plurilingüe. Así, cabe dirigir escritos al Gobernador de Valencia en la lengua de esta Comunidad. De esta forma, el procedimiento se tramitará en la lengua elegida por el interesado, salvo que concurrieran varios sujetos con discrepancia en cuanto a su uso, en cuyo caso se tramitará necesariamente en castellano, manteniendo el derecho a la expedición de documentos o testimonios en la otra lengua.

En las Administraciones autonómicas y locales en ellas integradas, con lengua cooficial, el uso de la lengua se ajustará a su normativa propia según dispone el artículo 36 de la LRJ-PAC, entendiendo que deberá respetarse en línea con la STC 82/1986, de 26 de junio, el derecho a utilizar el castellano cuando algún interesado pueda alegar válidamente el desconocimiento de la otra lengua oficial, o cuando el interesado solicite la tramitación en castellano. Al margen de que deban ser traducidos al castellano los documentos dirigidos a los interesados que así lo soliciten. Traducción que hay que hacer siempre cuando los documentos y expediente vayan a surtir efectos fuera del territorio autonómico. La forma también, como hemos indicado, es habitualmente escrita; en algunos supuestos se permite la forma oral, como, por ejemplo, en el caso de desistimiento de los particulares o en el caso de que las autoridades ejerzan su competencia en forma verbal, en cuyo caso el inferior que recibe la orden del órgano superior de la Administración expresará en la comunicación de la misma la autoridad de que procede en los términos del artículo 55 de la LRJ-PAC.

II. FASES DEL PROCEDIMIENTO ADMINISTRATIVO

Las fases del procedimiento son fundamentalmente las siguientes:

Fase de iniciación, fase de desarrollo, fase de terminación y, por último, aunque no es propiamente una fase, la ejecución. Dentro de cada fase existen especiales actuaciones y trámites. El esquema puede quedar así:

Fases del P.A.

- A) Iniciación
- B) Desarrollo
  - a) Ordenación
  - b) Instrucción
- C) Terminación
- D) Ejecución

1) Iniciación

La iniciación puede realizarse bien de oficio, es decir, por iniciativa de la propia Administración, o bien a instancias del particular (arts. 68 a 70 LRJ-PAC). La iniciación de oficio puede producirse por decisión del órgano competente, por su propia iniciativa o como consecuencia de orden de su superior jerárquico o a petición razonada de otros órganos. También puede iniciarse de oficio a virtud de denuncia del particular. Cabe abrir antes un período de información previa para conocer las circunstancias y decidir o no la iniciación.

La denuncia del particular no obliga a la Administración a actuar, sino que, a la vista de los hechos denunciados, la Administración decide sobre la iniciación del expediente. La denuncia puede ser, en algunos casos, un deber. Como sucede a veces en materia sanitaria, donde es obligado poner en conocimiento de la Administración las posibles alteraciones epidemiológicas de las circunstancias de la salud por su trascendencia pública o en materia de orden público. Otras veces, la denuncia es una simple facultad, como puede ser la denuncia de determinadas infracciones de normas fiscales. La falta de estímulos que suelen tener normalmente los particulares para denunciar estos hechos a la Administración se suele contrarrestar dándole ciertas posibilidades de participar en los resultados del procedimiento de que se trate. Realmente la denuncia de antiguo tiene mala prensa, pero no cabe duda de que el hecho de denunciar una actividad irregular puede ser un acto cívico cuya habitual utilización en países con una idiosincrasia altamente democrática es significativa del sentido de responsabilidad de los ciudadanos consecuentes.

Cuando la iniciación se realiza a instancias del interesado, tiene la virtud de impulsar a la Administración a desarrollar un procedimiento cuyos resultados se concreten en algún acto que les beneficie en alguna manera. El escrito del interesado puede ser una solicitud o un recurso administrativo, que es lo normal, o simplemente una petición política. Se llama petición política al ejercicio de un pretendido derecho encaminado a solicitar la adopción de actos discrecionales o a la promulgación de disposiciones generales por la Administración, pero sin que ésta venga obligada por el ordenamiento a acceder a los deseos del solicitante. Si se pide, por ejemplo, un traslado de matrícula de forma reglamentaria, se estará en presencia de una solicitud administrativa; ahora bien, si lo que se pide es que se modifique el plan académico de una carrera universitaria, se habrá realizado una petición política que no vincula a la Administración.

Las peticiones políticas vienen admitidas en el texto constitucional (art. 29), y desarrolladas por la Ley 92/1960, de 22 de diciembre, reguladora del derecho de petición. El único derecho que da el derecho de petición es el de pedir, pero no el de que se conceda lo que se pide, a diferencia de lo que sucede con otro tipo de instancias administrativas. Este derecho, que ha de ser ejercitado individualmente, puede serlo de cualquier forma, incluso por telegrama. Así, ocasionalmente, puede recordarse que acontecimientos determinados provocan centenares de cartas y telegramas dirigidas al centro o autoridad que puede decidir, bien sea el Presidente del Gobierno, bien sea el Ministro correspondiente, bien sea la Presidencia de las Cortes. Los receptores de tales peticiones no tienen más obligación que acusar recibo y comunicar en su día la decisión que proceda; no son, pues, peticiones basadas en derecho, sino un plus más de posibilidades de comunicación con la Administración que pueden dar lugar o no a la iniciación de un procedimiento administrativo.

Las solicitudes o peticiones en sentido estricto y las reclamaciones administrativas, por el contrario, son aquellas que se basan en un determinado derecho por parte del que las realiza. Llevan aparejadas la vinculación para la Administración de iniciar el procedimiento y de desarrollarlo hasta su final. Suponen la obligación para ella de resolverlas a través de los trámites procedimentales correspondientes, si aquéllas se producen de acuerdo con las normas formales establecidas en el ordenamiento. Estas peticiones se efectúan normalmente en un escrito directo en el que se estipula lo que se quiere obtener, o bien, a veces, en un escrito de preparación, como es el caso de las reclamaciones económico-administrativas, en que se adelanta la intención que después se concretará ya formalmente.

La consecuencia más importante de la presentación de solicitudes o reclamaciones administrativas es la de provocar la iniciación del procedimiento y su automática continuación hasta el final, impulsándose de oficio por la propia Administración. Para el particular pueden, además, producirse determinadas consecuencias accesorias. Así, la prioridad en obtener contestación, por cuanto la Administración está obligada a despachar los asuntos por orden riguroso de incoación (art. 74.2 LRJ-PAC) comenzando a contar el plazo de tres meses o el previsto especialmente conforme al artículo 42. Otra consecuencia de la iniciación es la posible acumulación de procedimientos similares y la facultad, por último, de la Administración para adoptar determinadas medidas cautelares, siempre que esto no pueda causar perjuicios de imposible o difícil reparación o que implique violación de derechos amparados por las Leyes (arts. 72 y 73).

2) Desarrollo

A) Ordenación

Para desenvolver el procedimiento son necesarias una serie de actividades que en él confluyen, realizadas por la Administración y por los interesados. La ordenación del procedimiento se adopta a lo largo del mismo para que se continúe y llegue, no es una subfase más, sino que es una serie de medidas que conduce a su fin.

a) *Actos de impulso.* Son aquellos que, como la propia rúbrica evoca, tienden a que el procedimiento continúe, desenvolviéndose ordenadamente y cumpliéndose los diversos requisitos previstos hasta desembocar en su final. El procedimiento administrativo, a diferencia del proceso judicial, se desarrolla con un cierto automatismo interno. Una vez iniciado, la Administración debe proveer a que se continúe sin necesidad de que se inste por los particulares su progresión. En el proceso judicial, por el contrario, prima la impulsión a instancia de parte, en virtud de la cual, normalmente a través del procurador, los que pleitean deben incitar al juez a que siga actuando. Por ello se dice en la Ley de Enjuiciamiento Civil que se tendrán por abandonadas las instancias en toda clase de juicios y caducarán si no se insta su curso.

En el procedimiento administrativo el sistema es distinto y la impulsión se realiza de oficio en todos sus trámites. Para que esta impulsión sea eficaz, se establecen una serie de previsiones, como las que obligan a la Administración a dar al procedimiento mayor rapidez y a incluir en un solo acto todos los trámites que por su naturaleza admitan una impulsión simultánea (arts. 75 y 76). Igualmente deberá agilizarse la obtención de comunicaciones y demás actuaciones que tengan que ser realizadas por otras autoridades, estableciendo para ello unos plazos tasados y fijos; si se trata de actividades de los administrádos que inciden en el procedimiento, éstas deben producirse en el plazo de diez días, a partir de la notificación procedente. La impulsión, pues, tiende a acelerar en lo posible el desarrollo del procedimiento en cuestión; a ella pueden contribuir las alegaciones en la forma que veremos después.

b) *Actos resolutorios*. Otros actos de ordenación son los actos resolutorios; se trata aquí de actos que no deciden finalmente el procedimiento, puesto que, si no, estaríamos en fase distinta a la que nos ocupa; son actos no finales, pero que se pronuncian sobre determinados trámites procedimentales internos, como son los que deciden la admisión de la prueba, la adopción de medidas cautelares. Actos de trámites resolutorios son, por ejemplo, en unas oposiciones, la admisión de los candidatos, la realización de las pruebas.

c) *Actos de comunicación*. Son aquellos que conectan a los distintos interesados con el procedimiento y que relacionan a los que deban aportar algo relevante para el mismo. Las comunicaciones, pues, son los instrumentos de trasmisión, las vías materiales de conexión entre las personas y los organismos llamados a participar de alguna manera en el procedimiento. Si las comunicaciones se realizan con otros órganos administrativos se prevé que se efectúan directamente, sin que medien traslados e interferencias. Las comunicaciones y notificaciones a los interesados tienen unos requisitos y características que ya han sido expuestos anteriormente (arts. 58 a 61).

d) *Actos de intimidación*. Son aquellos que invitan a los particulares afectados por el procedimiento a que realicen determinadas conductas transcendentes para el mismo. Tal sucede con las citaciones, los emplazamientos, los requerimientos para que se aporten documentos, para que se esté presente en un acto de prueba.

e) *Actos de documentación.* Son las certificaciones expedidas a la vista del contenido del procedimiento, que pueden ser solicitadas por los interesados de acuerdo con el artículo 35.a, pidiendo que se les expida copia certificada de los extremos contenidos en el expediente. Al presentar un documento ante la Administración se puede pedir que se expida recibo o simplemente se acompaña copia del escrito para que el funcionario encargado del Registro la devuelva sellada al interesado; con ello éste tiene un documento fehaciente que acredita el tiempo en que ha presentado el documento y el contenido del mismo [art. 35.c)].

f) *Solicitudes de responsabilidad.* Son aquellas solicitudes realizadas por los interesados a las que la LPA denominaba reclamaciones en queja. Con la ley vigente los interesados pueden alegar en todo momento los defectos de tramitación, cuando el procedimiento se paraliza más de lo debido o se han producido determinadas irregularidades (art. 79). Ya vimos que el procedimiento debe impulsarse en todos sus trámites; sin embargo, y aunque la Ley establece incluso un plazo máximo de tres meses, salvo previsión especial para su terminación, desgraciadamente no siempre sucede así; la tramitación de los expedientes se dilata a menudo, y la Administración prescinde, a veces también, de la obligación de cuidar un orden riguroso de tramitación de acuerdo con las fechas de presentación de los escritos de iniciación. He aquí el sentido psicológico de las visitas informales que se realizan a menudo a los centros y dependencias correspondientes con ánimo de impulsar la tramitación de los expedientes. Estas quejas o alegaciones que se efectúen no tienen más entidad que posibilitar que se subsanen las deficiencias antes de la resolución definitiva. Pero al mismo tiempo pueden tener la virtud, si hubiere razones para ello, de producir la correspondiente responsabilidad del funcionario moroso.

Por eso, a pesar de sus limitaciones puede constituir una medida de relativa eficacia, aunque la LRJ-PAC las da ahora un tratamiento general incorporado al procedimiento que resultará seguramente de menor utilidad que el de sustanciación como pieza separada que hacía la LPA. No obstante, si la protesta ordenada es una obligación cívica, la protesta interesada, cuando se trate de un procedimiento, es una facultad que en la práctica es susceptible de producir resultados, pese a que no se conozcan excesivamente estas posibilidades por los que se relacionan con la Administración.

Estas alegaciones o quejas son, por lo tanto, actuaciones de los particulares tendentes a la aceleración del procedimiento y a la subsanación de aquellos defectos que en su tramitación se presentan, que deberán ser tenidos en cuenta por el órgano que resuelva aquél, sin perjuicio de que posteriormente, y al recurrir el acto final, puedan volver a ser reiteradas si tiene trascendencia, y de las que cabe derivar responsabilidad disciplinaria. Responsabilidades que cabe exigir asimismo en los supuestos que el legislador prevé en los artículos 41 a 44 de la Ley, por incumplimiento de las exigencias que en ellos se incorporan.

Esta facultad se halla íntimamente conectada con los derechos de los interesados a conocer, en cualquier momento, el estado de la tramitación de los procedimientos y a identificar a las autoridades y al personal al servicio de las Administraciones bajo cuya responsabilidad se tramiten [art. 35.a) y b)].

B) Instrucción

La instrucción tiene por objeto determinar los hechos relevantes para el procedimiento, conocer e incorporar los datos de trascendencia para él y todas las circunstancias que puedan influir en su resolución. La instrucción del procedimiento se opera de oficio por parte de la Administración, sin perjuicio del derecho de los interesados a proponer actuaciones que requieran su intervención o constituyan trámites legal o reglamentariamente establecidos (art. 78). Actos de instrucción son los informes, alegaciones, pruebas y audiencia. En todos ellos la actuación instructora deberá respetar los principios de contradicción y de igualdad de los interesados, pudiendo éstos actuar asistidos de asesor (art. 85).

a) *Informes.* Se puede incorporar al procedimiento el parecer de otros órganos administrativos, de corporaciones profesionales (arts. 82 y 83), como, por ejemplo, las Cámaras de Comercio, que pueden opinar con relevancia en determinados procedimientos, u otros que se juzguen necesarios. Así, por ejemplo, si se trata de un plan de urbanismo, interesa la opinión de la Cámara de la Propiedad Urbana. Los informes pueden ser preceptivos si es obligatoria su emisión e incorporación al procedimiento, y facultativos si tales informes no tienen este carácter. Los informes preceptivos pueden ser vinculantes cuando la Administración debe acatarlos, y no vinculantes si puede ésta apreciarlos discrecionalmente. Ya vimos que la omisión de informes preceptivos era un vicio que podía dar lugar a la anulabilidad del procedimiento.

b) *Pruebas.* Las pruebas tienen por objeto acreditar hechos relevantes para la decisión sometida a procedimiento cuando la Administración no tenga por ciertos los hechos alegados por los interesados o la naturaleza del procedimiento lo exija. La Administración, en tales casos, es la que decide la práctica de la prueba, aunque la solicitud puede ser realizada por los interesados. Una vez acordada la práctica de pruebas, se comunicará a éstos, con antelación suficiente, al inicio de las operaciones para su asistencia al acto si lo desean (arts. 80 y 81). Piénsese, por ejemplo, en la práctica de los deslindes. Cuando la Administración trata de determinar si un monte público tiene una extensión determinada, se cita a los colindantes, a los propietarios de fincas limítrofes, para que asistan al acto de reconocer cuáles son los límites de sus fincas y los de la Administración, practicándose sobre el terreno un acto que parcialmente es de prueba, y al cual, por supuesto, tienen interés en asistir los propietarios.

La apreciación de los resultados de las pruebas se realiza con cierta discrecionalidad por la Administración, lo cual no es óbice para que después, si se recurre contra el acto final, los tribunales valoren de forma distinta el resultado de tales pruebas. En cualquier caso, las SSTC 76 y 221/1990, de 26 de abril y 20 de diciembre, declaran que las actuaciones administrativas formalizadas en el oportuno expediente no tienen la consideración de simple denuncia, sino que son susceptibles de valorarse como prueba en la vía judicial contencioso-administrativa, pudiendo servir para destruir la presunción de inocencia sin necesidad de reiterar en dicha vía la actividad probatoria de cargo practicada en el expediente administrativo.

c) *Alegaciones.* Los interesados podrán, en cualquier momento del procedimiento y siempre con anterioridad al trámite de audiencia, aducir alegaciones y aportar documentos u otros elementos de juicio que serán tenidos en cuenta por el órgano competente al redactar las correspondientes propuestas de resolución (art. 83). Alegaciones, pues, no son sino manifestaciones que realizan los particulares sobre circunstancias de hecho o de derecho relevantes para ellos y que pueden influir en el desarrollo del procedimiento. Es algo que argumentan, que ponen en conocimiento de la Administración, con documentos o elementos complementarios, en ciertos casos, y con el contenido posible de queja al que ya se aludió en su momento.

d) *Audiencia.* Pero con independencia de estas posibilidades generales, en el procedimiento existe un trámite importante cuya ausencia da lugar sistemáticamente a la posibilidad de la anulación de su resultado final y a la reposición del procedimiento al momento en que debería haberse producido, así, STS de 6 de julio de 1988. Me refiero al trámite de audiencia recientemente constitucionalizado, como hemos visto. Realmente este trámite se desarrolla en dos momentos, supone la previa puesta a disposición de los interesados del expediente para que lo examinen, lo que se denomina *vista,* y para que después de un plazo no inferior a diez días ni superior a quince se *alegue* o argumente lo que proceda, presentándose los documentos que se estimen pertinentes. Aunque los interesados tienen derecho a obtener, además, copia de los documentos contenidos en el expediente [art. 35.a)]. Tanto la vista como las copias deberán limitarse en caso de que ello afecte a las informaciones y datos reservados prescritos en el artículo 37.5 o en otros supuestos de acceso limitado previstos allí mismo.

Muchas veces la audiencia se sintetiza y no se da una exposición material del expediente. Así, por ejemplo, cuando se tramita una multa, sin invitar al interesado para que se desplace a las oficinas correspondientes para examinar el expediente y la denuncia, se le da simplemente traslado de todo lo que en el expediente tiene trascendencia para él al objeto de que pueda alegar lo que corresponda.

Este trámite no debe confundirse con el recurso. Una cosa son los recursos que se interponen una vez terminado el expediente y otra la audiencia, en la que el interesado puede expresar con cierta informalidad lo que estime conveniente en defensa de la posición que ostenta, lo que la Administración deberá tomar en consideración al cristalizar su voluntad en el acto final.

La audiencia es una aplicación del principio general que afirma que nadie puede ser condenado sin ser oído. El trámite de la audiencia ha de tener lugar, precisamente, una vez instruido el expediente y antes de redactar la propuesta de resolución. Se puede prescindir de este trámite solamente cuando no figure en el expediente ni sean tenidos en cuenta en la resolución otros hechos ni otras alegaciones que las aducidas por el interesado, porque en tal caso es innecesario nuevamente darle ocasión a que se pronuncie. Otro tanto sucede si han manifestado los interesados su decisión de no efectuar alegaciones ni aportar nuevos documentos (art. 84).

e) *Información pública.* Cuando la naturaleza del procedimiento lo requiera, podrá acordarse un período de información pública, a través de anuncio en el Boletín o Diario Oficial correspondiente de la respectiva Administración, para que quienes tengan interés puedan examinar el expediente que se acuerde exponer y realizar en plazo las alegaciones que estimen.

La incomparecencia en este trámite no impedirá a los interesados interponer los recursos que procedan contra la resolución definitiva. En tanto que la comparecencia no otorga, por sí misma, la condición de interesado, teniendo derecho en ese caso a obtener una respuesta razonada. En algunos procedimientos, por ejemplo, en la aprobación de planes de Urbanismo o su modificación, por su trascendencia general, rebasan sectores concretos de interesados y afectan a amplios círculos de sujetos, quizá a todos los vecinos de una ciudad. Pues bien, está previsto que cualquiera pueda conocer y dar su opinión, y en tales casos se expongan a información pública los planes para, si procede, defender los intereses que crea pueden estar conculcados.

Cabe que las Administraciones Públicas establezcan otras formas, medios y cauces de participación de los ciudadanos, directamente o a través de organizaciones y asociaciones reconocidas por la Ley (art. 86).

3) Terminación del procedimiento

A) Normal

El procedimiento puede terminar normal o anormalmente (art. 87). La terminación normal se produce con el acto definitivo que pone fin al procedimiento y determina, pues, el surgimiento de la resolución o decisión procedente de la Administración (art. 89). Consiste, simplemente, en el acto que finaliza el procedimiento, de acuerdo con lo incorporado al expediente. Este acto puede ser motivado o no motivado. Ya vimos también que en determinados supuestos la Administración debe motivar sus decisiones finales. La mayoría de los actos han de ser motivados, salvo aquellos excepcionados de las previsiones del artículo 54.

El contenido de la resolución debe ser tal que permita decidir todas las cuestiones propuestas por los interesados y aquellas otras derivadas del expediente, aunque no hayan sido planteadas por ellos respetando el principio de congruencia, y sin poder agravar su situación inicial. La Administración no puede abstenerse de resolver so pretexto de silencio, oscuridad o insuficiencia de preceptos legales aplicables, aunque podrá resolver la inadmisión de las solicitudes de reconocimiento de derechos no previstos en el ordenamiento o manifiestamente carentes de fundamentos. Al igual que en el proceso, rige aquí, pues, el principio *non liquet*. El tiempo teóricamente fijado para que medie la resolución es de tres meses desde la iniciación del expediente, aunque la exigencia de estos plazos no tenga mayor trascendencia práctica para los particulares, puesto que no produce normalmente la anulabilidad tal procedimiento, sino a lo sumo la responsabilidad remota y teórica de los funcionarios que hayan dado lugar a que el expediente se retrase, o la responsabilidad patrimonial de la Administración.

El transcurso del tiempo tiene trascendencia para el juego de la técnica del silencio administrativo, que también hemos aclarado, y en virtud del cual la ausencia de pronunciamiento por la Administración puede dar lugar a la presunción de un acto, permitiendo con ello estimar concedida o denegada una pretensión a los efectos ulteriores que procedan.

La resolución puede sustituirse o integrarse en la terminación convencional, que consiste en que la Administración, mediante acuerdos, pactos, convenios o contractos, pone fin al procedimiento satisfaciendo de esa forma transaccional el interés público implicado. Esta vía sólo procede cuando las disposiciones lo prevean expresamente, salvaguardando los límites y condiciones determinados en el artículo 88.

B) Anormal

La terminación anormal del procedimiento puede producirse por el desistimiento, la renuncia, la caducidad o la imposibilidad material de continuarlo por causas sobrevenidas (arts. 88 a 92). La terminación anormal tiene como característica el que el procedimiento acaba sin que se haya producido un acto. En tales circunstancias, el procedimiento no llega a su fin previsto por voluntad expresada directamente por los particulares, caso del desistimiento y renuncia, o indirectamente, caso de caducidad o por causas objetivas cuando se dé la imposibilidad de continuarlo.

Los efectos del desistimiento y de la renuncia son ligeramente distintos. El desistimiento supone el que los administrados deciden que no se continúe un procedimiento que se ha iniciado a instancia o beneficio suyo, pero les queda abierta la posibilidad de que se reproduzca en otra ocasión. Por ejemplo, si se solicita la concesión de la explotación de los recursos hidráulicos de un río puede que a lo largo del procedimiento se decida que no interesa por ahora obtener tal concesión y se desista de la misma, pero ello no es óbice para que en un momento posterior, si continúan las mismas circunstancias, pueda volver a solicitarse. Por el contrario, la renuncia supone que el procedimiento no es repetible por voluntad del particular; éste ha perdido difinitivamente la posibilidad concreta que se ofrecía. Por ejemplo, el opositor que abandona unas oposiciones podrá, a lo más, concurrir a otras oposiciones si se convocan, pero no a las plazas concretas a las que aspiraba.

Para poder renunciar a un procedimiento es preciso que los derechos sean renunciables. Hay derechos irrenunciables, a pesar del principio general de que nadie puede ser obligado a permanecer en el goce de un derecho. Existen, tanto en el ámbito del Derecho público como del privado, derechos de naturaleza irrenunciables, como, por ejemplo, la patria potestad o el derecho-deber de desempeñar ciertas funciones en el proceso electoral.

Tanto el desistimiento como la renuncia podrán hacerse por cualquier medio que permita su constancia. La Administración, en tales casos, declarará concluido el procedimiento, a no ser que se hayan personado en el mismo terceros interesados que pidan la continuación cuando la Administración les comunique la renuncia de otros sujetos. Igualmente, si la materia del procedimiento es de interés general, la Administración puede excluir al particular que desiste, pero debe continuarlo de oficio para dar satisfacción a aquellos intereses generales.

Otro supuesto de extinción anormal del procedimiento administrativo es la caducidad, que es una forma de terminación del procedimiento a virtud de su paralización por causas imputables a los interesados que intervienen en el mismo. Si la responsabilidad de la paralización es imputable a la Administración, no se produce, por lo tanto, la caducidad, basada sólo en la presunción de abandono del interesado de los trámites procedimentales y que tienen por objeto impedir una excesiva duración del procedimiento y evitar que los administrados puedan detener la continuación del procedimiento. Se requiere para ello que transcurran tres meses desde que se notifique al interesado una paralización del procedimiento a él imputable. Es decir, si la Administración advierte que el procedimiento se ha detenido por culpa del interesado y a partir de la notificación de estas circunstancias transcurren tres meses sin que se hayan cumplido las obligaciones que le incumben, aportando los documentos necesarios, personándose en el procedimiento, etc., el procedimiento se da por terminado y la Administración lo archiva.

Estos supuestos sólo determinan la caducidad cuando los trámites a cumplimentar sean indispensables para dictar la resolución, ya que en el resto de casos, la inactividad de los interesados comporta únicamente la pérdida del derecho al trámite exigido, pero omitido.

La caducidad puede no ser aplicable si la materia afecta al interés general o es conveniente sustanciarla para su definición y esclarecimiento.

El artículo 71 de la Ley también contempla algunos supuestos que pueden equipararse a la caducidad. La legislación, generosa en la facilitación de las relaciones con los particulares, prevé que si en el escrito de iniciación del procedimiento se incumplen determinados requisitos, se requerirá al que lo haya presentado, si se le conoce o al menos se le puede identificar, para que los complete en un plazo de diez días; si no lo hace así, la Administración procede a archivar el escrito, y, por lo tanto, el procedimiento no llega a iniciarse propiamente.

CAPÍTULO XXV

REVISIÓN DE LOS ACTOS ADMINISTRATIVOS

I. CONDICIONES GENERALES.

II. SUPUESTOS.

III. REVISIÓN DE OFICIO DE LOS ACTOS ADMINISTRATIVOS. SISTEMA DEL DERECHO ESPAÑOL.

IV. REVISIÓN DE DISPOSICIONES GENERALES.

REVISIÓN DE LOS ACTOS ADMINISTRATIVOS

I. CONDICIONES GENERALES

Partiendo de un acto administrativo ya existente, se plantea aquí la posibilidad de su modificación, su sustitución o eliminación a virtud de otro acto posterior dictado en el seno de la Administración por el mismo órgano del que emanó el acto o por otro superior, bien por propia iniciativa de la Administración o bien a instancia de parte interesada. Estamos, pues, todavía en el campo propiamente administrativo, es decir, la revisión de los actos se efectúa dentro y por la Administración, a diferencia de la revisión judicial, que sale de la órbita de la Administración entrando en juego las facultades correctoras de los tribunales, en este caso de los Tribunales de lo Contencioso. Se trata del juego de potestades administrativas con signo contrario al inicial cuyo ejercicio viene condicionado por una serie de principios, en alguna forma contrapuestos, que examinaremos.

Un primer conjunto de principios favorece la mutabilidad, la disponibilidad de la Administración sobre sus actos. En primer lugar, razones de oportunidad parece abonan en favor de la libre modificación de los actos, de su eventual alteración o eliminación, cuando el público interés así lo aconseje, cuando hayan cambiado las circunstancias, cuando entren en juego otros factores, por la variedad del campo en que se mueve la Administración. También, por otro orden de consideraciones, parece aconsejable ampliar las posibilidadades revisoras en base a postulados de legitimidad si la actuación administrativa se produjo contra lo establecido en el ordenamiento. Parece que en principio debe ser libremente, o más aún, obligatoriamente revisados por la Administración aquellos actos que sean contrarios al ordenamiento jurídico.

Por el contrario, otros fundamentos favorecen la estabilidad de las actuaciones ya concretadas de la Administración y la conservación indefinida de sus actos. Militan en este sentido los principios que tienden a dotar al mundo de relaciones en que incide la Administración de una cierta seguridad, la cual se vería seriamente alterada y afectada si los particulares que se relacionan con la Administración pudiesen ver en cualquier momento evaporados los derechos concedidos y modificadas las situaciones en que justamente confiaban. Ello favorece las tendencias contrarias a la libre alteración de los actos administrativos.

Especialmente juega aquí, en torno a la seguridad, el principio de respeto a los derechos adquiridos. Cuando la Administración reconoce y concede derechos parece que no pueda volverlos a desconocer. El respeto a los derechos adquiridos luce incluso en casos en que el reconocimiento de tales derechos ha sido ilegítimo, ha violado las normas del ordenamiento. La retirada de estos derechos está sometida a determinados condicionantes temporales y formales, como luego veremos, que operan en pro de la estabilidad del orden de situaciones y del mantenimiento de la confianza en las circunstancias creadas por la Administración. Por otra parte, aun cuando sea posible el rectificar tales actos ilegítimos, el respeto a la buena fe puede suponer adicionales valladares a la libre disposición de la Administración.

De parte de la Administración, la estabilidad es condición para la eficacia de su propio obrar. Si en cualquier momento, no importa el tiempo transcurrido desde la terminación del procedimiento y adopción de los actos, éstos pudieran ser alterados a instancia de los particulares, la eficacia administrativa quedaría sustancialmente afectada. Ésta es una de las razones por la que el ejercicio del derecho de recurso se condiciona temporalmente. Se concede un plazo a los particulares para poder atacar a la Administración, pero se trata, a la vez, de que ésta no quede indefinidamente sometida a la revisión de sus conductas.

II. SUPUESTOS

La revisión de los actos administrativos puede hacerse, bien de oficio por la propia Administración, bien a petición de los particulares. En el primer caso, ello supone la adopción de un procedimiento que desembocará en un acto contrario, por el que la Administración, por propia iniciativa, retira del mundo del derecho un acto anterior. Este acto contrario puede venir a su vez basado en razones de mera oportunidad o bien en razones de ilegitimidad del acto revisado.

La revisión rogada, o a instancia de parte, implica el desencadenamiento de un procedimiento, cuyo inicio ha sido solicitado por el particular que trata de conseguir que se elimine o altere, según la voluntad expresada en el recurso, el acto controvertido, por ser contrario al ordenamiento jurídico. Aquí, pues, pesan sólo razones de legitimidad. Ello no quiere decir que un particular no pueda solicitar de la Administración que, por razones de oportunidad, altere un acto anterior, pero en tal caso a lo más estaríamos en presencia de meras peticiones, el particular no podría apoyarse en derecho alguno para conseguir los resultados que pretende de la Administración, ésta no vendría obligada a atenderle ni los tribunales podrían revisar sus actos.

Vistas cuáles son las dos posibles manifestaciones de las actuaciones revisoras de los actos administrativos, vamos a analizarlas en sus supuestos concretos.

III. REVISIÓN DE OFICIO DE LOS ACTOS ADMINISTRATIVOS. SISTEMA DEL DERECHO ESPAÑOL

Nuestro sistema viene influido en su versión actual (arts. 102 y 103) por razones de tipo histórico. De un lado han pesado reminiscencias de algunas épocas en las que la Administración debía acudir a los tribunales para adoptar decisiones imponibles a los particulares y, por tanto, para revisar también sus propios actos. Así, la institución de la lesividad, que veremos, tiene su pleno sentido en momentos históricos detectados en torno a las primeras décadas del pasado siglo, en que la Administración no tenía plenamente atribuidas facultades de autotutela y debían intervenir los tribunales, tanto para que sus actos de gravamen tuviesen ejecutividad, como para privar de consecuencias jurídicas a los actos favorables.

Cuando se instaura el sistema contrario de la justicia retenida, justicia propia de la Administración que suponía la total exención de ésta frente a los tribunales, las posibilidades de decidir libremente por aquélla se amplían considerablemente, abriéndose una vía que permitía con cierta impunidad a la Administración modificar sus propios actos, afectasen o no a los derechos adquiridos de los sujetos administrativos. Entre estos dos sistemas se va a articular la actual solución intermedia para la revisión de oficio de los actos administrativos, permitiéndose la modificación de aquellos actos que no creen derechos adquiridos ni afecten a derechos de terceros, pero también que la Administración, para aquellos que los crean, sin necesidad de acudir a los tribunales, pueda declarar la nulidad de los actos nulos de pleno derecho y anular los que infrinjan gravemente las normas de rango legal o reglamentario. Para los demás actos, la Administración debe acudir a los tribunales cuando los actos ilegítimos son lesivos a sus intereses, es decir, perjudiciales.

La revisión de oficio puede venir motivada por razones de oportunidad y conveniencia que cabe denominar revocación o por razones de ilegalidad, que sería propiamente la revisión de oficio y ésta a su vez, en cuanto a la causa, puede ser: especialmente grave, nulidad de pleno derecho; simplemente grave, infracción grave del ordenamiento jurídico; menos grave, anulabilidad ordinaria. Esta graduación arrastra consecuencias distintas, como veremos. Trataremos de exponer sistemáticamente el cuadro de posibilidades revisoras de oficio en general, advirtiendo que es de íntegra aplicación tanto para la Administración central y autonómica como para la local, si bien en este último caso, pese a que tienen plena aplicación las disposiciones de la legislación del Estado reguladoras del procedimiento administrativo común, en lo que se refiere a la revisión de oficio, existen ciertas especialidades, contempladas en los artículos 65, 67 y 110 de la Ley Reguladora de las Bases del Régimen Local (art. 53). El esquema que incluye no sólo a los actos, sino también las disposiciones generales, es el siguiente:

- Actos legítimos
  - No declarativos de derecho.–Revocables libremente.
  - Declarativos.—Irrevocables, excepciones, incumplimiento o previsión del propio acto.
  - De gravamen.—Revocables en cualquier tiempo.
- Actos ilegítimos
  - Declarativos
    - Nulos.—Declarables por la Administración en cualquier tiempo, previo dictamen favorable del Consejo de Estado u órgano consultivo autonómico.
    - Anulables
      - No infringen gravemente el ordenamiento jurídico.—La Administración declara lesividad (cuatro años), intervención de los Tribunales.
      - Infringen gravemente el ordenamiento jurídico.—La Administración, plazo de cuatro años con dictamen del Consejo de Estado.
  - Errores materiales.—La Administración en cualquier tiempo.
- Disposiciones generales
  - Legítimas.—Derogables en aplicación de la jerarquía de normas.
  - Ilegítimas.—Régimen de los actos nulos, Orden de 12 de diciembre de 1960.

En el esquema actual debemos, pues, hacer dos grandes grupos:

— Revocación de los actos legítimos.
— Revisión de oficio de los actos ilegítimos.

Dentro del primer grupo, la regla general es la de la imposibilidad, por parte de la Administración, de alterar los actos declaratorios de derechos modificando los derechos adquiridos por los particulares. Rige aquí el principio de irrevocabilidad de los actos favorables, con las solas excepciones previstas en el propio acto o en las normas que rigen para su adopción, salvo que se dé incumplimiento, lo que, según vimos, puede producir la extinción de efectos de los actos administrativos.

Hay otros actos que pueden ser más fácilmente manejados y dispuestos por la Administración: los actos no declarativos de derechos, que son aquellos que afectan únicamente a la Administración o que imponen gravámenes a los particulares. En cuanto a los actos de gravámenes, la Administración podrá libremente retirarlos en cuanto que deben excluirse, *a priori,* posibilidades de impugnación por los particulares a quienes beneficia su eliminación (art. 105).

Esto, que prácticamente es así, no debe inducirnos al error de creer que todos los actos no declarativos de derecho pueden ser libremente revisados por la Administración. Ésta viene sometida al ordenamiento jurídico y a los límites de las potestades que tiene conferidas, lo que vale también para aquellos actos internos que no afectan a los particulares. Solamente en aquellos casos en que tenga una clara y pura discrecionalidad podrá revisar sus actos con absoluta libertad e impunidad; por ejemplo, la Administración puede decidir construir una carretera que vaya por determinados trazados y poco después repensar financieramente el asunto y abandonarlo. A lo sumo queda obligado a motivar el cambio de decisión.

En cuanto a los actos ilegítimos, hemos de distinguir también entre actos no declarativos de derechos y actos declarativos de derechos. Los actos ilegitimos no declarativos de derechos deben ser eliminados en cualquier tiempo por la Administración y sin que tenga, por tanto, al no afectar a los particulares, ninguna cortapisa ni restricción. El sistema se complica para arbitrar un equilibrio entre las enunciadas tendencias y principios contrapuestos, cuando se trata de actos ilegítimos declarativos de derechos. En este caso hemos de distinguir entre el régimen de los actos nulos de pleno derecho y el de los actos meramente anulables.

Los actos nulo de pleno derecho, en virtud de los dispuesto en el artículo 102 de la LRJ-PAC, podrán ser declarados como tales, en cualquier momento de oficio o a instancia de los interesados y previo dictamen favorable del Consejo de Estado; estos actos son los enumerados por el artículo 62.1 de la LRJ-PAC, que adolecen de los graves vicios ya examinados. La Administración, en estos casos, no anula estos actos, puesto que ya lo eran desde principio, sino que simplemente se limita a constatar su nulidad, declarándolo así y privándoles de la apariencia de eficacia que tenían en el mundo jurídico.

Pero para que esta declaración tenga las suficientes garantías, se prevé la entrada del Consejo de Estado u órgano consultivo autonómico, que debe dictaminar favorablemente, condicionando, pues, de alguna manera, el obrar de la Administración en el sentido de que si el dictamen del Consejo de Estado es contrario, la Administración no puede declarar la nulidad, aunque puede suceder, y esto es paradójico, que el Consejo de Estado se pronuncie por la nulidad de pleno derecho y la Administración estime después que no existe tal nulidad.

Conforme al artículo 102 citado, la Administración, en cualquier momento, por iniciativa propia o a solicitud de interesado, podrá declarar la nulidad de los actos que hayan puesto fin a la vía administrativa o contra los que no se haya interpuesto recurso administrativo. Por lo tanto, no hay plazo para esta declaración, la gravedad de la infracción es de tal índole, que se permite constatarla sin restricciones temporales.

El procedimiento a sustanciar se instruirá y resolverá de acuerdo con las disposiciones comunes que nos son ya conocidas, requiriendo necesariamente el dictamen previo del órgano consultivo.

La resolución expresa o presunta, ésta debe entenderse contraria a la revisión, sólo es susceptible de recurso contencioso. Cabe entender, pues, que los interesados que insten la revisión disponen de una verdadera acción que obliga a la Administración a resolver, tanto en esta vía como en la de los actos anulables.

Dentro de los actos meramente anulables aparecen, en primer lugar, aquellos que adolecen de vicios que infringen gravemente el ordenamiento jurídico. La Administración, a iniciativa propia o a solicitud de interesado, puede por sí anularlos sin recurrir a los Tribunales. Para ello se necesita que el procedimiento de revisión se inicie antes de transcurridos cuatro años desde que fueron dictados. Se requiere previo dictamen de órgano consultivo, Consejo de Estado o equivalente autonómico, pero sin que sea vinculante a la Administración (art. 103). Ésta precisa para tener acceso a sus facultades de autotutela que el vicio que padezca el acto sea grave, ya porque infrinja así una Ley o un Reglamento. Puede resultar realmente problemático determinar cuando ocurre esto que pudiera interpretarse como se hacía con la antigua LPA, que exigía «infracción manifiesta de la Ley», aunque puede admitir una ampliación de hipótesis. Parece que debe mantenerse que la infracción sea de entidad, ostensible y evidente, sin que aparezcan dudas razonables al respecto o pueda ser controvertido el juicio que se realiza, pero en cualquier caso ello es materia apreciable e implica un cierto criterio que puede ser discutido por los particulares que se vean perjudicados con la anulación.

Son aplicables en este caso y en el que sigue las reglas de resolución expresa y presunta comentadas en torno a los actos nulos.

En los demás casos de actos viciados, sobre los que existe, por lo tanto, menos claridad en cuanto a la existencia o gravedad de tales vicios, los poderes de revisión de la Administración son más relativos. La declaración de nulidad no puede ser directamente efectuada por ésta, sino que únicamente puede declararlos lesivos al interés público e impugnarlos ante los Tribunales Contencioso-Administrativos, que son los que pueden únicamente proceder a la declaración de nulidad. En todo caso, se necesita también que no hayan transcurrido cuatro años antes de que recaiga la declaración de lesividad.

Puede suceder que los actos que se trata de revisar no supongan una intencionada violación del ordenamiento jurídico, habiendo incurrido simplemente en errores materiales o de hecho o aritméticos. El ejemplo más significativo de tales casos es el denominado error de cuenta, aunque también la equivocación puede versar sobre otras circunstancias, como la identificación de las personas o de las cosas. En tales casos, y al amparo de lo dispuesto en el artículo 105.2 de la LRJ-PAC, la Administración podrá, en cualquier momento, efectuar las correspondientes rectificaciones. Pero debe tratarse de auténticos errores de hecho, no de derecho, y esta corrección no puede suponer la sustitución de un juicio por otro variando la apreciación de las circunstancias materiales.

Todas estas facultades de anulación y revocación tienen como límite el respeto a la equidad, a la buena fe, a la confianza legítima de los particulares, límites estos un tanto imprecisos, pero que se basan en los principios generales de Derecho que animan nuestro ordenamiento, respetuoso con la seguridad jurídica y que coarta las facultades administrativas en aquellos casos en que claramente su ejercicio, aunque legítimo, podría vulnerar tales principios, que encuentran su concreto apoyo en el artículo 106 de la LRJ-PAC.

IV. REVISIÓN DE DISPOSICIONES GENERALES

Por último, y aunque no se trata de revisión de actos, sino de normas, conviene hacer mención a las posibilidades que en este sentido corresponden a la Administración, para eliminar del ordenamiento jurídico las disposiciones administrativas ilegales. Como sabemos, una disposición legal, por pugnar contra el sistema de jerarquía de las normas y demás supuestos del artículo 62.2 de la LRJ-PAC, es nula de pleno derecho; ahora bien, la declaración de nulidad ha de hacerse expresamente, bien a instancia de los particulares, bien de oficio por la Administración, porque, en otro caso, aunque sean atacables los actos producidos como consecuencia de tal disposición, sus efectos generales se mantienen.

La LRJ-PAC no hace referencia alguna, como tampoco lo hacía expresamente la LPA, a esta revisión, debiendo entender que se mantiene en vigor, al menos para el ámbito del Estado, la Orden ministerial de 12 de diciembre de 1960.

La Administración, normalmente, no tendrá que recurrir a la declaración de nulidad, bastará con que derogue la norma en cuestión, si bien los efectos no son absolutamente los mismos, pues, como ha señalado el Consejo de Estado, existe una distinción entre la derogación pura y simple de una disposición general y la derogación por causa de nulidad de pleno derecho con expresa declaración de la misma; en el primer caso se respetan los derechos adquiridos, pues la retroactividad es materia reservada a la Ley formal y excluida de la potestad reglamentaria; en el supuesto de la derogación con declaración de nulidad quiebra el principio de respeto a los derechos adquiridos como efecto esencial de la nulidad de pleno derecho.

La causa, quizá, de tener que llegar a estos resultados utilizando la vía de la nulidad se debe al sistema de reparto de competencia entre los Ministerios, consistiendo, en difinitiva, pues, tal procedimiento en un cauce de coordinación interministerial y la eliminación de conflictos. Puede suceder, en efecto, que un Ministerio intervenga en las materias reservadas al conocimiento de otro, produciendo ilegalmente una disposición general. Para tales casos se prevé, por la Orden de referencia, la iniciación de un procedimiento por el Ministerio afectado en el que dictaminará el Consejo de Estado cuya terminación compete al propio Ministerio que adopta la iniciativa si la cuestión no sale de la órbita de su competencia, o al Consejo de Ministros si el dictamen del Consejo de Estado es favorable y se ha opuesto otro Ministerio a la declaración de nulidad.

CAPÍTULO XXVI

LOS RECURSOS ADMINISTRATIVOS

I. LA REVISIÓN A INSTANCIA DE PARTE.
  1) **Conceptos.**
  2) **Fundamentos.**
  3) **Clases.**
  4) **Objeto y causa.**
  5) **Sujetos.**
  6) **Formalidades.**
  7) **Plazos.**
  8) **Efectos.**

II. LOS RECURSOS EN PARTICULAR.
  1) **Recurso ordinario.**
    A) **Concepto.**
    B) **Fundamento.**
    C) **Número de recursos.**
    D) **Plazos.**
    E) **Presentación.**
    F) **Efectos.**
  2) **Recurso de revisión.**
  3) **Procedimientos especiales sustitutivos del recurso ordinario.**
  4) **Reclamación económico-administrativa.**
  5) **Reclamaciones previas a la vía judicial civil y laboral.**

LOS RECURSOS ADMINISTRATIVOS

I. LA REVISIÓN A INSTANCIA DE PARTE

1) Conceptos

Como vimos, la revisión de los actos administrativos podía hacerse de oficio por la Administración o a instancia de los particulares. También puede tener lugar mediante la utilización de los recursos administrativos. Los recursos son, pues, actos de los interesados por los que se solicita la modificación o revocación de un acto o disposición general y, en su caso, la compensación correspondiente, por entenderse que la conducta administrativa era ilegítima. Los recursos administrativos se distinguen de la revisión de oficio por el origen de la iniciativa, la naturaleza de la actuación de los interesados y los caracteres que legalmente se establecen. A diferencia, además, de los recursos jurisdiccionales, son resueltos por la propia Administración, que actúa así como juez y parte.

2) Fundamentos

La existencia de recursos utilizables por los administrados se basa en el lógico ofrecimiento a éstos de posibilidades defensivas ante eventuales violaciones de sus derechos o atentados a sus intereses por parte de la Administración. La Administración tiene también ocasión así de revisar sus conductas, rectificando las desviaciones en que pueda haber incurrido frente a lo dispuesto por el ordenamiento jurídico o simplemente, sin que haya producido ilegalidad, adoptando una nueva decisión más razonable, aunque en este último caso por apreciaciones de oportunidad no podrán afectarse derechos adquiridos de terceros ni empeorarse la situación del recurrente. En principio, los órganos administrativos tienen interés en obrar conforme a derecho, pero también razonable y oportunamente, y la arbitrariedad e ilegalidad les está vedada; por lo tanto, si a impulso de los particulares llegan al convencimiento de que sus actos no eran correctos, los modificarán sin necesidad de que intervengan los tribunales. En relación con este último orden de poderes, los recursos administrativos pueden funcionar como filtros de reclamaciones, evitando que conozcan de asuntos que hubieran sido zanjados, quizá, por la Administración atendiendo los argumentos de los recurrentes, si ante ella previamente se hubiera planteado la pretensión. Los tribunales pueden así economizar sus actividades a la vez preparar sus actuaciones teniendo a la vista la previa tramitación de recursos administrativos.

Este benéfico efecto puede quedar frustrado con la LRJ-PAC al prever un único recurso, el ordinario, que sólo cabe interponer ante el órgano superior jerárquico. Posibilidad que órganica o convencialmente queda cerrada en numerosas ocasiones impidiendo a la Administración reconsiderar su decisión, y obligando al interesado a buscar en la vía judicial, más costosa y lenta, una decisión que podría quizá haberse obtenido con menores esfuerzos.

3) Clases

La clasificación de los recursos ha quedado notoriamente simplificada con la LRJ-PAC pudiendo, no obstante, clasificarlos en atención a ciertos criterios de la siguiente forma: común, extraordinario y especiales. El común es el que normalmente procede frente a los actos durante los plazos que se señalan al efecto. El recurso extraordinario es el que se admite excepcionalmente por causas justificadas previstas por la Ley. Recursos especiales son los que únicamente pueden ser utilizados cuando una disposición así lo autorice y para los supuestos que la misma contemple.

Clases de recursos

Común	Ordinario
Extraordinario	Revisión
Especiales	Procedimientos especiales sustitutorios del ordinario Económico-administrativo Previo a la vía judicial civil o laboral

4) Objeto y causa

Pueden ser objeto de recurso las resoluciones que no pongan fin a la vía administrativa y los actos de trámite, si estos últimos imposibilitan para continuar el procedimiento o producen indefensión (art. 107). No son, por tanto, normalmente recurribles los actos provisionales, preparatorios y de trámite si no prejuzgan definitivamente los derechos o intereses de los particulares. Tampoco lo son aquellos actos consentidos por haber transcurrido el plazo para recurrir, ni los confirmatorios y reproductores de actos consentidos.

Los recursos deberán basarse en cualquier infracción del ordenamiento jurídico, incluidas las desviaciones del poder (art. 115). No se trata, pues, de solicitar decisiones graciables, sino de exigir el cumplimiento de lo dispuesto en las leyes. Por ello se diferencia netamente del ejercicio del denominado derecho de petición.

Frente a las disposiciones administrativas no cabe más recurso que el contencioso-administrativo, si bien podrá impugnarse un acto aplicativo en vía administrativa fundado únicamente en la ilegalidad de aquélla.

5) Sujetos

Los recursos conectan dialécticamente a la Administración y a los particulares recurrentes. Administración recurrida será el órgano que dictó el acto impugnado, aunque la resolución corresponderá en el recurso ordinario al órgano superior. Excepto que se impugne el acto basado en la ilegalidad de la disposición general en cuyo caso puede interponerse directamente ante el órgano que dictó la disposición. Recurrentes pueden ser los que, teniendo capacidad jurídica y de obrar, sean titulares de un derecho subjetivo o tengan un interés legítimo, directo o indirecto y, en su caso, por acción popular que resulte afectado por el acto o disposición que se recurre.

6) Formalidades

El artículo 110 de la LRJ-PAC nos determina cuáles son los pormenores que debe contener el escrito de interposición del recurso, y éstos son:

a) El nombre y apellidos del recurrente, así como la identificación del medio y, en su caso, del lugar que se señale a efectos de notificaciones.

b) El acto que se recurre y la razón de su impugnación.

c) Lugar, fecha e identificación personal del recurrente.

d) Órgano, centro o unidad administrativa al que se dirige.

e) Las demás particularidades exigidas en su caso por las disposiciones específicas.

El error en la calificación del recurso por parte de los recurrentes no obsta a su tramitación, a la que se dará el destino realmente procedente, si puede éste desprenderse del texto del escrito.

7) Plazos

Es importante el cumplimiento de los plazos fijados para la presentación de los recursos, ya que de no interponerse en los períodos previstos decae el derecho a recurrir, convirtiéndose el acto en consentido y no pudiendo ser tampoco atacado en instancias posteriores ni llegar, por lo tanto, a los tribunales.

8) Efectos

La interposición de los recursos no suspende la ejecución del acto recurrido, salvo disposición expresa en contrario, aunque la Administración a quien competa resolverlo podrá, previa ponderación suficientemente razonada entre los perjuicios para el interés público y para los particulares afectados, decidirlo de oficio o a solicitud de los recurrentes, cuando la ejecución pudiera causar perjuicios de imposible o difícil reparación o cuando se alegare la nulidad de pleno derecho del acto impugnado. Esa suspensión se entenderá producida si la Administración, en el plazo de treinta días desde la presentación de la solicitud de suspensión, no se ha pronunciado expresamente sobre la misma (art. 111).

Como consecuencia de la interposición del recurso y una vez seguido el procedimiento de sustanciación con audiencia a los interesados recurrentes, si procede, y a otros titulares de derechos o intereses, directa o indirectamente afectados, la Administración resolverá pudiendo modificar, alterar o anular el acto recurrido y compensar, en su caso, económicamente al recurrente.

La decisión administrativa puede, pues, estimar en todo o en parte o desestimar las pretensiones formuladas e incluso declarar su inadmisión de haberse interpuesto extemporáneamente por ejemplo. Cabe también que resuelva retrotraer las actuaciones al momento en que se cometió la infracción, si se tratase de vicios de forma.

La Administración, en todo caso, debe pronunciarse sobre cuantas cuestiones de forma o de fondo plantee el expediente, con independencia de que hayan sido o no alegadas, debiendo oír previamente a los interesados en este último supuesto. Por otra parte, debe dictar una resolución que sea congruente con las peticiones formuladas y la misma no puede agravar la situación inicial, o lo que es igual, le está vedada la *reformatio in peius* (art. 113).

II. LOS RECURSOS EN PARTICULAR

1) Recurso ordinario

A) Concepto

Recurso ordinario es aquel interpuesto ante el órgano superior jerárquico del que dictó el acto recurrido, solicitando su eliminación o modificación (arts. 114 a 117).

En un recurso sólo utilizable para aquellos actos que no ponen fin a la vía administrativa, es decir, en los que quepa la posibilidad de intervención de una autoridad situada en un escalón anterior a aquella de la que procede el acto. Recordemos que actos que ponen fin a la vía administrativa son los que precisamente no son susceptibles de recursos ante otro órgano superior, lo cual es distinto de los actos firmes, como vimos también, en cuanto que estos últimos son aquellos contra los que no cabe impugnación en ninguna vía por haberse agotado ya los plazos previstos para recurrir.

Pueden ser objeto, por tanto, de recurso ordinario los actos emanados de aquellas autoridades que tienen superior jerárquico, siempre que no actúen por delegación o que tengan atribuidas funciones decisorias absolutas sobre la materia de que se trate.

El artículo 109 establece qué actos ponen fin a la vía administrativa con carácter general para todas las Administraciones Públicas:

a) Las resoluciones de los recursos ordinarios;

b) Las resoluciones de los procedimientos de impugnación a que se refiere el artículo 107.2;

c) Las resoluciones de los órganos administrativos que carezcan de superior jerárquico, salvo que una Ley establezca lo contrario, y

d) Las demás resoluciones de órganos administrativos, cuando una disposición legal o reglamentaria así lo establezca.

Por su parte, la disposición adicional novena expresa las resoluciones inatacables en vía administrativa por la procedencia de la resolución para el ámbito específico de la Administración General del Estado:

a) Los adoptados por el Consejo de Ministros y sus Comisiones Delegadas.

b) Los adoptados por los Ministros en el ejercicio de las competencias que tienen atribuidas los Departamentos de los que son titulares.

c) Los adoptados por Subsecretarios y Directores generales en materia de personal.

Los demás actos de estas y otras autoridades inferiores sí son, en principio, susceptibles de este recurso.

En algunos supuestos pueden surgir dudas acerca de cuál es la autoridad superior, por ejemplo, en el caso de los Gobernadores que representan a la totalidad del Gobierno en la Provincia. Habremos de ver en estos casos cuál es la naturaleza del acto en cuestión para seguir la vía administrativa que corresponda e impugnarlo ante el Ministerio por cuenta de quien obre el Gobernador.

Otro supuesto controvertido y para el que ahora la LRJ-PAC mantiene la pauta incorporada por la LPA es el caso de los Tribunales y órganos de selección de personal de las Administraciones Públicas, considerándose superior a la autoridad que haya nombrado al Presidente de los mismos.

En cuanto a la Administración Local, dotada de una organización menos jerarquizada que la del Estado, sus actos serán recurribles en aquellos supuestos no previstos en el artículo 52.2 de la LRBRL. Este precepto dispone que ponen fin a la vía administrativa: las resoluciones del Pleno, Alcaldes o Presidentes y las Comisiones de Gobierno, salvo excepciones previstas en la Ley; las de las autoridades y órganos inferiores cuando resuelvan por delegación del Alcalde, Presidente o de otro órgano cuya resolución pone fin a la vía administrativa; y las de cualquier autoridad u órgano cuando así lo establezca una disposición legal.

En el ámbito autonómico se estará a lo que dispongan sus normas propias, que no diferirán mucho de las determinadas para la Administración del Estado dada su similar estructura organizativa.

Recurso ordinario impropio. Como hemos visto, el recurso ordinario se interpone ante el superior jerárquico. En algún caso, aunque no puede hablarse de un superior propiamente, se admite, sin embargo, este recurso que calificamos como impropio. Éste es el supuesto de los organismos autónomos, que aunque no están en relación jerárquica con el Ministerio de quien dependen, sus actos son susceptibles de impugnación ante el Ministerio al que estén vinculados, según dispone la LEEA (art. 76).

Será posible advertir también otros ejemplos.

Alzadas impropias pueden ser también las que proceden en relación con determinados actos de la Administración local ante los Ministerios y otros órganos de las Administraciones públicas que ejercen la tutela de tales actuaciones así, en materia de montes, en materia de urbanismo, etc., aunque exista una clara tendencia a su eliminación como consecuencia de la declaración constitucional de la autonomía de los municipios.

B) Fundamento

El recurso ordinario está basado en la distribución jerárquica ya contemplada de los órganos de la Administración. Supone, pues, la posibilidad de sustituir la autoridad superior a la inferior en relación con los actos recurridos. Entre los poderes implícitos en la organización jerárquica está el de revisar los superiores las actuaciones de los inferiores.

C) Número de recursos

Es importante consignar que no cabe más que un recurso ordinario, es decir, aunque en la escala jerárquica haya más de un escalón superior no se puede interponer recurso ante el superior inmediato, y frente a la resolución de este último otro recurso, y así sucesivamente hasta agotar la escala jerárquica. Con uno solo se abre la vía jurisdiccional.

D) Plazos

El recurso ordinario habrá de ser interpuesto en el plazo de un mes, y se entenderá desestimado transcurridos tres meses desde su interposición sin que se notifique su resolución. Excepto en el supuesto previsto en el artículo 43.3.*b)* de la LRJ-PAC.

E) Presentación

El recurso puede presentarse ante el órgano que dictó el acto que se impugna o ante el superior que deba decidirlo. Si el recurso se interpone ante la propia autoridad que dictó el acto, ésta, lógicamente, debe remitirlo al superior con el expediente, para que éste resuelva.

F) Efectos

La interposición del recurso ordinario tiene como efecto el agotar así la vía administrativa, dejando expedita la vía jurisdiccional ulterior, aunque esta última vía puede ser innecesaria si la autoridad que conoce del recurso decide atender a la petición del recurrente.

2) Recurso de revisión

Tiene como característica fundamental el interponerse frente a actos firmes, es decir, actos que agoten la vía administrativa o contra los que no se haya interpuesto recurso en plazo. Sin embargo, las circunstancias especiales que median en estos casos aconseja la apertura de un plazo excepcional.

Es un recurso extraordinario que se interpone ante el mismo órgano que dictó el acto impugnado, sólo cuando concurra alguna de estas circunstancias: que se hubiera dictado con error de hecho documentalmente acreditado en el expediente; que aparezcan o se aporten documentos de validez esencial evidenciando el error de la resolución; que en la resolución hayan influido esencialmente documentos o testimonios declarados falsos por sentencia firme; que la resolución se hubiese dictado como consecuencia de prevaricación, cohecho, violencia, maquinación fraudulenta u otra conducta punible declarada así en virtud de sentencia firme (art. 118).

En tales situaciones se abren posibilidades excepcionales de impugnación de actos que de otra forma hubieran sido inatacables: plazo de cuatro años si concurre la primera causa, desde la fecha de la notificación impugnada; y de tres meses desde el conocimiento de los documentos o desde que la sentencia quedó firme, en las otras causas.

Transcurridos tres meses desde su interposición sin resolución expresa se entenderá desestimado quedando expedita la vía judicial contencioso-administrativa.

3) Procedimientos especiales sustitutivos del recurso ordinario

La LRJ-PAC prevé en el artículo 107.2 la posibilidad de sustituir el recurso ordinario, en supuestos o ámbitos sectoriales determinados, y cuando la especificidad de la materia así lo determine, por otros procedimientos de impugnación, incluidos los de conciliación, mediación o arbitraje ante órganos colegiados o comisiones específicas no sometidos a instrucciones jerárquicas.

Esta previsión no es, sin embargo, de aplicación directa, en tanto que se reenvía a las Leyes su reconocimiento.

4) Reclamación económico-administrativa

Se denomina legalmente reclamación económico-administrativa. Se da principalmente en materia fiscal; de ella conocen órganos administrativos especializados. Supone la perpetuación de un anticuado sistema de pasadas épocas en la que cada rama de la Administración tenía su propio fuero, sus propios Tribunales competentes. Su mantenimiento, pese a los intentos de generalización y uniformización de la LPA, se debe a razones explicables sólo por la sicología administrativa, aunque realmente las materias litigiosas del Ministerio de Hacienda tienen un gran volumen y una complejidad especial, lo que hace que sea conveniente su tratamiento separado para evitar el agobio de la Jurisdicción Contenciosa y que se produzca una cierta indefensión, ya que la mayoría de los ciudadanos, no va a la vía jurisdiccional. La LRJ-PAC mantiene esa especialidad (art. 107.4), excepcionada con carácter general para los procedimientos administrativos en materia tributaria, así como en otros específicos, los cuales sólo subsidiariamente se rigen por las disposiciones de aquella Ley.

La actual regulación de estos Tribunales, cuyo estudio con más detalle se efectúa en otras disciplinas, viene dada por Ley 33/1987, de 23 de diciembre, y por el Real Decreto 1524/1988, de 16 de diciembre, modificando las previsiones de la Ley de Procedimiento Económico-Administrativo y el Reglamento de Procedimiento en las Reclamaciones económico-administrativas aprobado por Decreto 1999/1981, de 20 de agosto.

El plazo para interponer este recurso es de quince días, y los órganos competentes para su conocimiento son, según los casos, el Ministro de Economía y Hacienda, el Tribunal Económico-Administrativo Central y los Tribunales Económico-Administrativos Regionales o Locales.

5) Reclamaciones previas a la vía judicial civil o laboral

La resolución de acciones fundadas en derecho privado o laboral contra la Administración Pública requiere antes de acudir a los correspondientes órganos de esos órdenes jurisdiccionales interponer estas reclamaciones, salvo casos excepcionales, permitiendo a la Administración reconsiderar su decisión.

La LRJ-PAC (arts. 120 a 126) regula los aspectos básicos de estas vías previas que deben completarse con las previsiones específicas que sean de aplicación. En tanto la Administración no dicte resolución expresa a la reclamación o transcurra el plazo para entenderla desestimada no puede acudirse ante los Tribunales, interrumpiéndose los plazos para el ejercicio de las acciones en esa sede.

En materia de derecho privado se dirigirá al órgano competente de la Administración de que se trate, planteándose ante el Ministro al que corresponda por razón de la materia si es en el ámbito de la Administración General del Estado. Si no se notifica la decisión en el plazo de tres meses podrá considerarse desestimada la reclamación, quedando expedita la vía judicial civil.

En materia laboral debe dirigirse al Jefe administrativo o Director del establecimiento u organismo en el que el trabajador preste servicios. Si transcurre un mes sin notificar la resolución se podrá considerar desestimada a los efectos de la acción judicial laboral. El personal civil no funcionario de la Administración Militar se rige por disposiciones específicas a estos efectos.

CAPÍTULO XXVII

REVISIÓN JURISDICCIONAL

REVISIÓN JURISDICCIONAL

I. LA ADMINISTRACIÓN Y LOS TRIBUNALES

A lo largo del tiempo se han adoptado diversos sistemas para encuadrar las relaciones entre Administraciones y Justicia. Uno de ellos se entronca de alguna manera con la posición de la Revolución francesa, aunque su instauración es quizá algo posterior. Este sistema era el de la exención de los actos de la Administración negando las posibilidades de intervención en sus asuntos a los órganos judiciales. Se reservaba así un ámbito propio y privativo a la Administración en el que la Justicia no podía intervenir. La Administración, dentro de este reducto, podría adoptar un dispositivo interno para examinar sus propios actos, encuadrado en su propia organización ordinaria; ésta es la modalidad de la denominada jurisdicción retenida por la Administración, el Ministro-Juez, por ejemplo. Otra solución es la jurisdicción delegada. La revisión sigue siendo una exclusiva facultad administrativa, pero la Administración encomienda las cuestiones litigiosas a unos órganos especiales que se dedicarán a revisar sus actuaciones; el Consejo de Estado respondía inicialmente a estos planteamientos.

El sistema opuesto es el de la sumisión absoluta de la Administración a la Justicia. Se corresponde con una versión distinta de la teoría de la división de poderes, que impide a la Administración coaccionar directamente las esferas privadas y en la que las instancias judiciales son las únicas legitimadas para imponer conductas. Éste es el sistema anglosajón, aunque hoy no se mantenga en su integridad. Los jueces deben intervenir si se presenta una resistencia inmediata por los administrados, e igualmente los jueces, a instancia de los particulares, pueden dar órdenes a la Administración y señalar el contenido de sus actos.

Un sistema intermedio, que es el que sigue el ordenamiento español y los continentales europeos actuales, es el de la autotutela administrativa con posterior revisión de los actos por los tribunales. La Administración decide con potencia ejecutiva, lleva a efecto sus decisiones, pero después los jueces pueden intervenir, modificando y revisando las actuaciones de la Administración.

En todos estos sistemas se tiene presente la mayor o menor extensión de la facultades de control, de intervención, de los tribunales, considerados éstos como un conjunto de órganos que desarrollan una función estatal, la judicial, con imparcialidad e independencia. En realidad, la adopción de uno y otro criterio es cuestión que deriva en buena parte de las circunstancias históricas y del clima social y ético operante en un país. En una situación revolucionaria, la Administración no puede ofrecer garantías a los particulares. Precisa operar rápida, enérgica y eficazmente para cambiar precisamente el estado de cosas anterior, y esta operatividad resultaría incompatible con un sistema cautelar y depurado de injerencia judicial que, además, estaría pensando en el ordenamiento que se quiere sustituir. Por el contrario, cuando existe un orden continuado y pacíficamente aceptado, cuando el clima social comunitario supone una aceptación expresa del régimen vivido, es posible dar las máximas atribuciones a los jueces.

Así, en naciones como las anglosajonas, en las cuales la idea comunitaria es intensamente sentida, donde hay consensos de acatamiento habitual de las decisiones que velan por el interés general, las intervenciones judiciales esporádicas, excepcionales, son compatibles con la marcha normal de la Administración. Si, por el contrario, las tendencias individualistas son agudas, las resistencias frente al bien común son reiteradas y el clima es de inestabilidad; el dejar en manos de los jueces exclusivamente el vencimiento de tales resistencias paralizaría la Administración y sería perjudicial al bien general.

La entrada en juego de los órganos imparciales e independientes que constituyen la Justicia no implica, por otra parte, que la Administración pueda actuar con ligereza, pensando que luego los tribunales revisarán sus actos. Se olvida así a menudo que la Administración está igualmente sometida a la Ley y que, en todo caso, debe mostrar frente a los ciudadanos un respeto absoluto de las normas legales, sin perjuicio de que las excepcionales desviaciones en que puedan incidir los órganos administrativos se examinen más detenidamente por los órganos judiciales. Pero un funcionario escrupuloso e íntegro puede y debe ser tan fiel servidor de la Justicia como un juez.

Cuando el respeto al derecho cala en todos los entresijos y dimensiones del aparato estatal, los órganos administrativos aplicarán las leyes con una preocupación estricta por el mantenimiento de la Justicia. Y en el caso de la Justicia en países en que la Judicatura tiene una gran solera, como en los anglosajones y especialmente en Inglaterra, no obstará a su independencia el hecho de que se nombre a los jueces por los elementos políticos que dominan el poder en un momento determinado, porque los jueces así nombrados se desentienden absolutamente de sus designadores y actúan con absoluta imparcialidad. En otras naciones, un sistema similar de nombramiento de jueces traería consecuencias catastróficas y haría implicar a la judicatura en las variantes de la toma de poder de los grupos políticos, con lo que el autogobierno judicial no lograría quizá desembararzarse de la influencia del Ejecutivo.

Pero volviendo a los criterios de articulación de las relaciones entre los dos poderes, podemos detectar un relativo aproximamiento de los sistemas expuestos. En el ámbito anglosajón florecen hoy una serie de tribunales de origen y carácter netamente administrativos para atender los considerables asuntos que hoy afronta la Administración, aunque sin merma tampoco de las garantías en la aplicación de las normas jurídicas. En cuanto al sistema continental, que responde al esquema de mera revisión de los actos, encomienda ésta a tribunales integrados formal o informalmente en la organización judicial.

La revisión de los actos administrativos puede ser encomendada bien a tribunales ordinarios o bien a tribunales especiales integrados al efecto por Magistrados. En tal caso, estos tribunales, aunque especiales, serán auténticos órganos jurisdiccionales si participan de sus garantías. Cuando se pide la unificación de jurisdicciones y la eliminación de los fueros especiales, se está pensando en la desaparición de tribunales sin garantía, pero la Jurisdicción administrativa, aunque especial, está estructurada como auténtica judicatura revisando independientemente los actos y disposiciones administrativas y asignando a la Administración y a los administrados igualdad de posiciones ante la Ley, si bien la Administración, en la práctica, combate ciertamente en mejor situación.

II. LA JUSTICIA ADMINISTRATIVA EN ESPAÑA

1) Organización

Tras las importantes modificaciones introducidas por la Ley Orgánica 6/1985, de 1 de julio, del Poder Judicial y por la Ley 38/1988, de Demarcación y de planta judicial, de 28 de diciembre, la organización judicial administrativa de la Jurisdicción contenciosa española se estructura en una Sala de la Contencioso-Administrativo del Tribunal Supremo (Sala Tercera), una Sala de Revisión del mismo Tribunal, una Sala de lo Contencioso-Administrativo de la Audiencia Nacional, las correspondientes Salas de los distintos Tribunales Superiores de Justicia y los aún no nacidos Juzgados de lo Contencioso que, en número de 112 para todo el territorio nacional, prevé el Anexo VII de la citada Ley de planta.

Además de los órganos citados se mantienen con jurísdicción limitada a una o varias provincias, como órganos territorialmente desconcentrados de los Tribunales Superiores de Justicia de Andalucía, Castilla-León y Canarias, las Salas de lo Contencioso-Administrativo de las antiguas Audiencias Territoriales existentes en esas Comunidades y no reconvertidas en Tribunal Superior de Justicia. Con carácter excepcional y siguiendo el ejemplo de la Ley de la Jurisdicción Contencioso-Administrativa, el artículo 78 de la L.O.P.J. prevé que cuando el número de asuntos procedentes de determinadas provincias u otras circunstancias lo requieren podrán crearse nuevas Salas de lo Contencioso con sede distinta de la del Tribunal Superior de Justicia de la Comunidad Autónoma.

Así pues, el esquema de la organización judicial en el orden contencioso-administración queda como sigue:

Órgano	*Ámbito de jurisdicción*
Juzgado (Podrán crearse Juzgados con jurisdicción reducida a un partido)	Provincial
Tribunal Superior de Justicia (En caso de existir Salas desconcentradas, éstas tienen limitada su jurisdicción a una o varias provincias) (art. 2 LDPJ)	Comunidad Autónoma
Audiencia Nacional	Nacional
Tribunal Supremo	Nacional

El nuevo modelo deseñado por la L.O.P.J. intenta adecuar la estructura judicial a la organización territorial establecida por la Constitución y, a la vez, mejorar la eficacia de la jurisdicción contenciosa que, en estos últimos años, se ha visto desbordada por una auténtica avalancha de recursos. Al cumplimiento de este objetivo obedece el establecimiento de un sistema basado en la única instancia, la redefinición de las competencias de los distintos órganos judiciales y la creación de un buen número de juzgados destinados a asumir buena parte de los asuntos que congestionaban a las antiguas Audiencias Territoriales.

2) Instancias

La Sala de lo Contencioso-Administrativo del Tribunal Supremo concerá, en única instancia, de los recursos que se promuevan contra actos y disposiciones emanadas del Consejo de Ministros o de sus Comisiones Delegadas, de los recursos contra los actos y disposiciones del Consejo General del Poder Judicial y contra los actos y disposiciones de los órganos de gobierno del Congreso de los Diputados y del Senado, del Tribunal Constitucional, del Tribunal de Cuentas y del Defensor del Pueblo en materia de personal y actos de administración. El Tribunal Supremo conocerá, asimismo, de los recursos de casación establecidos por la Ley contra las Sentencias dictadas en única instancia por las Salas de lo Contencioso de los Tribunales Superiores de Justicia en recurso contra actos y disposiciones procedentes de órganos de la Administración del Estado o cuando, aun emanando de los órganos de las Comunidades Autónomas, el recurso se funde en la infracción de normas no emanadas de los órganos de éstas. Conocerá, también, de los recursos contra las resoluciones del Tribunal de Cuentas y de los de revisión que establezca la Ley y no estén atribuidos a los Tribunales Superiores de Justicia.

La Audiencia Nacional, a través de su Sala de lo Contencioso-Administrativo, será competente para conocer en única instancia de los recursos contra disposiciones y actos emanados de los Ministros y de los Secretarios de Estado, salvo que confirmen en vía administrativa de recurso o en procedimiento de fiscalización o tutela los dictados por órganos o entidades distintos, cualquiera que sea su ámbito territorial.

Las Salas de los Contencioso-Administrativo de los Tribunales Superiores de Justicia conocerán en única instancia de los recursos contra actos y disposiciones emanados de la Administración del Estado que no estén atribuidos por ley a otros órganos judiciales, de los recursos que se formulen contra actos y disposiciones del Consejo de Gobierno de la Comunidad Autónoma, de su Presidente o Consejeros, salvo que confirmen en vía administrativa de recurso o en procedimiento de fiscalización o tutela los dictados por órganos o entidades distintos y conocerá, también en única instancia de los recursos contra actos, y disposiciones de los órganos de la Asamblea Legislativa de la Comunidades Autónoma y de sus Comisionados, en materia de personal y actos de administración. Asimismo, le competen los recursos en materia contencioso-electoral y el conocimiento en segunda instancia de los recursos que establezca la Ley y que se promuevan contra las resoluciones de los Juzgados de lo Contencioso-Administrativo con sede en la Comunidad Autónoma.

En cuanto a las competencias de los futuros Juzgados de lo Contencioso, la L.O.P.J. les asigna la resolución, en primera o única instancia, de los recursos contencioso-administrativos no expresamente atribuidos a otros órganos de este orden jurisdiccional. Ello no obstante, en tanto no se produzca la efectiva puesta en marcha de estos Juzgados, será el Tribunal Superior de Justicia quien conocerá de dichos recursos.

III. ÁMBITO DE LA JURISDICCIÓN CONTENCIOSO-ADMINISTRATIVA

1) Sujeto

La Jurisdicción contenciosa conocerá, según el articulo 1.° de la LJCA de las pretensiones que se deduzcan en relación con los actos o disposiciones de la Administración pública. Se entiende por Administración pública la Administración del Estado en sus diversos grados; las entidades que integran la Administración local; las corporaciones e instituciones públicas sometidas a la tutela del Estado o de alguna entidad local, esto es, la Administración institucional, sea local o estatal. Habrá que añadir, según se establece en la Ley 34/1981 por la que se introducen normas complementarias en materia de legitimación, los actos y Reglamentos de las Comunidades Autónomas y de las Entidades sujetas a su tutela, y, por imperativo de la L.O.P.J. (art. 24), las pretensiones que se deduzcan en relación con los actos de los poderes públicos españoles de acuerdo con lo que dispongan las leyes.

2) Objeto

La jurisdicción contenciosa conoce de los actos de los sujetos examinados sometidos al derecho administrativos y de las disposiciones generales de categoría inferior a la Ley. Por lo tanto, no corresponden a la Jurisdicción contenciosa las cuestiones de índole civil, penal o laboral atribuidas a otras jurisdiciones que, aunque provengan de sujetos administrativos, no están regidas por este Derecho.

No entienden tampoco estos tribunales de las cuestiones que se susciten en relación con los actos políticos del Gobierno por partirse de la idea de que estas actuaciones tampoco están sometidas al Derecho administrativo. No son igualmente de su incumbencia las cuestiones de competencia entre la Administración y las jurisdicciones ordinarias, ni aquellos otros asuntos que la Ley extraiga excepcionalmente del ámbito de la Jurisdicción contenciosa, aunque puedan ser cuestiones sometidas al Derecho administrativo (art. 2 L.J.C.A. y Ley 2/1987 de Conflictos jurisdiccionales). Están también exceptuadas de esta jurisdicción algunas materias relacionadas con la Administración del personal militar contenidas en el artículo 40 de la Ley.

Ahora bien, el ámbito de cuestiones exentas ha quedado considerablemente constreñido y prácticamente liquidado con la aprobación de la Constitución, en virtud de las previsiones contenidas en los artículos 24.1 y 106. (Véanse a este propósito STC de 17 de mayo de 1983 y Auto del TC de 22 de octubre de 1980.)

Aunque en su momento pudiera haber sido competente, no procede la intervención de la Jurisdicción contenciosa cuando los actos administrativos no hayan sido atacados en tiempo y forma, pero esta exclusión se debe a requisitos de naturaleza procesal, no por las características sustanciales de estos actos. Si tales actos no han tenido acceso, en su día, a la Jurisdicción contenciosa, tampoco los actos pueden ser impugnables ante la misma.

La Jurisdicción decide de las cuestiones prejudiciales y de las referentes al conocimiento e inteligencia de los contratos de la Administración cuando tengan por finalidad obras y servicios públicos, y ello por disposición expresa (art. 3 L.C.J.A.) de acuerdo con la Ley de Contratos del Estado.

La Jurisdicción contenciosa conoce también de las cuestioes que se susciten sobre la responsabilidad patrimonial de la Administración pública, siempre que ésta actúe como tal, no como persona privada, y, por último, de las cuestiones que una Ley le atribuya expresamente.

IV. LAS PARTES EN EL PROCESO CONTENCIOSO

Son partes en el proceso jurisdiccional contencioso, o pueden serlo, la Administración y los administrados. En cuanto a éstos, para ser partes, como en el procedimiento administrativo, necesitan tener capacidad jurídica, capacidad de obrar y estar legitimados para intervenir en el proceso. Sobre la capacidad jurídica y de obrar nada hay que añadir (art. 27 L.J.C.A.), porque es idéntica a la que se requiere para intervenir en un proceso administrativo y ya ha sido analizada; examinaremos sólo las especialidades de la legitimación activa o de demandante y pasiva o de demandado.

1) La legitimación activa

Al igual que sucede en el procedimiento administrativo, tampoco cualquier administrado puede acudir a la Jurisdicción contenciosa. Salvo los raros supuestos de acción popular, se necesita acreditar una especial relación con el asunto, acto o disposición, que se impugna. Se precisa, en definitiva, estar legitimado para ser parte en el proceso.

La legitimación puede ser activa o pasiva; legitimación activa es la aptitud para desencadenar el proceso revisor. Los requisitos son distintos según se impugnen actos o normas. Si se impugnan actos y se solicita únicamente la declaración de no ser conformes a derecho y en su caso su anulación, están legitimados los que tuvieren interés directo en el asunto (art. 28.1.a) L.J.C.A.). Según la Jurisprudencia, es titular de un interés directo aquel que de prosperar la acción obtendría un beneficio de cualquier tipo. En la actualidad, bastará un interés legítimo, y en algunos casos expresamente previstos por las Leyes cabe la acción popular. Ahora bien, si lo que se pretende es el reconocimiento de un derecho, de una situación jurídica individualizada y el restablecimiento de la misma, únicamente estarán legitimados los titulares de los derechos que se consideren infringidos.

Si se trata de normas, hemos de distinguir a su vez el que estas normas puedan ser cumplidas directamente por los interesados; cualquiera puede impugnarlas si se encuentra afectado por ellas. Quien venga directamente sometido a una norma, por supuesto, de categoría inferior a la Ley, puede impugnarla en el plazo establecido si estima que la norma es contraria a derecho y que su cumplimiento le perjudica.

Por el contrario, si las normas no se cumplen directamente por los interesados, sino que es necesario interponer una cierta actuación administrativa intermedia, la legitimación no corresponde ya a aquéllos: únicamente podrán intervenir en su nombre las entidades, corporaciones o instituciones de derecho público y cuantas entidades ostentaren la representación o defensa de los intereses de carácter general o corporativo que la afecten, siempre que la disposición impugnada afectase directamente a los mismos (art. 28.1.b) L.J.C.A.).

Así, por ejemplo, una norma fiscal habitualmente exigirá un acto interpuesto, que es el de la liquidación del tributo, la fijación de la deuda tributaria, la calificación fiscal que proceda. Hay un acto de sujeción intermedio entre la norma que establece las condiciones del tributo y el acto que precisa cuál sea el montante concreto que el contribuyente está obligado a pagar. Nuestro derecho, quizá por el temor que pudiera en otro caso desembocarse en la acción popular, ha excepcionado estas normas a efectos de la legitimación, lo cual, sin duda, es poco aconsejable, pues es difícil atacar corporativamente a determinadas disposiciones, máxime teniendo en cuenta que la representación de los intereses corporativos en muchos casos no existe.

Pero la Jurisprudencia ha reforzado incluso aún estas limitaciones exigiendo que tales Corporaciones sean de escala nacional, es decir, los Colegios Profesionales provinciales no pueden impugnar una norma que perjudica a los colegiados, sino que deben recurrir por el Colegio Nacional, lo que complica adicionalmente las posibilidades de recurso.

Comoquiera que en nuestro ordenamiento, aunque las normas no fueran atacadas en su día o se desestimase el recurso, cabe la impugnación de los actos concretos que derivan de las mismas, éstas pueden prosperar, pero sin que ello afecte a la permanencia de tal norma. Así, por ejemplo, frente a una determinada disposición fiscal, que regulaba los impuestos de Guinea, cada vez que se presentaba una declaración de embarque se suscribía el formulario de la demanda, que prosperaba, puesto que ya el Tribunal Supremo se había pronunciado reiteradamente así en casos anteriores, basado en que aquella disposición era nula de pleno derecho, aunque inatacable directamente. Resultan, pues, paradójicas estas consecuencias de nuestro sistema de legitimación.

Todo ello, no obstante, habrá de entenderse en forma distinta a partir de la vigencia del artículo 24.1 de la Constitución, ya mencionado, como, en efecto, así lo ha entendido el Tribunal Supremo en reiteradas ocasiones y en particular en la sentencia de 30 de septiembre de 1986, que entiende derogado el artículo 28.1.b) antecitado.

Antes incluso, tras la STC 160/1985, de 28 de noviembre, esta restricción a la legitimación corporativa podía considerarse inconstitucional, por lo que puede sostenerse que quien ostenta un derecho o interés directo queda legitimado para su impugnación.

2) La legitimación pasiva

Se considerará parte demandada, esto es, legitimada pasivamente, según el artículo 29 de la L.J.C.A., la Administración de que proviniere el acto o disposición impugnado en el recurso y las personas a cuyo favor deriven derechos del propio acto.

Tratándose de la Administración, puede suceder que las decisiones demandadas hayan sido previamente sometidas al control de las autoridades de tutela a las que corresponde fiscalizar los actos de las administraciones tuteladas. En tales supuestos, si el acto de tutela es aprobatorio, se considera demandada la Administración de que emana el acto; en el caso contrario, la demandada es la Administración tuteladora. Quiere decirse con esto que si, por ejemplo, el órgano competente de una Comunidad Autónoma no aprueba el Plan de Urbanismo presentado por un Ayuntamiento, se puede recurrir contra su resolución, pero si por el contrario decide aprobarlos, contra lo que se recurre es contra la autoridad municipal.

Aunque no sean partes, pueden intervenir en el proceso como coadyuvantes, es decir, auxiliadores del demandado, cualquier persona que, aun sin un derecho subjetivo, tenga, sin embargo, interés directo en el mantenimiento del acto o disposición (art. 30 L.J.C.A.).

3) Postulación

Se llama postulación a la intervención en el proceso de persona distinta del demandante o demandado que por su cuenta gestiona procesalmente sus intereses, entendiéndose con el Tribunal. En el proceso contencioso-administrativo, a diferencia de lo que suele suceder en otros procesos, las partes pueden conferir su representación a un Procurador y utilizar también los servicios de un Abogado o valerse tan sólo de Abogado con poder al efecto, es decir, de un Abogado que haga a la vez de Procurador. En cuanto a la Administración, la representación y defensa de sus intereses corresponde al abogado del Estado. Un caso especial es el de las reclamaciones de los funcionarios, que no necesitan valerse ni de Procurador ni de Abogado, pudiendo actuar por sí mismos en defensa de sus derechos (arts. 33 a 35 L.J.C.A.).

V. DISPOSICIONES GENERALES Y ACTOS ADMINISTRATIVOS IMPUGNABLES

Para que sea impugnable un acto se precisa que sea definitivo o de trámite y que en este caso decida directa o indirectamente el fondo del asunto, de tal forma que ponga término a la vía administrativa. No todos los actos son atacables ante la Jurisdicción contenciosa; sólo lo son los actos finales del procedimiento administrativo o aquellos actos de trámite que equivalen a los actos finales.

Se precisa, además, que el acto o disposición agote la vía administrativa; ya sabemos lo que supone: que no quepa ulterior recurso en esta vía (arts. 37 a 40 L.J.C.A.). Debe tratarse de un acto que no esté excluido de la Jurisdicción contenciosa, de acuerdo con las salvedades que la propia L.J.C.A. o leyes complementarias puedan establecer. Y por último, que el acto no sea firme, es decir, que no se hayan agotado los plazos para interponer los recursos administrativos previos a la vía contenciosa o al propio recurso contencioso.

VI. FASES DEL PROCESO CONTENCIOSO

Estas fases, esquemáticamente, son:

— Iniciación.

— Desarrollo.
— Terminación.
— Ejecución.

1) Iniciación

La iniciación de la vía contenciosa se efectúa por medio de un escrito, reducido a citar el acto o disposición por razón de la cual se formula y a solicitar que se tenga por interpuesto el recurso. El recurso propiamente dicho se completa con la demanda. Aquí se prepara pidiendo a la Administración de Justicia que se admita el recurso.

A este escrito se acompañarán determinados documentos, como el que acredite la representación del compareciente, la copia del acto o disposición que se impugna o al menos indicación del expediente o publicación oficial en que aparece, acreditación de haber efectuado al órgano administrativo la comunicación previa de impugnar el acto en vía contenciosa, y el documento acreditativo del pago al Tesoro o a las Corporaciones locales en las reclamaciones sobre contribuciones, impuestos, multas, etc., en los casos que proceda con arreglo a las leyes (art. 57). Cuando las leyes establecen esta última obligación, no es posible interponer un recurso contencioso sin haberla cumplido. Esto es lo que se sintetiza en la fórmula latina: «solve et repete», es decir, paga y después reclama. Pero no siempre se necesita realizar este previo abono, sino que es preciso, lo que algunas veces suele olvidarse, que venga expresamente impuesto en una disposición legal. Como sucedía con la Ley de Orden Público, sobre todo a partir de su revisión de 1971. Ello no obstante, las SSTS de 8 de abril de 1987 y 5 de octubre de 1988 declaran que este privilegio es contrario al principio de tutela judicial efectiva y, por tanto, inconstitucional. La última de ellas indica que «si lo ampara un Reglamento no vincula a esta jurisdicción. Si lo ampara una Ley anterior a la Constitución este Tribunal la desconocerá por estar derogada por ésta. Si fuera posterior, habría que plantear cuestión de inconstitucionalidad».

El plazo para interponer el recurso contencioso es de dos meses, computados de fecha a fecha, y a partir del día siguiente al de la notificación de la resolución del recurso ordinario si es expresa, esto es, si contesta la Administración a dicho recurso, entendiéndose que el plazo expira el último día del mes del vencimiento si en él no hubiera día equivalente al inicial del cómputo (art. 58 LJCA).

Puede entenderse que ese mismo plazo rige respecto de los actos presuntos, contándose a partir del día siguiente a la recepción de la certificación, y si ésta no fuese emitida en plazo, a partir del día siguiente al de finalización de dicho plazo. Pero quizá esto sólo sea plenamente aplicable a los actos que ponen fin a la vía administrativa sin que contra ellos pueda interponerse recurso administrativo previo, porque en esos supuestos siempre hay que solicitar certificación de actos presuntos, en tanto que cuando el recurso judicial se interpone tras un recurso administrativo no parece que se exija cumplir ese requisito, en cuyo caso es posible entender vigente el plazo de un año para ir a lo contencioso a contar desde la fecha de interposición del recurso ordinario. Será necesario comprobar la interpretación que los órganos judiciales realizan del artículo 44.4 en relación con los artículos 117 y 119 de la LRJ-PAC y 58 de la LJCA.

Presentado el escrito de iniciación, el Tribunal lo anunciará en el «B.O.E.» o en el de la Provincia (arts. 60-61), según se trate del Tribunal Supremo o de las Audiencias Territoriales, hoy Tribunales Superiores de Justicia, acordando a continuación reclamar el expediente administrativo de la oficina en que se encuentra, al objeto de tenerlo a la vista como antecedente en el momento de fallar el pleito y, previamente, para declarar la admisión o no del recurso. El Tribunal, examinado el expediente administrativo, si lo considera necesario, y el escrito de iniciación, puede excepcionalmente decidir que no ha lugar a la admisión del recurso con arreglo a los criterios que el artículo 62 precisa; en otro caso, el proceso sigue ya sus trámites en las fases siguientes.

2) Desarrollo

El emplazamiento a las partes demandadas ha sido modificado sustancialmente por la Ley 10/1992, de 30 de abril, de Medidas

Urgentes de Reforma Procesal, dando nueva redacción a los artículos 64 y 66 de la LJCA.

A pesar de mantener la vigencia de la publicación del anuncio de la interposición del recurso contencioso en el «BOE», se establece el deber de emplazar personal y directamente a los que aparezcan como interesados, positivizando así la doctrina constitucional iniciada con la STC 9/1981, de 31 de marzo.

La mayor novedad reside, sin embargo, en el traslado a la Administración autora del acto o disposición impugnada de la obligación de realizar esa notificación a cuantos aparezcan como interesados, emplazándoles para comparecer y personarse en los autos. Fórmula dirigida a facilitar la agilidad de ese trámite y ahorrar burocracia a los órganos judiciales, en la línea planteada por la STC 133/1986, de 29 de octubre.

Por otra parte, y con independencia de quién sea el demandante, tanto los demandados como los coadyuvantes disponen ahora del mismo plazo de nueve días para personarse. Si lo hacen con posterioridad no pierden el derecho a ser parte, pero no se retrotrae ni interrumpe el proceso. Y si no se personaren oportunamente el procedimiento continuará sin que haya lugar a practicarles notificaciones de clase alguna.

Recibido el expediente administrativo en el Tribunal, éste acordará que se entregue al demandante para que formule la demanda en el plazo de veinte días, argumentando sus razones de derecho y exponiendo los hechos en que se basa la reclamación (art. 67). La demanda es, pues, un escrito en el que se consignan los hechos, los fundamentos de derecho y lo que se pide de los Tribunales. Con la demanda se acompañarán los documentos que justifiquen las razones de las partes.

Presentada la demanda, se da traslado de la misma, con entrega igualmente del expediente a las partes demandadas para que puedan contestarla. La contestación de la demanda es la precisión de la posición defensiva de los demandados frente a las pretensiones de los demandantes (arts. 68 y 69).

Efectuada la contestación por los demandados, puede procederse a la práctica de pruebas en los casos en que se solicite por las partes en la demanda y en la contestación de la demanda y así se conceda, o cuando el tribunal acuerde de oficio el recibimiento a prueba (arts. 74 y 75). Realizada en estos casos la prueba, se pasa a la fase antecedente a la terminación del proceso, que es la de vista o conclusiones (arts. 76 a 79).

La vista es un acto público celebrado en presencia del Tribunal, en el que las partes pueden oralmente exponer lo que consideren oportuno en defensa de sus respectivas posiciones y derechos. La vista no es preceptiva, debe solicitarse por las partes y acordarse por el Tribunal. Si el Tribunal no lo acuerda así o no se solicita, no ha lugar a este acto oral y se sustituye por unos escritos finales de conclusiones que presentan las partes. Con ello el asunto está visto para sentencia. Y entramos en la fase final.

3) Terminación

La terminación del proceso puede ser normal o anormal. Terminación normal es aquella que se produce a virtud de una sentencia que declare bien la inadmisibilidad del recurso sin entrar por tanto a fallar el fondo del asunto, bien conociendo ya el fondo, la estimación de las pretensiones o la desestimación de las mismas (arts. 80 a 87).

Pero puede suceder que el pleito acabe sin sentencia, lo que denominaremos terminación anormal. Tal final puede producirse por desistimiento del demandante (art. 88) cuando éste decide no continuar al proceso renunciando a sus pretensiones, en cuyo caso los tribunales no tienen por qué seguir el proceso, puesto que falta el presupuesto básico, a saber: la petición de las partes interesadas. Puede suceder también que se obvie la sentencia por allanamiento de los demandados (art. 89). A diferencia del supuesto anterior, que es producido por voluntad de los demandantes, aquí son los demandados los que se allanan dando la razón a los demandantes. Sin embargo, cuando el demandado se allane de tal forma que ello supusiera una infracción manifiesta del ordenamiento jurídico o fuese demandada la Administración pública, el Tribunal no está obligado a pasar por tal allanamiento y dictará la sentencia que estime justa, y ello así porque la Administración no puede decidir nada en contra del ordenamiento jurídico, aunque quiera favorecer a determinados intereses (arts. 34 y 35).

El proceso puede también extinguirse si la Administración, en vía administrativa, reconoce las pretensiones de los demandantes (art. 90). Si existe un recurso pendiente no contestado y en uso de la interpretación del silencio se ha acudido a los tribunales, cabe, mientras se desarrolla el proceso contencioso, que la Administración lo resuelva, si no emitió certificación del acto presunto reconociendo las pretensiones, y en tal caso desaparecería la contraposición de intereses que justifica el litigio. Por último, la paralización del procedimiento imputable a las partes determina la caducidad de la instancia y, por lo tanto, su terminación (art. 91).

4) Ejecución

Terminado el proceso, entramos en la ejecución de la sentencia (arts. 103 y 112). Para que haya lugar a ejecución de sentencia se precisa que ésta sea firme, es decir, que no sea susceptible de recurso ante el Tribunal Supremo y que además la Administración no haya hecho uso de las facultades excepcionales que se le reservan en materia de suspensión o de inejecución de sentencias (art. 104). La Administración puede decidir la suspensión del fallo o la inejecución total o parcial del mismo por las causas concretas y singulares precisadas en el artículo 105 de la Ley, como son el peligro de trastorno grave del orden público, temor de guerra, quebranto de la integridad del territorio o detrimento grave de la Hacienda Pública. Este último supuesto, sin embargo, se considera restrictivamente, pues es claro que la mayoría de los recursos tienen un contenido económico, y bastaría que la Administración decidiese que había un detrimento grave para la Hacienda para paralizar las actividades de los Tribunales. Por lo tanto, no podrá acordarse la inejecución o suspensión con base en esta causa cuando el fallo condenase a la Administración al pago de la cantidad, aunque puede decidirse el fraccionamiento del pago, si éste es importante. La suspensión o inejecución de los fallos corresponde exclusivamente al Consejo de Ministros. No obstante, es controvertido que el artículo 105 de la L.J.C.A., esté vigente en su totalidad, pues el artículo 18.2 de la L.O.P.J. remite la inejecución de sentencias firmes a la expropiación de los derechos reconocidos por ella frente a la Administración, previa declaración de utilidad pública o interés social de la operación y con indemnización judicialmente fijada.

En los restantes supuestos, que son los normales, la sentencia debe cumplirse y realizarse. El cumplimiento de las sentencias corresponde al mismo órgano administrativo que dictó el acto o disposición objeto del recurso, lo que parece que debe mantenerse así, pese a que la Constitución, en el artículo 117.3, dice que la Administración de la Justicia, juzgando y haciendo ejecutar lo juzgado, corresponde a los jueces y los tribunales, y ello porque es más eficaz implicar a la Administración en el cumplimiento material del fallo. Lo que sí compete, sin embargo, a los tribunales es responsabilizarse de la ejecución, velando porque los fallos se materialicen, pudiendo dirigirse a los órganos responsables de la paralización del cumplimiento de la sentencia, intimidándoles a que la efectúen y, en caso contrario, advirtiéndoles que incurrirán en responsabilidad. Esto es un considerable avance de la Ley de la Jurisdicción Contenciosa, sobre el que ha abundado el Tribunal Constitucional distinguiendo netamente entre cumplimiento de la sentencia, que corresponde generalmente a la Administración, y ejecución, que corresponde a órganos judiciales, a diferencia de lo que ocurría en otras épocas, que era muy difícil obligar a la Administración a que cumpliese un fallo, porque la responsabilidad se diluía en el seno de la misma, con lo que el particular tenía una sentencia favorable, pero no lograba la ejecución de la misma. (Así, entre otras, SSTC 34/1982, de 14 de junio; 67/1984, de 7 de junio; 155/1985, de 12 de noviembre, y 167/1987, de 28 de octubre.)

Si para verificar el pago fuese necesario un crédito o un suplemento de crédito o un presupuesto extraordinario, se iniciará su tramitación dentro del mes siguiente al día de notificación de la sentencia (art. 108).

5) Recursos contra decisiones judiciales

La Ley 10/1992 antecitada ha venido a establecer el marco de recursos intrajudiciales, adaptándolos a la estructura diseñada por la LOPJ. Aunque se trata de una reforma parcial de la LJCA e incompleta por cuanto aún no se ha culminado la organización judicial contenciosa, comporta una novedosa articulación de los recursos derogatoria de las previsiones que al respecto contemplaba aquella Ley (en este punto se modifican sustancialmente los arts. 93 a 102).

Destacan como principios básicos del nuevo sistema de recursos:

— La generalización de una única instancia, asumiendo la doctrina constitucional que rechaza la doble instancia como medida necesaria para garantizar el derecho a la tutela judicial efectiva.
— La potenciación de la casación, que es un recurso cuya interposición sólo procede cuando se den los supuestos legalmente previstos, y que constituye una extraordinaria aportación en relación con el régimen de recursos precedente del que desaparece el recurso ordinario de apelación.
— El rigor extremo en los trámites previos de admisión, introduciendo especiales exigencias para la tramitación de los recursos.
— El disponer con carácter absoluto que el recurso carece de efectos para suspender la ejecución de la resolución recurrida, regla que al margen de posibles reparos de inconstitucionalidad supone en este orden jurisdiccional una novedad sin paliativos.

En la actualidad, éstos son los recursos contencioso-administrativos:

A) **Recurso de súplica** (art. 92)

Procede contra todas las providencias que dicten los órganos judiciales y contra los autos a excepción de aquéllos que resuelvan este mismo recurso, de los autos de aclaración y de los de inadmisión del recurso de casación. Conoce del recurso el mismo Tribunal que emitió la decisión.

El plazo de interposición es de cinco días a partir del siguiente a la notificación de la resolución, y del recurso se dará traslado a las otras partes para que en el plazo de tres días formulen las alegaciones que a su derecho convenga.

B) **Recurso de casación ordinario** (arts. 93 a 102)

Con esta rúbrica se pretende diferenciar a éste de los otros dos recursos de casación recogidos en la misma.

a) Decisiones recurribles

Son recurribles en casación sentencias y autos dictados en única instancia por la Audiencia Nacional (AN) o los Tribunales Superiores de Justicia (TSJ), con diferentes excepciones.

La Ley excluye de este recurso ante el Tribunal Supremo las sentencias: *a)* referidas a cuestiones de personal al servicio de la Administración Pública que no afecten a la extinción de la relación de servicios; *b)* cualquiera que fuere la materia cuando la cuantía no exceda de 6 millones de pesetas; *c)* las dictadas en el recurso regulado en el artículo 7.6 de la Ley 62/1978, y *d)* las recaídas en recursos contencioso-electorales. (Las resoluciones del Tribunal de Cuentas son susceptibles de recurso en los supuestos establecidos en la Ley 7/1988, de 5 de abril.)

También se excluyen las dictadas en única instancia por los TSJ respecto a actos o disposiciones de las Comunidades Autónomas (CCAA), salvo que la infracción que fundamente el recurso emane de normas no emanadas de los órganos de aquéllas. (Se dispone, pues, un doble trato en esta vía, impidiendo que la aplicación del derecho autonómico sea objeto de conocimiento del Tribunal Supremo.)

El artículo 94 establece los supuestos en los que cabe el recurso de casación frente a los autos, que en cualquier caso requiere como requisito necesario haber interpuesto previamente el recurso de súplica.

b) Motivos casacionales

La Ley adopta los motivos clásicos previstos en la LEC (art. 1.692), que incluyen causas relativas al quebrantamiento de las formas y a la infracción de ley: *a)* Abuso, exceso o defecto en el ejercicio de la jurisdicción; *b)* Incompetencia o inadecuación del procedimiento; *c)* Quebrantamiento de las formas esenciales del juicio por infracción de las normas reguladoras de la sentencia o de las que rigen los actos y garantías procesales, siempre que haya producido indefensión para las partes y se haya pedido la subsanación de la falta en la instancia procesal. *d)* Infracción de las normas del ordenamiento jurídico o la jurisprudencia que fueren aplicables para resolver las cuestiones objeto de debate.

c) Procedimiento

Quienes hubieran sido parte en el procedimiento han de presentar escrito, manifestando su intención de interponer el recurso, en el plazo de diez días a partir del siguiente a la notificación de la resolución, ante el mismo órgano que la hubiera dictado. Transcurrido ese plazo sin haberlo preparado, la resolución quedará firme.

La Sala del Tribunal competente (AN o TSJ) tiene la facultad de admitir o denegar el escrito de preparación previo examen del cumplimiento de los requisitos y motivos en que se funde. En el primer caso remitirá los autos al Tribunal Supremo en el plazo de cinco días, sin que por ello se suspenda la ejecución de la resolución impugnada. En el segundo caso, lo denegará por auto. Contra este auto cabe recurso de queja para ante el Tribunal Supremo, regulado por los artículos 398 a 400 de la LEC.

Admitido y emplazadas las partes para que comparezcan ante el Alto Tribunal, en el plazo de treinta días el recurrente habrá de personarse e interponer el recurso. Una vez transcurrido el mismo sin la presentación el recurso se declarará desierto.

Cuando el recurrente sea el Abogado del Estado o el Ministerio Fiscal la Ley establece una fórmula de privilegio en torno a la formalización del recurso y al plazo a fin de agilizar el proceso.

El Tribunal Supremo puede inadmitir el recurso anticipadamente (total o parcialmente) por auto si aprecia su improcedencia por alguna de las causas previstas legalmente, previa audiencia del recurrente. Los efectos de esta inadmisión comportan la firmeza de la resolución recurrida y la imposición de las costas al recurrente.

La tramitación continuará en el supuesto de admisión dando traslado del recurso a las otras partes para que formalicen su oposición en igual plazo. Y con o sin estos escritos señalará día y hora para la celebración de la vista o, en otro caso, para la votación y fallo.

Los pronunciamientos de la sentencia que se dicte tendrán distintos efectos según los motivos casacionales admitidos, de tal manera que en unos casos se limitará a anular la resolución recurrida dejando a salvo el derecho a ejercitar las pretensiones ante otros órganos o por otros procedimientos u ordenando retrotraer el procedimiento, en tanto que en otros además dictará sentencia resolviendo sobre el fondo del asunto planteado.

Cuando no se hubiera estimado ninguno de los motivos, la sentencia declarará no haber lugar al recurso.

C) Recurso de casación para unificación de doctrina [art. 102.*a)*]

La importación de este recurso previsto en otros órdenes jurisdiccionales al ámbito contencioso persigue como finalidad evitar también en éste, en la línea de lo previsto por el derogado artículo 102.1.*b)* de la LJCA, que no existan resoluciones contradictorias entre sentencias de los Tribunales o de éstos con la doctrina del Tribunal Supremo.

a) Decisiones recurribles

Son recurribles únicamente las sentencias que hubieran sido dictadas bien por los TSJ con pronunciamientos distintos respecto de idénticas situaciones, y en mérito a hechos, fundamentos y pretensiones sustancialmente iguales sin existir doctrina legal; bien por la AN, los TSJ o en única instancia por el Tribunal Supremo cuando existiera contradicción con la doctrina de este último en las mismas circunstancias anteriores.

Se excepciona este recurso cuando las sentencias del órgano *a quo* son susceptibles del recurso de casación ordinario y siempre que la cuantía de las pretensiones ejercitadas exceda de un millón de pesetas. En ningún caso se admite para el resto de sentencias excluidas de aquel recurso a tenor del artículo 93.2.

b) Órgano competente

Compete al Tribunal Supremo, y en concreto dentro de la Sala de lo contencioso se constituye una Sección especial encargada de conocer los recursos contra las sentencias recurridas dictadas por el propio Tribunal.

c) Procedimiento

El escrito de preparación se presentará en el plazo de diez días a partir de la notificación ante el mismo Tribunal que dictó la sentencia, fundamentando la infracción legal y demás circunstancias que acrediten la contradicción alegada y aportando certificación de las resoluciones contrarias. Este último requisito puede subsanarse posteriormente, pero en todo caso es preciso aportar copia simple del texto completo de esas decisiones.

Al margen de este extremo, la tramitación seguirá el mismo procedimiento que el recurso de casación ordinario.

Los pronunciamientos contenidos en las sentencias dictadas al resolver estos recursos no modificarán las situaciones jurídicas creadas por las resoluciones precedentes a la impugnada.

Si admite el recurso, casará y anulará la sentencia recurrida, modificando las declaraciones en ella contenidas y las situaciones creadas.

D) Recurso de casación en interés de Ley [art. 102.*b)*]

La regulación de este recurso no supone ninguna novedad, ya que salvo ligeras modificaciones mantiene el contenido previsto en el hoy derogado artículo 101.

a) Legitimación

Sólo pueden interponerlo el Abogado del Estado y las Entidades o Corporaciones que ostenten la representación y defensa de intereses de carácter general o corporativo con interés legítimo en el asunto. (Se produce, pues, una ampliación del espectro de interesados antes de la reforma reducido a la Abogacía del Estado.)

b) Decisiones recurribles

Únicamente las sentencias dictadas en única instancia por la AN o los TSJ no susceptibles de casación ordinaria, cuando se entienda gravemente dañosa para el interés general y errónea la resolución.

Se excluyen, sin embargo, las de los TSJ en relación a actos o disposiciones de las CCAA basados exclusivamente en normas autonómicas.

c) Procedimiento

Se ha de interponer el recurso en el plazo de tres meses ante el Tribunal Supremo acompañando copia certificada de la decisión impugnada. Con una tramitación sumaria y preferente, se reclamarán los autos al Tribunal de instancia y una vez recibidos se resolverá lo que proceda.

La sentencia tiene como único objetivo la depuración de doctrina o fijación de la doctrina legal, por lo que carece de relevancia para las partes afectadas por la decisión recurrida. La situación jurídica particular sentada por ésta queda respetada en todo caso.

E) Recurso de revisión [art. 102.*c)]*

Es un recurso extraordinario que procede frente a sentencias firmes cuando concurra alguno de los motivos legalmente previstos. La reforma mantiene básicamente la regulación anterior prevista en el artículo 102.

a) Resoluciones recurribles

Las sentencias que hayan ganado firmeza pronunciadas por el Tribunal Supremo, Audiencia Nacional o Tribunales Superiores de Justicia.

b) Motivos de revisión

La Ley recoge los cuatro supuestos que han fundamentado tradicionalmente este recurso: *a)* Si se recobraren documentos decisivos, detenidas por fuerza mayor o por obra de la parte en cuyo favor se hubiere dictado; *b)* Si la sentencia se hubiere dictado en virtud de documentos que una de las partes ignoraba haber sido reconocidos y declarados falsos o cuya falsedad se reconociese o declarase después; *c)* Si dictada sentencia en virtud de prueba testifical, los testigos hubieren sido condenados por falso testimonio en base a esas declaraciones; *d)* si la sentencia se hubiere ganado injustamente en virtud de cohecho, violencia u otra maquinación fraudulenta.

En materia de responsabilidad contable, procederá en los casos establecidos en la Ley 7/1988, de 5 de abril, de funcionamiento del Tribunal de Cuentas.

c) Órgano competente

La competencia para conocer de estos recursos corresponde a la Sala de lo Contencioso del Tribunal Supremo y a una Sala especial cuando la sentencia recurrida proceda del mismo Alto Tribunal.

d) Procedimiento

Se rige por las previsiones de la LEC (arts. 1.798 a 1.810), debiendo interponer el recurso en el plazo de tres meses, contados desde el día que se descubrieran los documentos nuevos o el fraude, o desde la fecha del reconocimiento o declaración de falsedad, con el límite máximo de cinco desde la fecha de publicación de la sentencia.

La sentencia estimatoria del recurso rescindirá en todo o en parte la recurrida, con devolución de los autos al órgano judicial del que procedan para que dicte nuevo fallo, respetando las declaraciones que se hubieran realizado en la sentencia de revisión.

VII. LA PROTECCIÓN DE LOS DERECHOS FUNDAMENTALES

La Ley 62/1978, de 28 de diciembre, regula un proceso especial para la protección de los derechos fundamentales.

Establece este procedimiento contra los actos de la Administración pública sujetos al Derecho administrativo que afecten al ejercicio de los derechos fundamentales.

El artículo 7.1 de la misma exime de interponer previamente recurso de reposición o cualquier otro recurso previo administrativo para proceder en esta vía.

El plazo para interponer el recurso contencioso-administrativo es de diez días, si el acto impugnado fuere expreso, y en caso de silencio administrativo el plazo anterior se computará transcurridos veinte días desde la solicitud ante la Administración, sin necesidad de denunciar la mora ni obtener certificación del acto presunto.

Dicha Ley configura un procedimiento judicial preferente y sumario o abreviado para el enjuiciamiento de estos actos (arts. 8.º a 10).

CAPÍTULO XXVIII

LA ACTIVIDAD ADMINISTRATIVA

I. LA CLÁSICA TRIPARTICIÓN DE LA ACTIVIDAD DE LA ADMINISTRACIÓN.

1) **Policía.**
2) **Servicio público.**
3) **Fomento.**

II. MODALIDADES POSIBLES DE LA ACCIÓN ADMINISTRATIVA.

1) **Acción administrativa de garantía.**
2) **Acción administrativa de prestación.**
   A) **La empresa pública.**
3) **Acción administrativa de estimulación.**

LA ACTIVIDAD ADMINISTRATIVA

I. CLÁSICA TRIPARTICIÓN DE LA ACTIVIDAD DE LA ADMINISTRACIÓN

La doctrina ha venido clasificando la actividad de la Administración en tres grupos: policía, servicio público y fomento. Vamos a ver primeramente cuáles son las características de las actuaciones que se incluyen en estos grupos antes de intentar establecer otro tipo de clasificación más congruente, quizá, con la auténtica realidad administrativa de nuestros días.

1) Policía

En el Estado absoluto, bajo la rúbrica de policía, se comprendía prácticamente todo el obrar administrativo, abarcando tanto la policía de seguridad como la policía de bienestar. Más adelante, al depurarse las técnicas de garantía de los individuos, la policía fue a calificar exclusivamente las actividades administrativas tendentes a garantizar el orden público, entendido simplemente como seguridad, como tranquilidad en la calle. La policía del bienestar quedaba delegada a las actividades de fomento que luego veremos.

Al incrementarse las competencias y fines de la Administración dentro del concepto de orden público que legitimaba la intervención administrativa de policía, se va a incluir no sólo la clásica seguridad, sino también una serie de complementos como la salubridad, la moralidad, la estética, el orden público económico, el orden público político. Surge así, frente a la policía general, garantizadora del orden público en su sentido clásico, las policías especiales que abarcarían el urbanismo, la administración económica, la policía de la industria, etc.

Con ello, la policía sólo podría ser sustantivada como aquel conjunto de actividades que se caracterizaban por la utilización de medidas coactivas en aras del interés general, con lo que tal grupo deja de ser significativo al comprender una gran variedad de posibilidades de acción cuyo único denominador común va a ser, pues, la posibilidad de utilización de la coacción, lo que, según ha sido ya aclarado, no supone una modalidad exclusiva de un tipo de obrar administrativo, sino que constituye simplemente un instrumento del que la Administración puede echar mano en cualquier momento y ocasión, siempre que se encuentre con resistencias en su intento de velar por los intereses colectivos. Por lo tanto, la coacción no es suficiente criterio para aislar este tipo tan amplio de operaciones administrativas.

2) Servicio público

La noción de servicio público fue acuñada modernamente, cuando se aglutinó el Derecho administrativo, para caracterizar precisamente toda esta disciplina. Sobre todo, para la escuela francesa, denominada precisamente del servicio público, ésta sería la piedra de toque esencial para aislar y sintetizar el campo reservado a la Administración. Siempre que una actividad se considerase como básica para la colectividad, debía ser asumida por el Estado, representante de la solidaridad comunitaria, adoptando la forma de un servicio público.

El servicio público llegó a identificarse con toda la actividad del Estado, perdiendo valor, pues, como criterio para acotar subparcelas de actuación administrativa dentro del panorama general de operaciones públicas. Por otra parte, los módulos propuestos para detectar la presencia de un servicio público no resultaban satisfactorios. No vale el criterio de los sujetos, puesto que, como veremos más adelante, determinados servicios públicos son asumidos por particulares que bajo la vigilancia y tutela del Estado figuran como concesionarios de servicios, como puede ser el caso de los transportistas regulares de viajeros por carretera.

Tampoco es suficientemente caracterizador el objeto, porque es difícil determinar *a priori* cuándo se está en presencia de estos servicios trascendentales para la colectividad, apuntándose siempre un principio de duda, al menos en las zonas limítrofes, entre servicios públicos propiamente dichos, servicios de interés público y actividades meramente reglamentadas.

En cuanto al régimen, si bien es el criterio más claro y menos equívoco, puede conducir a confusión el hecho de que determinados servicios públicos sean prestados en un régimen, parcialmente al menos, privado. De aquí que se abandonase como criterio definidor de todo el Derecho administrativo y de la acción de la Administración la idea de servicio público y que incluso se estimase que el propio concepto había sido equívocamente manejado para perfilar una subdivisión del obrar administrativo.

3) Fomento

Por fomento se han venido considerando, pacíficamente, aquellas acciones administrativas, encaminadas a proteger o promover actividades de las cuales podría obtenerse una cierta utilidad pública, pero sin mediar coacción. A diferencia de la policía, aquí no se adoptarían medidas imperativas, sino meramente potenciadoras de las actividades particulares para que éstas redunden, en definitiva, en favor del público interés. Prototipo de la acción de fomento son, por ejemplo, las subvenciones.

Pero también el fomento así configurado puede ofrecer rasgos comunes con los anteriores grupos de acción administrativa examinados. No olvidemos que la coacción puede ser utilizada por la Administración al hilo de las técnicas de fomento; así, por ejemplo, para obligar a devolver una subvención si no se ha destinado a los fines previstos. A su vez, los fines de la policía, el mantenimiento del orden público, pueden ser perseguidos con técnicas subvencionadoras de fomento, como es la concesión de premios a los que observen una conducta más compatible y favorable al orden público, premios y honores, por ejemplo, a los buenos conductores, al auxilio en carretera, etc.

Por otra parte, técnicas de fomento pueden realizarse por vía indirecta de coacción: pensemos en el caso de la concentración de empresas, aspiración deseable en todas las economías y singularmente en la nuestra, la cual puede facilitarse reforzando los gravámenes fiscales sobre las empresas que no acceden a reestructurarse de una forma más adecuada para los intereses económicos generales. La concentración parcelaria, por ejemplo, se ha efectuado en otros países por estos cauces, haciendo más gravosa la situación de los que se niegan voluntariamente a agrupar sus fincas.

II. MODALIDADES POSIBLES DE LA ACCIÓN ADMINISTRATIVA

Sin querer incidir aquí en un cierto dogmatismo, ni mucho menos intentar trastocar definitivamente toda la sistemática tradicionalmente utilizada, vamos a tratar de dar una versión particular de un posible enfoque más realista de las distintas modalidades de acción administrativa. Para ello se dividirá la materia en tres grupos: acción administrativa de garantía, acción administrativa de prestación y acción administrativa de estimulación.

1) Acción administrativa de garantía

Vimos cómo para incluir en el apartado correspondiente a la policía todas las modalidades administrativas de acción administrativa sin suficiente encaje en los otros grupos fue necesario desorbitar el concepto de orden público. A primera vista resulta violento el considerar como cuestión de orden público la construcción de un edificio de más plantas que las autorizadas por la ordenanza, o el destino de una superficie urbana a edificación en vez de a parque. Parece, de entrada, que se están forzando las cosas para reconducir estas medidas a la técnica de la policía.

Igualmente, el calificar la acción administrativa sobre la economía como un supuesto de orden público económico es también desorbitador. Ello pudo tener sentido en algún momento cuando esta acción iba encaminada a velar por el mantenimiento de las condiciones clásicas de la oferta y demanda, eliminando los factores de impureza que en su libre juego podían aparecer; pero cuando la acción administrativa ya no va de la mano de los postulados liberales, sino que muchas veces, intencionada y pensadamente, trata de corregirlos, el seguir pensando en el restablecimiento de un supuesto orden espontáneo de la economía, si lo que precisamente se pretende es su superación, parece un enfoque claramente desafortunado.

Por lo tanto, creemos que todo este tipo de acciones administrativas que se incluían en la rúbrica general de la policía son mejor comprendidas y susceptibles de mejor calificación, si entendemos que la Administración lo que hace aquí es fijar el marco de vida colectiva, establecer un orden intencional de convivencia, garantizar, pues, cuál sean los ámbitos dentro de los que pueden moverse las iniciativas privadas, y cuáles las posibles conductas de los particulares, definiendo para ello derechos, como en el caso del urbanismo; limitando posibilidades de acción, como en la tasa de precios al fijar valores convencionales, caso también de las divisas, o imponiendo obligaciones, como se hizo con los depósitos previos a la exportación.

Se parte así de postulados políticos en el sentido de que por esta vía se decide cuál es lo mejor para la convivencia, garantizando que ésta se desarrolle tal como ha sido configurada legalmente, en cada momento histórico concreto, por los supremos órganos del Estado. Con ello la Administración estructura la vida social garantizando que las iniciativas y actividades de los particulares no entrarán en conflicto perjudicial entre sí ni tampoco pugnarán con los intereses públicos definidos en un concreto momento por el Estado. Como consecuencia, establece las reglamentaciones oportunas que se pueden prolongar hacia la auténtica fijación de un estatuto en las diversas modalidades de propiedad o de conductas económicas.

Con ello la idea de orden público queda relegada al puesto que realmente le corresponde y en el que puede jugar aún un importante papel. El orden público será simplemente entonces un concepto general que permitirá la intervención de los poderes públicos ordenando la convivencia con cierta discrecionalidad en casos no expresamente previstos por las leyes. Las leyes, en efecto, no pueden regular todo hasta los últimos extremos, previendo todas las situaciones. El apoyo en la cláusula de orden público legitima a la Administración para intervenir en ciertas circunstancias de peligro para la vida comunitaria no tipificada, pero que precisan de la adopción de algunas medidas para proteger la seguridad de los ciudadanos. Así, por ejemplo, si se apagan las luces de una ciudad, la Administración, los agentes del orden, pueden adoptar medidas que, por supuesto, no vienen recogidas en ningún clausulado reglamentario, pero que, a la vista de las situaciones contingentemente provocadas, determinarán las soluciones más adecuadas.

Con esta actividad administrativa puede conectarse la que cada vez con más frecuencia realiza la Administración contemporánea. Me refiero a la llamada actividad arbitral que se patentiza en los casos en que la Administración, no como parte, sino como tercero, interviene en relaciones entre particulares, actuando precisamente en funciones arbitrales. Tal ocurre en los procedimientos de oposición a la solicitud de permiso de investigación minera, de apertura de farmacias, etc.

2) Acción administrativa de prestación

Estas actuaciones son las que tienen por finalidad entregar a sus destinatarios bienes o facilitarles servicios. Sobre estas modalidades del obrar administrativo ha flotado insistentemente un cierto confusionismo, basado, en parte, en la insuficiente distinción entre el soporte de la actividad y *los regímenes de las relaciones con los usuarios de los servicios;* ambos pueden a su vez revestir una modalidad privada o una modalidad pública.

En régimen privado, la Administración ofrece al mercado una serie de bienes o presta unos determinados servicios que se aceptan y reciben intercambiándose las prestaciones correspondientes, de acuerdo con los postulados tradicionales de la oferta y de la demanda. El ordenamiento aplicable es aquí el mercantil, el privado; los particulares pueden aceptar o no las ofertas de la Administración; la Administración, por su parte, puede fijar las condiciones de las mismas libremente. Régimen privado es el de las empresas nacionales, por ejemplo, el de ENSIDESA.

El régimen público de prestación administrativa supone siempre una cierta predeterminación reglamentaria del sistema de relaciones Administración-usuario. Este régimen puede ser integral; todo el sistema de relaciones está sometido al Derecho administrativo, el usuario de los servicios, el destinatario de los bienes, no contrata con la Administración, sino simplemente solicita la admisión al servicio e incluso puede venir obligado a ello; así, por ejemplo, cuando se monta el servicio de recogida de basuras o una red de alcantarillado, los ocupantes de las distintas viviendas urbanas están obligados a utilizar este servicio aunque no quieran, aunque no lo deseen, puesto que se establece con carácter general para toda la colectividad de que se trate, y no podría funcionar eficazmente si un sector de la misma decidiese no utilizarlo. Pero las relaciones con el servicio pueden ser parcialmente obligatorias, como es el caso de la Seguridad Social. Las relaciones de los sujetos de la Seguridad Social, los asegurados, con los entes prestatarios de los servicios no son estrictamente obligatorias en cuanto que aquéllos pueden o no libremente prestar servicios en una empresa; pero si están en tal condición, la relación es obligatoria.

A menudo, el régimen público es sólo parcial, sólo afecta a las condiciones generales que han de mediar en las relaciones con los usuarios, pero estas relaciones, en concreto, pueden ser de derecho privado. Explicaremos esta aparente contradicción: un régimen público parcial es aquel en el que la Administración únicamente fija para sus propios órganos, o para los particulares que presten por concesión o arrendamiento de la Administración el servicio, determinadas condiciones, como son:

— *La continuidad del servicio.* El servicio no puede interrumpirse, ha de ser prestado ininterrumpidamente.
— *Igualdad.* Cualquiera tiene derecho a la utilización del servicio y con un trato uniforme y homogéneo para todos los posibles usuarios.
— *Obligatoriedad de contratar.* Si se solicita la contratación o prestación de los servicios, el que puede facilitarlos viene obligado a hacerlo y a contratar con el solicitante.
— *Disponibilidad de las tarifas.* La Administración fija las condiciones económicas de la retribución del servicio; dispone, pues, de las tarifas.
— *Disponibilidad técnica.* La Administración precisa también

las condiciones técnicas y materiales a que debe estar sometido el servicio.

— *Vigilancia administrativa.* La Administración dispone de controles que garantizan que el servicio se preste de acuerdo con las condiciones estipuladas, y si aparecen desviaciones se puede recurrir para que se corrijan las actuaciones incorrectas de los prestatarios del servicio, corrección que puede en algunos casos efectuarse mediante intimidaciones directas, mediante sanciones y multas y mediante la sustitución del prestador del servicio.

Ahora bien, una vez fijados estos condicionantes, la relación que se establece es de tipo contractual, aunque sea un contrato de los denominados de adhesión, contrato que puede venir regulado por el Derecho privado y cuyas incidencias se llevan ante los tribunales de la Jurisdicción ordinaria; éste es el supuesto de la Compañía Telefónica Nacional y también, aunque ello quizá choque con las convicciones de los responsables del sector, de las empresas eléctricas, empresas que presten hoy un auténtico servicio público, porque los condicionantes administrativos son tan intensos, que prácticamente les sitúa en el sector de la Administración. Si bien la integración de España en la CEE está ya afectando sustancialmente a la regulación de estos y otros sectores.

La otra distinción que conviene realizar en cuanto a estas modalidades de acción administrativa remite al *soporte interno de la actividad,* que es distinto o puede ser distinto del régimen establecido para las relaciones externas.

El soporte de la actividad alude a la forma de organización de las prestaciones, la cual puede ser pública o privada. Existe un soporte público cuando el sujeto que lo presta, la organización que lo tiene a su cargo, es un complejo orgánico-público, pero desde este soporte público pueden a su vez prestarse servicios o suministrarse bienes en régimen público o privado. Soporte público y régimen público también de prestaciones es el caso ya indicado de la Seguridad Social; la Seguridad Social está organizada públicamente, presta sus servicios públicamente. Soporte público y régimen privado es el caso de la Editora Nacional: está organizada públicamente, pero sus relaciones con los compradores de libros son privadas.

Pero el soporte puede ser también privado en cuanto que el sujeto prestador, que puede ser la Administración, caso de las empresas nacionales, o los particulares, caso de los concesionarios o arrendatarios con una organización privada, pueden prestar servicios y bienes de trascendencia económica. Esta prestación puede realizarse tanto en régimen público como privado. Soporte privado con régimen público es, por ejemplo, el de la Compañía Telefónica Nacional de España; sus relaciones, aunque contractuales en buena parte, en cuanto condicionadas por la Administración, como vimos, tienen un *substratum* público; sin embargo, el soporte es privado. Soporte privado en régimen privado es el caso de las empresas nacionales, ejemplo de ENSIDESA. Explicado así quizá parezca relativamente complicado, pero posiblemente este esquema pueda aclarar ideas:

Acción administrativa de prestación

En cuanto al régimen de relaciones con los destinatarios	Público	Integral: admisión al servicio de la Seguridad Social
		Parcial: adhesión a los condicionantes públicos, RENFE-CTNE
	Privado	ENSIDESA
En cuanto al soporte organizatorio	Público	Régimen público: S. S. (integral)
		Régimen privado: Ed. Nacional
	Privado	Régimen privado: ENSIDESA
		Régimen público: CTNE (parcial)

A) La empresa pública

La actividad de prestación de la moderna Administración se realiza fundamentalmente a través de las empresas públicas, forma de intervención en la vida económica que, si bien tiene orígenes históricos remotos, conoce su mayor expansión después de la Primera y, sobre todo, de la Segunda Guerra Mundial, época esta de las grandes nacionalizaciones llevadas a cabo en los más importantes países europeos.

Es difícil formular un concepto genérico de empresa pública, pues no existe un estatuto jurídico unitario de la misma. Sin embargo, una aproximación al concepto puede darse si lo enfocamos desde las perspectivas que ofrece la idea de empresa y del adjetivo «pública» que la cualifica.

La empresa no es otra cosa —tanto desde el punto de vista económico como desde el jurídico— que una organización de medios personales y reales destinados a la producción o mediación de bienes o servicios. Esa organización será considerada como pública cuando se encuentre controlada por el Estado u otro ente público.

El control, que es el rasgo decisivo para calificar la publicidad de una empresa, puede articularse de muy diversas maneras. Así puede tratarse de control-nombramiento, que se refiere a la facultad que asiste al ente público de nombrar al personal dirigente de la empresa; de control sobre actos concretos de la gestión empresarial a través de las técnicas clásicas de autorizaciones, aprobaciones, etc., de control, en fin, sobre la actividad global de la empresa o control de resultados que han de rendirse ante los órganos políticos competentes —Ministro, o en su caso, el propio Parlamento—.

En España las empresas públicas pueden adoptar formas jurídicas variadas. Podemos distinguir entre empresas nacionales, que son aquellas reguladas por la L.E.E.A. y cuyo estudio se realizó en el capítulo XV, empresas societarias en las que participa el Estado, como la Telefónica, y organismos autónomos que desarrollen actividades comerciales o industriales, ejemplos de los cuales pueden ser el Consejo de Administración de las Minas de Almadén y Arrayanes, la Editora Nacional, entre otros, regidos por la L.E.E.A.

Una ola importante de nacionalizaciones, tal como se conoció en Francia, Inglaterra y en otros países europeos, no ha tenido lugar en España. Sólo cabe hablar de fenómenos nacionalizadores en algunos casos como los siguientes:

- La constitución por el Estado de una empresa encargada de la explotación de las líneas férreas del país hasta entonces en manos privadas, RENFE.
- La creación de la Compañía Telefónica Nacional de España. Por Ley de 14 de mayo de 1945 se autorizó al Gobierno

para comprar las acciones de la Compañía en poder de la Internacional Telephone and Telegraph Corporation.

— La nacionalización del Banco de España y de toda la Banca oficial que integran los Bancos de Crédito Industrial, de Crédito Agrícola, de Crédito Local, de Crédito a la Construcción, Banco Hipotecario de España y el Crédito Social Pesquero, integrados casi todos ellos en el holding de Argentaria.

— La desaparición de las «entidades colaboradoras», empresas privadas que proporcionaban las prestaciones propias de la Seguridad Social, con lo que se ha producido una auténtica publicación del sector (Ley de 28 de diciembre de 1963).

Aunque pudo pensarse que la adquisición compulsiva por el Estado del patrimonio de RUMASA era un supuesto de nacionalización, tal parecer no es sostenible dada la política de saneamiento y devolución al sector privado de la mayoría de las empresas que integraban el holding de la abeja.

3) Acción administrativa de estimulación

La acción administrativa de estimulación coincide sustancialmente con las técnicas clásicas del fomento. La Administración no acota aquí ámbitos de acción a los particulares ni realiza por sí prestaciones y servicios, sino que les incita o estimula por las vías que correspondan en cada caso a que realicen sus actividades de la forma que previamente ha considerado más favorable para los intereses públicos.

Esta acción puede consistir en la concesión de beneficios jurídicos, como los que vimos proceden en el caso de asignación a los particulares de los beneficios de la expropiación forzosa. Puede también versar la asignación de beneficios dinerarios, como son las subvenciones que se otorgan a los particulares que abordan actividades que se desean estimular desde campos públicos. Las subvenciones pueden consistir, entre otras modalidades, en la concesión de anticipos, en la asignación de cantidades a fondo perdido o en la concesión de créditos privilegiados. Los anticipos, a diferencia de la concesión de cantidades a fondo perdido, son reintegrables, normalmente sin interés. En cuanto a la concesión de crédito público, puede parecer que no se trata propiamente de una subvención, pues lo que aquí hay obligación de devolver es el crédito y abonar intereses; ahora bien, si el crédito, como es habitual, se presta en condiciones distintas a las que median en el mercado de capitales, bien en cuanto a plazos de devolución, bien en cuanto a la tasa de intereses, existe una subvención clara y patente evaluable en dinero.

La estimulación puede hacerse también por vía de asignación de beneficios fiscales, desgravaciones, exenciones, mejoras en el trato fiscal. La acción de estimulación puede venir acompañada, y de hecho así sucede, por una serie de condicionantes a través de las cuales la Administración cuida de que los beneficios concedidos se apliquen precisamente para los fines preestablecidos, reservándose la posibilidad de obligar a reintegrar las cantidades concedidas o los beneficios adjudicados cuando no se cumplan tales condiciones. Precisamente por vía subvencional se produjeron las primeras intervenciones administrativas en la economía; la subvención de los transportes colectivos, las subvenciones ferroviarias, fueron un caballo de Troya que permitió a la Administración imponer unos condicionantes rigurosos que luego desembocaron en la creación de auténticos servicios públicos.

Una modalidad moderna de la acción estimulatoria constituye la denominada acción concertada, que tiene un carácter mixto contractual, subvencional y reglamentario. Las empresas son libres o no de acogerse a la acción concertada, pero si se acogen están obligadas a cumplir los compromisos reglamentariamente establecidos y las condiciones que se fijen para cada caso concreto recibiendo a cambio determinados beneficios.

CAPÍTULO XXIX

TEORÍA GENERAL DE LOS CONTRATOS ADMINISTRATIVOS

I. TÉCNICAS PARA LA OBTENCIÓN DE COLABORACIÓN DE LOS PARTICULARES.

1) **Instrumentos unilaterales.**
2) **Medidas bilaterales.**
3) **Los criterios de opción.**

II. EL CONTRATO ADMINISTRATIVO.

1) **Condiciones.**
2) **Aparición del contrato administrativo.**

III. DETERMINANTES Y CARACTERES DE LOS CONTRATOS ADMINISTRATIVOS.

1) **Fundamento.**
2) **Consecuencias.**

TEORÍA GENERAL DE LOS CONTRATOS ADMINISTRATIVOS

I. TÉCNICAS PARA LA OBTENCIÓN DE COLABORACIÓN DE LOS PARTICULARES

La teoría de los contratos administrativos se comprende mejor dentro del catálogo de instrumentos de que puede disponer la Administración para obtener de los particulares colaboraciones y aportaciones de contenido económico. La Administración necesita a menudo, por sus propios presupuestos, articular conductas privadas que pueden ser puestas al servicio de sus fines privativos. Estas conductas unas veces tienen un signo exclusivamente económico, y otras, aunque con otros caracteres, son valorables también en definitiva en términos patrimoniales. Los posibles instrumentos a disposición de la Administración podemos clasificarlos en dos grupos: unilaterales y bilaterales.

1) Instrumentos unilaterales

A) Imposición

Ésta es la técnica más conocida y utilizada; tiene por objeto hacer que los cuidadanos aporten bienes, normalmente en forma dineraria, para que puedan ser utilizados por la Administración para financiar sus actividades. La imposición consiste, como es sabido, en la aportación obligatoria de cuotas una vez se cumplan los presupuestos impositivos previstos por el legislador. Normalmente la imposición se basa en la entrega de dinero, pero en otras épocas pudo consistir en la aportación de bienes en especie, como las aportaciones, por ejemplo, de cereales, que constituían formas rudimentarias de tributación. Hoy, incluso, pueden existir imposiciones encubiertas en especie, como es el caso quizá de la entrega obligatoria de determinados bienes a la Administración si luego ésta los revende a un precio de mercado distinto, divisas, productos agrícolas, etc., del precio convencional que ha pagado a los que los entregan. En otras ocasiones, por ejemplo, cuando se obliga a entregar un número considerable de libros a las empresas editoriales que luego se destinan a las bibliotecas públicas o a los centros oficiales, estamos quizá en presencia también de una imposición en especie. Ahora bien, la imposición versa normalmente sobre la entrega de cantidades dinerarias.

B) Prestaciones personales obligatorias

Otras veces la Administración lo que impone no es la entrega de bienes, sino la realización de conductas personales, unas veces retribuidas y otras no. Así, por ejemplo, cuando se obliga a los abogados a defender los denominados pleitos de pobre gratuitamente. En este caso hay una imposición obligatoria de una conducta que tiene su valoración económica; si el cliente fuese otro, el abogado cobraría su minuta. Un ejemplo sintomático de estas prestaciones personales obligatorias es la denominada conscripción, el ingreso en filas obligatorio para todos los varones que cumplan determinadas condiciones de edad, los cuales deben aportar su actividad a los fines del Estado, aunque en estos casos las motivaciones son extraeconónicas: patrióticas y defensivas. Lo mismo puede suceder en situaciones excepcionales con las movilizaciones de determinados sectores productivos, por ejemplo, las minas o los transportes, cuando en circunstancias de emergencia se dispone de estos trabajadores y su prestación no deriva ya del contrato de trabajo, sino de una obligación impuesta por el Estado, bien que aquí retribuida.

C) Confiscaciones

Las confiscaciones consisten en la obligación de entregar bienes, sin indemnización equivalente por parte del Estado. Ejemplo de ello pueden ser las requisas, o la adquisición gratuita por parte del Estado de bienes de los particulares para objetivos de nacionalización o socialización de la economía.

D) Expropiaciones

En estos casos la obligación de entregar bienes va acompañada de una compensación equivalente que satisface la Administración receptora de los mismos.

E) Ordenación autoritaria de la economía

Como vimos en el anterior capítulo, el Estado puede crear, y de hecho así lo hace en mayor o menor medida, el marco dentro del cual se cumple la vida económica, lo que realiza a través de diversas técnicas, como son la tasa de precios o la obligación de producir. Tal sucede con la obligación de los propietarios de fincas rústicas productoras de cereales de dedicarlos a estas actividades. Incluso las fincas deficientemente explotadas pueden ser expropiadas por el Estado por la falta de aplicación de su destino. Todas estas medidas determinan, en definitiva, conductas con una trascendencia económica valorable y clara; pero impuesta por el Estado a los particulares de forma unilateral.

2) Medidas bilaterales

Este grupo de medidas comprende aquellas que determinan la incorporación de actividades a los fines administrativos, teniendo en cuenta la voluntad de los que se atraen a colaborar para esta esfera de intereses.

A) Incorporación de funcionarios

A diferencia de la conscripción, los funcionarios hacen presente su voluntad de participar en la función pública. Necesitan presentarse a las oposiciones, solicitar el ingreso en la Administración, aceptar el nombramiento. Sin la voluntad de los interesados, aunque no se trate propiamente de un contrato, no es posible que pasen a formar parte de la Administración.

B) Subvenciones

Las subvenciones son, en definitiva, concedidas con mayor o menor libertad por la Administración, pero igualmente se precisa de una conducta del subvencionado, que bien la solicite o bien la acepte. El que recibe la subvención ha de manifestar una voluntad concordante, aunque luego, como consecuencia de la subvención, le pueden ser impuestas, como es habitual, una serie de obligaciones para garantizar su destino.

C) Contratos

Ésta es la medida que aquí nos interesa analizar, que aparece también dentro del grupo de las técnicas bilaterales de captación de conductas. En los contratos existe una coincidencia de intereses entre la Administración y los administrados, que se canaliza a través de un procedimiento formal y desemboca en la realización de ciertas prestaciones y contraprestaciones por parte de la Administración y de los administrados contratantes.

D) Conciertos económicos

Los conciertos económicos participan en alguna medida de la naturaleza de los contratos, de las subvenciones y de los reglamentos, en cuanto que se trata de grandes compromisos que la Administración y sectores más o menos amplios de la economía realizan para hacer coincidir los fines generales del Estado y los fines particulares del sector de que se trate. A cambio de los compromisos que adquieren, los administrados suelen recibir ventajas, bien de índole subvencional, en aportaciones a fondo perdido, bien en créditos, bien en desgravaciones fiscales o en compensaciones de otra índole.

3) Los criterios de opción

Vemos, pues, que la Administración posee una gama más o menos amplia de posibilidades para incitar o determinar a los particulares a que desarrollen conductas económicamente valorables en beneficio de los intereses colectivos.

En la elección de una u otra de estas medidas influirán variados factores: la Constitución del Estado de que se trate, bien sea una Constitución socialista, una Constitución que respete los principios del estado social de Derecho, o una Constitución netamente liberal.

Dependerá también del momento histórico en que se vayan a aplicar y, en definitiva, del poder del propio Estado, puesto que los Estados, pese a las autorizaciones constitucionales que les respaldan, no siempre tienen el poder suficiente para llevar a efecto las medidas teóricamente previstas. Así, por ejemplo, incluso en Estados de Constitución autoritaria y de signo social avanzado debe recurrirse a menudo a la técnica contractual, puesto que en otro caso los particulares no desarrollarían conductas económicas interpuestas para la colectividad; de aquí que en algunos momentos, al menos, de la evolución de Estados socialistas, para estimular la agricultura sacándola de su situación de apatía se haya de recurrir a contratos privados con los agricultores.

Todas estas circunstancias, Constitución, momento histórico, poder con que efectivamente cuenta el Estado, determinarán la elección por una u otra de estas medidas. Vemos, por ejemplo, medidas que hoy parecen elementales, habituales y fiscales, como la imposición, fueron en otras épocas objeto de auténtica contratación con los estamentos sociales que se comprometían a aportar tributos a cambio de determinados compromisos por parte de reyes y monarcas. Incluso hasta recientemente entre nosotros algunas manifestaciones claramente antimodernas de nuestro sistema fiscal remitían a estas formas contractuales que se incrustaban anacrónicamente en las técnicas impositivas.

Lo mismo podemos decir del ejército. Para nosotros es impensable en estos momentos el que el ejército pudiese articularse de una forma contractual; sin embargo, no olvidemos que a lo largo de la Historia éste ha sido un instrumento habitual para la organización del aparato militar de los Estados: recuérdese a los condotieros, a los mercenarios, caso de los suizos, pacífica e industriosa nación de estos momentos, pero que en otras épocas ha exportado insistentemente aguerridos militares. Depende, pues, de diversas circunstancias ambientales la elección de una u otra de estas técnicas. Si el Estado es autoritario y socialista, podrá recurrir a la imposición unilateral de medidas planificadas, a la conscripción, a la confiscación; si el Estado es liberal, tendrá que utilizar en su lugar la expropiación, los contratos. Si se está en un momento de guerra, procederá la confiscación, la requisa sin más; si estamos en un momento de paz, la técnica contractual será la adecuada.

Cuando la Constitución es liberal, pero la responsabilización, no obstante, de la Administración se extiende a todos los sectores de la vida económica, Estado social, la utilización de las técnicas de acción concertada, de convenios económicos, parece que puede ser un interesante recurso y que por esta vía será quizá por donde se desenvuelvan muchas de las medidas de intervención económica futura.

II. EL CONTRATO ADMINISTRATIVO

1) Condiciones

Vistas, pues, estas posibilidades de articulación de conductas para los fines administrativos, vamos a examinar en concreto la institución que ahora nos ocupa: el contrato administrativo.

El surgimiento del contrato administrativo exige una economía en cierta forma liberalizada, en la que se asigna especial importancia a la gestión de las iniciativas particulares, con las que se pacta, pero introduciendo determinadas matizaciones singulares.

Donde existe un sistema constitucional autoritario, la técnica contractual administrativa sobra; por eso en algunas naciones socialistas no existen contratos administrativos propiamente dichos, y sólo una única institución contractual que se mueve en el ámbito del derecho privado. Se precisa también, por otro orden de ideas, un sistema político relativamente desarrollado, en el que se hagan más o menos efectivos los principios de la separación de poderes entendidos al estilo francés como ámbito de competencias propias y exclusivas de la Administración en el seno del poder ejecutivo.

Para analizar el contrato administrativo, figura que surge por contraste con la contratación ordinaria privada, es preciso recordar, aunque sea de pasada, las características de la institución contractual en general. El contrato es simplemente una técnica de coordinación de intereses. A través del contrato se llega a una libre armonización de voluntales, a una fusión de conductas, de tal forma que ambas partes contratantes, las que participan en el contrato, resultan recíprocamente favorecidas. Las partes realizan prestaciones porque les conviene beneficiarse de la prestación que reciben a cambio del sacrificio que supone la prestación que dan.

Por lo tanto, el contrato es sustancialmente contrario a toda imposición unilateral de conductas. Implica dos partes que se ponen libremente de acuerdo, puesto que si pesa abrumadoramente una de ellas, la otra difícilmente podrá hacer valer sus condiciones u obtener los beneficios que pretende. Se necesita, pues, una cierta libertad en cuanto a la adopción del contrato, al menos en sus líneas generales. El contrato supone vinculación a lo contratado, es imperativo para las partes; lo convenido obliga a ambos contratantes. Por el contrario, no afecta a los terceros, a los que no han intervenido en el acto contractual. Por último, los contratos, en caso de que surjan discrepancias sobre su ejecución o sobre su interpretación, son sometidos a la decisión del juez como árbitro imparcial, no dejándose a ninguna de las partes la imposición unilateral a la otra de sus propios criterios.

2) Aparición del contrato administrativo

El contrato administrativo se segrega del contrato civil para crear una figura singular englobada dentro de una institución contractual general que va a tener dos manifestaciones: contratos privados y públicos. Esto no ha sido siempre así; no lo es ahora en todos los países. Existen ordenamientos que no conocen el contrato administrativo; las técnicas contractuales se realizan siempre por los cauces de los contratos privados, sin especialidades ni singularidades características, y el fallo sobre los litigios contractuales se reserva igualmente a los tribunales ordinarios.

En los países de régimen administrativo continental ha ido surgiendo la figura del contrato administrativo a virtud de una serie de circunstancias de las que nos interesa señalar las siguientes:

— En primer lugar, la aplicación también a los contratos del principio de campos exclusivos reservados a la Administración.

— En segundo lugar, la introducción en los contratos, inicialmente en los contratos privados, de cláusulas exorbitantes que conceden prerrogativas diferentes a las que median en la contratación privada a favor de una de las partes, la Administración.

— En tercer lugar, la asignación de competencia para decidir sobre estos litigios contractuales a los jueces administrativos.

De esta forma, y en buena medida por la intervención de la jurisprudencia administrativa, se ha ido aglutinando una teoría general de los contratos administrativos, y aquellas cláusulas que se adherían un poco artificialmente a los contratos privados para privilegiar a la Administración son las que, invirtiendo los términos, van a dar tono al sistema y a caracterizar no ya como algo excepcional, sino como algo normal, los contratos administrativos.

III. DETERMINANTES Y CARACTERES DE LOS CONTRATOS ADMINISTRATIVOS

1) Fundamento

La aglutinación de una figura contractual propia para la Administración y distinta de la contratación privada se basa, en primer lugar, en el hecho de que los contratos administrativos tienden siempre al interés público. De los dos intereses que aquí confluyen, el interés privado y el de la Administración, el de ésta adquiere una clara prevalencia sobre los intereses privados. No existe aquí, pues, en principio, una igualdad absoluta de intereses entre las dos partes contratantes; priman los intereses colectivos que la Administración actúa. La Administración aparece consecuentemente en una posición de ventaja, con más prerrogativas y más poderes que la otra parte contratante, y ello en función del más importante rango de los intereses que tutela.

En segundo lugar, el hecho de que la Administración esté sometida al principio de legalidad impide que ésta pueda contratar con los administrados, con la libertad que media en la contratación privada. La Administración no tiene más poderes que aquellos que le han sido concedidos; debe ejecutarlos de la forma prevista por los órganos superiores que le atribuyen sus potestades.

En tercer lugar, la contratación administrativa trata de suministrar una cierta igualdad de oportunidades a los que desean o estén en condiciones de contratar con la Administración.

En cuarto lugar, el volumen importante de las materias en que la Administración interviene por vía contractual y la reiteración de los contratos que efectúa aconseja el establecimiento de unas formas particulares y homologadas para que esta contratación masiva y reiterada pueda efectuarse con mayor facilidad.

2) Consecuencias

A virtud de las anteriores circunstancias, la contratación administrativa se perfila, por un lado, mediante la especial ampliación de las facultades de la Administración contratante y, por otra parte, por la disminución de otras facultades con relación a las que le corresponderían de actuar íntegramente sometida al ordenamiento privado.

A) Ampliación

La ampliación de facultades y de poderes de la Administración es consecuencia inherente a su situación privilegiada. Ésta se reserva la posibilidad de interpretar por sí misma los contratos en que intervenga, resolviendo las dudas que ofrezca su cumplimiento. La Ley de Contratos del Estado español, en su artículo 19, se pronuncia en este sentido consecuentemente con el carácter de operatividad de las decisiones administrativas y con la necesidad de atender lo más rápidamente posible a las necesidades determinadas por el interés público. Aquí vemos, pues, que a diferencia de lo que sucede entre particulares no se exige una previa decisión del juez, aunque el juez pueda intervenir posteriormente de forma revisora, pero antes la Administración, por sí, interpreta y hace cumplir el contrato.

Además, la Administración, y esto es totalmente excepcional a los principios que rigen la contratación privada, puede modificar unilateralmente los contratos. La Administración se reserva lo que se denomina *ius variandi,* derecho a modificar el contrato establecido, bien es verdad que respetando el contenido económico de la prestación; es decir, la Administración puede alterar el contrato, pero ha de mantener el equivalente económico garantizando al contratista compensaciones adecuadas.

La Administración puede, además, rescindir unilateralmente el contrato, lo que está lógicamente vedado a los contratistas particulares, bien a través de la suspensión indefinida del contrato o de la suspensión definitiva prevista en el artículo 53 de la Ley, o bien por una decisión expresa. Si así se establece en el ordenamiento, la Administración puede anular por sí el contrato celebrado.

Por último, la Administración impone sus condiciones al contratista en el sentido de que éste podrá o no pasar por ellas, decidir o no contratar, pero no podrá alterar sustancialmente el clausulado del contrato. Esto, por lo demás, no es privativo de los contratos de la Administración: aparece en todos aquellos denominados de adhesión, por ejemplo, el que puede suscribirse con la compañía del gas, donde el particular únicamente puede decidir si le interesa o no concluir el contrato, pero no sus condiciones.

Por todo ello se ha dudado de que los contratos administrativos sean auténticos contratos. Pero esta duda puede remontarse, ya que queda todavía un margen de voluntad a la parte contratante. Aunque las condiciones vengan estipuladas por la Administración, el contratista tiene una cierta autonomía, y en algunos casos, sobre todo en los concursos, cabe una cierta contrapropuesta por parte del contratista susceptible de ser incorporada al contrato y, por último, puede decidir o no contratar recibiendo garantías una vez formalizado el contrato en cuanto a su cumplimiento, en su parte económica al menos, por la Administración.

B) Restricciones

Vimos que la Administración, al contratar, disponía de mayores facultades y prerrogativas que las que corresponden a los particulares en los contratos entre ellos celebrados, pero en compensación con un cierto constreñimiento de su autonomía negocial.

En primer lugar, y frente a la libertad de pactos del Derecho civil, los contratos administrativos están sujetos a una tipificación rigurosa, es decir, los contratos suelen revestir unas ciertas características preestablecidas, de las que la Administración no se puede salir. Ello sucede por el volumen y por el carácter masivo y reiterado de la contratación administrativa, lo que también aparece a veces en la contratación privada. Pero es que además la Administración viene sujeta a unos cauces obligatorios para desenvolver sus relaciones contractuales con los particulares y no es libre, ni en cuanto a la forma de seleccionar los contratistas, ni en cuanto a los trámites para el desarrollo del acuerdo de voluntades hasta cristalizar en un pacto definitivo. La Administración debe, por regla general, a diferencia de lo que sucede con los particulares, realizar un llamamiento general para que pueda optar a contratar cualquier persona que lo desee y reúna las condiciones necesarias. El particular puede contratar con quien quiera y en las condiciones que desee, elegirá a quien le parezca el contratante adecuado y quiera pactar con él. La Administración debe seleccionar formalmente al mejor contratante y, en determinados casos, cuando media una subasta, el mejor postor tiene derecho a ser admitido y debe procederse a contratar con él.

Por último, la Administración, bajo pena de nulidad de los contratos, debe contar con la suficiente cobertura financiera, es decir, un particular puede en principio obligarse aunque no tenga patrimonio suficiente; eso ya será cuestión que afectará a la ejecución y cumplimiento del contrato, pero no a su validez; en cambio, si la Administración contrata sin haber previsto previamente los recursos necesarios sin existir consignación financiera suficiente, el contrato puede quedar invalidado.

CAPÍTULO XXX

RÉGIMEN CONTRACTUAL EN LA ADMINISTRACIÓN

I. REGULACIÓN GENERAL.

II. CONTRATOS ADMINISTRATIVOS Y CONTRATOS DE LA ADMINISTRACIÓN.

III. CLASE DE CONTRATOS ADMINISTRATIVOS.

- **1) Contrato de obras.**
- **2) Contrato de servicios.**
- **3) Contratos de suministros.**
- **4) Otros contratos administrativos.**

IV. SUJETOS DEL CONTRATO ADMINISTRATIVO.

V. SISTEMA DE SELECCIÓN DE CONTRATISTAS.

- **1) Principio de contratista interpuesto.**
- **2) Los postulados de la selección de contratista.**
- **3) Formas de selección de contratistas.**

VI. EL CONTRATO DE OBRAS.

- **1) Preparación.**
- **2) Selección.**
- **3) Adjudicación.**
- **4) Replanteo.**
- **5) Ejecución.**
- **6) Recepción.**

RÉGIMEN CONTRACTUAL EN LA ADMINISTRACIÓN

I. REGULACIÓN GENERAL

La regulación básica de la contratación administrativa viene contenida para el Estado en la Ley de Contratos del Estado de 8 de abril de 1965, modificada por la de 17 de marzo de 1973 y su Reglamento de 25 de noviembre de 1975. Estas normas son de aplicación también, por expresa determinación de la Disposición final segunda de la Ley de Contratos, a los Organismos autónomos. En cuanto a la Administración local se rige básicamente por la LRBRL (art. 88) y el RD Legislativo 781/1986, de 18 de abril (arts. 111 a 125). Para la Administración autonómica, regirán de momento también las normas reseñadas hasta tanto el Estado no promulgue unas nuevas bases y/o las Comunidades no adopten los desarrollos oportunos en virtud de las previsiones del artículo 149.1.18 CE.

Como consecuencia de nuestra adhesión a la CEE se ha debido adaptar la legislación española de contratos a las Directivas de la Comunidad, lo que ha efectuado con trascendencia para todas las Administraciones públicas el Real Decreto Legislativo 931/1986, de 2 de mayo, si bien quedan pendientes algunas transposiciones que requieren ya una reforma inaplazable de la legislación estatal.

El régimen contractual especial de la Administración sólo afecta a su actuación con personificación pública, es decir, no es de aplicación a aquellos supuestos en que la Administración actúa como empresa privada, como es el caso de las empresas nacionales y demás sociedades mercantiles propiedad del Estado o de otras Administraciones públicas. En todos los supuestos de personificación y actuación pública la contratación deberá sujetarse a los preceptos contenidos en las disposiciones sancionadas para los tres órdenes de la Administración: Administración central, Administración institucional y Administración local, lo que es extensible ahora también para la autonomía.

II. CONTRATOS ADMINISTRATIVOS Y CONTRATOS DE LA ADMINISTRACIÓN

Al contraponer en la rúbrica de este epígrafe los contratos administrativos y los contratos de la Administración, queremos señalar que no todos los contratos que realiza la Administración son contratos administrativos, es decir, contratos íntegramente sometidos al régimen administrativo; la mayoría de los contratos que efectúa la Administración serán contratos administrativos, pero existen otros contratos regidos, al menos parcialmente, por el Derecho privado, civil o mercantil, o por el Derecho laboral. Cuando la Administración actúa gestionando un patrimonio privado, por ejemplo, explotando una finca de una Corporación local cuyos pastos se arriendan por temporada, los contratos que se celebran tienen naturaleza privada; cuando la Administración, como medida de política monetaria, realiza operaciones de *open market* vendiendo y comprando en Bolsa títulos para normalizar la coyuntura, efectúa un contrato bursátil análogo a los que realizan los particulares con mediación también del Agente de Cambio y Bolsa. Es preciso, pues, averiguar en cada caso concreto si la Administración actúa en régimen de Derecho público o en régimen de Derecho privado, porque las consecuencias serán distintas en un supuesto o en otro.

Si la Administración contrata públicamente, celebra un contrato administrativo será de aplicación total el estatuto previsto para tales contratos. Si la Administración, por el contrario, no realiza un contrato administrativo, sino otro de naturaleza distinta, será de aplicación el ordenamiento propio de este tipo de contrato. Ahora bien, el artículo 4.3.A de la LCE especifica que también para estos supuestos serán de aplicación los principios que establece sobre competencia y procedimiento.

Esta precisión remite, por un lado, al supuesto de los actos separables ya enunciados, es decir, a la fase pública anterior de acuerdo privado de voluntades. La Administración, aunque realice un contrato privado, no puede realizarlo libre y caprichosamente. El contrato debe ser efectuado en primer lugar, aunque tenga aquel carácter, por el órgano competente para ello. También deben respetarse otras normas, como las que se refieren a la dotación previa del gasto o al trato de los posibles contratantes en condiciones de máxima igualdad. Así, cuando la Administración enajena bienes patrimoniales, debe hacer un llamamiento general, no puede contratar directamente con la persona que sin más le parezca idónea. La Administración municipal, en el caso de los arrendamientos de pastos de sus fincas, para llegar al arrendatario no puede tratar libremente con cualquier vecino, debe advertir que existe esta posibilidad y admitir a concurrencia a los interesados.

Consecuencias importantes de la calificación de la naturaleza de un contrato son las que se proyectan en orden a la determinación de los tribunales que eventualmente conocerán de los posibles conflictos. Si se trata de un contrato administrativo, será competente la Jurisdicción contenciosa; si, por el contrario, se trata de un contrato laboral, la competencia será de la Jurisdicción laboral, y si de un contrato civil o mercantil, la competencia será de los tribunales ordinarios.

La calificación tiene trascendencia para el sistema de contratación, el ordenamiento aplicable a la misma y el régimen de revisión jurisdiccional. De aquí que debamos afrontar ahora como primera tarea la fijación de criterios diferenciadores de los contratos administrativos frente a los contratos de otro orden. Para ello vamos a seguir un procedimiento residual: intentaremos precisar cuáles son los contratos de carácter administrativo y llegaremos a la conclusión de que los restantes serán contratos de distinta naturaleza, si bien quedará una zona intermedia menos clara que exigirá en cada caso un análisis interpretativo de sus circunstancias.

III. CLASES DE CONTRATOS ADMINISTRATIVOS

Existen unos supuestos de contratos administrativos relativamente claros, que son los que contempla el artículo 4, regla 1.ª de la Ley de Contratos, el cual nos dice que los contratos que tengan por objeto directo la ejecución de obras, la gestión de servicios del Estado o la prestación de suministros, estarán sometidos al Derecho Administrativo y se regirán por dicha Ley y sus disposiciones complementarias. Aparecen, pues, tres grupos de contratos netamente definidos como administrativos desde los primeros artículos de la regulación pertinente, que son los siguientes:

1) Contrato de obras

El contenido del contrato de obras es perfilado por el artículo 55 del Reglamento, donde se establece que tales contratos serán los que tengan por objeto la construcción de un bien que tenga la naturaleza de inmueble, como las carreteras, ferrocarriles, puertos, etc.; la realización de trabajos que modifiquen las circunstancias del terreno, del subsuelo, como dragados, sondeos; la reforma, reparación, conservación o demolición de los definidos en los párrafos anteriores.

La enunciación del objeto de estos contratos es simplemente orientadora; cualquiera otra que tenga características similares será un contrato de obras. En cualquier caso, los contratos de obras constituyen el núcleo más importante de los contratos de la Administración y han sido los que han influido más determinantemente en la aparición del contrato administrativo como institución típica.

2) Contrato de servicios

Los contratos de servicios son aquellos mediante los cuales el Estado encomienda a una persona natural o jurídica la gestión de un servicio, propio de la competencia estatal y cuya prestación se contrata con los particulares (art. 196 del Reglamento).

3) Contratos de suministros

A los efectos de la Ley se consideran contratos de suministros la compra de bienes muebles por la Administración, salvo las propiedades incorporales y títulos de capital (art. 237 del Reglamento). En todo caso, tendrán esta naturaleza aquellos en que concurran algunas de las siguientes características:

- Que el empresario se obligue a entregar una serie de bienes determinados de forma sucesiva, por precio unitario, sin que la cuantía total se defina con exactitud al tiempo de celebrar el negocio, prestaciones estas que constituyen la modalidad más típica de tales contratos y que también han influido decisivamente en la aglutinación general de los contratos administrativos, especialmente para regular los suministros al ejército.
- Que se refieran a bienes consumibles o de fácil deterioro por el uso.
- Cosas que hayan de ser entregadas por el empresario y que deban ser elaboradas de acuerdo con las características previamente fijadas por la Administración. Por ejemplo, se trata de suministrar vehículos contra incendios a un parque forestal de bomberos con arreglo a unas previsiones que la Administración hace para determinar cuáles serán las características de la oferta.

4) Otros contratos administrativos

Aparte de estos contratos relativamente fáciles de identificar, existe un conjunto de posibilidades contractuales que ofrecen ciertas dificultades en cuanto a su calificación como contratos administrativos o de otra índole. El artículo 4.2 de la LCE aclara este aspecto tradicionalmente oscuro y así ha dispuesto que los contratos (que no sean los clásicos de obras, servicios y suministros) de contenido patrimonial, de préstamos, depósito, transporte, arrendamiento, sociedad y cualesquiera otros que tengan carácter administrativo, por declararlo así una ley, por su directa vinculación al desenvolvimiento regular de un servicio público o por revestir características intrínsecas que hagan precisa una especial tutela de interés público para el desarrollo del contrato, se regirán, en cuanto a su preparación, adjudicación, efectos y extinción por sus normas administrativas especiales; en su defecto, por la Ley de Contratos del Estado y, finalmente, por las demás normas del Derecho administrativo. Sólo en defecto de este último serán de aplicación las normas de Derecho privado.

Los demás contratos que, aplicando los criterios enunciados, no tengan carácter administrativo se regirán, sin embargo, en cuanto a su preparación y adjudicación, por sus normas administrativas especiales y, en su defecto, por las de la legislación general de contratos.

IV. SUJETOS DEL CONTRATO ADMINISTRATIVO

Será sujeto del contrato, en primer lugar, lógicamente, la Administración a través de sus órganos competentes. Órganos competentes para la adjudicación y formalización de contratos son los titulares de los Departamentos ministeriales, es decir, los Ministros y, en virtud del Decreto de 4 de julio de 1977, también los Secretarios de Estado, salvo que estén delegadas o desconcentradas estas facultades en órganos inferiores, como disponen los Reales Decretos 1775/1981, de 24 de julio, y 339/1985, de 6 de febrero, sobre desconcentración de funciones en los Delegados del Gobierno y Gobernadores Civiles; no obstante, cuando los contratos tengan un plazo de ejecución superior al del presupuesto correspondiente o su cuantía exceda de 2.000 millones de pesetas, la competencia corresponde al Consejo de Ministros (art. 8.º L.C.E.). Tratándose de la Administración institucional, de los Organismos autónomos, los Jefes de los mismos serán los competentes para contratar.

En cuanto a los particulares, en principio puede ser contratante de la Administración cualquier persona capaz en quien no concurra alguna de las causas que expresamente inhabilitan para ser contratista. Estas causas son, entre otras, las de haber sido condenado por delito de falsedad, el procesamiento por análogo delito, la declaración de suspensión de pagos, el incumplimiento de contratos anteriores, etc. El artículo 9.º de la L.C. nos da una lista de incompatibilidades que pueden afectar a los posibles contratantes para poder establecer relaciones de esta índole con la Administración. Además, y tratándose de contratos de obras, y esto es una innovación importante de la Ley, se precisa que las empresas contratantes hayan sido calificadas como idóneas para contratar. Para salir al paso de posibles irregularidades e informalidades en la ejecución de los contratos se arbitró como solución un Registro de contratistas (art. 98 L.C.E.), cuya inclusión permite participar en los contratos de obras cuando éstas tengan un importe superior a la cuantía que establezca el Ministerio de Economía y Hacienda. Para ello se precisa una previa clasificación de los contratistas.

V. SISTEMAS DE SELECCIÓN DE CONTRATISTAS

1) Principio de contratista interpuesto

Como un viejo resabio liberal desgraciadamente justificado a menudo, se impone a la Administración, con carácter general y salvo las excepciones expresamente consignadas en la Ley de Contratos, la necesidad de realizar sus obras y de obtener sus suministros a través de un contratista, por medio de un empresario privado. La Administración sólo excepcionalmente puede efectuar por sí las obras o producir los bienes que necesita; ha de acceder al mercado para obtener un contratista capaz de efectuar las prestaciones que el interés público demanda. De aquí que se arbitren una serie de procedimientos para determinar en cada caso cuál será el contratista más idóneo.

2) Los postulados de la selección de contratista

A) Clarificación del mercado

Esta aspiración no es exclusiva de la Administración, también opera en los medios privados. Se trata de averiguar cómo está el mercado, quién puede suministrar la oferta más ventajosa. En las empresas esto es también habitual, sobre todo en las grandes empresas. Aunque sin sujeción a cauces formales, cuando una empresa necesita realizar una obra u obtener un suministro importante, circula una advertencia de sus propósitos a todas las empresas que pueden colaborar, recibe las ofertas y a partir de ellas tiene ocasión de conocer con quién podría contratar. La Administración no hace con ello nada excepcional, sino que se rige por los principios de una buena administración.

B) Igualdad

Aquí sí hay unos postulados que son específicos para la Administración. La Administración debe dar análogas oportunidades a todos los que se encuentran en situación de contratar con ella, por lo que la Ley nos dice que la contratación administrativa se regirá por los principios de publicidad y concurrencia, y, por lo tanto, los propósitos de contratación de la Administración deberán ser anunciados en las publicaciones oficiales, en el «B.O.E.», Diarios Oficiales de las Comunidades Autónomas o en el «Boletín Oficial de la Provincia». Para las Corporaciones locales las exigencias son en cierto aspecto más rigurosas, aunque no siempre se cumplan. Cuando las Corporaciones locales desean contratar una obra importante han de anunciarlo en la prensa nacional y en la prensa provincial o regional. Con ello se trata de difundir al máximo los deseos de la Administración y ampliar las posibilidades de participación de las empresas.

Con nuestra incorporación al espacio político europeo se ha extendido a los ciudadanos de los países miembros de la CEE la aplicación del principio de igualdad, por lo que resulta obligado enviar al «Diario Oficial de las Comunidades Europeas» anuncio de las licitaciones de obras cuyo presupuesto fuere superior a cinco millones de ECUS y de las que afecte a suministro por un importe igual o mayor que 200.000 (arts. 29 y 84 de la LCE, con las excepciones del art. 84 bis).

C) Garantías formales

La Administración debe seguir cauces procedimentales rigurosos para que quede firmemente comprobado que ejecuta únicamente aquellas actividades para las que ha sido autorizada y con los poderes que han sido concedidos al efecto.

D) Moralidad

Pero, además, la Administración debe cuidar de que los órganos que contratan no obtengan beneficios particulares, privados e ilegítimos en la contratación. Esto que parece una cautela general y obvia, es importante. Hoy existe en este aspecto un clima de moralidad administrativa, pero no siempre sucedió así ni sucede en muchos países.

E) Capacidad

La Administración tiene interés en que el contratista esté en condiciones de llevar adelante el encargo; por ello, para contratos con presupuesto superior a 20 millones de pesetas se exige su previa clasificación acreditativa de su aptitud financiera, técnica y económica.

3) Formas de selección de contratistas

Existen distintas modalidades de contratación, pero la Administración no puede libremente optar por una de ellas. Para las obras normalmente deberá utilizar el cauce de la subasta y sólo recurrirá al concurso o a la adjudicación directa, en los casos determinados por la Ley.

A partir del Real Decreto Legislativo 931/1986 existen dos procedimientos de licitación, el ordinario o abierto y el excepcional o restringido, este último de carácter facultativo y para grandes contratos, más de un millón de ECUS, en los que la Administración tiene interés en comprobar adicionalmente la aptitud del contratista. De optarse por esta modalidad, a similitud de lo que sucedía con el suprimido concurso-subasta, se selecciona primero a los empresarios que solicitan participar en la licitación, invitándose a continuación a los admitidos a presentar sus proposiciones en el plazo que se les señale.

Las modalidades existentes en nuestro Derecho para la selección de contratistas de la Administración son las siguientes:

A) Subasta

Con ella se hace un llamamiento general y se adjudica la obra o el servicio a aquel que presente la mejor oferta. Para valorar la oferta se atiende fundamentalmente a la mejora económica que se presente, es decir, la Administración fija un tipo de licitación y a aquel que ofrezca realizar el objeto del contrato por un precio menor automáticamente se le adjudica.

Con la adaptación de nuestra legislación a la de la CEE se introduce la posibilidad de incluir un límite de admisión previa, de carácter reglado.

B) Concurso

En el concurso la Administración no está vinculada inmediatamente por los datos cuantitativos de las ofertas. Tampoco tiene la obligación de adjudicar el contrato al que aparezca a la vista de los pliegos presentados como el mejor oferente. La Administración, pues, se reserva libremente el derecho de calificar las propuestas y adjudicar o no el contrato, valorando en conjunto toda la oferta y no sólo las condiciones económicas propuestas. Si el órgano de contratación está facultado para proceder a la admisión previa de los licitadores al concurso, éste se llamará entonces restringido, modalidad esta introducida por la Ley de Reforma de los Contratos del Estado de 17 de marzo de 1973.

C) Adjudicación directa

Es una modalidad excepcional en la que se reserva libremente a la Administración la adjudicación sin trámites previos de concurrencia. Pasará a denominarse «procedimiento negociado» para adaptarse a las Directivas de la CEE. La Administración, sólo en los casos previstos por la Ley, por ejemplo, para obras de pequeña cuantía, puede adjudicar directamente el contrato sin necesidad de sujetarse a cauces formales, lo que afecta, entre otros supuestos, a las obras de reconocida urgencia y a las de presupuesto inferior a 25 millones de pesetas, límite éste que en los suministros es normalmente de 10 millones.

VI. EL CONTRATO DE OBRAS

Por ser el más importante de los contratos administrativos y suponer en alguna manera el derecho general para todos ellos, vamos a ver aquí esquemáticamente cuáles son los trámites de la contratación de las obras de la Administración. Su regulación actualizada se contiene en la LCE y Reglamento de desarrollo, con las modificaciones de gran trascendencia que introdujo el RD Legislativo 931/1986.

Las fases a que vamos a referirnos son:

— Preparación del contrato.
— Selección de los contratistas.
— Adjudicación del contrato.
— Replanteo de la obra.
— Ejecución.
— Recepción de la obra por la Administración.

1) Preparación

A todo contrato debe preceder la elaboración y aprobación del proyecto. El proyecto debe contener una serie de documentos, como son: la memoria, los planos, el presupuesto, el programa de trabajo. Éstos son documentos que, por lo demás, suelen integrar cualquier tipo de proyecto, sea o no administrativo. Para la Administración tiene especial importancia la inclusión en el proyecto del pliego de prescripciones técnicas particulares, que no debemos confundir con el pliego de cláusulas administrativas, que veremos después. El pliego de prescripciones técnicas describe, en definitiva, cuál es lo que la Administración desea contratar, cuál es el contenido de la obra, sus características, las unidades de obra, cómo se componen, cuál es el resultado previsto y la natualeza de la prestación que ha de realizar el contratista.

Junto con el proyecto ha de ser aprobado el pliego de cláusulas administrativas particulares. Estas cláusulas regulan las modalidades de la licitación, por ejemplo, los plazos en que pueden presentarse las solicitudes, su forma, el tipo, las finanzas, el lugar, la hora y fecha en que se va a efectuar la adjudicación y, además, pueden incluir aquellas prescripciones que determinan cuál será la posición de la Administración a lo largo de la celebración del contrato: facultades que se reserva, obligaciones del contratista, etc. A diferencia, pues, del pliego de condiciones técnicas, precisa el sistema de relaciones que se va a articular entre la Administración y los aspirantes a contratista y entre el contratista ya seleccionado y la Administración en lo sucesivo. Por Decreto de 31 de diciembre de 1970 se han aprobado unas cláusulas generales tipo, que deberán regir para todas las obras contratadas por el Estado o sus organismos autónomos.

Además, es necesario tramitar el expediente de contratación arbitrando, sobre todo, los recursos económicos necesarios para financiar la ejecución del proyecto. Una vez preparado así el contrato, se pasa a la fase de selección de los contratistas.

2) Selección

La selección de los contratistas se inicia mediante el anuncio en el «BOE», con veinte días de anticipación como mínimo y «DOCE» si corresponde, con una antelación de treinta y seis días naturales, al momento en que determine la presentación de las proposiciones. Una vez advertido el propósito de contratar por la Administración, los contratistas presentan sus ofertas. La presentación de las proposiciones ha de hacerse en pliego cerrado y sellado y en cuyo exterior se pone simplemente el nombre de quien lo presenta, para evitar que los que coincidan en el procedimiento de selección puedan conocer otras ofertas, garantizándose así un cierto secreto. Los pliegos tenían antes que presentarse en mano, pero ahora el artículo 100 del Reglamento permite que las proposiciones y ofertas sean enviadas por correo (artículo redactado por Real Decreto 2528/1986, de 28 de noviembre).

La propuesta ha de realizarse con arreglo a un modelo que fija previamente la Administración al objeto de poder uniformizar las ofertas y valorarlas comparativamente. Con la propuesta ha de depositarse la fianza provisional, que asciende al 2 por 100 de las obras.

Una vez terminado el plazo de presentación de las propuestas, se anuncia, si no se ha hecho ya, el lugar y la fecha en que se procederá a la apertura de pliegos. Para ello se constituye una mesa que abrirá los sobres en que están incluidas las correspondientes propuestas. A la vista del contenido de estos sobres y en un acto público, la mesa de contratación adjudica provisionalmente el contrato a la mejor oferta en el caso de la subasta. Si se trata de concurso, la mesa no adjudica ni siquiera provisionalmente la obra, sino que eleva con sus observaciones los pliegos presentados a la autoridad competente para adjudicar el contrato. Debe advertirse que la nueva regulación de los contratos del Estado ha desplazado el sistema de la subasta en beneficio del concurso-subasta y el concurso.

3) Adjudicación

La autoridad a quien corresponda, teniendo en cuenta la adjudicación provisional o la propuesta de la mesa, adjudicará definitivamente la obra, en cuyo caso el contratista seleccionado debe transformar la fianza provisional, completando la definitiva, que asciende al 4 por 100 del importe, a no ser que se exija fianza más elevada por razones de temeridad o por otras cautelas que la Administración deba adoptar. El contrato así adjudicado se formalizará en documento administrativo con carácter general, si bien cuando lo solicite el contratista y a su costa se podrá formalizar en escritura pública (modificación introducida por Ley 50/1984, de

30 de diciembre). El contrato así adjudicado se formaliza en un documento notarial o administrativo, según los casos, procediendo aquél para los contratos superiores a 2.500.000 pesetas.

4) Replanteo

Formalizado el contrato, se procede al replanteo de la obra. El replanteo es un acto en el cual los directores técnicos de la misma representantes de la Administración ajustan sobre el terreno, en presencia del contratista, el proyecto y la oferta con lo que realmente se va a efectuar. Por ejemplo, si se trata de una carretera, se procede sobre el terreno a determinar, en líneas generales, su trazado y las unidades de obra de tal carretera que resulten. Puede suceder en la práctica que al llevar a la realidad el proyecto la obra sea más costosa e imponga modificaciones. En este caso, si estas modificaciones exceden de un determinado porcentaje, el contratista tiene la facultad de retirarse.

5) Ejecución

Una vez planteada la obra, se inicia la ejecución por el contratista con estricta sujeción a las cláusulas estipuladas en el proyecto que sirva de base a la misma. El contratista está obligado a cumplir los plazos parciales fijados para la ejecución sucesiva del contrato. Tiene derecho al abono de la obra realmente ejecutada de acuerdo con los precios convenidos, y si la Administración no abona las certificaciones en el plazo de tres meses, deberá liquidar al contratista intereses, de acuerdo con la tasa legal. En la práctica, estos plazos suelen rebasarse considerablemente y los contratistas descuentan las certificaciones en los Bancos, con lo cual disponen del fondo de maniobra necesario para continuar la obra, e incluso al hacer las ofertas los constructores calculan cuáles serán los intereses intercalares que habrán de abonar al acudir a la financiación a corto plazo.

Ya sabemos que la Administración se reserva la facultad de modificar el contrato por causas de interés público. Puede también suspenderlo definitiva o temporalmente, compensando económicamente a los contratistas.

6) Recepción

Terminada la obra, procede su recepción provisional dentro del plazo de un mes siguiente a su terminación. La recepción provisional no libera definitivamente al contratista, hasta tanto no medie el plazo de garantía establecido en el contrato y no inferior a un año. Estas cautelas, explicables para evitar que una vez entregada la obra se deteriore, hacen que el contratista deba responder durante todo este tiempo de que la obra está bien hecha. En otros países incluso las garantías son mayores, los contratistas se obligan a conservar la obra de acuerdo con unos precios ya estipulados, con lo cual, si la obra está mal realizada, sufrirán sensibles perjuicios al tener que aplicar a la conservación cantidades superiores a las previstas.

CAPÍTULO XXXI

LA EXPROPIACIÓN FORZOSA

I. LA POSICIÓN DEL ESTADO ANTE LA PROPIEDAD.

II. JUSTIFICACIÓN DE LA EXPROPIACIÓN FORZOSA.

III. RESPALDO CONSTITUCIONAL DE LA EXPROPIACIÓN FORZOSA.

IV. ÁMBITO DE LA EXPROPIACIÓN FORZOSA.

V. SUJETOS DE LA EXPROPIACIÓN FORZOSA.

LA EXPROPIACIÓN FORZOSA

I. LA POSICIÓN DEL ESTADO ANTE LA PROPIEDAD

Para encuadrar la teoría de la expropiación forzosa es decisivo comprender el sentido de las posiciones actuales del Estado ante la economía y los patrimonios privados. La expropiación forzosa que nos ilustra sobre las técnicas clásicas de transformación de la propiedad privada, por contraste, nos puede poner sobre la pista de cuándo estamos hoy en presencia de otros supuestos que implican socialización de la economía o de la propiedad no englobables en aquella institución. Por ello, para comprender bien el instituto de la expropiación, debemos antes examinar cuál sea la posición del Estado ante la propiedad.

Por expropiación forzosa entendemos aquel procedimiento a través del cual se resuelve un determinado conflicto entre dos grupos de intereses: los colectivos que el Estado representa y los privados a cargo y beneficio de los particulares. Este procedimiento supone una transformación patrimonial de los intereses particulares mediante la privación singular de su contenido a cambio de una indemnización. La expropiación se distingue del impuesto en que en éste las privaciones tienen un carácter general, y de las confiscaciones en que éstas, aunque de carácter singular, no dan derecho a indemnización. La expropiación forzosa debe también separarse de todas aquellas medidas de ordenación general de la propiedad o de la economía, que, aunque impliquen verdaderos perjuicios económicos para sus destinatarios, no llevan aparejada indemnización por suponer la adopción por el Estado de soluciones generales coyunturales o de toma de posiciones políticas de trascendencia económica.

La expropiación aparece sólo dentro de algunos de los sistemas adoptados por el Estado ante la propiedad. Sistemas que pueden ser los siguientes:

— Respeto absoluto. Éste es el viejo sistema romano y quiritario en el que el propietario tenía un derecho total sobre sus bienes, tanto inmuebles como muebles, si podemos clasificar como tales a los esclavos. En este sistema de relaciones, el Estado no podía interferirse al considerar la propiedad como emanación de la propia personalidad del individuo que trascendía a los objetos. Por lo tanto, el Estado debía abstenerse de intervenir. Este sistema fue parcialmente heredado por el mundo feudal, aunque confundiendo a menudo propiedad y soberanía; realizando un entramado de relaciones patrimoniales rígidas en las que los príncipes, más allá de sus derechos soberanos, sólo podían intervenir de la mano de pactos, de acuerdo con los interesados, pero no unilateralmente por medidas de imperio ni siquiera basadas en el dominio eminente que se adjudicaba a los monarcas y emperadores.
— Posteriormente, los «iusnaturalistas» elaboran la teoría de la propiedad como objeto de un Derecho natural. Las tesis pactistas que explicaban el surgimiento del Estado a virtud de un convenio colectivo de todos los particulares afirmaban que en este convenio no iba incluida la propiedad; por lo tanto, ésta quedaba al margen del pacto social creador del Estado y del que derivaban únicamente las potestades públicas sobre los derechos de los particulares. La propiedad era ajena al pacto social que fundamentaba los poderes del Estado. Más adelante, en los siglos XVIII y XIX la Iglesia Católica asimila también las teorías de la propiedad como de Derecho natural, robusteciendo, pues, su intangibilidad ante las injerencias estatales.
— Frente a estos sistemas, la posición radicalmente opuesta consiste en el desconocimiento absoluto de la propiedad privada, lo que es llevado a sus últimos extremos en cuanto a los bienes de producción en algunos países de constitución socialista, donde la propiedad deja de ser algo ajeno al Es-

tado y su contenido se incorpora al mismo como uno de sus elementos.

Pues bien, ni en el sistema de respeto total de la propiedad, si es que ha existido alguna vez realmente, ni en el sistema de desconocimiento total de la misma, la expropiación forzosa tiene papel que jugar. La expropiación únicamente cumple una misión donde se admite con cierta generalidad la existencia de propiedad privada junto a la posibilidad de su transformación cuando el interés público lo demanda. La institución de la expropiación forzosa tiene, pues, su encaje en aquellos sistemas que, aunque pronunciándose en favor de la admisión general de la propiedad privada, introducen en su juego determinadas matizaciones.

Estos sistemas parten, primero, de la concepción de la propiedad pública como excepción. A ellos respondía el planteamiento adoptado a partir de la Revolución Francesa, Revolución que en materia de propiedad individual hacía ciertamente escasa justicia a su nombre, pues aquí fue poco radical declarando a la propiedad en los textos constitucionales aparecidos a la sazón, como un derecho sagrado e inviolable, admitiéndose únicamente su transformación cuando mediaban justas causas de utilidad pública y siempre a cambio de la correspondiente indemnización. El sistema, pues, era el de respeto sustancial de la propiedad privada, arbitrándose un cauce para su transformación a cambio de una indemnización cuando excepcionalmente era necesitada por el Estado.

La expropiación forzosa se configura así por asimilación a los supuestos generales de disposición contractual de los derechos dominicales, como una especie de venta forzosa llevada a efecto, casi con carácter exclusivo, para la utilización por el Estado de los terrenos que necesitaba para las grandes obras públicas, carreteras, puertos, etc. Fuera de estos supuestos excepcionales, el sistema general era respetuoso con la propiedad privada, que sólo en tales casos singulares era objeto de absorción por el Estado con la compensación económica consiguiente.

Pero el sistema actual más o menos afincado en todos los países de constitución occidental es, en realidad, el de definición estatal de la propiedad. Se funcionaliza socialmente la propiedad poniéndola al servicio de los intereses colectivos, aunque se admite la existencia de situaciones dominicales privadas. Pero aunque ello no surja siempre con igual nitidez, es importante destacar que hoy la propiedad no deriva sus efectos sólo de la propia voluntad del propietario, del sujeto, como un derecho natural que aparece como un dato para el Estado, por él inmodificable y que se limita a reconocer, regular y ordenar para hacer compatibles los derechos de propiedad de los distintos sujetos, evitando conflictos entre ellos. La propiedad realmente surge en tanto que el Estado configura cuáles son los derechos del propietario y también cuáles son sus obligaciones. Este enfoque es decisivo para comprender el ámbito de la expropiación forzosa, qué es lo que sólo con estas técnicas se puede realizar y las cargas y obligaciones que aun sin expropiación pueden ser impuestas a los propietarios.

El hablar hoy, me parece, de un derecho de propiedad con validez absoluta para todas las propiedades es un intento fallido y poco satisfactorio en orden a consecuencias jurídicas. De hecho podemos identificar distintos estatutos de propiedad, y así, el que tiene un solar no tiene los mismos derechos que el que tiene una finca rústica; el propietario del suelo urbano sabe lo que puede hacer con el solar y lo que debe hacer con el mismo. No puede edificar más alturas que las establecidas; no puede dar al terreno un destino distinto al previsto; no puede, por ejemplo, dedicar al cultivo agrícola un terreno del casco urbano, sino que debe construir ese solar y en las condiciones que se le estipulen, con fundamentales garantías para la edificación y para los futuros usuarios. El que tiene una finca rústica sabe que tiene obligación de cultivarla; debe, en determinados casos, dedicarla a especiales cultivos; debe de adscribirla al fin a que este espacio de terreno está dedicado. Está, pues, incluido en un estatuto general que el Estado fija para todos estos propietarios.

La óptica, pues, es distinta. Anteriormente se explicaban estas intervenciones en la propiedad como limitaciones transitorias; se decía que el propietario podría hacer cualquier cosa con sus bienes, excepto aquello que le había sido limitado por el Estado. Ahora bien, cuando estas limitaciones desaparecían, el impulso dinámico de los derechos de propiedad hacía recobrar la plenitud de las facultades del propietario. Sólo contingentemente se comprimían estas facultades que se recobraban con elasticidad propia de los derechos dominicales en cuanto desaparecían las restricciones artificialmente impuestas.

Hoy en día la explicación más razonable, guste o no a los tratadistas del Derecho privado, es la de que no existen limitaciones, sino que existe definición del contenido de la propiedad. Más allá de este contenido definido por el Estado es donde puede tener lugar la institución de la expropiación forzosa como transformación de sustancias patrimoniales fuera de los ámbitos determinados por los poderes públicos; pero lo que sea consecuencia directa del estatuto dominical, aunque suponga desventajas patrimoniales, no es expropiación, no es indemnizable.

II. JUSTIFICACIÓN DE LA EXPROPIACIÓN FORZOSA

Ésta vendrá dada por el sentido que adjudiquemos al instituto de la propiedad sobre la que incide. Una primera justificación se basa en la aplicación del principio de igualdad ante las cargas públicas. Se dice que este principio impone el que todos los ciudadanos deban soportar cargas iguales o similares. En el caso de que el Estado necesite de los bienes de algunos propietarios, de forma singular y especial, estaríamos ante una diferencia de trato comparativo que habría de ser compensado repartiendo la carga entre todos los demás sujetos por medio del impuesto.

Otra tesis, en alguna forma similar a la anterior, es la del sacrificio especial. Esta explicación afirma que cuando se impone un sacrificio diferente, más gravoso, a un sujeto que los que pesan sobre los demás ciudadanos, debe compensársele, para hacer justicia al principio de distribución equitativa de las cargas colectivas entre todos los ciudadanos. Así como el impuesto sería un sacrificio general y por lo tanto no compensable, cuando no median estas circunstancias, sino que a un sujeto se le sacrifica más acusadamente en beneficio de todos, parece que lógicamente debe repartirse este sacrificio entre el conjunto de los ciudadanos, en definitiva, favorecidos.

Estos dos criterios, sin embargo, no nos valen para comprender hoy el alcance de la expropiación forzosa; el Estado puede absorber determinados contenidos patrimoniales de los sujetos. La eliminación de sacrificios especiales es algo utópico, pues es imposible medir hasta dónde llega esta especial incidencia, más gravosa para un sujeto que para otro. Por lo demás, hoy la justicia no persigue una igualdad de trato, sino una desigualdad de trato, porque el trato igual a los desiguales supondría, a la postre, una grave injusticia.

En muchos casos, además, la desigualdad se producirá inevitablemente para grupos de propietarios de bienes, lo cual es admisible con nuestra comprensión actual de la justicia distributiva, pero chocaría con los principios del sacrificio especial antes mencionados. Así, por ejemplo, si se crea un polígono de expropiación, los que son objeto de tales expropiaciones reciben un precio distinto, menor al que fuera del ámbito de ese polígono expropiado pueden obtener por sus fincas otros propietarios a precios del mercado. Existe aquí, pues, una desigualdad de trato no compensable y que pugnaría con las teorías aludidas, pero sí explicable en base a la comprensión estatutaria de la definición de la propiedad antes expresada. El propietario expropiado con valores menores a los del mercado no hace otra cosa que recibir un trato ya previsto en la legislación general, en la cual se establece que si llega el momento en que medie una expropiación urbanística habrá de recibir cantidades menores a las que teóricamente podría pensar que le corresponderían.

En definitiva, la expropiación forzosa supone la *compensación por sacrificios que el ordenamiento no ha querido que sean exclusivamente soportados por la persona que los sufre.* Es, pues, una técnica de compensación y reparto de estos sacrificios, pero hasta dónde el ordenamiento podrá imponer otros que deben ser soportados sin indemnización es problema cuya solución nos dará la Constitución, la coyuntura histórica en que nos movemos y la sensibilidad de los jueces ante las circunstancias sociales. Esta explicación nos aclara por qué, para algún sector afianzado en el pasado, la Ley del Suelo ha podido ser calificada en algún momento como anticonstitucional por ir en contra de los principios consagrados de respeto a la propiedad privada, imponiendo cargas que se consideraban incompatibles con el mantenimiento de los derechos individuales. Esta calificación únicamente ha sido posible desde una óptica histórica, estrecha y limitada, que no ha tenido en cuenta el estado de evolución de conciencia social, y por lo tanto pública, sobre cuál sea el auténtico contenido de los derechos dominicales.

La expropiación forzosa en todos los países tiene normalmente una base explícita en los textos constitucionales. Las Constituciones se pronuncian sobre el derecho de propiedad, sobre el alcance y sentido de los derechos dominicales y, ante todo, sobre la posibilidad de su eventual transformación a través de la técnica expropiadora. Ello ha sucedido así en las Constituciones del siglo XIX y se prolonga hoy en las vigentes de las naciones que responden al modelo del Estado occidental del Derecho.

III. RESPALDO CONSTITUCIONAL DE LA EXPROPIACIÓN FORZOSA

Nuestra Constitución, igualmente, se pronuncia sobre estos aspectos, y así el artículo 33.3 nos dice que «nadie podrá ser privado de sus bienes y derechos, sino por causa justificada de utilidad pública o interés social, mediante la correspondiente indemnización y de conformidad con lo dispuesto por las leyes», aunque el mismo artículo permite un enfoque de la propiedad desde la dimensión social asignada a la misma. Así, el párrafo 2.º de este artículo, después de haberse reconocido en el 1.º el derecho a la propiedad privada, señala que «la función social de estos derechos delimitará su contenido, de acuerdo con las leyes». Más claramente, el artículo 128 indica que «toda la riqueza del país, en sus distintas formas y sea cual fuere su titularidad, está subordinada al interés general», añadiendo que «se reconoce la iniciativa pública en la actividad económica. Mediante ley se podrá reservar al sector público recursos o servicios esenciales, especialmente en caso de monopolio y asimismo acordar la intervención de empresas cuando así lo exigiere el interés general». Nuestro texto básico funcionaliza de esta forma a la propiedad, permitiendo, por lo tanto, introducir restricciones que no tienen nada que ver con la expropiación forzosa y deben ser soportadas por los propietarios como contenido normal de la propiedad. Más allá de estos supuestos, la expropiación forzosa es una técnica de transformación de sacrificios no queridos por el ordenamiento, mediante la indemnización correspondiente. Debe tenerse en cuenta, no obstante, con la sentencia del Tribunal Constitucional 33/1987, de 26 de marzo, que el contenido de la función social de la propiedad privada han de delimitarlo los poderes públicos, «pero sin llegar a anular la utilidad meramente individual del derecho y, por tanto, la definición de la propiedad que en cada caso se infiera de las Leyes o de las medidas adoptadas es controlable por este Tribunal Constitucional y por los Tribunales ordinarios, los cuales habrán de buscar el contenido esencial o mínimo de la propiedad privada entendido como recognoscibilidad de cada tipo de derecho dominicial en el momento histórico de que se trate y como practicabilidad o posibilidad efectiva de realización del derecho, sin que las limitaciones y deberes que se impongan al propietario deban ir más allá de lo razonable».

IV. ÁMBITO DE LA EXPROPIACIÓN FORZOSA

El artículo 149.1.18 de la Constitución reconoce al Estado la competencia exclusiva para regular la legislación sobre expropiación forzosa.

La vigente Ley de Expropiación Forzosa de 16 de diciembre de 1954, desarrollada por el Reglamento aprobado por Decreto de 26 de abril de 1957, que trata de ordenar y encauzar por vías uniformes y regulares el procedimiento de expropiación, nos define el objeto de la expropiación forzosa. Éste consiste en la privación singular, acordada imperativamente, de la propiedad privada o de derechos o intereses patrimoniales legítimos, cualesquiera que fueran las modalidades y las personas o entidades a que pertenezca. La expropiación forzosa abarca, pues, no ya sólo a los bienes inmuebles que fueron su objeto primordial en el pasado, configurándose como una especie de venta forzosa, sino a cualquier contenido patrimonial del que se prive particularmente a los sujetos. El Reglamento de esta Ley, invirtiendo los términos o por lo menos marcando su énfasis en este aspecto, considera que existe expropiación cuando media una privación de patrimonios.

Por ello se ha hablado de una evolución expansiva del concepto de expropiación forzosa en cuanto que ha sido ampliado su objeto, pero también su causa, sus sujetos, pues la expropiación forzosa, como veremos, puede hacerse en beneficio de otros sujetos privados.

La expropiación supone una privación singular: cuándo estamos en presencia de una privación singular y cuándo ante unos sacrificios queridos por el legislador, son cuestiones que no nos podrían explicar las tesis antes aludidas de la igualdad ante las cargas públicas o del sacrificio especial. Por ello, sólo dentro de una comprensión estatutaria de la propiedad constitucionalmente respaldada e históricamente interpretada podremos llegar a la conclusión de si existe o no una privación dominical singular. Así, por ejemplo, en el supuesto de una devaluación monetaria puede existir una privación, una pérdida patrimonial sensible para muchos. Realmente perderán más o menos los que estén en una determinada posición frente al comercio exterior. El que tenga contraídas deudas importantes fuera del ámbito devaluado sufrirá perjuicios concretos, cifrables y posiblemente considerables. El que esté en posición contraria se habrá beneficiado. Sin embargo, la sensibilidad histórica, la propia comprensión de los derechos de los empresarios, impide calificar estos supuestos como objeto de expropiación forzosa en cuanto privación singular, y por lo tanto las consecuencias han de ser soportadas por las economías en que inciden, salvo las medidas transitorias que se adopten para paliar los efectos.

Por imperativo del artículo 1.2 de la L.E.F., quedan expresamente fuera de su ámbito las ventas forzosas, reguladas por la legislación especial de abastecimiento, comercio exterior y divisas. Estas ventas implican privación de contenidos patrimoniales o al menos pueden implicarlo, porque en algunos casos, en vez de ser pérdidas, pueden acarrear beneficios. Así, mientras en algunas épocas durante la posguerra la venta forzosa del trigo al Servicio Nacional del Trigo suponía una pérdida para los cultivadores, puesto que los precios del mercado eran superiores, en estos momentos, por el contrario, estas ventas suponen una prima para los cultivadores, ya que los precios reales interiores serían distintos y desde luego los precios exteriores son más bajos que los que abona el Servicio. Lo mismo se puede decir de la venta forzosa de monedas. La obligación de vender al Instituto de Moneda Extranjera las divisas en algunos momentos puede suponer un beneficio si se compran a precios superiores al del mercado; en otros casos puede suponer una pérdida, como ha sucedido en los momentos en que ha flotado el fantasma de la devaluación. Pues bien, en todos estos casos los supuestos son similares a los de la expropiación forzosa, o pueden serlo, pero el procedimiento seguido no es el de la L.E.F., por entender que aquí no se trata de un sacrificio no querido, sino de un sacrificio permitido y querido por el ordenamiento jurídico.

La expropiación forzosa, dice el artículo 1.º de la L.E.F. citado, ha de ser acordada imperativamente, con ello se diferencia esta institución de la responsabilidad general en que puede incurrir la Administración para resarcir perjuicios ocasionados a los particulares, pero no por una decisión expresa, sino como una mera consecuencia, y quizá ni querida ni pensada, del obrar administrativo.

V. SUJETOS DE LA EXPROPIACIÓN FORZOSA

La expropiación forzosa sólo puede ser acordada por el Estado, la Comunidad Autónoma y la Administración Local. Éstos son los sujetos expropiantes. En principio, únicamente pueden serlo los órganos de la Administración, englobados dentro del Estado, la Provincia, el Municipio y las Comunidades Autónomas. Se trata, pues, de sujetos de competencias administrativas territoriales, aunque ello no quiera decir que dentro de estos sectores de Administración, organismos de carácter institucional no puedan expropiar, si las leyes expresamente les asignan tal facultad. Tal es el caso, por ejemplo, del Instituto para la Conservación de la Naturaleza.

Aparte de los sujetos expropiantes, que son los titulares de potestades expropiatorias, aparecen, como innovación de la Ley, los beneficiarios. Primitivamente, expropiante y beneficiario coincidían. El Estado expropiaba para sí, el Municipio expropiaba para sí. Hoy, sin embargo, los beneficiarios pueden ser sujetos distintos de los expropiantes, incluso los propios particulares. Lo que no podrán los particulares es expropiar, pero sí beneficiarse de las expropiaciones acordadas por el Estado, tal es el caso de las empresas que hacen uso de los beneficios que les concede la legislación de Polígonos industriales, las cuales pueden solicitar la expropiación para la adquisición de los terrenos en los que van a realizar sus instalaciones.

Los expropiantes, de acuerdo con el Reglamento de Expropiación Forzosa, son aquellos sujetos que tienen facultades expropiatorias. Los beneficiarios son los que representan el interés público o social, para cuya realización están autorizados a instar de la Administración expropiante el ejercicio de aquellas potestades, adquiriendo como consecuencia el bien o derecho expropiatorio. Los beneficiarios pueden instar la expropiación forzosa de quien tenga facultades expropiatorias, recibiendo los bienes expropiados y pagando el precio de la expropiación. El expropiante actúa como intermediario, gestionando la adquisición de los bienes en favor del beneficiario. Éstos pueden serlo en razón de utilidad social. Por el primero sólo podrían ser beneficiarios los sujetos incorporados a la Administración pública; sin embargo, la Ley de Industrias de Interés Preferente y las disposiciones relacionadas con los Polígonos Industriales también incluyen estos supuestos dentro de la utilidad pública. Cuando el beneficiario es la Administración, existe coincidencia de sujetos expropiantes y beneficiario. Cuando el beneficiario no es la Administración, aparece esta dualidad de sujetos. Beneficiarios en casos de expropiación por interés social son aquellos que prevén expresamente las leyes correspondientes.

Por último, están los expropiados, que son los titulares de bienes y derechos que son objeto de transmisión y adquisición por vía expropiatoria y a quienes ha de pagarse el precio correspondiente. Sujeto expropiado puede ser cualquier persona que sea titular de bienes susceptibles de expropiación por el interés social o la utilidad pública que la transmisión comporta, sometidos, por tanto, al procedimiento expropiatorio. Pueden serlo también los Estados extranjeros, aunque éste es un supuesto raro. Pueden serlo también otras Administraciones públicas; tal sucede cuando se expropian grandes zonas destinadas a un pantano, dentro de las cuales pueden haber bienes de Municipios. También pueden ser incluso bienes de la Iglesia, aunque en estos casos hay que estar a lo dispuesto en los Acuerdos con la Santa Sede, advirtiendo a la autoridad eclesiástica y esperando a que se secularicen los bienes.

CAPÍTULO XXXII

PROCEDIMIENTO EXPROPIATORIO

I. DECLARACIÓN DE UTILIDAD PÚBLICA O INTERÉS SOCIAL.

II. DECLARACIÓN DE LA NECESIDAD DE OCUPACIÓN.

III. DETERMINACIÓN DEL JUSTO PRECIO.

1) **Criterios de tasación.**
2) **Procedimiento valorador.**

IV. PAGO Y OCUPACIÓN.

V. PROCEDIMIENTOS SINGULARES.

1) **Procedimiento de urgencia.**
2) **Expropiaciones especiales.**

VI. REVERSIÓN DE LOS OBJETOS EXPROPIADOS.

VII. PROTECCIÓN ANTE LAS VÍAS DE HECHO.

PROCEDIMIENTO EXPROPIATORIO

I. DECLARACIÓN DE UTILIDAD PÚBLICA O INTERÉS SOCIAL

De acuerdo con el artículo 9.º de la Ley, para proceder a la expropiación forzosa será indispensable la previa declaración de utilidad pública o interés social del fin a que haya de afectarse el objeto expropiado. En cuanto a la forma de proceder a tal declaración podemos distinguir diversos supuestos que excepcionan un principio general, hoy ya meramente teórico, de que estas declaraciones hayan de hacerse por Ley. En la práctica, las excepciones son tan numerosas que invalidan realmente la necesidad de intervención de una Ley.

Así, autorización implícita media, en relación con la expropiación de inmuebles para la realización de planes de obras y servicios del Estado, Comunidades Autónomas, Provincia o Municipio. La simple aprobación de estos planes supone la declaración de utilidad pública de los objetos expropiables.

Cuando exista una Ley que declare la utilidad pública de un grupo de actuaciones genéricamente, su reconocimiento, en cada caso, deberá hacerse por el Consejo de Ministros y por los Consejos de Gobierno de las Comunidades Autónomas.

En los supuestos de que se conceda a una empresa el título de empresa de interés nacional, o que se le apliquen los beneficios anexos a la instalación de Polígonos de promoción y desarrollo industriales, tales calificaciones llevan implícitas la declaración de utilidad pública a efectos expropiatorios.

En los demás casos se precisará una ley para la expropiación de bienes inmuebles. Para la expropiación de bienes muebles se precisa igualmente una ley que declare la utilidad pública, salvo que anteriormente otra haya autorizado la expropiación para una categoría especial de bienes, en cuyo caso bastará el acuerdo del Consejo de Ministros.

II. DECLARACIÓN DE LA NECESIDAD DE OCUPACIÓN

No basta con declarar la utilidad pública o el interés social. Se requiere, además, precisar qué bienes concretos están afectos a la declaración. Para ello se necesitará que el beneficiario de la expropiación, que puede ser el propio expropiante si coinciden estas figuras, formule una relación concreta e individualizada en la que se describan los bienes y derechos que se consideren de necesaria expropiación, salvo que existan proyectos de obras y servicios que incluyan esta descripción, para cuyo caso la declaración de ocupación se entenderá implícita en la aprobación del proyecto.

Una vez formulada esta relación, el Gobernador Civil o el órgano competente, en su caso, de la Comunidad Autónoma, abrirá información pública durante el plazo de quince días, publicándose en el «Boletín Oficial de la Provincia» y en alguno de los periódicos de mayor circulación, como habrá podido observarse a menudo, al encontrar en los diarios relación de fincas y bienes que individualizan una expropiación por términos municipales, con objeto de advertir que se intenta proceder a la ocupación de determinados bienes. Una vez publicada la relación, los particulares pueden alegar lo que estimen pertinente ante el Gobierno Civil, el cual, a la vista de lo expuesto, decide sobre la necesidad de ocupación, acuerdo este que inicia el expediente expropiatorio y que se debe publicar de igual forma que el anterior, notificándose individualmente además a las personas interesadas.

Contra este acuerdo cabe el recurso ordinario ante el Ministerio correspondiente que gestione la expropiación de los bienes, pero no cabe ulterior recurso contencioso-administrativo, aunque esta previsión sea de dudosa constitucionalidad (arts. 24 y 106 del Texto fundamental). De ahí, que alguna sentencia del Tribunal Supremo, como la de 16 de mayo de 1983, admita el recurso jurisdiccional, contra el acuerdo de necesidad de ocupación.

III. DETERMINACIÓN DEL JUSTO PRECIO

1) Criterios de tasación

Éste es el trámite más importante del procedimiento expropiatorio, ya que a través de él se van a precisar cuáles sean las indemnizaciones que procede abonar al sujeto expropiado. Un tema difícil es saber qué se entiende por justo precio: valor real en el sentido de equivalente al valor del mercado o valor distinto que entiende como justo el ordenamiento jurídico y la conciencia social. La LEF se inclina resueltamente por el valor real o de mercado. Y, en esta línea, la jurisprudencia, en los casos en que resulta aplicable la LEF, caracteriza el justo precio como valor de sustitución, que ha de proporcionar al expropiado una cantidad de dinero suficiente para adquirir en el mercado un bien análogo y además cubrir los restantes perjuicios patrimoniales derivados de la expropiación (entre otras las Sentencias del Tribunal Supremo de 17 de junio de 1987 y 24 de mayo de 1988). La LEF añade que, una vez señalado el justo precio, se le asignará el valor de afección, que es el aprecio que modestamente valora la Ley en un 5 por 100. Por el contrario, en materia de expropiaciones urbanísticas, tradicionalmente nuestra legislación, desde la Ley del Suelo de 1956, ha señalado para el justo precio de los terrenos un precio convencional, distinto del valor del mercado, puesto que si la acción urbanística hubiese de pasar por los valores absurdos y disparatados que fija la especulación, la paralización de las actividades urbanísticas sería absoluta.

En cuanto a la manera de determinar el justo precio, entendido como valor real, la LEF sólo nos la indica aproximadamente. La LEF nos da criterios con base a módulos que son distintos según se trate de bienes inmuebles, rústicos o urbanos, muebles o valores industriales. Estos criterios están en buena parte basados en datos de índole fiscal, por lo que, llevados a sus últimos extremos, podían desembocar en una situación notoriamente injusta, sobre todo en un país como el nuestro en el que la violación de las leyes tributarias ha sido habitualmente tolerada, o al menos sistemáticamente realizada, y, por lo tanto, es algo que no se puede desconocer como tal. Pensar que los sujetos fiscales españoles declaran realmente sus valores y circunstancias tributarias para sacar todas las consecuencias jurídicas de ello es hoy por hoy negar la evidencia, aunque en ocasiones se arbitren medidas rigurosas.

Pues bien, la LEF, con sentido realista, aunque remite a criterios fiscales, a declaraciones fiscales efectuadas por los propietarios, es consciente de que esto podría desembocar en soluciones arbitrarias, y, por ello, el artículo 43 se pronuncia en el sentido de que no obstante lo dispuesto en los artículos anteriores, tanto el propietario como la Administración podrán llevar a cabo la tasación aplicando los criterios estimativos que juzguen más adecuados. Con ello se obvia la necesidad de seguir rígidamente los módulos establecidos para cada caso y se deja a la libre apreciación de la Administración, de los Jurados de expropiación forzosa y, en definitiva, de los Tribunales, la determinación del valor real de los objetos expropiados. En materia de expropiaciones urbanísticas, donde no juega el valor real, no cabe aplicar la libertad de criterio del artículo 43 LEF para la determinación del justiprecio. Pero era tan fuerte la presión social y los precedentes que fue necesario declarar expresamente en una Ley de 1961 su inaplicabilidad a este tipo de expropiaciones, y aun luego siguió habiendo Jurados y sentencias que no se dieron por enterados.

La reciente reforma de la legislación urbanística por Ley de 25 de julio de 1990, luego incorporada al nuevo Texto Refundido de la Ley del Suelo de 26 de junio de 1992, ha traído consigo importantes novedades en materia de justiprecios. A partir de ahora se excluye la tasación por el valor real y la libertad de criterio de la LEF en la valoración a efectos expropiatorios de los inmuebles, rústicos y urbanos, en toda clase de expropiaciones, no sólo, como hasta ahora, en las expropiaciones por causas urbanísticas, acabando con una situación poco razonable, en la que, por ejemplo, la expropiación para la construcción de una carretera daba lugar a una indemnización mayor que si se trataba de una plaza o una calle. Se derogan expresamente los criterios de valoración de inmuebles de la LEF, que ya sólo aporta criterios sustantivos en la valoración de otros bienes o derechos. Con arreglo a la nueva legislación, el justiprecio de los inmuebles rústicos y urbanos en toda clase de expropiaciones se tasará con arreglo a su valor fiscal, en concreto, a su valor catastral. Esto podría conducir a justiprecios demasiado bajos, a no ser porque la Ley de Haciendas Locales de 1988 prevé la revisión de los valores catastrales, actualmente muy alejados a los de mercado, para acercarlos a ellos. Pero la revisión va a ser, y está siendo, muy difícil de realizar, por sus inmediatas repercusiones de tipo fiscal en cuanto a subida de impuestos.

Sobre el momento al que han de referirse las valoraciones, el artículo 36 de la LEF y el artículo 47 del Texto Refundido de la Ley del Suelo de 1992 disponen que se tomará como referencia el momento de iniciación del expediente de justiprecio individualizado (lo que concreta la sentencia del Tribunal Supremo de 28 de julio de 1986 en la fecha de la propuesta de adquisición en trámite amistoso o, en su defecto, con la recepción por el expropiado de la comunicación instándole a la formulación de la hoja de aprecio) o el de exposición al público del proyecto de expropiación cuando se siga el procedimiento de tasación conjunta.

2) Procedimiento valorador

Para valorar los bienes, la Administración y los administrados pueden ponerse inicialmente de acuerdo, estableciendo, por tanto, un convenio que acaba esta fase del expediente expropiatorio. El precio convenido es el que se satisface. Pero lo normal es que no estén inicialmente de acuerdo; en este caso, el particular expropiado presenta una hoja de aprecio a la Administración, indicando cuál es el valor que desea recibir. Si la Administración no está conforme, formula una contrapropuesta, que si es aceptada por el propietario finaliza la fase; en otro caso, da lugar a la entrada del Jurado de Expropiación.

Este Jurado es un órgano administrativo integrado colegiadamente por una serie de miembros que veremos a continuación. La Ley adopta así un criterio parcialmente distinto al de la legislación anterior e incluso a la de otros países, donde todos los trámites expropiatorios y fundamentalmente la determinación del justo precio es realizada por los tribunales ordinarios, lo que también se ha aplicado entre nosotros, si bien en la legislación inmediatamente precedente el punto clave del sistema era el denominado perito tercero. La Administración y los particulares nombraban un perito cada uno y luego se designaba un tercer perito imparcial que, junto con estos dos, determinaba el justo precio. El sistema actual se basa en la creación de un órgano especializado, en el que se da entrada a representaciones de intereses sectoriales. Este Jurado está constituido en cada capital de Provincia por un Presidente, que será un Magistrado, un Abogado del Estado, un funcionario técnico, distinto según la naturaleza de los objetos expropiados: puede ser un Ingeniero de Caminos o un Profesor Mercantil al servicio de la Hacienda, etc., un representante de la Cámara Agraria Provincial, cuando la expropiación tiene por objeto bienes rústicos, u otros representantes gremiales según la naturaleza de los bienes, y un Notario designado por el Colegio Notarial. El Jurado es el que va a decidir lo que estima es el justo precio, cuando no exista acuerdo inicial entre expropiantes y expropiados; la decisión es, a su vez, impugnable ante la Jurisdicción Contenciosa, pero una vez adoptada produce como efecto el poder pasar a las otras fases del procedimiento, que son: el pago y la ocupación.

IV. PAGO Y OCUPACIÓN

Una vez determinado el justo precio, la Administración procede a pagar la cifra fijada por el Jurado de Expropiación o a depositar su importe si existe litigio entre las partes, si no están de acuerdo con la cifra señalada y se niegan a recibir el precio, aunque puede recibirse el precio fijado con reserva de derecho para acudir a los Tribunales y obtener la demasía que los expropiados estiman debe asignárseles. Una vez fijada la cifra a pagar, la Administración debe satisfacerlo, y si no lo hace así ha de abonar intereses de demora si deja transcurrir más de seis meses sin realizar el pago, intereses que son compatibles y acumulables a los que procede abonar a los expropiados si el procedimiento expropiatorio se demora más de seis meses, sin llegar al justiprecio.

El pago ha de hacerse en dinero, levantándose un acta especial al efecto. Si transcurriesen más de dos años sin que se efectúe el pago o se consigne, habrá de procederse a nueva evaluación del objeto expropiado.

Realizado el pago o depósito, la Administración puede ocupar la finca o los bienes objeto de la expropiación. La STC 166/1986, de 19 de diciembre, afirma que el artículo 33 CE no exige el previo pago de la indemnización, lo que, unido a a la garantía de que la expropiación se realice conforme a las Leyes, hace que dicho artículo consienta tanto las expropiaciones en que la Ley impone el previo pago como las que no lo exijan, no siendo por tanto inconstitucional la Ley que relega el pago de la indemnización a la última fase del procedimiento expropiatorio. En esta clase de expropiaciones, de las cuales son prototipo las urgentes, el momento en que se produce el efecto traslativo de la propiedad o titularidad de los bienes o derechos expropiados no depende del previo pago de la indemnización.

Esta tesis es severamente criticada por la doctrina, que entiende el justiprecio como presupuesto o requisito de la ocupación. La toma de posesión supone la adquisición real de los bienes o derechos expropiados; se realiza mediante un acta administrativa y produce determinadas consecuencias jurídicas, en cuanto a extinción de arrendamientos y procedencia del desahucio administrativo en los casos en los que los ocupantes se nieguen a abandonar la finca que venían utilizando.

V. PROCEDIMIENTOS SINGULARES

El procedimiento expuesto es el procedimiento expropiatorio general; existen otros cauces singulares, uno excepcional y otros especiales.

1) Procedimiento de urgencia

Procedimiento expropiatorio excepcional es el denominado «de urgencia». Excepcionalidad que, por lo demás, va convirtiéndose en regla general, puesto que la mayoría de los procedimientos expropiatorios llevan aparejada esta declaración no siempre totalmente justificada, pero contra la que no se puede recurrir. Es más, como quiera que casi todas las obras públicas que se realizan están incluidas en Planes y éstos llevan aparejada la declaración de urgencia de las obras de ejecución prevista dentro del Plan, en la práctica casi todo se hace por el procedimiento de urgencia, lo cual es un fraude de la Ley, puesto que las garantías quedan considerablemente disminuidas. Es explicable y deseable que la Administración tenga prisa en realizar las obras, pero la celeridad estaría mejor ubicada en la tramitación del expediente expropiatorio que no en el acortamiento de las garantías.

El procedimiento de urgencia parte de la declaración de la misma por el Consejo de Ministros y por los Consejos de Gobierno de las Comunidades Autónomas si no está ya efectuada la declaración y no es recurrible; es materia de apreciación libre y discrecional del Consejo, aunque a veces suceda que, declarada la urgencia y ocupados los terrenos, las obras no se realizan o tardan años en realizarse. Tienen como consecuencia la ocupación por trámites mucho más rápidos de los inmuebles. No se precisa ya declarar la necesidad de la ocupación, simplemente la declaración de urgencia incluye este trámite. Se notifica a los afectados el día y la hora en que va a realizarse el acto previo de la ocupación, se fija en él la cantidad a satisfacer, se deposita o se paga en dinero y se procede sin más a la ocupación de la finca. La fijación de la cantidad provisional que se abona y que da derecho a la ocupación se hace con criterios fiscales.

Así como para ocupar una finca en el procedimiento expropiatorio normal es preciso determinar previamente el justo precio con criterios más o menos reales y con la intervención de un órgano imparcial, el Jurado, la Administración, cuando media la declaración de urgencia, cumple con abonar una cantidad, simbólica en la mayoría de los casos, deducida de la situación fiscal y tributaria del expropiado. A partir de este momento la Administración puede ocupar los bienes, y la determinación del justo precio que corresponda se hace con arreglo a los trámites habituales con intervención del Jurado de expropiación, pero puede suceder, y de hecho algunas veces pasa, que la Administración paraliza el expediente y el particular se queda prácticamente sin cobrar, aunque la obra no se haya realizado.

2) Expropiaciones especiales

Además del procedimiento de urgencia, la Ley regula determinados procedimientos especiales, que son los siguientes:

Expropiación por zonas o grupos de bienes; la Administración puede utilizar este procedimiento y lo hace habitualmente en polígonos urbanísticos y grandes zonas expropiables.

Otro procedimiento es el de la expropiación por incumplimiento de la función social de la propiedad, al cual se refiere una reciente STC de 1993 declarando la constitucionalidad de la actuación de la Junta de Extremadura.

Un régimen especial es el de la expropiación de bienes de valor artístico, histórico y arqueológico, los cuales pueden ser expropiados por el Estado para evitar su pérdida en favor del Patrimonio Histórico Español.

Otro procedimiento especial es el que puede utilizarse por las entidades locales y por los órganos de gestión urbanística en general para fines de este tipo, regulado complementariamente en el RD Legislativo 1/1992, de 26 de junio, que aprueba el TR sobre el Régimen del Suelo y Ordenación Urbana.

Procedimiento especial es también el que da lugar al traslado de poblaciones. Se trata de expropiaciones masivas que abarcan un valle para la realización de una obra hidráulica y que afecta a pueblos enteros, cuya población habrá de ser trasladada a otro sitio distinto e indemnizada.

Procedimiento especial menos justificado es el de la expropiación por causa de la colonización o de obras públicas, que es el que aplicaba el Instituto de Colonización.

Otro procedimiento es el de la expropiación en materia de propiedad industrial o el de expropiación por razones de defensa y seguridad nacional del Estado.

Al margen del régimen expropiatorio propiamente dicho, la Ley contempla también otros supuestos asimilados a los expropiatorios, como son las indemnizaciones por requisas que se efectúan como consecuencia de movilizaciones militares en caso de guerra o maniobras.

VI. REVERSIÓN DE LOS OBJETOS EXPROPIADOS

La reversión constituye la posibilidad, por parte del sujeto expropiado, de readquirir los bienes que fueron objeto de expropiación cuando no se ejecutó la obra o no se estableció el servicio que motivó la expropiación, cuando hubiera una parte sobrante de los bienes expropiados o por la desafectación, esto es, cuando desaparezca la afectación de los bienes o derechos a las obras o servicios que motivaron la expropiación (art. 67 R.E.F.). En tales casos, el particular tiene derecho a solicitar la reversión de estos bienes en el plazo de un mes, a contar desde la fecha en que la Administración le hubiera notificado estas circunstancias o desde que el particular comparezca en el expediente dándose por notificado. Cuando entre la ocupación administrativa y la reversión no hayan transcurrido más de dos años, se entenderá que el precio que ha de abonar a su vez el expropiado será igual que el que se le satisfizo en su día. En otro caso, si ha mediado más de ese plazo se realizará una valoración posterior, de acuerdo con las circunstancias que medien en el momento concreto.

La institución de la reversión es importante y produce consecuencias prácticas de consideración; por ejemplo, si se ocupan grandes extensiones para embalses suelen quedar terrenos sobrantes en las orillas cuya reversión pueden solicitar los interesados. Quizá constituya un supuesto excepcional de reversión, aunque no encaja totalmente aquí por haberse originado posiblemente como confiscación o cesión contractual, el que ha intentado una Orden Religiosa solicitando la vuelta, tras varios siglos, de sus antiguos edificios que fueron ocupados durante mucho tiempo por la Universidad de Sevilla, hasta que esta última se trasladó a sus nuevas instalaciones.

Sobre la determinación del justo precio en estos casos habrá de estarse a lo dispuesto en el artículo 68 del R.E.F.

VII. PROTECCIÓN ANTE LAS VÍAS DE HECHO

La Administración, sólo a través de los cauces expropiatorios señalados, puede privar de su propiedad a los particulares. En otros casos, los jueces, tal como ordena el Código Civil, ampararán y reintegrarán su propiedad al expropiado. Vimos cómo uno de los privilegios de la Administración era el que contra ella no se podía emplear interdictos, siempre que obrase de acuerdo con el procedimiento legalmente establecido en cada caso. Pues bien, si este procedimiento no ha sido empleado, los particulares pueden plantear interdictos de retener y recobrar previstos en el artículo 125 de la L.E.F. contra la Administración, paralizando sus actuaciones y obligándola a respetar o reintegrar la posesión amenazada o perdida.

También cabe interponer recurso contencioso-administrativo al amparo de lo dispuesto en el artículo 126 de la L.E.F. contra la resolución administrativa que ponga fin al expediente de expropiación o a cualquiera de las piezas separadas.

CAPÍTULO XXXIII

LA RESPONSABILIDAD DE LA ADMINISTRACIÓN

I. EL SENTIDO DE LA RESPONSABILIDAD DE LA ADMINISTRACIÓN.

- **1) El Instituto común de la responsabilidad.**
- **2) De la responsabilidad por culpa a la responsabilidad por daño.**
  - **A) En el Derecho privado.**
  - **B) Derecho público.**
- **3) Del funcionario a la Administración.**
- **4) Armonización de la culpa y el daño objetivo en relación con el resarcimiento.**

II. LA RESPONSABILIDAD ADMINISTRATIVA EN EL DERECHO ESPAÑOL.

- **1) Precedentes.**
- **2) Situación actual.**
- **3) Concepto y caracteres de la responsabilidad administrativa.**
- **4) Cauces para la efectividad de la responsabilidad de la Administración del Estado.**
  - **A) Daños por el funcionamiento de los servicios públicos.**
  - **B) Determinación de la indemnización.**
  - **C) Responsabilidad de las autoridades y personal.**
  - **D) Actuación privada de la Administración.**
- **5) Responsabilidad civil y penal.**

LA RESPONSABILIDAD DE LA ADMINISTRACIÓN

I. EL SENTIDO DE LA RESPONSABILIDAD DE LA ADMINISTRACIÓN

1) El Instituto común de la responsabilidad

En materia de responsabilidad puede apreciarse, al igual que sucede con gran parte de las instituciones administrativas, la referencia a un tronco común, del cual se derivan manifestaciones para el actuar administrativo especialmente matizadas y conformadas por las singulares características de la Administración. La responsabilidad de Derecho civil es sin duda la construcción originaria de la que posteriormente se deriva la responsabilidad de la Administración, haciendo que ésta no pueda seguir insensible a las sucesivas comprensiones y sentido de la responsabilidad de Derecho privado. La construcción, pues, de la teoría de la responsabilidad de la Administración es tributaria en buena parte de una teoría general de la responsabilidad con manifestaciones para el sector público y el sector privado. La propia denominación tradicional de este tipo de responsabilidad, «responsabilidad civil de la Administración», remite inequívocamente a estos orígenes.

2) De la responsabilidad por culpa a la responsabilidad por daño

A) En el Derecho privado

Las consideraciones antes expuestas abonan la oportunidad del examen de esta trayectoria en el Derecho civil y mercantil que explica buena parte del cambio de posición en el Derecho público que luego contemplaremos.

El derecho de daños puede contemplarse desde un doble enfoque: en cuanto a su trascendencia para la víctima y en cuanto a la responsabilidad personal en que incurre el autor. La primera perspectiva favorece las tendencias objetivas y reparadoras, mientras la segunda tiene presente el énfasis individualizador de la responsabilidad, ya que su exigibilidad al causante del perjuicio funciona, a la par que como exigencia compensadora, como sancionadora y previsora de la producción de futuros y similares eventos.

Pero para el sujeto pasivo lo más importante es la obtención del resarcimiento. Desde su punto de vista, ello será efectivamente logrado si intervienen en garantía patrimonios colectivos de apreciable volumen que tomen sobre sí la compensación de los daños con mayor solvencia que los simples medios personales del agente del daño. Desde esta última óptica, lo que principalmente interesa es la constatación pura y simple del hecho dañoso, objetivamente, y con independencia de la calificación que merezca la conducta eventualmente productora del mismo.

Estas tendencias colectivizadoras y objetivizadoras de los daños defienden sus postulados con apoyo a la consideración del individuo como miembro del cuerpo social, y por tanto, en definitiva, sujeto a la mecánica total de las fuerzas sociales operantes en la comunidad, que han creado el marco propicio para la producción de los daños posibilitando la incidencia de los mismos a virtud de acciones individuales. Con este planteamiento, la comunidad, que en definitiva se manifiesta a través de sus miembros, debería contribuir con el conjunto de sus recursos al restañamiento de las lesiones que sufren los sujetos, sea cualesquiera su origen, puesto que últimamente la sociedad debe responsabilizarse de los daños privadamente sufridos a virtud de un desorden que no fue capaz de prever.

Estas conclusiones chocan, sin embargo, con bien enraizadas teorías que ven precisamente en la individualización de las responsabilidades con base a la culpa un positivo logro civilizatorio superador de la responsabilidad tribal o de grupo de las sociedades primitivas. Sus postulados animan sustancialmente, en efecto, los Códigos Civiles y la normativa tradicional de la responsabilidad, montada en sus manifestaciones extracontractuales sobre la construcción de la culpa.

B) Derecho público

La Administración, a través de la imposición de seguros obligatorios, no sólo va a influir decisivamente en la colectivización de los riesgos y el establecimiento de la responsabilidad objetiva mediante las técnicas antes enunciadas, sino que aplica directamente estos criterios con relación a los hechos dañosos que le son directamente imputables. Las tendencias sociales espontáneamente surgidas a que se ha hecho mención encuentran en el ámbito del Derecho público un campo abonado para su decidido acogimiento, dadas sus características peculiares que favorecen, como es lógico, la dispersión colectiva de los perjuicios aislados.

3) Del funcionario a la Administración

La tendencia inicial consistió en atribuir la responsabilidad al funcionario y no a la Administración, aunque tal sistema venía en la práctica paliado por la intervención de compensaciones en favor del funcionario condenado o por el establecimiento de obstáculos y restricciones a su persecución que prácticamente podían abocar a paralizar las posibilidades de resarcimiento del perjudicado. Posteriormente, y principalmente por obra de la Jurisprudencia, se pasa paulatinamente a la admisión de la responsabilidad de la Administración. En algunos países, sin embargo, ante una Jurisprudencia escasamente favorecedora de esa evolución, fue el legislador el que con cierta brusquedad forzó radicalmente el cambio de planteamiento, estableciendo frontalmente la responsabilidad de la Administración. Tal sucedió, por ejemplo, en los países anglosajones y en España, conforme se verá.

Favorecieron estos cambios las siguientes causas:

Aumento de actividades de la Administración, que prácticamente demandaba la efectiva responsabilidad de la misma y no sólo de sus agentes, ante unos daños cuantitativamente crecientes.

Depuración de la teoría de la responsabilidad de las personas jurídicas y aplicación de sus conclusiones a la Administración.

Seguridad jurídica. Desde el punto de vista del perjudicado, es la Administración la que monolíticamente actúa, y no sus funcionarios.

Desmitificación de la soberanía. La Administración, aun en el ejercicio de sus potestades soberanas, debe responder.

4) Armonización de la culpa y el daño objetivo en relación con el resarcimiento

No puede descartarse totalmente el hecho indudable de que la Administración actúa en definitiva a través de funcionarios, personas físicas susceptibles de comprometer en alguna manera su conducta personal con indudable trascendencia para el correcto desarrollo de las actividades administrativas.

Por ello cabe que, sin menoscabo de la efectiva compensación al perjudicado con base a los principios objetivos antes expuestos, la Administración ejercite por vía de regreso una actuación de resarcimiento contra el funcionario, culposa o negligentemente responsable, quien de esta manera encontrará así una indirecta compulsión para el mejor desempeño de sus funciones.

II. LA RESPONSABILIDAD ADMINISTRATIVA EN EL DERECHO ESPAÑOL

1) Precedentes

La responsabilidad civil de la Administración ha sido también entre nosotros objeto de especiales concreciones jurisprudenciales operantes sobre los textos legales en vigor. Sin embargo, nuestra Jurisprudencia, a diferencia de la francesa, por ejemplo, ha elaborado sus decisiones con una estrecha inmediación a la letra de los textos legales, cuyas posibilidades no han sido suficientemente aprovechadas para dar paso a concepciones más progresivas de la responsabilidad. Ha sido necesaria la intervención de drásticas correcciones legislativas, todavía quizá no plenamente asimiladas ni por la jurisprudencia, ni por la Administración, ni por la propia conciencia social, para tratar de vitalizar esta institución haciéndola funcionar de acuerdo con los rasgos que modernamente, como vimos, debe poseer. Las posibilidades de exigencia de responsabilidad a la Administración permanecían hasta no hace mucho prácticamente sin estrenarse en nuestro país, al menos con relación al más importante núcleo de eventos posibles: los imputables a la Administración central del Estado.

Pero volviendo a los primeros enfoques, señalaremos la interpretación judicial de los textos de base. Con arreglo al artículo 1.902 del Código Civil: «El que por acción u omisión causa daño a otro interviniendo culpa o negligencia, está obligado a reparar el daño causado».

El artículo 1.903 dispone que «La obligación que impone el artículo anterior es exigible no sólo por los actos u omisiones propias, sino por los de aquellas personas de quienes se deba responder. El Estado es responsable en este concepto cuando obra por mediación de un agente especial, pero no cuando el daño hubiese sido causado por el funcionario a quien propiamente corresponda la gestión practicada, en cuyo caso será aplicable lo dispuesto en el artículo anterior.»

Estos dos artículos determinaban, o al menos daban pie a ello, una posible interpretación, con arreglo a la cual el Estado respondería de los actos de sus funcionarios, sus instrumentos normales, como actos propios con base en el artículo 1.902, mientras que las conductas imputables a sus agentes especiales acarrearían la responsabilidad excepcional contemplada por el artículo siguiente. Pues bien, esta línea interpretativa no fue seguida por la Jurisprudencia.

Como quiera que, salvo excepciones y pese a que inicialmente se apuntó cierta tendencia a la responsabilidad por daños, como demuestran las indemnizaciones concedidas con ocasión de las guerras carlistas, vino a predominar en la responsabilidad por culpa del Código Civil la interpretación antes criticada; el resultado fue, en definitiva, descargar normalmente a la Administración del Estado de toda responsabilidad civil, máxime al señalar los tribunales reiteradamente para los actos ejecutados por los empleados en el desempeño de las funciones propias de su cargo, que no cabía suponer de parte del Estado culpa, ni siquiera negligencia, en la designación de sus agentes, sino, por el contrario, la previsión humanamente posible.

2) Situación actual

La L.E.F. de 16 de diciembre de 1954 supuso, en materia de responsabilidad, la adopción de criterios totalmente trastocadores de los anteriores planteamientos. A partir de ahora la legislación administrativa sale de su inmovilismo y se adapta total y bruscamente a las nuevas necesidades, superando ampliamente las soluciones *iusprivatistas*.

Posteriormente, la Ley de Régimen jurídico de la Administración del Estado, refundida en 26 de julio de 1957, precisa y matiza esta responsabilidad, distinguiendo la exigible a la Administración en cuanto a sus actividades de Derecho público y en cuanto a sus actuaciones de Derecho privado. El artículo 40 de la L.R.J., que contempla el primer supuesto, precisa que «los particulares tendrán derecho a ser indemnizados por el Estado de toda lesión que sufran en cualquiera de sus bienes y derechos, salvo en los casos de fuerza mayor, siempre que aquella lesión sea consecuencia del funcionamiento normal o anormal de los servicios públicos o de la adopción de medidas no fiscalizables en vía contenciosa. En todo caso, el daño alegado por los particulares habrá de ser efectivo, evaluable económicamente e individualizado con relación a una persona o grupo de personas...». En cuanto a la responsabilidad por actuaciones privadas del Estado, el artículo 41 establece que «cuando el Estado actúe en relaciones de Derecho privado, responderá directamente de los daños o agentes, considerándose la actuación de los mismos como actos propios, debiendo exigirse ante los Tribunales ordinarios».

Este régimen ha sufrido importantes modificaciones con la LRJ-PAC (arts. 139-146), la cual procede a formular una regulación detallada de la responsabilidad patrimonial de las Administraciones y de las autoridades y personal a su servicio.

Antes de esta Ley, ya la norma constitucional eleva al máximo rango el principio de responsabilidad de la Administración al indicar en su artículo 106.2 que los particulares, en los términos establecidos por la Ley, tendrán derecho a ser indemnizados por toda lesión que sufran en cualquiera de sus bienes y derechos, salvo casos de fuerza mayor, siempre que la lesión sea consecuencia del funcionamiento de los servicios públicos. También en el artículo 121 se extiende esta responsabilidad a los supuestos de daños causados por error judicial, así como los que sean consecuencia del funcionamiento anormal de la Administración de Justicia, que darán derecho a una indemnización a cargo del Estado, conforme a lo regulado en los artículos 292 y siguientes de la LOPJ.

La responsabilidad de la Administración por los daños imputados a la misma, máxima garantía ofrecida a los perjudicados, se exigirá directamente a la Administración Pública correspondiente, sin perjuicio de que de acuerdo con la Ley quepa exigir responsabilidad civil y penal del personal a su servicio.

3) Concepto y caracteres de la responsabilidad administrativa

Podemos considerar que la responsabilidad de la Administración extracontractual es objetiva y directa, consistiendo en nuestro Derecho en aquella obligación que la incumbe, fuera del ámbito del ejercicio de sus potestades expropiatorias, de resarcir a los particulares de los perjuicios económicos que les irrogue y no estén obligados jurídicamente a soportar.

Más sintéticamente, la responsabilidad versará en la subsanación de los efectos de las lesiones patrimoniales imputables a la Administración previa determinación de la relación de causalidad, en actividad sujeta al derecho público, incluyendo la derivada de la asistencia sanitaria o de los sistemas de Seguridad Social y Salud. De igual modo, por la actividad legislativa de naturaleza no expropiatoria de derechos cuando así lo prevean los propios actos legislativos.

La compensación de daños se producirá ordinariamente a consecuencia de perjuicios de carácter irreversible, pero no se excluye el que al margen de tales reparaciones se proceda, si es posible, a la restitución de la situación anterior si fuera alterada ilegítimamente.

En cuanto a los daños o perjuicios, se exige que sean efectivos, evaluables económicamente e individualizados con respecto a una persona o grupo de personas.

Ello hace descartar, en principio, la compensación de perjuicios futuros o simplemente esperables, si bien la indemnización puede comprender tanto el daño emergente o efectivo como el lucro cesante o expectativa futura previsible para conseguir una reparación integral, cuando proceda por causa de muerte o lesiones por ejemplo. Lo que resulta más discutible es si dará lugar o no a resarcimiento la producción de daños morales. Parece que los daños de esta índole, cuando de alguna manera se traduzcan en contenidos patrimoniales ponderables, deberán producir igualmente derecho a compensación.

La Ley admite claramente los daños de carácter físico o psíquico. En cuanto al sujeto pasivo que ha sufrido la lesión, aunque la Ley no matiza, parece que puede ser cualquier persona, física o jurídica, que acredite tal circunstancia.

Por último, excluyéndose la fuerza mayor, la causa de la responsabilidad, tratándose del funcionamiento normal del servicio, vendría originada dentro de los supuestos lícitos de actividades administrativas. Por el contrario, el funcionamiento anormal engloba aquellos casos de conductas negligentes, culposas, dolosas, e incluso penalmente ilícitas o que sin merecer tales calificativos simplemente han dado lugar a la producción de los daños. La explosión de un polvorín, por ejemplo, revela un funcionamiento anormal de los servicios que debe dar lugar a resarcimientos, frente a una posible destrucción intencionada de viviendas para atajar un fuego, que implica un funcionamiento ordinario normal del servicio; pero ambos supuestos dan igualmente lugar a responsabilidad.

La Ley prevé concretamente que la anulación de actos o disposiciones administrativas no presupone derecho a indemnización.

4) Cauces para la efectividad de la responsabilidad de la Administración del Estado

El sistema actual para la exigencia de responsabilidas es, pues, el siguiente:

A) Daños por el funcionamiento de los servicios públicos

La Administración actúa aquí con sujeción al Derecho administrativo, pudiendo producir los perjuicios tanto por actuación positiva como por omisión, bien por razón del funcionamiento normal, bien anormal de los servicios públicos. En todo caso, los particulares exigirán directamente a las Administraciones públicas correspondientes las indemnizaciones. Si derivase la responsabilidad de la gestión colegiada de actuaciones entre varias Administraciones, éstas responderán de forma solidaria.

La LRJ-PAC y el RD 429/1993, de 26 de marzo, que la desarrolla en este punto, regulan los aspectos sustantivos y procedimentales, destacando entre éstos que el plazo para reclamar prescribe al año de producido el hecho o acto que motive la indemnización o desde la manifestación de su efectivo lesivo, o a partir de la curación o determinación del alcance de las secuelas si se tratara de daños físicos o psíquicos.

Los procedimientos, de oficio o por reclamación de los interesados, se resolverán por el Ministro respectivo o Consejo de Ministros, si una Ley así lo dispone, o por los órganos pertinentes de las Comunidades Autónomas o Entidades locales. La reclamación deberá seguir el curso que prevé el reglamento, a través del procedimiento ordinario o abreviado. En el primero, deberá ser resuelta en el plazo de seis meses, poniendo fin a la vía administrativa, y si no recayera resolución expresa en plazo se entenderá desestimada. En el abreviado, previsto cuando sean inequívocos la relación de causalidad entre el funcionamiento del servicio y la lesión, así como la valoración del daño y el cálculo de la cuantía de la indemnización, el plazo será de treinta días, pudiéndose entender desestimada en caso de silencio transcurrido el mismo.

B) Determinación de la indemnización

El cálculo se efectuará con arreglo a los criterios de valoración establecidos en la legislación de expropiación forzosa, legislación fiscal y demás normas aplicables, ponderándose en su caso las valoraciones predominantes en el mercado.

El momento para determinar esa cuantía se hará tomando como referencia el día en que la lesión se produjo efectivamente, sin perjuicio de los intereses de demora.

La indemnización podrá ser sustituida por una compensación en especie o ser abonada fraccionadamente cuando resulte más adecuado para lograr la reparación debida y convenga al interés público, siempre que exista acuerdo con el interesado.

C) Responsabilidad de las autoridades y personal

Cuando la Administración hubiere indemnizado a los lesionados, podrá exigir de sus Autoridades o personal la responsabilidad en que hubieren incurrido por dolo, culpa o negligencia grave, con arreglo al procedimiento especialmente previsto, sin perjuició de pasar, si procede, el tanto de culpa a los Tribunales competentes. Otro tanto podrá hacer para exigirles responsabilidad por los daños o perjuicios causados en los propios bienes o derechos de la Administración, en los mismos casos.

D) Actuación privada de la Administración

Con arreglo a lo dispuesto en el artículo 144 de la LRJ-PAC, cuando las Administraciones Públicas actúen en relaciones de derecho privado, la responsabilidad se exigirá igualmente por el procedimiento general que hemos expuesto. Por tanto, tanto en el caso de actuaciones sujetas al derecho administrativo como al derecho privado, se exigirá la responsabilidad directamente a la Administración correspondiente, agotando la vía administrativa.

5) Responsabilidad civil y penal

La responsabilidad civil y penal del personal al servicio de las Administraciones públicas se exigirá conforme a la legislación específica. En el caso de exigirse responsabilidad penal, la incoación del proceso no suspende la tramitación de los procedimientos de reconocimiento de responsabilidad patrimonial instruidos en vía administrativa, ni interrumpe el plazo de prescripción para iniciarlo, excepto cuando la determinación de los hechos en aquel orden jurisdiccional sea necesaria para la fijación de la responsabilidad patrimonial.

BIBLIOGRAFÍA

OBRAS Y TRATADOS GENERALES

ÁLVAREZ GENDÍN, Sabido: *Tratado General de Derecho Administrativo,* tres volúmenes, Barcelona, 1958, 1963 y 1974.

BIELSA, Rafael: *Derecho Administrativo,* 5.ª ed., Buenos Aires, 1955.

BOQUERA OLIVER, José M.ª: *Derecho Administrativo I,* 9.ª ed., Madrid, 1992.

BREWER CARIAS, Allan Randolp: *Las instituciones fundamentales en Derecho Administrativo y la jurisprudencia,* Caracas, 1975.

CORTIÑAS-PELÁEZ, León: *Introducción al Derecho Administrativo,* vols. I y II, México, 1992.

COSCULLUELA MUNTANER, Luis: *Manual de Derecho Administrativo,* 3.ª ed., Madrid, 1992.

DE LA CUÉTARA, José M.ª: *La actividad de la Administración,* Madrid, 1983.

DE LA MORENA Y DE LA MORENA, J. L.: *Curso de Derecho Administrativo,* I, II y III, Madrid, 1990; IV, Madrid, 1992.

DÍEZ, Manuel María: *Derecho Administrativo,* Buenos Aires, I, 1963; II, 1965; III, 1967.

DROMI, J. R.: *Introducción al Derecho Administrativo,* Madrid, 1986.

ENTRENA CUESTA, Rafael: *Curso de Derecho Administrativo,* I/1 y I/2, 9.ª ed., Madrid, 1988.

GARCÍA DE ENTERRÍA, Eduardo, y FERNÁNDEZ, Tomás Ramón: *Curso de Derecho Administrativo,* I, 5.ª ed., Madrid, 1991; II, 3.ª ed., Madrid, 1991.

GARCÍA-TREVIJANO FOS, José Antonio: *Tratado de Derecho Administrativo,* I, 3.ª ed., Madrid, 1974.

GARRIDO FALLA, Fernando: *Tratado de Derecho Administrativo,* I, 11.ª ed., Madrid, 1992; II, 10.ª ed., Madrid, 1992; III, 8.ª ed., Madrid, 1983.
GONZÁLEZ NAVARRO, Francisco: *Derecho Administrativo Español,* Pamplona, 1987-88.
GORDILLO, Agustín: *Introducción al Derecho Administrativo,* Buenos Aires, 1974.
— *Teoría General del Derecho Administrativo,* Madrid, 1984.
LARES-MARTÍNEZ, Eloy: *Manual de Derecho Administrativo,* 5.ª ed., Caracas, 1983.
MARTÍNEZ LÓPEZ-MUÑIZ, J. L.: *Introducción al Derecho Administrativo,* Madrid, 1986.
PARADA VÁZQUEZ, Ramón: *Derecho Administrativo,* I-II, 4.ª ed., Madrid, 1992; III, 4.ª ed., Madrid, 1991.
PAREJO ALFONSO, L.; JIMÉNEZ BLANCO, J. A., y ORTEGA ÁLVAREZ, L.: *Manual de Derecho Administrativo,* 2.ª ed., Barcelona, 1992.
SANTAMARÍA PASTOR, J. A.: *Fundamentos de Derecho Administrativo,* Madrid, 1988.
— *Principios de Derecho Administrativo,* Madrid, 1990.
SAYAGUÉS LASO, Enrique: *Tratado de Derecho Administrativo,* 2 vols., Montevideo, 1963.
SILVA CIMMA, Enrique: *Derecho Administrativo chileno y comparado,* 3.ª ed., Santiago de Chile, 1968-69.
VILLAR PALASÍ, José Luis: *Derecho Administrativo. Introducción y Teoría de las normas,* vol. I, Madrid, 1968.
VILLAR PALASÍ, J. L., y VILLAR EZCURRA, J. L.: *Principios de Derecho Administrativo,* I y II, 3.ª ed., Madrid, 1993.
VIDAL PERDOMO: *Derecho Administrativo,* 5.ª ed., Bogotá, 1980.

MANUALES DE PRÁCTICAS

DE LA CUÉTARA MARTÍNEZ, J. M.: *Práctica Jurídica del Derecho Administrativo,* Madrid, 1992.
EMBID IRUJO, Antonio: *Casos Prácticos de Derecho Administrativo,* Barcelona, 1989.
FERNÁNDEZ RODRÍGUEZ *et al.*: *Documentos de Derecho Administrativo,* Madrid, 1991.

OBRAS HOMENAJE

Estudios a Colmeiro, Santiago de Compostela, 1952.
Estudios dedicados al Profesor García Oviedo con motivo de su jubilación. Sevilla, 1954.
Estudios dedicados al Profesor Gascón y Marín en el cincuentenario de su docencia. Madrid, 1952.
Estudios en homenaje a Jordana de Pozas. Madrid, 1960-1961.
Perspectivas del Derecho Público en la segunda mitad del siglo XX (homenaje a Sayagués Laso). Madrid, 1969.
Estudios jurídico-sociales, homenaje al Profesor Luis Legaz y Lacambra, dos volúmenes. Santiago de Compostela, 1960.
Homenaje a don Nicolás Pérez Serrano, dos volúmenes. Madrid, 1959.
Homenaje a S. Royo Villanova. Madrid, 1977.
Homenaje a A. García Trevijano. I.E.A.L., Madrid, 1983.
Estudios sobre la Constitución Española. Homenaje al Profesor Eduardo García de Enterría. Cinco tomos. Madrid, 1991.
Libro homenaje al Profesor José Luis Villar Palasí. Madrid, 1989.

CAPÍTULO I

ARIÑO ORTIZ, Gaspar: *Sobre la personalidad jurídica de Derecho público,* Madrid, 1971.

CLAVERO ARÉVALO, Manuel Francisco: «Personalidad jurídica, derecho general y derecho singular de las Administraciónes Públicas», Madrid, 1962, *DA,* núm. 58, 1962.

ENTRENA CUESTA: «El concepto de administración pública en la doctrina y el derecho positivo español», *RAP,* núm. 32, 1960, y en *Studi Zanobini,* I.

GARCÍA DE ENTERRÍA, Eduardo: «La Revolución francesa y la emergencia histórica de la Administración contemporánea», *Est. Hom. Pérez Serrano.*

GARRIDO FALLÀ, Fernando: «La Administración Pública como objeto de ciencias jurídicas y no jurídicas», *RAP,* núm. 23, 1957.

— «La Administración Pública después de la Constitución», en *Homenaje al Prof. Villar,* Madrid, 1989.

GUAITA MARTORELL, A.: «Las "otras" Administraciones del Estado», Actualidad Administrativa, 1987.
JORDANA DE POZAS, Luis: «La organización y las ciencias administrativas en España», en el volumen colectivo *La Administración pública y el Estado contemporáneo,* Madrid, 1961.
LEGAZ LACAMBRA, Luis: *Administración y sociedad,* Madrid, 1964.
LÓPEZ GUERRA, L.: «Sobre la personalidad jurídica del Estado», RDDP de la UNED, núm. 6.
LÓPEZ RODÓ, Laureano: *La administración pública y las transformaciones socioeconómicas,* Madrid, 1963.
— «Personalidad jurídica del Estado en el Derecho interno», RDDP de la UNED, núm. 9.
MARTÍN RETORTILLO, Lorenzo: «La configuración jurídica de la Administración pública y el concepto de *Daseinvorsorge*», *RAP,* núm. 38, 1962.
MORELL OCAÑA, L.: «La personificación y otorgamiento de "status" en el Derecho Administrativo. Rasgos generales del "status" de los entes administrativos», *RAP,* núms. 100-102, vol. II.
RIVERO YSERN, Enrique: *El derecho administrativo y las relaciones entre particulares,* Sevilla, 1969.
SANTAMARÍA PASTOR, J.: «Sobre la personalidad jurídica de las Cortes Generales. Una aproximación a los problemas de las organizaciones estatales no administrativas», *RDDP de la UNED,* núm. 9.
VILLAR PALASÍ, José Luis: *Administración y planificación,* Madrid, 1952.

CAPÍTULO II

ÁLVAREZ GENDÍN, Sabino: «El Estado de Derecho», *Est. Legaz.*
— «El Estado de Derecho y el Poder Judicial independiente», *RAP,* núm. 31, 1960.
BAENA, M., *et al: La Administración en la Constitución,* Madrid, 1979.
BASSOLS, M.: «Los principios del Estado de Derecho y su aplicación a la Administración en la Constitución», *RAP,* núm. 87, 1978.

DÍAZ, Elías: *Estado de Derecho y Sociedad democrática,* Madrid, 1966.
ENTRENA CUESTA, Rafael: «Notas sobre el concepto y clases de Estado de Derecho», *RAP,* núm. 33, 1960.
— «La contraposición entre el régimen administrativo y el *rule of law*», *Est. Jornada,* III, 1.
GARCÍA DE ENTERRÍA, Eduardo: «Algunas reflexiones sobre el Derecho norteamericano», *RAP,* núm. 85, 1978.
GARCÍA PELAYO, M., *Las transformaciones del Estado contemporáneo,* Madrid, 1982.
MARTÍN RETORTILLO, Sebastián: «Administración y Constitución», *RAP,* núm. 53, 1967, y en el volumen colectivo *Homenaje al Profesor Giménez Fernández,* Sevilla, 1967, II.
— «El genio expansivo del Estado de Derecho», *RAP,* núm. 47, 1965.
PAREJO ALFONSO, L.: «Estado Social y Administración Pública, Madrid, 1983.
PÉREZ OLEA, Manuel: *Poder Judicial,* Dirección General de lo Contencioso, Madrid, 1983.

CAPÍTULO III

ALMAGRO NOSETE, J.: *Justicia Constitucional,* Madrid, 1980.
ALZAGA, Óscar: *La Constitución española de 1978,* Madrid, 1978.
— *Constitución y Economía,* vol. col, Madrid, 1977.
— *Constitución, Economía y Regiones,* tres vols., Madrid, 1978.
— *Estudios sobre el proyecto de Constitución,* vol. col., Madrid, 1978.
DE ESTEBAN, Jorge, y LÓPEZ GUERRA, L.: *El régimen constitucional español,* Barcelona, 1982.
FAIRÉN GUILLÉN, V.: *El Defensor del Pueblo —OMBUDSMAN—,* tomos I y II, Madrid, 1982-1986.
FERNÁNDEZ RODRÍGUEZ, Tomás Ramón, y otros: *Lecturas sobre la Constitución española,* 2 vols., Madrid, 1978.
FERNÁNDEZ SEGADO, F.: *La jurisprudencia constitucional en España,* Madrid, 1984.

GARRIDO FALLA, Fernando, y otros: *Comentarios a la Constitución,* Madrid, 1980.

GIL ROBLES, A.: *El Defensor del Pueblo,* Madrid, 1984.

LÓPEZ NIETO, F.: *La Administración Pública en España,* Barcelona, 1989.

MARTÍN MATEO, R.: «Los Estados de las autonomías», en *La España de las autonomías,* Madrid, 1985.

MARTÍN-RETORTILLO, L.: «De la separación y control de los poderes en el sistema constitucional español», *REDC,* núm. 9, 1989.

PECES-BARBA, Gregorio: *La Constitución española de 1978 (un estudio de Derecho y Política),* Madrid, 1981.

PREDIERI Y GARCÍA DE ENTERRÍA, E.: *La Constitución española, Un estudio sistemático.* Madrid, 1979.

RAMÍREZ, M., y otros: *Estudios sobre la Constitución española de 1978,* Zaragoza, 1978.

— *La Constitución española y las fuentes del Derecho,* 3 vols., Instituto de Estudios Fiscales, Madrid, 1979.

SÁNCHEZ AGESTA: *Sistema político de la Constitución española,* Madrid, 1980.

CAPÍTULO IV

BAENA DEL ALCÁZAR, M.: *Curso de ciencia de la Administración,* Madrid, 1988.

CHEVALIER, J., y LOSCHAK, D.: *Ciencia Administrativa I y II,* Madrid, 1986.

DEBBASCH, Ch.: *Ciencia administrativa. Administración Pública,* Madrid, 1981.

GARCÍA DE ENTERRÍA, Eduardo: *La Administración española,* Madrid, 1961.

JIMÉNEZ NIETO, J. I.: *Teoría general de la Administración,* Madrid, 1991.

LANGROD, D.: *Tratado de Ciencia Administrativa,* Madrid, 1973.

LÓPEZ RODÓ, Laureano: «Administración pública y administración de empresa privada», *Est. a Legaz,* II, págs. 949-958.

MAYNTZ, R.: *Sociología de la Administración Pública,* Madrid, 1985.

NIGRO, F.: *Administración Pública Moderna,* Madrid, 1981.

CAPÍTULO V

BOQUERA OLIVER, José María: «Criterio conceptual del Derecho Administrativo», *RAP*, núm. 42, 1962.

CLAVERO ARÉVALO, M.: «Consecuencias de la concepción del Derecho Administrativo como ordenación común y normal», *RGLJ*, 1952.

— *Estudio de Derecho Administrativo*, Madrid, 1992.

CHINCHILLA, C., *et al.*: *Nuevas perspectivas del Derecho Administrativo*, Madrid, 1992.

ESCRIBANO COLLADO, P.: «¿Crisis de los conceptos de Administración Pública y de Derecho Administrativo?», *REDA*, núm. 37.

GARCÍA DE ENTERRÍA, Eduardo: «Verso un concetto di Diritto Amministrativo come diritto statutario», *RTDP*, núm. 10, 1960.

GARRIDO FALLA, Fernando: «Sobre el Derecho Administrativo y sus ideas cardinales», *RAP*, núm. 7, 1952.

— «Reflexiones sobre una reconstrucción de los límites formales del Derecho Administrativo», *RAP*, núm. 97, 1982.

LINDE PANIAGUA, E.: «La recepción por la jurisprudencia del Tribunal Supremo de la teoría del Derecho Administrativo como 'Derecho estatutario', *REDA*, núm. 12, 1977.

MARTÍN MATEO, Ramón: «La sustatividad del Derecho Administrativo», *RAP*, núm. 53, 1967.

MEILÁN GIL, José Luis: *El proceso de la definición del Derecho Administrativo*, Madrid, 1967.

MORELL OCAÑA, L.: «El criterium de la Administración Pública y el Derecho Administrativo contemporáneo», *REDA*, núm. 29, 1981.

MUÑOZ MACHADO, S.: «Las concepciones del Derecho Administrativo y la idea de participación en la Administración», *RAP*, núm. 84, 1977.

PARADA VÁZQUEZ, José Ramón: «Derecho Administrativo, Derecho privado y Derecho garantizador», *RAP*, núm. 52, 1967.

PAREJO ALFONSO, L.: *El concepto de Derecho Administrativo*, Caracas, 1984.

QUINTANA LÓPEZ, T.: «El Tribunal de Cuentas y la concepción estatutaria del Derecho Administrativo», *RAP*, núm. 116, 1988.

RODRÍGUEZ ARANA, J.: «Concepto y presupuestos del Derecho Administrativo constitucional», *Ac. Admva.*, 7-9, 1991.

Santamaría Pastor, Juan: *Sobre la génesis del Derecho Administrativo español en el siglo XIX*, Sevilla, 1973.
Soriano García, J. E.: «El concepto de Derecho Administrativo y Administración Pública», *RAP*, núm. 121, 1990.

CAPÍTULO VI

Cuétara, J. M.ª: *Las potestades administrativas*, Madrid, 1986.
Fernández Rodríguez, T. R.: *Arbitrariedad y discrecionalidad*, Madrid, 1991.
Gallego Anabitarte, Alfredo: «Las relaciones especiales de sujeción y el principio de la legalidad de la Administración», *RAP*, núm. 34, 1961.
García de Enterría, Eduardo: «La configuración del recurso de lesividad», *RAP*, núm. 15, 1954.
— «La lucha contra las inmunidades del poder en el Derecho Administrativo», *RAP*, núm. 38, 1962.
González Berenguer, José Luis: «El principio de legalidad y las actuaciones de emergencia», *REVL*, núm. 137, 1964.
López Menudo, F.: *Vía de hecho administrativa y justicia civil*, Madrid, 1988.
López Ramón, F.: «Inviolabilidad del domicilio y autotutela administrativa en la jurisprudencia del Tribunal Supremo«, *REALA*, núm. 225, 1985.
Nieto, A.: «Actos administrativos cuya ejecución precisa una entrada domiciliaria», *RAP*, núm. 54, 1967.
— *Derecho Administrativo Sancionador*, Madrid, 1993.
Revista Documentación Administrativa, núm. 208, monográfico sobre la *Inactividad Administrativa*.
— núm. 218-219, 1989, monográfico sobre: *Administración y Constitución. El principio de eficacia.*
Sainz Moreno, F.: *Conceptos jurídicos, interpretación y discrecionalidad administrativa*, Madrid, 1976.

CAPÍTULO VII

AA. VV.: *La Constitución española y las fuentes del Derecho*, Madrid, 1979.

BOCANEGRA SIERRA, R.: *El valor de las Sentencias del Tribunal Constitucional,* Madrid, 1982.
CLAVERO ARÉVALO, Manuel Francisco: «La doctrina de los principios generales del Derecho y las lagunas del ordenamiento administrativo», *RAP,* núm. 7, 1952.
— *Constitución y fuentes del Derecho,* Dirección General de lo Contencioso, Madrid, 1979.
DÍEZ PICAZO, L. M.: «La doctrina del precedente administrativo», *RAP,* núm. 98, 1982.
FERNÁNDEZ FARRERES, G.: «Colisiones normativas y primacía del Derecho estatal», en *Homenaje al Prof. García de Enterría.*
GARCÍA DE ENTERRÍA, E.: *Reflexiones sobre la Ley y los principios generales del Derecho,* Madrid, 1984.
— «El ordenamiento estatal y los ordenamientos: sistema de relaciones», *RAP,* núms. 100-102, vol. I.
— «Principio de legalidad», *REDC,* núm. 10, 1984.
GARCÍA DE ENTERRÍA, GONZÁLEZ CAMPOS y MUÑOZ MACHADO (eds.): *Tratado de Derecho Comunitario Europeo,* 3 vols., Civitas, Madrid, 1986.
GARRIDO FALLA, Fernando: «Las fuentes no escritas del Derecho en el Derecho Administrativo», *REVL,* núm. 97, 1958.
— «Las fuentes del Derecho Administrativo español», *Studi Lessona,* I.
GONZÁLEZ PÉREZ, J.: *El principio general de la buena fe en el Derecho Administrativo,* Madrid, 1983.
HERRERO DE MIÑÓN, Miguel: «Marginales al nuevo título preliminar del Código civil», *REDA,* núm. 3, 1974.
LASAGABASTER HERRARTE, I.: *El ordenamiento jurídico comunitario, el estatal y el autonómico,* Oñate, 1986.
LÓPEZ GONZÁLEZ, J. I.: *El principio general de proporcionalidad en el Derecho Administrativo,* Sevilla, 1988.
LÓPEZ MENUDO, F.: *El principio de irretroactividad de las normas jurídicas,* Sevilla, 1982.
LOUIS: *El ordenamiento jurídico comunitario,* CEE, Bruselas, 1980.
MARTÍN-RETORTILLO, L., y OTTO, I.: *Derechos Fundamentales y Constitución,* Madrid, 1992.
MARTÍN-RETORTILLO, Sebastián: «Consideraciones sobre los Tribunales Constitucionales», *REDA,* núm. 15, 1977.

MARTÍNEZ LAGE: «Las fuentes del Derecho Comunitario», en *Iniciación al estudio del Derecho Comunitario europeo*, Consejo General del Poder Judicial, Madrid, 1984, págs. 86 y ss.
MORELL OCAÑA, L.: «*La costumbre y los principios jurídicos generales en el Derecho Administrativo*», *D. A.*, núm. 195, 1982.
MUÑOZ MACHADO: *El Estado, el Derecho interno y la Comunidad Europea*, Civitas, Madrid, 1986.
— *El ordenamiento jurídico de la Comunidad Europea y la Constitución española*, Madrid, 1980.
— *Las potestades legislativas de las Comunidades Autónomas*, Madrid, 1979.
NIETO, A.: «Peculiaridades jurídicas de la norma constitucional», *D. A.*, núm. 100-102, 1983.
NIETO GARCÍA, Alejandro: «La autenticidad de las normas escritas», *REDA*, núm. 16, 1978.
PÉREZ ROYO, J.: *Las fuentes del Derecho*, Madrid, 1984.
SANTAOLALLA LÓPEZ, F.: «Los Tratados como fuente del Derecho en la Constitución», *RAP*, núm. 90, 1979.
SOSA WAGNER, Francisco: «Jerarquía de normas y transferencias coactivas», *REDA*, núm. 12, 1977.
VILLAR PALASÍ, J. L.: «Consideraciones sobre el sistema jurídico», *RAP*, núm. 100-102, 1983.

CAPÍTULO VIII

AJA, E., y CARRERAS, F.: «Carácter de las Leyes de armonización», *RDPL*, UNED, núm. 18-19, 1983.
ASTARLOA HUARTE-MENDICOA, I.: *Teoría y práctica del Decreto-Ley en el ordenamiento español*», *RAP*, núm. 106.
BARNES VÁZQUEZ, J.: *La Comunidad Europea, la instancia regional y la organización administrativa de los Estados miembros*, Madrid, 1993.
BLASCO, A.: «Principios de la jurisprudencia constitucional sobre los Decretos-Leyes», *REDA*, núm. 36, 1983.
DE ASÍS ROIG, A.: «La Ley como fuente del Derecho en la Constitución de 1978», en *Libro Homenaje al Prof. García de Enterría.*

De la Quadra Salcedo, T.: «La delegación legislativa en la Constitución», en *Libro Homenaje al Prof. García de Enterría.*

Fernández Rodríguez, T. R.: *Las Leyes Orgánicas y el bloque de la constitucionalidad,* Madrid, 1981.

Gallego Anabitarte, Alfredo: *Ley y Reglamentos en el Derecho Público occidental,* Madrid, 1971.

García de Enterría, Eduardo: *Legislación delegada, potestad reglamentaria y control judicial,* Madrid, 1970.

— «Reflexiones sobre la Ley y los principios generales del Derecho en el Derecho Administrativo», *Homenaje a Pérez Serrano,* II, págs. 211-241.

— *La Constitución como norma y el Tribunal Constitucional,* Madrid, 1981.

García Macho, R.: *Reserva de Ley y potestad reglamentaria,* Barcelona, 1988.

García-Trevijano Garnica, E.: «Consideraciones sobre la fiscalización jurisdiccional de los Decretos Legislativos», en *Libro Homenaje al Prof. García de Enterría.*

Garrorena Morales, A.: *El lugar de la Ley en la Constitución española,* Madrid, 1980.

Gil Robles, Alvaro: «El control de legalidad de las normas con valor de Ley», *REDA,* núm. 3, 1974.

González Pérez, Jesús: «El procedimiento para elaborar disposiciones de carácter general», *RAP,* núm. 40, 1963.

Iglesias Cabedo, M.: *Fundamentos de Derecho comunitario europeo,* Madrid, 1991.

Linde Paniagua, Enrique: «El control judicial de los textos articulados de las leyes de bases», *REDA,* núm. 16, 1978.

— «Competencia o jerarquía en la posición de las leyes orgánicas en el ordenamiento jurídico. A propósito del artículo 28.2 de la Ley Orgánica del Tribunal Constitucional», *RAP,* núm. 91, 1980.

— *Leyes Orgánicas,* Valencia, 1990.

Muñoz Machado, S.: *La responsabilidad civil de la Administración por incumplimiento del Derecho comunitario europeo,* Madrid, 1989.

Ortúzar Andechaga, L.: *Aplicación judicial del Derecho Comunitario,* Madrid, 1992.

Pemán Gavín, J.: «Sobre las Leyes orgánicas en el Derecho español», *RVAP,* núm. 9, 1984.

— «Las Leyes Orgánicas. Concepto y posición en el sistema de fuentes del Derecho», en *Libro Homenaje al Prof. García de Enterría.*

RUBIO LLORENTE, F.: «Rango de Ley, fuerza de Ley, valor de Ley», *RAP*, núms. 100-102, vol. I, 1983.

SAINZ MORENO, F.: «El recurso de casación y el control de los Reglamentos ilegales y de los Decretos legislativos», *RAP*, núm. 93, 1980.

— «Estatutos de Autonomía, Leyes básicas y Leyes de armonización», *RAP*, núms. 100-102, vol. I, 1983.

SALAS HERNÁNDEZ, Javier: «Los Decretos-leyes en el ordenamiento jurídico español. En torno a la urgencia», *RAP*, núm. 51, 1966.

— «Estatutos de Autonomía, Leyes básicas y Leyes de armonización», *RAP*, núms. 100-102, vol. I, 1983.

— «Los Decretos-Leyes en la teoría y en la práctica constitucional», en *Libro Homenaje al Prof. García de Enterría.*

SANTAOLALLA GADEA, F. J.: «Nota sobre publicación del Derecho de las Comunidades Europeas», *D. A.*, núm. 194, 1982.

SORIANO, J. E.: «Los Decretos-Leyes en la jurisprudencia constitucional», *RAP*, núms. 100-102, 1983.

SOSA WAGNER, Francisco: «Las medidas excepcionales en el ordenamiento constitucional español», *RAP*, núm. 66, 1971.

TORNOS MAS, J.: «La relación entre la Ley y el Reglamento: reserva de Ley y reserva normativa. Algunos aspectos conflictivos a la luz de la jurisprudencia constitucional», *RAP*, núms. 100-102, vol. I, 1983.

TRAYTER JIMÉNEZ, J. M.: «El efecto directo de las directivas comunitarias: El papel de la Administración y de los Jueces en su aplicación», *RAP*, núm. 126, 1991.

— *Reglamentos y Directivas en la jurisprudencia comunitaria*, Madrid, 1992.

VILLAR PALASÍ, José Luis: *El mito y la realidad en las disposiciones aclaratorias*, Madrid, 1965.

CAPÍTULO IX

AGUILAR FERNÁNDEZ-HONTORIA, J.: «Veinticinco años de la revisión de oficio de las disposiciones reglamentarias: un análisis prospectivo», *RAP*, núm. 103, 1984.

BAENA DEL ALCÁZAR, Mariano: «Instrucciones y circulares como fuente del Derecho Administrativo», *RAP*, núm. 48, 1965.

BAÑO LEÓN, J. M.: *Los límites constitucionales de la potestad reglamentaria,* Madrid, 1991.

— «Los ámbitos del Reglamento independiente», en *Libro homenaje al Prof. García de Enterría.*

BASSOLS COMA, M.: «Las diversas manifestaciones de la potestad reglamentaria en la Constitución», *RAP*, núm. 88.

BOIX REIG, Vicente: «Los Reglamentos municipales en la reciente jurisprudencia del Tribunal Supremo», *RAP*, núm. 78, 1975.

BOQUERA OLIVER, José M.ª: «Enjuiciamiento e inaplicación judicial de los Reglamentos», *REDA*, núms. 40-41, 1984.

CARRO FERNÁNDEZ-VALMAYOR, J. L., y GÓMEZ-FERRER, R.: «La potestad reglamentaria del Gobierno en la Constitución», *RAP*, núm. 87, 1978.

DE LA CRUZ FERRER, J.: «Nulidad de Reglamento por violación de los principios generales del Derecho y omisión de audiencia de los interesados», *REDA*, núm. 56, 1986.

EMBID IRUJO, Antonio: *Ordenanzas y Reglamentos municipales en el Derecho español,* Madrid, 1978.

ESCUÍN PALOP, V.: *La potestad reglamentaria de las Comunidades Autónomas,* Valencia, 1990.

ESTEVE PARDO, J.: «Los reglamentos de directa aplicación (art. 39.3 LJCA) en la jurisprudencia del Tribunal Supremo», *RAP*, núm. 108, 1985.

GARCÍA DE ENTERRÍA, Eduardo: «Recurso contencioso directo contra disposiciones reglamentarias y recurso previo de reposición», *RAP*, núm. 29, 1959.

— «Observaciones sobre el fundamento de la inderogabilidad singular de los Reglamentos», *RAP*, núm. 27, 1958.

— «La interdicción de la arbitrariedad en la potestad reglamentaria», *RAP*, núm. 30, 1959.

— «Sobre los límites del poder de policía general y del poder reglamentario», *REDA*, núm. 5, 1975.

GÓMEZ-FERRER MORANT, Rafael: «Nulidad de reglamentos y actos dictados durante su vigencia», *REDA*, núm. 14, 1977.

LAFUENTE BENACHES, M.: «La legitimación para impugnar actos y disposiciones administrativas después de la Constitución», *REDA*, núm. 42, 1984.

LEGUINA VILLA, Jesús: «Legitimación, actos administrativos generales y Reglamentos: el valor normativo de las disposiciones organizatorias», *RAP*, núm. 49, 1966.
LÓPEZ GONZÁLEZ, J. I.: «La potestad reglamentaria de los Ministros», *REDA*, núm. 39, 1983.
MARTÍN MATEO, Ramón: «La degradación normativa de las disposiciones reglamentarias. Su contraste con la Ley Orgánica», *RAP*, núm. 51, 1966.
MARTÍN-RETORTILLO, Lorenzo: «Actos administrativos generales y Reglamentos: naturaleza de la convocatoria de oposiciones», *RAP*, núm. 40, 1963.
MEILÁN GIL, José Luis: *La distinción entre norma y acto administrativo,* Madrid, 1967.
MUÑOZ MACHADO, Santiago: «Sobre el concepto de Reglamento ejecutivo en el Derecho español», *RAP*, núm. 77, 1975.
REBOLLO PUIG, M.: «Juridicidad, legalidad y reserva de ley como límites a la potestad reglamentaria del Gobierno». *RAP,* núm. 125, 1991.
SALAS HERNÁNDEZ, Javier: «De nuevo sobre los Reglamentos autónomos en Derecho español», *RAP*, núm. 84, 1977.
SOSA-WAGNER, Francisco: «La legalidad de la fijación de normas técnicas de calidad y otras cuestiones», *RAP*, núm. 84, 1977.

CAPÍTULO X

ÁLVAREZ RICO, M.: *Principios constitucionales y organización de las Administraciones Públicas,* Madrid, 1986.
BAENA DEL ALCÁZAR, M.: *Organización administrativa,* Madrid, 1984.
— *Instituciones administrativas,* Madrid, 1992.
CARRO MARTÍNEZ, Antonio: «Principios de organización en la Administración pública», *RISA*, núm. 27, 1961.
GALLEGO ANABITARTE, Alfredo: *Derecho general de organización,* Madrid, 1971.
GARCÍA-TREVIJANO FOS, José Antonio: *Principios jurídicos de la organización administrativa,* Madrid, 1957.
GARRIDO FALLA, Fernando: *Administración indirecta del Estado y descentralización funcional,* Madrid, 1950.
— *La descentralización administrativa,* San José de Costa Rica, 1967.

GORDILLO, A.: *Problemas del control de la Administración pública*, Madrid, 1981.

LINDE PANIAGUA, E.: *La coordinación de las Administraciones públicas en la Constitución española de 1978*, Madrid, 1981.

LÓPEZ RAMÓN, F.: «La potestad organizatoria de la Administración Pública en el tránsito de un Estado autoritario a un Estado de Derecho», *REVL*, núm. 233, 1984.

MARTÍN MATEO, Ramón: *El horizonte de la descentralización*, Madrid, 1969.

MARTÍN RETORTILLO, Sebastián, y otros: *Descentralización administrativa y organización política*, Madrid, 1973.

MARTÍNEZ MARÍN, A.: *Derecho Administrativo. La organización administrativa*, Madrid, 1986.

MORENA Y DE LA MORENA, Luis: «La doble dimensión organizativa y jurídica del principio de competencia», *DA*, núm. 107, 1966.

NIETO, Alejandro: «Entes territoriales y no territoriales», *RAP*, núm. 64, 1972.

ORTÍZ DÍAZ, José: *El principio de coordinación en la organización administrativa*, Sevilla, 1956.

RIVERO ISERN, E.: «Las relaciones interadministrativas», *RAP*, núm. 80, 1980.

SANTAMARÍA PASTOR, J.: «La teoría del órgano en el Derecho Administrativo», *REDA*, núms. 40-41, 1984.

— *Derecho Administrativo. La Organización administrativa*, Madrid, 1986.

Revista Documentación Administrativa, núm. 214, 1988. Monográfico sobre: *Los Principios de descentralización y desconcentración.*

CAPÍTULO XI

BAENA DEL ALCÁZAR, M.: *La ordenación de la Administración central y periférica y la actividad administrativa*, Madrid, 1980.

BASSOLS COMA, M.: «Las relaciones entre la Administración periférica del Estado y las Comunidades Autónomas», *REDA*, núm. 89, 1979.

CÁMARA DEL PORTILLO, D.: «La figura del Delegado del Gobierno en las Comunidades Autónomas», *REVL*, núm. 210, 1981.
CASTELLS ARTECHE, J. M.: «La necesaria transformación de la Administración periférica del Estado», en *Cuestiones finiseculares de la Administración Pública*, Madrid, 1991.
GALLEGO ANABITARTE, A., y MENÉNDEZ REXACH, A.: «Funciones del Gobierno», en *Comentario a las Leyes Políticas*, Madrid, 1985.
GONZÁLEZ MARIÑAS, Pablo: *Génesis y evolución de la Presidencia del Consejo de Ministros en España*, Madrid, 1974.
GUAITA MARTORELL, Aurelio: «Secretarías de Estado y Subsecretarías», *REDA*, núm. 18, 1978.
— *El Consejo de Ministros*, Madrid, 1967.
LINDE PANIAGUA, E.: «El Delegado del Gobierno», *D. A.*, núm. 182, 1979.
MARTÍN MATEO, R.: *Perfiles de la Administración contemporánea*, Oñate, 1981.
MARTÍN REBOLLO, L.: «Ante la reforma administrativa, los ministros y otros miembros del Gobierno», *RAP*, núm. 89, 1979.
MENÉNDEZ REXACH, A.: *La Jefatura del Estado en el Derecho Público español*, Madrid, 1979.
— *La Ley de la Administración Central del Estado*, Madrid, 1980.
MORELL OCAÑA, L.: «El estatuto de los miembros del Gobierno», *D. A.*, núm. 188, 1980.
NIETO GARCÍA, Alejandro: «De la República a la Democracia: la Administración española del franquismo», *REDA*, núm. 11, 1976; 15, 1977; 18, 1978.
PINAR MAÑAS, J. L.: «La Administración periférica del Estado», *RAP*, núms. 100-102, vol. III, 1983.
SALABERRI BARAÑANO, R.: *El Delegado del Gobierno*, Oñati, 1989.

CAPÍTULO XII

ALONSO GARCÍA, R.: *Consejo de Estado y elaboración de reglamentos estatales y autonómicos*. Madrid, 1992.
BLANQUE AVILÉS, J. M.: «El artículo 41 de la Ley Orgánica del Tribunal de Cuentas», *REDA*, núm. 53, 1987.
CORDERO TORRES, José María: *El Consejo de Estado*, Madrid, 1944.
FANLO LORAS, A.: *El Tribunal de Cuentas y las Corporaciones locales*, Madrid, 1986.

FONT I LLOVET, T.: «Órganos consultivos», *RAP,* núm. 108, 1985.
GARCÍA DE ENTERRÍA, Eduardo: «Aspectos de la Administración consultiva», en su obra *La Administración española,* Madrid, 1961.
GIL ROBLES, A.: *Control y Autonomías,* Madrid, 1986.
JORDANA DE POZAS, Luis: «El Consejo de Estado (1944-1970)», *RAP,* núm. 64, 1971.
FERNÁNDEZ-VICTORIO, Servando: *El control externo de la actividad financiera de la Administración pública,* Madrid, 1977.
MENDIZÁBAL ALLENDE, Rafael: «Función y esencia del Tribunal de Cuentas», *RAP,* núm. 46, 1965.
RODRÍGUEZ OLIVER, J. M.ª: «Las competencias consultivas del Consejo de Estado y las Comunidades Autónomas», *REDA,* núm. 33, 1982.
TOLIVAR ALAS, L.: *El control del Estado sobre las Comunidades Autónomas,* Madrid, 1981.
— *El Tribunal de Cuentas,* Dirección General de lo Contencioso, Madrid, 1982.
— Revista Documentación Administrativa, núm. 226, 1991. Monográfico sobre la función consultiva.

CAPÍTULOS XIII-XIV

AGUILERA DE PRAT, C. R.: *Nacionalismos y autonomías,* Barcelona, 1993.
AJA, E., y otros: *El sistema jurídico de las Comunidades Autónomas,* Madrid, 1985.
ALONSO DE ANTONIO, J. A.: *El Estado autonómico y el principio de solidaridad como colaboración legislativa,* Madrid, 1986.
ÁLVAREZ CONDE, E.: *Las Comunidades Autónomas,* Madrid, 1980.
ARGULLOL MURGADAS, Enrique: *La vía italiana a la autonomía regional,* Madrid, 1977.
— *Las autonomías regionales,* vol. col., Madrid, 1977.
— «La Administración de las Comunidades Autónomas», en *Libro homenaje al Prof. García de Enterría.*
BALAGUER CALLEJÓN, F.: «La integración del Derecho autonómico y la aplicación supletoria del Derecho estatal», *RAP,* núm. 124, 1991.
BAÑO LEÓN, J. M.: *Las Comunidades Autónomas en la Comunidad Europea,* Valencia, 1987.

Bassols Coma, M.: «Los órganos ejecutivos de las Comunidades Autónomas. Presidencia y Consejo de Gobierno», *REDA,* núms. 40 y 41, 1984.

Castell Arteche, José Manuel: *El Estatuto Vasco,* Bilbao, 1976.

— «La aplicación autonómica del Gobierno Vasco», en *RAP,* núm. 84, 1977.

Cosculluela Montaner, Luis: «En torno a las transferencias de funciones a las Comunidades Autónomas», en *REDA,* núm. 18, 1978.

— «La determinación constitucional de las competencias de las Comunidades Autónomas», *RAP,* núm. 89, 1979.

Embid Irujo, A.: *Los Parlamentos territoriales,* Madrid, 1987.

Fernández Rodríguez, Tomás Ramón: «Las autonomías regionales. Tendencias europeas actuales», en *REDA,* núm. 7, 1975.

Ferreiro Lapatza, J. J.: *La financiación de las autonomías,* Madrid, 1985.

García de Enterría, E.: *Estudios sobre Autonomías Territoriales,* Madrid, 1985.

— «El ordenamiento estatal y los ordenamientos autonómicos: sistema de relaciones», *RAP,* núms. 100-102, 1983.

— *La revisión del sistema de autonomías territoriales: Reforma de Estatutos, Leyes de transferencia y delegación, federalismo,* Madrid, 1988.

García de Enterría, Eduardo, y otros: *La distribución de competencias económicas entre el poder central y las autonomías territoriales en el Derecho Comparado y en la Constitución española,* Madrid, 1980.

— *Madrid, Comunidad Autónoma metropolitana,* Madrid, 1983.

Garrido Falla, F.: «El desarrollo legislativo de las normas básicas y las leyes-marco estatales por las Comunidades Autónomas», *RAP,* núm. 94, 1981.

Gutiérrez Llamas, A.: *Los procedimientos para la reforma de los Estatutos de Autonomía de las Comunidades Autónomas,* Madrid, 1991.

Lasagabaster Herrarte, Iñaki: *La potestad legislativa de las Comunidades Autónomas,* Oñate (Guipúzcoa), 1982.

— *Los principios de supletoriedad y prevalencia del Derecho estatal respecto al derecho autonómico,* Madrid, 1992.

LEGUINA VILLA, J.: *Escritos sobre autonomías territoriales,* Madrid, 1984.
LOPEZ RODÓ, L.: *Estado y Comunidades Autónomas,* Madrid, 1984.
MARTÍN MATEO, Ramón: «El nuevo regionalismo», en *RDU,* núm. 37, 1974.
— *Derecho Autonómico,* Madrid, 1983.
— *Manual de Derecho Autonómico,* Madrid, 1984.
— «El sistema estatutario», *RAP,* núms. 100-102, vol. II.
MARTÍN MATEO *et al.*: *Comentarios al Estatuto de Autonomía de la Comunidad Autónoma valenciana,* Madrid, 1985.
MARTÍN-RETORTILLO, S., y otros: *Descentralización administrativa y organización política,* Madrid, 1973.
— *Autonomías regionales en España,* Madrid, 1978.
MUÑOZ MACHADO, Santiago: *Las potestades legislativas de las Comunidades Autónomas,* 2.ª ed., Madrid, 1981.
— *Derecho Público de las Comunidades Autónomas,* I, Madrid, 1982; II, Madrid, 1984.
— *Organización territorial del Estado,* Madrid, 1984.
PAREJO ALFONSO, Luciano: *La prevalencia del Derecho estatal sobre el regional,* Madrid, 1981.
PEMÁN GAVÍN, J.: *Igualdad de los ciudadanos y autonomías territoriales,* Madrid, 1992.
RUBIALES TORREJÓN, Amparo: *La Región: historia y actualidad,* Sevilla, 1973.
— «Aproximación a los conceptos de Nación, Región y Estado desde una perspectiva jurídica», en *REDA,* núm. 15, 1977.
SALAS, J.: «Estatutos de Autonomía, leyes básicas y leyes de armonización», *RAP,* núms. 100-102, 1983.
TORNOS MAS, J.: «Los Estatutos de las Comunidades Autónomas en el ordenamiento jurídico español», *RAP,* núm. 91, 1980.
VANDELLOS, Luciano: *El ordenamiento español de las Comunidades Autónomas,* Madrid, 1982.
VARIOS AUTORES: *DA,* núm. 182, 1981.

CAPÍTULOS XV-XVI-XVII

BARRERO RODRÍGUEZ, M.ª C.: *Las áreas metropolitanas,* Madrid, 1992.

Benítez de Lugo, M. J.: *El Municipio y sus elementos esenciales,* Madrid, 1986.

Boix Reig, V.: *Régimen jurídico de la Organización Municipal,* Madrid, 1991.

Boquera Oliver, J. M.: «Mancomunidades municipales, Provinciales y Comunidades Autónomas: Relaciones interadministrativas en el Régimen local», *REALA,* núm. 233, 1987.

Castells Arteche, J. M.: «El municipio en la autonomía política», *D. A.,* núm. 182, 1979.

Cosculluela Muntaner, L.: «El Concejo abierto», *REALA,* núm. 234, 1987.

Embid Irujo, A.: «Autonomía municipal y Constitución», *REDA,* núm. 30, 1981.

Fernández Rodríguez, T. R.: «La provincia como Corporación: Las Diputaciones Provinciales», en *Descentralización administrativa y organización política,* Madrid, 1973.

— *Los derechos autonómicos de los territorios forales,* Madrid, 1985.

García de Enterría, E.: «La provincia en el régimen local español», en *Problemas actuales de Régimen local,* Sevilla, 1958.

— «Turgot y los orígenes del municipalismo moderno», *RAP,* núm. 33, 1960.

— «Administración local y administración periférica del Estado, problemas de articulación», en *La Administración española,* Madrid, 1977.

García Escudero, P., y Pendas García, B.: *El nuevo régimen local,* Barcelona, 1985.

Gómez Ferrer Morant, R.: *La provincia en el sistema constitucional,* Madrid, 1991.

González Pérez, Jesús: «La reforma de la Ley de Régimen Local», *RAP,* núm. 63, 1970.

— *Procedimiento administrativo municipal,* 2.ª ed., Madrid, 1993.

— *Régimen jurídico de la Administración local,* Madrid, 1985.

Ibarra Robles, J. L.: *Las áreas metropolitanas en el modelo autonómico,* Oñate, 1982.

Lliset Borrel, F.: *Manual de Derecho local,* Madrid, 1985.

Martín Mateo, R.: «Las competencias instrumentales de las Administraciones Locales», *REVL,* núm. 147, 1966.

— *El horizonte de la descentralización,* Madrid, 1969.

— *Los consorcios locales,* Madrid, 1970.
— El Municipio y el Estado en el Derecho alemán, Madrid, 1965.
— «La garantía institucional de las autonomías locales», *REVL,* núm. 208, 1980.
— «La autonomía local y el sistema normativo español», *RAP,* núm. 94, 1981.
— «La concentración competencial de Comunidades Autónomas y Diputaciones», *REDA,* núm. 36, 1983.
— *Entes locales complejos,* Madrid, 1987.
MARTÍN-RETORTILLO, S.: «Las Corporaciones Locales en el Anteproyecto de Constitución», *REVL.,* núm. 197, 1978.
— «Presente y futuro de las Diputaciones Provinciales», *REDA,* núm. 39, 1983.
MARTÍNEZ SÁNCHEZ, A.: *Funcionamiento de los órganos representativos de las Corporaciones Locales,* Madrid, 1982.
MORELL OCAÑA, L.: *La Administración Local,* Madrid, 1984.
— *El régimen local español,* I, Madrid, 1988.
MORILLO VELARDE, José I.: *El alcalde en la Administración española,* Sevilla, 1977.
MUÑOZ MACHADO, S. *et al.: Tratado de Derecho Municipal,* Madrid, 1988.
ORTEGA ÁLVAREZ, L.: *El Plan único de obras y servicios de Cataluña y la garantía institucional de la autonomía provincial,* Madrid, 1992.
PAREJO ALFONSO, L.: *Garantía institucional y Autonomía local,* Madrid, 1981.
PERA VERDAGUER, F., y PERA BAJO, R.: *La Administración local en la jurisprudencia,* Madrid, 1992.
POSADA, A.: «Escritos municipalistas y de la vida local», *IEAL,* Madrid, 1979.
— «Evolución legislativa del régimen local en España 1812-1909», *IEAL,* Madrid, 1982 (reproducción de 1910).
PRATS, J.: «La provincia ante la Constitución y las autonomías», *D. A.,* núm. 182, 1979.
PUYOL MONTERO, F. J.: *Administración Local,* Barcelona, 1992.
SÁNCHEZ MORÓN, M.: *La Autonomía local. Antecedentes históricos y significado constitucional,* Madrid, 1990.
SOSA WAGNER, F.: *Manual de Derecho Local,* 2.ª ed., Madrid, 1989.

— «La autonomía local», en *Libro homenaje al Prof. García de Enterría.*
— *La gestión de los servicios públicos locales,* Madrid, 1992.
SOSA WAGNER, F., y DE MIGUEL GARCÍA, P.: *Las competencias de las Corporaciones Locales,* Madrid, 1985.
— *Creación, supresión y alteración de términos municipales,* Madrid, 1987.
QUINTANA LÓPEZ, T.: *El derecho de los vecinos a la prestación y establecimiento de los servicios públicos municipales,* Madrid, 1987.
VALLINA VELARDE, V.: *La provincia, entidad local en España,* Oviedo, 1964.
VANDELLI, L.: *El Poder local: Su origen en la Francia revolucionaria y su futuro en la Europa de las Regiones,* Madrid, 1992.
VARIOS AUTORES: *Organización territorial del Estado. Administración Local,* Madrid, 1985.
— *Manual Básico de Administración Local,* Pamplona, 1992.
Revista Documentación Administrativa, núm. 228, 1991. Monográfico sobre: *La organización Municipal.*

CAPÍTULO XVIII

ARIÑO ORTIZ, Gaspar: «La Administración institucional; origen y personalidad», *RAP,* núm. 63, 1970.
— «Corporaciones profesionales y Administración pública», *RAP,* núm. 72, 1973.
— *La Administración institucional (bases de su régimen jurídico),* Madrid, 1974.
ARIÑO ORTIZ, G.: *Economía y Estado. Crisis y reforma del sector público,* Madrid, 1993.
ARIÑO ORTIZ, G., y SOUVIRÓN, J. M.: *Constitución y Colegios Profesionales,* Madrid, 1984.
BAENA DEL ALCÁZAR, Mariano: *Los colegios profesionales,* Madrid, 1968.
— *Administración central y Administración institucional en el Derecho español,* Madrid, 1976.
FANLO LORAS, A.: *El debate sobre Colegios Profesionales y Cámaras Oficiales,* Madrid, 1992.
FERNÁNDEZ RODRÍGUEZ, T. R.: *Derecho Administrativo, Sindicatos y Autoadministración,* Madrid, 1985.

FONT I LLOVET, T.: «La Administración institucional de las Comunidades Autónomas: notas sobre la Generalitat de Cataluña», *RAP*, núm. 93, 1981.

JIMÉNEZ DE CISNEROS, F. J.: *Los organismos autónomos en el Derecho Público español,* Madrid, 1985.

MEILÁN GIL, José Luis: «La evolución de los organismos autónomos en España», *DA*, núms. 78-79, 1964.

REAL FERRER, G.: *Derecho Público del Deporte,* Madrid, 1991.

SAINZ MORENO, F.: «Colegios Profesionales», en *Comentarios a las Leyes Políticas,* Madrid, 1993.

CAPÍTULO XIX

ÁLVAREZ RICO, M., y GONZÁLEZ HABA, V. M.: *Administración y función pública en España,* Madrid, 1992.

BAENA DEL ALCÁZAR, M.: «Estructura de la función pública y burocracia en España», *Oñate,* 1984.

BARRACHINA JUAN, E.: *La función pública. Su ordenamiento jurídico,* Barcelona, 1991.

BELTRÁN, M.: *Los funcionarios ante la reforma de la Administración,* Madrid, 1985.

BLASCO, A.: «La negociación colectiva de los funcionarios públicos», *REDA*, núm. 52, 1988.

CASTELLS ARTECHE, J. M.: *Proceso de construcción y desarrollo de la función pública autonómica,* Madrid, 1987.

CASTILLO BLANCO, F. A.: *Función pública y poder disciplinario del Estado,* Madrid, 1992.

— *Acceso a la función pública local,* Granada, 1993.

COLLADO NAVARRO, I., y RAMOS MONTAÑÉS, M.: *Clasificación de puestos de trabajo en la Administración pública,* Madrid, 1985.

DÍEZ SÁNCHEZ, J. J.: *El derecho de huelga de los funcionarios públicos,* Madrid, 1990.

EMBID IRUJO, A.: *La fidelidad de los funcionarios en la Constitución,* Madrid, 1990.

ESCUÍN PALOP, V.: «Cuerpos de funcionarios y Ley de Medidas de Reforma de la Función Pública, *REDA*, núm. 48, 1986.

GARCÍA DE ENTERRÍA, Eduardo: *La organización y sus agentes en la Administración española,* Madrid, 1961.

GARCÍA PASCUAL, Pedro: *Los cuerpos de funcionarios de la Administración pública española,* Madrid, 1960.

GARRIDO FALLA, Fernando: «La nueva legislación sobre los funcionarios públicos», *RAP,* núm. 43, 1964.

— *Reformas de la Función pública,* Madrid, 1985.

GONZÁLEZ HABA, V., y ÁLVAREZ RICO, M.: «La carrera administrativa», *DA,* núm. 164, 1975.

MARTÍN MATEO, Ramón: «La inamovilidad de los funcionarios públicos», *RAP,* núm. 51, 1966.

— «El contencioso funcionarial en la Seguridad Social», *RAP,* núm. 77, 1975.

MARTÍNEZ JIMÉNEZ, J. E.: «Las bases del sistema español de incompatibilidades de los funcionarios públicos», *DA,* núm. 195, 1982.

MORILLO-VELARDE PÉREZ, J. L.: «Las situaciones administrativas de los funcionarios en la Ley de Medidas para la reforma de la Función Pública», *REDA,* núm. 48, 1986.

MUÑOZ MACHADO, S.: «Notas sobre la libertad de opinión y la actividad política de los funcionarios públicos», *REDA,* núm. 11, 1976.

NIETO GARCÍA, Alejandro: *La retribución de los funcionarios en España. Historia y actualidad,* Madrid, 1967.

— *La burocracia,* I. *El pensamiento burocrático,* Madrid, 1976.

ORTEGA, L.: *Los derechos sindicales de los funcionarios públicos,* Madrid, 1983.

PALOMAR OLMEDA, A.: *Derecho de la función pública. Régimen jurídico de los funcionarios públicos,* Madrid, 1990.

PARADA VÁZQUEZ, J. Ramón: *Sindicatos y asociaciones de funcionarios públicos,* Madrid, 1968.

PENNA, Atilio Armando: *La función pública española y el sistema de reclutamiento de Administradores Generales,* Madrid, 1977.

PIÑAR MAÑAS, J. L.: «El nuevo sistema retributivo de los funcionarios y su aplicación», *RAP,* núm. 111, 1986.

PULIDO QUEVEDO, M.: *El acceso a los cargos y funciones públicas,* Madrid, 1993.

QUINTANA LÓPEZ, T.: «El principio *"non bis in idem"* y la responsabilidad administrativa de los funcionarios», *REDA*, núm. 58, 1988.

REY GUANTER, S.: *Estado, sindicatos y relaciones colectivas en la función pública,* Madrid, 1986.

SOSA WAGNER, F.: «Libertades públicas y funcionarios», *REDA,* núm. 17, 1978.

SUAY RINCÓN, J.: «La reforma de la función pública. Su impacto sobre la burocracia española», *REDA,* núm. 56, 1987.

TORNOS MAS, J.: «La función pública de las Comunidades Autónomas», *RVAP*, núm. 7, 1983.

TRAYTER JIMÉNEZ, J. M.: *Manual de Derecho disciplinario de los funcionarios públicos,* Madrid, 1992.

CAPÍTULO XX

ARCENEGUI, Isidro: «Modalidades del acto administrativo», *RAP,* núm. 84, 1977.

BALLBE PRUNES, Manuel: «Actos administrativos», *NEJ*, vol. 2, 1950.

BOQUERA OLIVER, J. M.: *Estudios sobre el acto administrativo,* 7.ª ed., Madrid, 1993.

CARRETERO PÉREZ, Adolfo: «La doctrina de los actos separables», *RAP,* núm. 61, 1970.

DROMI, J. R.: *El acto administrativo,* Madrid, 1985.

FERNÁNDEZ RODRÍGUEZ, Tomás Ramón: «Discrecionalidad y jurisdicción revisora», *REDA,* núm. 2, 1974.

GARCÍA TREVIJANO, J. A.: *Los actos administrativos,* 2.ª ed., Madrid, 1991.

— *La impugnación de los actos administrativos de trámite,* Madrid, 1993.

GARRIDO FALLA, Fernando: «El tratamiento jurisprudencial de la discrecionalidad administrativa», *RAP,* núm. 13, 1954.

MEILÁN GIL: «Sobre la determinación conceptual de la autorización y la concesión», *RAP,* núm. 71, 1973.

MOZO SEOANE, A.: *La discrecionalidad de la Administración Pública en España,* Madrid, 1985.

NIETO GARCÍA, Alejandro: «Reducción jurisdiccional de discrecionalidad en materia disciplinaria», *RAP*, núm. 44, 1964.
— «Las consultas a la Administración: una aportación jurisprudencial a los conceptos de acto administrativo y de acto inexistente», *REDA*, núm. 8, 1976.
SANTAMARÍA PASTOR, Juan A.: «Renovación en torno a la desviación de poder como instrumento de control», *REDA*, núm. 2, 1974.
VILLAR EZCURRA, J. L.: «Los actos administrativos de trámite: el acto reiterativo y la indefensión del particular», *RAP*, núm. 86, 1978.

CAPÍTULO XXI

BAENA DEL ALCÁZAR, Mariano: «Naturaleza jurídica del silencio de la Administración», *REVL*, núm. 121, 1962.
CHINCHILLA, C.: *La desviación de poder*, Madrid, 1989.
GARCÍA-TREVIJANO GARNICA, E.: *El silencio administrativo en el Derecho español*, Madrid, 1990.
GÓMEZ-FERRER MORANT, R.: «El silencio administrativo desde la perspectiva constitucional», *Libro homenaje al Prof. Villar*.
FERNÁNDEZ RODRÍGUEZ, Tomás Ramón: *La doctrina de los vicios en orden público*, Madrid, 1970.
— «Repetibilidad de la impugnación jurisdiccional en caso de silencio negativo»; *REDA*, núm. 11, 1976.
GARRIDO FALLA, Fernando: «Elementos del acto administrativo», *NEJ*, vol. 8, 1956.
GONZÁLEZ PÉREZ, Jesús: «La notificación de los actos administrativos», *DA*, núm. 12, 1958.
LÓPEZ MERINO, F.: *La notificación en el ordenamiento jurídico español*, Madrid, 1987.
MARTÍN MATEO, Ramón: «Actos tácitos y actividad autorizante», *REDA*, núm. 4, 1975.
MONTORO PUERTO, M.: *Teoría de la forma de los actos jurídicos en Derecho Público*, Alcoy, 1976.
NIETO GARCÍA, Alejandro: «Efectos procesales del silencio negativo de la Administración», *REDA*, núm. 5, 1975.
NÚÑEZ LAGOS, Rafael: «La causa en el acto administrativo», en *Est. a Jordana*, III, 1.

NÚÑEZ RUIZ, M. J.: *La notificación de los actos administrativos en el procedimiento ordinario*, Madrid, 1983.

REYES MONTERREAL,J. M.ª: «Las resoluciones administrativas tardías», *RAP*, núm. 78, 1975.

SANTAMARÍA PASTOR, Juan A.: *La nulidad de los actos administrativos*, Madrid, 1971.

SANZ LORENZO, M. C.: *El derecho de acceso de los ciudadanos a los documentos administrativos*, Madrid, 1982.

Revista Documentación Administrativa, núm. 208, 1986.

Monográfico sobre: *La inactividad administrativa*.

CAPÍTULO XXII

AGIRREAZKUENAGA, I.: *La coacción administrativa directa*, Madrid, 1990.

BALLBE PRUNES, Manuel: «Efectos del acto administrativo», *NEJ*, vol. 8, 1956.

BOQUERA OLIVER, José M.ª: «Ejecutoriedad y ejecución forzosa de los actos de la Administración local», *REVL*, núm. 139, 1965.

— «Grados de ilegalidad del acto administrativo», *RAP*, núms. 100-102, vol. II, 1983.

CLAVERO ARÉVALO, Manuel Francisco: «La manifiesta ilegalidad de los actos administrativos», *REVL*, núm. 102, 1958.

COSCULLUELA MONTANER, Luis: «Suspensión de la ejecución de los actos administrativos en sede jurisdiccional», *REDA*, núm. 1, 1976.

DÍEZ-PICAZO PONCE DE LEÓN, Luis: *La doctrina de los propios actos*, Barcelona, 1963.

FERNÁNDEZ RODRÍGUEZ, Tomás Ramón: «La acción de nulidad en la jurisprudencia administrativa», *REDA*, núm. 4, 1975.

— *La nulidad de los actos administrativos*, Caracas, 1979.

GONZÁLEZ BERENGUER URRUTIA, José Luis: «Sobre la ineficacia del acto administrativo declaratorio de derecho», *REVL*, núm. 157, 1968.

GONZÁLEZ PÉREZ, Jesús: «Sobre la ejecutoriedad de los actos administrativos», *RCDI*, núm. 30, 1954.

— «Ejecución forzosa en Derecho administrativo», *NEJ*, vol. 8, 1966.
— «La suspensión de ejecución del acto objeto de recurso contencioso-administrativo», *REDA*, núm. 5, 1975.
GUAITA, Aurelio: «Eficacia del acto administrativo», *RAP*, núm. 25, 1958.
LAFUENTE BENACHES, M.: *La ejecución forzosa de los actos administrativos por la Administración*, Madrid, 1991.
PIÑAR MAÑAS, J. L.: *La eficacia de los actos administrativos*, Madrid, 1988.
RODRÍGUEZ-ARAÑA MUÑOZ, J.: *La suspensión del acto administrativo (en vía de recurso)*, Madrid, 1986.

CAPÍTULO XXIII

BREWER CARIAS: *El Derecho administrativo y la Ley Orgánica del Procedimiento Administrativo, UGV*, Caracas, 1982.
BREWER-CARIAS, A.: *Principios del procedimiento administrativo*, Madrid, 1990.
DÍEZ SÁNCHEZ NAVARRO, F.: *El procedimiento administrativo español en la doctrina científica*, Madrid, 1972.
DROMI, J. R.: *El procedimiento administrativo*, Madrid, 1986.
— *La LPA*, 2.ª ed., Madrid, 1966.
GASCÓN Y MARÍN, José: «El procedimiento administrativo. Sus modalidades y problemas», tres conferencias, Bilbao, 1955.
GONZÁLEZ BERENGUER URRUTIA, J. Luis: «La LPA y su aplicación por las Corporaciones Locales», *DA*, núm. 14, 1959.
GONZÁLEZ NAVARRO: «Normas complementarias de la LPA», *DA*, núms. 62-63, 1963.
— «Procedimiento administrativo común, procedimientos triangulares y procedimientos complementarios», *Libro hom. al Prof. Mesa Molés*, 1982.
GONZÁLEZ PÉREZ, J.: *Comentarios a la Ley de Procedimiento Administrativo*, 4.ª ed., Madrid, 1991.
GONZÁLEZ PÉREZ, J. y GONZÁLEZ NAVARRO, F.: *Régimen jurídico de las Administraciones Públicas y Procedimiento Administrativo Común*, Madrid, 1993.

LEGUINA VILLA, J., SÁNCHEZ MORÓN, M.: *Coord. Nueva Ley de Régimen Jurídico de las Administraciones Públicas y del Procedimiento Administrativo Común,* Madrid, 1993.

NIETO GARCÍA, Alejandro: «El procedimiento administrativo en la doctrina y la legislación alemana», *RAP*, núm. 32, 1960.

PARADA VÁQUEZ, Ramón: *Régimen jurídico de las Administraciones Públicas y Procedimiento Administrativo Común,* Madrid, 1993.

PENDAS GARCÍA, B.: *Coord. Administraciones Públicas y Ciudadanos,* Barcelona, 1993.

SÁNCHEZ ISAC, J.: *El procedimiento administrativo en la Ley de Bases de Régimen Local,* Barcelona, 1987.

SANTAMARÍA PASTOR, *et al: Comentario sistemático a la Ley de Régimen Jurídico de las Administraciones Públicas y del Procedimiento Administrativo Común,* Madrid, 1993.

CAPÍTULO XXIV

BARRACHINA JUAN, E.: *Formularios de Procedimiento Administrativo,* Barcelona, 1987.

GONZÁLEZ PÉREZ, Jesús: *El procedimiento administrativo,* Madrid, 1964.

GONZÁLEZ SALINAS, P.: *Formularios de Procedimiento Administrativo,* Madrid, 1984.

VIVANCOS, Eduardo: *Comentarios a la LPA,* Barcelona, 1959.

Vol. col. *Procedimientos administrativos especiales,* dirección y estudio preliminar de F. González Navarro, Madrid, 1967.

CAPÍTULO XXV

BOCANEGRA SIERRA, Raúl: *La revisión de oficio de los actos administrativos,* Madrid, 1977.

BOQUERA OLIVER, José María: «La facultad gubernativa de suspensión e impugnación de acuerdos locales manifiestamente ilegales», *RAP*, núm. 36, 1961.

FERNÁNDEZ TORRES, J. R.: «Revisión de oficio de los actos administrativos dictados con infracción del Derecho comunitario», *RAP*, núm. 125, 1991.

GARCÍA DE ENTERRÍA, Eduardo: «La configuración del recurso de lesividad», *RAP*, núm. 15, 1954.

— «La doctrina de los actos propios y el sistema de lesividad», *RAP*, núm. 20, 1956.

LAVILLA ALSINA, Landelino: «La revisión de oficio de los actos administrativos», *RAP*, núm. 34, 1961.

LÓPEZ RODÓ, Laureano: «Presupuestos subjetivos para la aplicación del principio que prohíbe ir contra los propios actos», *RAP*, núm. 9, 1952.

SALA ARQUER, José Manuel: *La revocación de los actos administrativos en el Derecho español*, Madrid, 1974.

SANTAMARÍA PASTOR, Juan: *La nulidad de pleno derecho de los actos administrativos*, Madrid, 1972.

CAPÍTULO XXVI

BENÍTEZ DE LUGO y GUILLÉN, F.: *El recurso de reposición previo al económico-administrativo*, Madrid, 1979.

BOQUERA OLIVER, José María: «Recursos contra decisiones de entidades autárquicas institucionales», *RAP*, núm. 18, 1955.

CLAVERO ARÉVALO, M. Francisco: «Consideraciones generales sobre la vía gubernativa», en *Ests. García Oviedo*.

GARCÍA DE ENTERRÍA, E.: «La eliminación general de las normas reglamentarias nulas con ocasión de recursos contra sus actos de aplicación», *REDA*, núm. 66, 1990.

GARCÍA-TREVIJANO GARNICA, E.: «Recursos contra denegaciones presuntas por silencio administrativo», *RAP*, núm. 110, 1986.

GARRIDO FALLA, Fernando: *Régimen de impugnación de los actos administrativos*, Madrid, 1956.

GONZÁLEZ PÉREZ, J.: *Comentarios al Reglamento de Procedimiento económico-administrativo*, Madrid, 1983.

GONZÁLEZ PÉREZ, J., y TOLEDO JAUDENS, J.: *Comentario al Reglamento de Procedimiento Económico-administrativo*, Madrid, 1983.

— *Los recursos administrativos*, Madrid, 1969.
— *Los recursos administrativos y económico-administrativos*, Madrid, 1975.
SAINZ MORENO, F.: «La eliminación de la "reformatio in peius" en los recursos administrativos», *REDA*, núm. 6, 1975.
SANTAMARÍA PASTOR, Juan Alfonso: «Sobre el origen y evolución de la reclamación administrativa previa», *RAP*, núm. 77, 1975.
VIVANCOS, Eduardo: «La función del recurso de reposición previo al contencioso-administrativo», *RDAF*, núm. 6, 1963.

CAPÍTULO XXVII

CHINCHILLA MARÍN, C.: *La tutela cautelar en la nueva justicia administrativa*, Madrid, 1991.
COCA VITA, Eduardo: «Revisión jurisdiccional de la inactividad material de la Administración», *REDA*, núm. 17, 1978.
CORDÓN MORENO, F.: *El proceso administrativo*, Madrid, 1990.
CORTINAS PELÁEZ, L.: *Poder ejecutivo y función jurisdiccional*, Madrid, 1986.
COSCULLUELA MONTANER, L.: «El recurso en interés de Ley», *RAP*, núms. 100-102, vol. II, 1983.
FAIRÉN GUILLÉN, Víctor: «El principio de la unidad jurisdiccional y el Tribunal de las Aguas», *RAP*, núm. 85, 1978.
FERNÁNDEZ RODRÍGUEZ, T. R.: «La plenitud de la garantía jurisdiccional contencioso-administrativa en el contexto constitucional», *Libro hom. al Prof. García Pelayo*, 1980.
— «Sobre el carácter revisor de la Jurisdicción contencioso-administrativa», *REDA*, núm. 11, 1976.
— «La competencia del Tribunal Supremo para conocer de actos resolutivos de recursos administrativos», *REDA*, núm. 11, 1976.
— «Algunas reflexiones sobre las formas indirectas de incumplimiento por la Administración de las Sentencias de los Tribunales de la Jurisdicción contencioso-administrativa», *RAP*, núm. 73, 1974.
— «De nuevo sobre la ejecución de sentencias contencioso-administrativas», *RAP*, núm. 84, 1977.

— «El sistema de plazo abierto para la impugnación de ordenanzas locales de exacciones», *REDA*, núm. 1, 1974.

FONT I LLOVET, T.: *La ejecución de sentencias contencioso-administrativas*, Madrid, 1985.

GARCÍA DE ENTERRÍA, Eduardo: «La lucha contra las inmunidades del poder en el Derecho administrativo: poderes discrecionales, poderes de gobierno, poderes normativos», *RAP*, núm. 38, 1962.

— «Sobre los derechos públicos subjetivos», *REDA*, núm. 6, 1975.

— «El principio de la interpretación más favorable al derecho de los administrativos al enjuiciamiento de los actos administrativos», *RAP*, núm. 42, 1963.

— «Sobre el principio de inembargabilidad, sus derogaciones y sus límites constitucionales y sobre la ejecución de sentencias contradictorias de la Administración», *REDA*, núm. 52, 1986.

— *Hacia una nueva justicia administrativa*, 2.ª ed., Madrid, 1992.

— *La batalla por las medidas cautelares*, Madrid, 1992.

GIMENO SENDRA, V.; GARBERI LLOBREGAT, J., y GONZÁLEZ-CUÉLLAR SERRANO, N.: *Derecho Procesal Administrativo*, Valencia, 1993.

GÓMEZ-FERRER MORANT, R.: «Derecho a la tutela judicial y posición jurídica peculiar de los poderes públicos», *REDA*, núm. 33, 1982.

GONZÁLEZ MARIÑAS, Pablo: *La inejecución de sentencias de los Tribunales contencioso-administrativos*, Madrid, 1975.

GONZÁLEZ NAVARRO, Francisco: «Procedimiento administrativo y la vía administrativa: la intertemporalidad de las normas de procedimiento administrativo en la jurisprudencia del Tribunal Supremo», *RAP*, núm. 51, 1966.

GONZÁLEZ PÉREZ, Jesús: *El derecho a la tutela jurisdiccional*, Madrid, 1984.

— *Manual de Derecho procesal administrativo*, Madrid, 1991.

— «La casación en el proceso administrativo», *REDA*, núm. 66, 1990.

— *La reforma de la legislación procesal administrativa*, Madrid, 1992.

— *Manual de Práctica Forense Administrativa*, 3.ª ed., Madrid, 1993.

LINDE PANIAGUA, Enrique: «El carácter antiformalista de la Ley de la Jurisdicción Contencioso-Administrativa», *REDA*, núm. 17, 1978.

Martín Mateo, Ramón: «Derecho administrativo y materia contenciosa», *RAP*, núm. 55, 1968.

Martín Rebollo, Luis: *El proceso de elaboración de la Ley de lo Contencioso-Administrativo de 13 de septiembre de 1888*, Madrid, 1975.

— «Un obstáculo insospechado para acceder a la revisión jurisdiccional de las resoluciones administrativas», *REDA*, núm. 4, 1975.

Martín-Retortillo Baquer, L.: «Evolución reciente del contencioso-administrativo», *RAP*, núm. 95, 1981.

Martín Retortillo, S.: *La defensa en Derecho del Estado*, Madrid, 1986.

Mateu-Ros Cerezo, R.: «El derecho constitucional a la tutela judicial efectiva y el requisito de la legitimación», *RAP*, núm. 98, 1982.

Mendizábal Allende, R.: «Legitimación activa y pasiva en el recurso contencioso-administrativo», *REVL*, núm. 222, 1984.

Morena de la Morena, Luis de la: «Jurisdicción y Estado de Derecho», *RAP*, núm. 81, 1976.

Muñoz Machado, S.: *La reserva de jurisdicción*, Madrid, 1989.

— «Protección diplomática y jurisdicción contencioso-administrativa», *REDA*, núm. 6, 1975.

— «La carga de la prueba en el contencioso-administrativo. Su problemática en materia de sanciones administrativas», *REDA*, núm. 11, 1976.

Nieto García, Alejandro: «Sobre la tesis de Parada en relación con los orígenes de lo contencioso», *RAP*, núm. 57, 1968.

— «La discutible supervivencia del interés directo», *REDA*, núm. 12, 1977.

Ortega Álvarez, L.: «La tutela judicial cautelar en el orden contencioso-administrativo», *REDA*, núm. 49, 1966.

Parada Vázquez, J. Ramón: «Réplica a Nieto sobre el privilegio de decisión ejecutoria y el sistema contencioso-administrativo», *RAP*, núm. 59, 1969.

— «Privilegio de decisión ejecutoria y proceso contencioso», *RAP*, núm. 55, 1968.

— *La Administración y los jueces*, Caracas, 1988.

PAREJO ALFONSO, Luciano: «La legitimación para plantear el incidente de imposibilidad de ejecución del artículo 107 de la Ley de la Jurisdicción Contencioso-Administrativa», *REDA*, núm. 16, 1978.

— «La garantía jurisdiccional frente a la actividad administrativa: a propósito de los artículos 24 y 194 del Anteproyecto de Constitución», *RAP*, núm. 84, 1977.

PERA VERDAGUER, F.: *Comentarios a la Ley de la Jurisdicción Contencioso-Administrativa*, 4.ª ed., Barcelona, 1992.

REQUERO IBÁÑEZ, J. L.: «La organización del contencioso-administrativo en su actual punto de evolución», *REDA*, núm. 66, 1990.

RIVERO YSERN, Enrique, «Administración y jurisdicción: las funciones reparadoras de la Administración», *REDA*, núm. 17, 1978.

SALAS HERNÁNDEZ, Javier: «Inejecución de sentencias, estado de necesidad y responsabilidad patrimonial de la Administración», *REDA*, núm. 8, 1978.

SALAS, J., y TORNOS, J.: «Comentarios a la Ley de Protección jurisdiccional de los Derechos fundamentales de la persona», *RAP*, núm. 93, 1980.

SÁNCHEZ ISAAC, Jaime: *El interés directo en los derechos español y francés*, Madrid, 1977.

SÁNCHEZ BLANCO, A.: «La unidad de doctrina en la jurisprudencia contencioso-administrativa, *RAP*, núm. 100-102, 1983.

SANTAMARÍA PASTOR, Juan Alfonso: «Un proceso en la extinción del "solve et repete"», *REDA*, núm. 2, 1974.

— «Veinticinco años de aplicación de la Ley reguladora de la jurisdicción contencioso-administrativa: balance y perspectivas», *RAP*, núm. 95, 1981.

SORIANO GARCÍA, E.: «El enjuiciamiento contencioso de la actividad parlamentaria no legislativa», *RAP*, núm. 106, 1985.

SOSA WAGNER, Francisco: «El eterno retorno del "solve et repete"», *REDA*, núm. 16, 1978.

— *Jurisdicciones administrativas especiales*, Sevilla, 1977.

SOSA WAGNER, F., y QUINTANA LÓPEZ, T.: «La ejecución de las sentencias contencioso-administrativas», *DA*, núm. 209, 1987.

TARDÍO PATO, J. A.: *Control jurisdiccional de concursos de méritos, oposiciones y exámenes académicos*, Madrid, 1986.

TORNOS MAS, J.: «La situación actual del proceso contencioso-administrativo», *RAP*, núm. 122, 1990.

TRUJILLO PEÑA, José: QUINTANA REDONDO, Carmelo, y BOLEA FORADADA, Juan Antonio: *Comentarios a la LCA*, 2 vols., Madrid, 1965.

Revista Documentación Administrativa, núm. 209, 1987 y 220, 1989. Monográficos sobre: *La ejecución de sentencias condenatorias de la Administración y El Control jurisdiccional de la Administración Pública.*

CAPÍTULO XXVIII

ALBI CHOLBI, Fernando: *Tratado de los modos de gestión de las Corporaciones locales*, Madrid, 1960.

ALFONSO UREBA, A.: *La empresa pública. Aspectos jurídico-constitucionales y de Derecho Económico*, Madrid, 1985.

ARIÑO ORTIZ, Gaspar: *Las tarifas de los servicios públicos*, Sevilla, 1976.

— *Concepto de servicio público y bases de su régimen jurídico*, Madrid, 1975.

BAENA DEL ALCÁZAR, Mariano: «Sobre el concepto de fomento», *RAP*, núm. 54, 1967.

BASSOLS COMA, Martín: «Servicio público y empresa pública. Reflexiones sobre las llamadas sociedades estatales», *RAP*, núm. 84, 1977.

BROSETA PONT, Manuel: «Las empresas públicas en forma de sociedad anónima», *Revista de Derecho Mercantil*, núm. 100.

CLAVERO ARÉVALO, Manuel Francisco: «El reglamento de Servicios de las Corporaciones locales de 17 de julio de 1955», *RAP*, núm. 19, 1956.

DÍAZ LEMA, J. M.: *Subvenciones y crédito oficial en España, Madrid*, 1985.

DUQUE DOMÍNGUEZ, Justino: «La sociedad privada municipal», *REVL*, núm. 179, 1973.

— *La empresa pública*, 2 vols., Bolonia, 1970.

Entrena Cuesta, Rafael: «Las licencias en la legislación local», *REVL*, núm. 107, 1959.

Fernández Farreres, G.: «En torno al procedimiento de creación de empresas nacionales: especial referencia al principio de subsidiariedad», *RAP*, núm. 80, 1976.

— *La subvención. Concepto y régimen jurídico*, Madrid, 1983.

Fernández Rodríguez, Tomás Ramón: «Notas para el planteamiento de los problemas actuales de la empresa pública», *RAP*, núm. 49, 1965.

Gallego Anabitarte, A.: «La acción concertada. Viejas y nuevas técnicas de la Administración», en *Libro Hom. a Galvañ*, 1980.

García de Enterría, Eduardo: «Sobre la naturaleza de la tasa y las tarifas de los servicios públicos», *RAP*, núm. 12, 1953.

Garrido Falla, Fernando: «La empresa pública en el Derecho español», *Revista de Derecho Privado*, febrero 1968.

González Berenguer Urrutia, José Luis: «Relaciones del Gobierno con las empresas públicas: directorio político y gerencia empresarial», *RAP*, núm. 77, 1975.

Jiménez Nieto, Juan Ignacio: «Relaciones del Gobierno con las empresas públicas: directorio político y gerencia empresarial», *RAP*, núm. 77, 1975.

Lozano Serrano, C.: *Las subvenciones del Estado a los municipios*, Madrid, 1981.

Martín Mateo, Ramón: *Ordenación del sector público en España*, Madrid, 1974.

— «Relaciones entre Gobierno y empresa a través de instituciones especializadas», *RAP*, núm. 76, 1975.

— «Empresa pública, empresa privada, economía mixta, *REDA*, núm. 15, 1977.

— *Derecho público de la economía*, Madrid, 1985.

Martín Rebollo, L.: «De nuevo sobre el servicio público: planteamientos ideológicos y funcionalidad técnica», *RAP*, núms. 100-102, vol. III, 1983.

Martín Retortillo Baquer, Lorenzo: «De la gestión interesada a las cláusulas de interesamiento», *RAP*, núm. 36, 1961.

Martín Retortillo, Sebastián: «La empresa pública como alternativa», en el volumen colectivo *La empresa pública*, tomo I, Madrid, 1970.

MARTÍNEZ MARÍN, A.: *El buen funcionamiento de los servicios públicos,* Madrid, 1990.
MEILÁN GIL, José Luis: *Empresa pública y turismo,* Madrid, 1967.
— *La cláusula de progreso en los servicios públicos,* Madrid, 1968.
NIETO GARCÍA, Alejandro, «Algunas precisiones sobre el concepto de policía», *RAP,* núm. 81, 1976.
RODRÍGUEZ ARANA, J.: *La privatización de la empresa pública,* Madrid, 1991.
SALA ARQUER, José Manuel: *El principio de continuidad de los servicios públicos,* Madrid, 1977.
SÁNCHEZ MORÓN, M.: «Introducción al régimen jurídico de la empresa pública en España», *RAP,* núm. 93, 1980.
SERRANO TRIANA, A.: *La utilidad de la noción de servicio público y la crisis del Estado bienestar,* Madrid, 1983.
— *Fundamentos del Servicio público,* Madrid, 1990.
SOSA WAGNER, Francisco: *Organización y control del sector empresarial público en España,* Madrid, 1971.
TORNOS MAS, J.: *Intervención de los poderes públicos en relación con los precios y las tarifas,* Bolonia, 1982.
VILLAR EZCURRA, J. L.: *Servicio público y técnicas de conexión,* Madrid, 1980.
VILLAR PALASÍ, José Luis: «Poder de policía y precio justo, el problema de la tasa de mercado», *RAP,* núm. 16, 1955.
— «Las técnicas administrativas de fomento y de apoyo al precio político», *RAP,* núm. 14, 1954.
VILLAR ROJAS, F. J.: *Privatización de servicios públicos,* Madrid, 1993.
WITKNER, J.: *La empresa pública en México y España. Un estudio comparativo de Derecho Administrativo,* Madrid, 1982.

CAPÍTULO XXIX

ARIÑO ORTIZ, Gaspar: *Teoría del equivalente económico en los contratos administrativos,* Madrid, 1968.
— *La reforma de la Ley de Contratos del Estado,* Madrid, 1984.
ÁLVAREZ GENDÍN, Sabino: *Doctrina jurídica de los contratos públicos del Estado y de la Administración local,* Madrid, 1969.

BOQUERA OLIVER, José María: *Poder administrativo y contrato,* Madrid, 1970.
CARRETERO PÉREZ, Adolfo: «El contrato administrativo ante la Ley de Bases de Contratos del Estado de 28 de diciembre de 1963», *RAP,* núm. 45, 1964.
ENTRENA CUESTA, Rafael: «Consideraciones de la Administración», *RAP,* núm. 24, 1957.
GARCÍA DE ENTERRÍA, Eduardo: «Dos regulaciones orgánicas de la contratación administrativa», *RAP,* núm. 10, 1953.
— «La teoría de los actos reparables», *RAP,* núm. 61, 1970.
GARCÍA-TREVIJANO FOS, José Antonio: «Principios sobre los contratos de la Administración, con especial referencia a la esfera local», *REVL,* núm. 87, 1956.
GARCÍA-TREVIJANO GARNICA, E.: «La extinción de los contratos administrativos por mutuo acuerdo», *RAP,* núm. 127, 1992.
GARCÍA ORTEGA, P.: *Manual de Contratos del Estado,* Madrid, 1980.
GARRIDO FALLA, Fernando: «Las obligaciones administrativas», *RDProc.,* 1960.
— «En torno a una posible reforma de la legislación sobre la contratación de obras públicas», *DA,* núm. 55, 1962.
— «Sustancia y reforma del contrato administrativo», en *Studi Zanobini,* I.
GONZÁLEZ BERENGUER URRUTIA, José Luis: «El texto articulado de la Ley de Contratos del Estado», *REVL,* núm. 142, 1965.
— *La contratación local,* Madrid, 1982.
LAVILLA ALSINA, Alejandro: «El interés público en la interpretación de los contratos administrativos», *DA,* núm. 110, 1967.
MEILÁN GIL, J. L.: «La actuación contractual de la Administración Pública española. Una perspectiva histórica», *RAP,* núm. 99, 1982.
MENÉNDEZ GÓMEZ, E.: *Contratos del Estado: dirección de obras,* Madrid, 1992.
PARADA VÁZQUEZ, José Ramón: *Los orígenes del contrato administrativo en el Derecho español,* Sevilla, 1963.
— «La lucha de las jurisdicciones por la competencia sobre los contratos de la Administración: sus orígenes en Derecho francés», en *Ests. Jordana,* III, I.
— «La nueva Ley de Contratos del Estado», *RAP,* núm. 47, 1975.

RIVERO YSERN, Enrique: *La interpretación del contrato administrativo,* Sevilla, 1971.
— «El contrato administrativo ante las jurisdicciones contencioso-administrativa y civil», *RAP,* núm. 67, 1972.
SANTIAS VIADA, J. A.; SANTAMARÍA DE PAREDES, V., y LÓPEZ BLANCO, C.: *El Derecho Comunitario de la Contratación Pública,* Madrid, 1991.
VILLAR PALASÍ, José Luis: *Lecciones sobre contratación administrativa,* Madrid, 1969.
— *Principios de Derecho Administrativo. Contratación administrativa,* Madrid, 1983.

CAPÍTULO XXX

BOQUERA OLIVER, José María: *La selección de contratistas,* Madrid, 1963.
DOMÍNGUEZ-BERRUETA DE JUAN, M.: *El incumplimiento de la concesión de servicio público,* Madrid, 1981.
GARCÍA DE ENTERRÍA, Eduardo: «Riesgo y ventura y fuerza mayor en el contrato administrativo», *RAP,* núm. 2, 1950.
GARCÍA-TREVIJANO FOS, José Antonio: «Los actos separables, admitidos por el Tribunal Supremo», *RAP,* núm. 36, 1961.
— «¿Existe contrato administrativo de depósito?», *RAP,* núm. 16, 1955.
GARRIDO FALLA, Fernando: «Dictamen sobre carácter de contrato de obras con empresa mixta», *RAP,* núm. 85, 1978.
GONZÁLEZ NAVARRO, Francisco: «La representación indirecta de ofertas en los procedimientos de selección de contratistas», *RAP,* núm. 46, 1965.
GONZÁLEZ NIETO, Esteban: «La cláusula "rebus sic stantibus" en la contratación administrativa», *REVL,* núm. 46, 1949.
— «Interpretación de los contratos administrativos», *NEJ,* vol. 13, 1968.
GONZÁLEZ PÉREZ, J.: «Indemnización al contratista en los supuestos de resolución por supresión temporal de las obras por un plazo superior a un año», *RAP,* núm. 103, 1984.

JURISTO SÁNCHEZ, R.: *La ejecución del contrato de obra pública,* Madrid, 1983.
— *La adaptación del contrato de obra pública al Derecho Comunitario europeo,* Madrid, 1987.
LÓPEZ RODÓ, Laureano, y GUAITA, Aurelio: «Los contratos de obras públicas en España», *RAP,* núm. 21, 1956, 295-307.
LÓPEZ VILAS, R.: *El subcontrato,* Madrid, 1983.
MARTÍN RETORTILLO BAQUER, Sebastián: «La institución contractual en el Derecho Administrativo: en torno al problema de la igualdad de las partes», *RAP,* núm. 29, 1959.
MORENO GIL, Oscar: *Contratación administrativa,* Madrid, 1978.
— *La revisión de precios en la contratación administrativa,* Madrid, 1980.
QUINTANA LÓPEZ, T.: «El anacronismo del "factum principis" en la legislación de contratos», *REDA,* núm. 50.
RIVERO YSERN, José Luis: *El contrato administrativo de suministros,* Sevilla, 1976.
RUIZ GONZÁLEZ, A.: *Manual de las obras de contratación pública,* Madrid, 1986.
SAINZ MORENO, Fernando: «La "exceptio non adimpleti contractus" en la contratación administrativa», *REDA,* núm. 16, 1978.
SENAC LISSON, Andrés: *La contratación administrativa,* Madrid, 1973.
TORNO MAS, Joaquín: «Nulidad de contratos en la Administración Local», *REDA,* núm. 18, 1978.
VÁZQUEZ DE PRADA, V. R.: «Nuevos supuestos para la contratación administrativa: información y asistencia técnica», *REDA,* núm. 12, 1977.
— «Teoría y práctica de la contratación administrativa», *RAP,* núm. 77, 1975.
VILLAR EZCURRA, José Luis: «La doctrina de los actos consentidos en los contratos de obras públicas», *REDA,* núm. 16, 1978.

CAPÍTULO XXXI

ARINO ORTIZ, G.: «La indemnización en las nacionalizaciones», *RAP,* núms. 100-102, vol. III, 1983.

CARRETERO PÉREZ, Adolfo: *Comentarios a la Ley de Expropiación Forzosa,* Madrid, 1966.

FERNÁNDEZ RODRÍGUEZ, Tomás: «Expropiación y responsabilidad, nuevos criterios jurisprudenciales», *RAP,* núm. 67, 1972.

GAJA MOLIST, Esteban: *La expropiación municipal,* Madrid, 1966.

LAVILLA RUBIRA, J. J.: *La expropiación forzosa,* Madrid, 1989.

MORENO GIL, O.: *Expropiación forzosa, legislación y jurisprudencia comentadas,* Madrid, 1983.

NIETO GARCÍA, A.: «Evolución expansiva del concepto de expropiación forzosa», *RAP,* núm. 38, 1962.

PARADA VÁZQUEZ, J. R.: «Expropiaciones legislativas y garantías jurídicas», *RAP,* núms. 100-102, vol. II, 1983.

— «El artículo 33.3 de la Constitución y la crisis de la garantía expropiatoria», en *Libro Hom. al Prof. García de Enterría,* 1991.

PERA VERDAGUER, F.: *Expropiación forzosa,* 4.ª ed., Barcelona, 1992.

RODRÍGUEZ MORO, Nemesio: «Ideas sobre la expropiación forzosa y su fundamento», *RGD,* 1951.

— *La expropiación forzosa,* 2.ª ed., Madrid, 1962.

RUIZ SERRAMALERA, Ricardo: «Concepto y fundamento de la expropiación por causa de interés social», *RCDI,* núm. 34, 1958.

TAMAYO ISASI-ISASMENDI, Juan Antonio: «El carácter constitucional de la indemnización en la expropiación», *AUH,* 1964.

SANTAMARÍA PASTOR, J.: «Expropiaciones por vía legislativa», *RAP,* núm. 64, 1971.

VÁZQUEZ RICHART, José: «El interés legal en la expropiación forzosa», *RJC,* 1964.

Revista Documentación Administrativa, núm. 222, 1990. Monográfico sobre: *La expropiación forzosa.*

CAPÍTULO XXXII

BERMEJO VERA, José: «A propósito de la retasación expropiatoria y el cómputo del plazo que la legítima», *REDA,* núm. 5, 1975.

BOCANEGRA SIERRA, Raúl: «Sobre la impugnación por la propia Administración de los acuerdos del Jurado Provincial de Expropiación Forzosa», *REDA*, núm. 12, 1977.

CLAVERO ARÉVALO, M. Francisco: «Ensayo de una teoría de la urgencia en el Derecho administrativo», *RAP*, núm. 10, 1953.

ECHENIQUE GORDILLO, R.: «Los recursos en la Ley de Expropiación Forzosa», *RAP*, núm. 97, 1982.

ESCRIBANO COLLADO, P.: «La ocupación temporal». *RAP*, núm. 106, 1985.

ESCUÍN PALOP, V. M.: «La intervención del beneficiario en el procedimiento expropiatorio», *RAP*, núms. 100-102, vol. II, 1983.

FERNÁNDEZ RODRÍGUEZ: «Expropiación y responsabilidad: nuevos criterios jurisprudenciales», *RAP*, núm. 67, 1972.

— «El control jurisdiccional de la causa *expropiandi*», *REDA*, núm. 1, 1974.

GARCÍA DE ENTERRÍA, Eduardo: «Dictamen sobre interpretación de una concesión hidroeléctrica en relación con el beneficio del procedimiento de expropiación urgente», *RAP*, núm. 43, 1964.

— «Expropiación forzosa y devaluación monetaria», *RAP*, núm. 80, 1976.

— «De nuevo sobre la depreciación de los justiprecios expropiatorios: la posibilidad de la retasación interna en el seno de un proceso abierto sin retorno a la vía administrativa», *REDA*, núm. 15, 1977.

GARCÍA-TREVIJANO FOS: «La urgencia de la nueva LEF», *RGD*, núm. 127, 1956.

GARRIDO FALLA, Fernando: «El derecho a indemnización por limitaciones o vinculaciones impuestas a la propiedad privada», *RAP*, núm. 81, 1976.

GÓMEZ DE ENTERRÍA, Nicolás: «La determinación del justiprecio de los terrenos expropiados y su posible impugnación contenciosa», *RAP*, núm. 43, 1964.

GONZÁLEZ BERENGUER URRUTIA, J. L.: «Sobre la valoración en expropiaciones urbanísticas», *RAP*, núm. 83, 1977.

GONZÁLEZ PÉREZ, Jesús: «La utilidad pública y el interés social en la nueva LEF», *RODI*, núm. 31, 1955.

MALLOL GUARRO, Federico de: *La indemnización y el justiprecio en la expropiación*, Barcelona, 1966.

MUÑOZ MACHADO, S.: «Control jurisdiccional y responsabilidad en las expropiaciones urgentes», *REDA*, 36, 1983.
— «Las expropiaciones parciales», *RAP*, núm. 81, 1976.
— *Expropiación y Jurisdicción*, Madrid, 1976.
PÉREZ MORENO, Alfonso: *La reversión en materia de expropiación forzosa*, Sevilla, 1967.
— «La retasación de bienes expropiados», *RAP*, núm. 66, 1971.
RODRÍGUEZ MORO, Nemesio: «La impugnación de los actos de los Jurados provinciales de expropiación por la Administración estatal, local o institucional; especial referencia a las confederaciones hidrográficas», *REVL*, núm. 158, 1968.
— «La expropiación de empresas en el reciente Reglamento de Servicios de las Corporaciones locales», *REVL*, núm. 83, 1955.
— «¿Puede la Administración expropiante ocupar el inmueble si el precio que fijó el Jurado ha sido impugnado por el expropiado?», *RAP*, núm. 30, 1959.
RODRÍGUEZ OLIVER, J. María: «Intereses de demora y expropiaciones urgentes», *REDA*, núm. 8, 1976.
ROMERO HERNÁNDEZ, Federico: «Necesidad de ocupación e indefensión de los expropiados en la Administración Local», *REVL*, núm. 181, 1974.
VILLAR PALASÍ, José Luis: «Justo precio y transferencias coactivas», *RAP*, núm. 18, 1955.
— «La traslación del "justum pretium" a la esfera de la expropiación forzosa», *RAP*, núm. 43, 1964.

CAPÍTULO XXXIII

BERMEJO VERA, *et al: La responsabilidad patrimonial de las Administraciones Públicas*, Zaragoza, 1984-85.
BLASCO ESTEVE, A.: *La responsabilidad de la Administración por actos administrativos*, Madrid, 1981.
BOCANEGRA SIERRA, Raúl: «Responsabilidad de contratistas y concesionarios de la Administración Pública por daños causados a terceros», *REDA*, núm. 18, 1978.

BOQUERA OLIVER, José María: «La responsabilidad patrimonial del Estado por la adopción de medidas no fiscalizables en vía contenciosa», en *Est. Jordana III*, 1.

CANO MATA, Antonio: «Responsabilidad de la Administración: competencia de los tribunales contenciosos y cómputo del año para reclamar en vía administrativa», *RAP*, núm. 77, 1975.

CARRO FERNÁNDEZ-VALMAYOR, J. L.: «Sobre responsabilidad administrativa y coacción directa», *RAP*, núms. 100-102, vol. II, 1983.

CASTELLS ARTECHE, J. M.: «La responsabilidad patrimonial de la Administración en materia hospitalaria», *RAP*, núm. 79, 1976.

CLAVERO ARÉVALO, Manuel: «La quiebra de la pretendida unidad jurisdiccional en materia de responsabilidad patrimonial de la Administración», *RAP*, núm. 66, 1971.

DÍAZ DELGADO, J.: *La responsabilidad patrimonial del Estado por dilaciones indebidas en el funcionamiento de la administración de justicia*, Valencia, 1987.

FERNÁNDEZ RODRÍGUEZ, Tomás Ramón: «Responsabilidad municipal por daños causados por los servicios públicos», *REDA*, núm. 5, 1975.

GARCÍA DE ENTERRÍA, Eduardo: *Los principios de la nueva Ley de Expropiación Forzosa*, Madrid, 1956.

— «La doctrina de la responsabilité civile de la Administration dans le Droit espagnol récent», *RISA*, núm. 22, vol. II, 1956.

— «La responsabilidad del Estado por comportamiento ilegal de sus órganos en Derecho español», *RDAF*, núm. 7, 1964.

GARRIDO FALLA, Fernando: «La teoría de la indemnización en Derecho público», en *Ests. a Gascón y Marín*.

— «La constitucionalización de la responsabilidad patrimonial del Estado», *RAP*, núm. 119, 1989.

GONZÁLEZ NIETO, Esteban: «Responsabilidad de las Entidades locales», *REVL*, núm. 61, 1952.

GONZÁLEZ PÉREZ, Jesús: «Responsabilidad patrimonial de la Administración pública y unidad de jurisdicción», *REDA*, núm. 4, 1975.

— «Responsabilidad patrimonial de la Administración pública. Jurisdicción competente», *REDA*, núm. 11, 1976.

HEREDERO, José Luis: *La responsabilidad sin culpa (responsabilidad objetiva)*, Barcelona, 1964.

LEGUINA VILLA, J.: *La responsabilidad civil de la Administración Pública*. Madrid. 1983.

LINDE PANIAGUA, Enrique: «El trasvase Tajo-Segura: la responsabilidad patrimonial del Estado», *REDA*, núm. 18, 1978.

— «Amnistía, control de constitucionalidad y responsabilidad patrimonial del Estado», *REDA*, núm. 18, 1978.

MARTÍN-RETORTILLO BAQUER, Lorenzo: «Responsabilidad de la Administración pública por lesión de intereses legítimos», *RAP*, núm. 52, 1963.

MARTÍN REBOLLO, Luis: *La responsabilidad patrimonial de la Administración en la Jurisprudencia*, Madrid, 1977.

— «Medio ambiente y responsabilidad de la Administración», *REDA*, núm. 11, 1976.

— *Jueces y responsabilidad del Estado*, Madrid, 1983.

— «Nuevos planteamientos en materia de responsabilidad de las Administraciones Públicas», *Libro homenaje al Prof. García de Enterría*.

MUÑOZ MACHADO, S.: *La responsabilidad civil concurrente de las Administraciones Públicas*, Madrid, 1992.

NIETO GARCÍA, Alejandro: «La relación de causalidad en la responsabilidad del Estado», *REDA*, núm. 4, 1975.

PEMÁN GAVÍN, J.: «La responsabilidad de Correos por daños causados a los usuarios», *RAP*, núm. 99, 1982.

QUADRA-SALCEDO, Tomás: «Responsabilidad y rectificación», *REDA*, núm. 3, 1974.

RIVERO YSERN, Enrique: «La responsabilidad patrimonial de las Corporaciones Locales», *REDA*, núm. 11, 1976.

ROYO-VILLANOVA Y FERNÁNDEZ CAVADA: «La responsabilidad de la Administración Pública», *RAP*, núm. 19, 1956.

SAINZ MORENO, Fernando: «Sobre la apreciación de la buena conducta en función del interés general y la responsabilidad patrimonial de la Administración», *REDA*, núm. 13, 1977.

— «Fijación y revalorización de indemnizaciones en la responsabilidad patrimonial del Estado», *REDA*, núm. 16, 1978.

SALAS HERNÁNDEZ, Javier: «Ordenación de precios y responsabilidad administrativa», *REDA*, núm. 2, 1974.

SÁNCHEZ MORÓN, Miguel: «Sobre los límites de la responsabilidad civil de la Administración», *REDA*, núm. 7, 1975.

SANTAMARÍA PASTOR, Juan: «La teoría de la responsabilidad del Estado legislador», *RAP*, núm. 68, 1972.

SOSA WAGNER, Francisco: «Responsabilidad de la Administración en un supuesto de contaminación de aguas», *REDA*, núm. 12, 1977.

— «Sistema judicial y responsabilidad», *REDA*, núm. 15, 1977.

TORNOS MAS, J.: «La responsabilidad patrimonial del Estado por el funcionamiento de la Administración de Justicia», *REDC*, núm. 15, 1985.

VILLAR EZCURRA, J. L.: *La responsabilidad en materia de servicios públicos*, Madrid, 1981.